Wilfried von Bredow

Militär und Demokratie in Deutschland

Studienbücher Außenpolitik
und Internationale Beziehungen

Herausgegeben von Wilfried von Bredow

Wilfried von Bredow

# Militär und Demokratie in Deutschland

Eine Einführung

**VS VERLAG** FÜR SOZIALWISSENSCHAFTEN

Bibliografische Information Der Deutschen Nationalbibliothek
Die Deutsche Nationalbibliothek verzeichnet diese Publikation in der
Deutschen Nationalbibliografie; detaillierte bibliografische Daten sind im Internet über
<http://dnb.d-nb.de> abrufbar.

1. Auflage 2008

Alle Rechte vorbehalten
© VS Verlag für Sozialwissenschaften | GWV Fachverlage GmbH, Wiesbaden 2008

Der VS Verlag für Sozialwissenschaften ist ein Unternehmen von Springer Science+Business Media.
www.vs-verlag.de

Umschlaggestaltung: KünkelLopka Medienentwicklung, Heidelberg
Druck und buchbinderische Verarbeitung: Krips b.v., Meppel
Gedruckt auf säurefreiem und chlorfrei gebleichtem Papier
Printed in the Netherlands

ISBN 978-3-531-15712-2

# Inhalt

# Einleitung: Wozu Streitkräfte?

Gewaltsamkeit im Umgang nicht nur mit der Natur, sondern auch mit ihresgleichen gehört zu den am tiefsten verwurzelten Verhaltensmustern von Menschen. Physische Gewalt wird häufig mit einem leicht abschätzigen Unterton als „rohe Gewalt" bezeichnet. Diesen Sprachgebrauch gibt es allerdings noch nicht sehr lange. In modernen Gesellschaften scheint Gewalt als Selbstbehauptungs- und Durchsetzungsmittel zwischen Menschen niedriger bewertet zu werden als in früheren geschichtlichen Epochen. Das liegt vermutlich daran, dass in diesen Gesellschaften immer weniger technische und soziale Alltagsprobleme mit physischer Gewalt erfolgreich bearbeitet werden können, oder jedenfalls allein damit. Dafür sind sie zu komplex geworden.

Zugleich deutet das verwendete Adjektiv ,roh' darauf hin, dass es offenbar noch andere Arten der Gewalt geben muss, raffinierte und ,ausgekochte'. Der relative Abstieg der ,rohen Gewalt' als Verhaltens- und Beziehungsmuster zwischen Individuen und Gruppen, auch zwischen Staaten, und der relative Aufstieg von sanfteren Erscheinungsweisen der Gewalt, für die dann vielleicht sogar der Begriff der Gewalt gar nicht mehr recht zuzutreffen scheint, genau dies wird manchmal mit einigem Optimismus als der Kern des Zivilisationsprozesses bezeichnet.

Ob es wirklich Anlass zu einem solchen Optimismus gibt, darüber kann man geteilter Meinung sein. Auf Gewaltsamkeit zwischen Gruppen und, seit es sie gibt, zwischen Staaten trifft man in jeder Epoche und überall. Die Gründe für die Anwendung von physischer Gewalt haben sich im Laufe der Zeit immer wieder verändert, ebenso ihre Formen. Es lässt sich kaum bestreiten, dass die organisierte Anwendung physischer Gewalt und die Kriegsführung in der Geschichte der Menschheit immer schon von großer Grausamkeit gekennzeichnet waren. Die Menschen entwickelten dabei viel Phantasie. Ihr Einfallsreichtum war schier unerschöpflich. Nun werden aber Krieg und andere Anwendungsformen physischer Gewalt im Laufe der letzten Jahrhunderte als immer grausamer empfunden. Auch sind die Zahlen der Toten, Verwundeten und anderen Kriegsopfer im Zeitalter der Weltkriege drastisch angestiegen.

Das hat zu einer merkwürdigen Bewusstseinsspaltung geführt. Denn während auf der einen Seite auch in der ,zivilisierten Welt' Kriege und organisierte Gewalt immer brutaler und opferreicher geworden sind, hat sich auf der anderen Seite die Einstellung einer wachsenden Zahl von Menschen zu Krieg und organisierter Gewalt verändert und ist distanziert bis ablehnend geworden. Im Deutschen Kaiserreich und in anderen europäischen Gesellschaften um die Wende zum 20. Jahrhundert galt der Krieg vielen Bürgern noch als eine positiv beurteilte „Bewährungsprobe" für Individuen (für Männer) und auch für ganze Staaten, die man sich bezeichnenderweise als eine Art Gesamtorganismus vorstellte. Der Tod auf dem Schlachtfeld galt als ehrenvoll und gab dem Leben sogar einen höheren Sinn, von dem der Gefallene selbst allerdings nichts mehr mitbekam. Nur konnte er beim Ausrücken in den Krieg erwarten, dass sein Tod ihn quasi automatisch zu einem „Helden" machen würde. Der Spruch der Römer *dulce et decorum est pro patria mori* (süß ist's und ehrenvoll, für's Vaterland zu sterben) schmückte zahlreiche Sonntagsreden des 19. und frühen 20. Jahrhunderts.

Derartige Überhöhungen sind am Beginn des 21. Jahrhunderts in Deutschland und Europa, auch in vielen anderen Ländern der Welt (wenn auch nicht überall), nur noch bei Minderheiten zu finden. Dies gilt auch für die Soldaten in den Streitkräften dieser Länder, jedenfalls für solche, die ernsthaft über ihren Beruf nachgedacht haben. Dennoch gehören Krieg und andere Formen kollektiver Gewalt zu den auffälligsten sozialen Phänomenen der Gegenwart. Wenn einige Optimisten davon geträumt haben, dass mit dem Ende des Ost-West-Konflikts 1989/90 der Krieg abgeschafft oder zumindest weitgehend aus dem internationalen System verbannt werden würde, dann mussten sie sich bald vom Gegenteil überzeugen lassen. Zwar hat sich die Zahl *zwischenstaatlicher* Kriege verringert, aber dafür gibt es mehr *innerstaatliche* Kriegshandlungen und Bürgerkriege.

Sollte sich diese Tendenz verstärken, so würde dies die Umkehrung eines die letzten Jahrhunderte kennzeichnenden geschichtlichen Prozesses bedeuten. Damit ist die Ausbildung des modernen Staates und des modernen Staatensystems im 16. und 17. Jahrhunderts gemeint. Man hat dieses Staatensystem, weil es sich 1648 nach dem Dreißigjährigen Krieg aus den Friedensverhandlungen in Münster und Osnabrück zum ersten Mal in seiner vollen Gestalt herauskristallisierte, auch das *Westfälische System der internationalen Beziehungen* genannt. Es beruhte auf zwei Grundsätzen, auf dem staatlichen Gewaltmonopol nach innen und der staatlichen Souveränität nach außen. Nach innen, in die Gesellschaft hinein, waren und sind Polizei-Verbände die hauptsächlichen Träger dieses Monopols. Nach außen, in das internationale System hinein, waren und sind es die Streitkräfte. Vereinfachend lässt sich feststellen, dass in ‚funktionierenden' Gesellschaften die Streitkräfte ein Instrument in der Hand der Staatsführung sind und kein politisches Eigenleben entwickeln oder sich an Versuchen zur gewaltsamen Absetzung der Regierung beteiligen. (Wir dürfen hier allerdings das Adjektiv ‚funktionierend' nicht mit bestimmten politisch-moralischen Wertvorstellungen verknüpfen.)

In Gesellschaften, in denen die politische Kontrolle der Streitkräfte nicht klappt oder in denen das staatliche Monopol der organisierten physischen Gewalt wirksam durchbrochen ist, kommt es früher oder später zu Militärputschen, Aufständen und Bürgerkriegen. Der Staat löst sich auf und zerfällt, weil es niemanden gibt, der die auseinanderstrebenden Interessen der verschiedenen Gruppen zusammenbinden kann. Es sind genau solche Vorgänge, die wir heute vielfach beobachten, insbesondere in Afrika und Asien. Daraus schließen einige wenige Experten, dass nicht nur eine ganze Reihe von Staaten weiter dem Zerfall preisgegeben sein wird (*failing* oder *failed states*), sondern dass auch das inzwischen global gewordene Westfälische System der internationalen Beziehungen dabei ist, obsolet zu werden. Mit dieser Prognose schießen sie zwar vermutlich weit übers Ziel hinaus. Aber sie schärfen unseren Blick für den Zusammenhang zwischen innerstaatlicher und internationaler Ordnung.

In den Humanwissenschaften, von der Philosophie bis zur Psychologie, von der Anthropologie bis zur Soziologie, von der Geschichts- bis zur Politikwissenschaft ist den Ursachen und Folgen von Krieg und organisierter Gewalt immer schon Aufmerksamkeit gewidmet worden, ohne dass endgültige Antworten oder gar erfolgreiche Rezepte für deren Eindämmung oder Überwindung gefunden worden wären. In jüngster Zeit sind es vor allem die Internationalen Beziehungen, die Friedens- und Konfliktforschung sowie als eine ihrer Unter- und Teildisziplinen die Kriegsursachenforschung, die sich mit den Problemen von Krieg und organisierter Gewalt auseinandersetzen. Es mag auf den ersten Blick erstaunen, dass der mächtigste Träger organisierter Gewalt, die Streitkräfte nämlich, in den meisten dieser Forschungen eher am Rande auftauchen. Streitkräfteforschung hat es in den vergangenen Jahrzehnten am ehesten im Rahmen der Soziologie, gewissermaßen als Sonderfall der Organisationssoziologie gegeben. In Deutschland haben sich, anders als etwa in den Vereinigten Staaten von Amerika, nur wenige Wissenschaftler und Wissenschaftlerinnen mit diesem Thema beschäftigt. Ein großer Anteil von ihnen von ihnen war und ist in akademischen Einrichtungen der Streitkräfte beschäftigt. An den Universitäten fanden und finden sich kaum Sozialwissenschaftler mit Expertenwissen über die Streitkräfte.

Dies hat mir die Aufgabe, eine Monographie über die deutschen Streitkräfte und ihre Integration in Staat und Gesellschaft, ihre sicherheitspolitischen Aufgaben und ihre Einbindung in europäische und transatlantische Strukturen vorzulegen, gleichzeitig erleichtert und erschwert. Erleichtert insofern, als trotz der in jüngster Zeit rasch anwachsenden Zahl an Fach-Publikationen in diesem The-

menfeld der akademisch-politische Diskurs immer noch einigermaßen über-
schaubar ist. Als zunehmend erschwerend wirkt sich allerdings meine mit einer
gewissen, man möchte sagen: Sturheit beibehaltene Absicht aus, die gemeinhin
vorgenommenen Grenzlinien zwischen wichtigen Teilaspekten der Thematik zu
ignorieren. Es geht mir vor allem darum, die organisationssoziologische mit der
sicherheitspolitischen Analyse zu verbinden. Erst wenn man beides kombiniert,
kann man die *frequently asked questions*, die häufig gestellten Fragen, angemessen
aufgreifen und debattieren: Haben wir die richtigen Streitkräfte für die Aufgaben,
die sie erfüllen sollen? Müssen wir mehr öffentliche Mittel für die Streitkräfte
aufbringen oder können wir hier Einsparungen vornehmen? Funktioniert die
demokratische Kontrolle der Streitkräfte? Wie verbinden sich militärische und
nicht-militärische Komponenten in einer umfassenden Sicherheitspolitik? Wie
wird sich die Entwicklung der globalen Sicherheitslandschaft auf die Bundeswehr auswirken, auf den Katalog ihrer Aufgaben, ihre Ausrüstung und ihre
Ausbildung? Wie können die hoch im Kurs stehenden, indes durchaus nicht
unumstrittenen Grundsätze der Inneren Führung den neuen Herausforderungen
an die Bundeswehr angepasst werden?

Dies ist keine „Geschichte" der Bundeswehr von ihren Anfängen bis zur
Gegenwart, obgleich auch in einer systematisch-analytisch angelegten sozialwissenschaftlichen Untersuchung wie dieser selbstverständlich die politischen, sozialen und organisatorischen Entwicklungen immer in ihren historischen Zusam-
menhängen gesehen werden. Aber der Blick über solche historischen Sequenzen
hinweg ist einmal weiter und reicht bis ins 19. Jahrhundert zurück, mal wird er
aber konzentriert auf wichtige Teilaspekte größerer Entwicklungen. Im Mittelpunkt dieses Studienbuches stehen also *erstens* die zivil-militärischen Beziehungen in Deutschland (hier gibt es dann kurze Seitenblicke auf andere europäische
Gesellschaften) und *zweitens* die entscheidenden politischen und militärischen
Voraussetzungen und Aspekte der gegenwärtigen Sicherheitspolitik Deutschlands in ihrem europäischen Rahmen. Dieser ist in letzter Zeit immer weiter in
den Vordergrund gerückt. Denn die Europäische Union versucht mit einigem
Elan, ihre weltpolitische Rolle umzudefinieren und durch den Ausbau ihrer *Gemeinsamen Außen- und Sicherheitspolitik* (GASP) sowie der *Europäischen Sicherheits-
und Verteidigungspolitik* (ESVP) als sicherheitspolitischer Akteur mit eigenständigen Vorstellungen und Handlungen in Erscheinung zu treten.

Im *ersten Teil* werden die grundlegenden konzeptionellen Vorstellungen
entwickelt und ausgefaltet, die dieser Studie zugrunde liegen. Außerdem werden
hier die forschungs-organisatorischen Grundlagen behandelt, die näher zu kennen für weitere Studien auf diesem Themengebiet besonders hilfreich sind. Im

letzten Jahrzehnt hat sich in Deutschland die akademische Scheu vor Themen wie Streitkräfte und Sicherheitspolitik zwar nur ein wenig verloren, aber das Interesse an diesen Themen ist gewachsen, zweifellos nicht zuletzt wegen der veränderten Rolle, die Deutschland heute im internationalen System oder, wie der nicht ganz korrekte und jedenfalls ziemlich euphemistische Ausdruck dafür lautet: in der internationalen Staatengemeinschaft spielt. Militär und Krieg sind in Deutschland (anders als in den Vereinigten Staaten, Frankreich oder Großbritannien) zwar immer noch eher marginale Themen sozialwissenschaftlicher Forschung und Lehre. Aber immerhin stigmatisieren sie diejenigen, die sich damit beschäftigen, nicht länger zu misstrauisch beäugten Außenseitern.

Der *zweite Teil* bietet einen knappen, historisch fundierten Überblick über die Entwicklung des Verhältnisses von Militär, Politik und Gesellschaft in Deutschland. Die nationale Vergangenheit dient dabei als Folie, um die Neuordnung dieses Verhältnisses nach dem Zweiten Weltkrieg besser verstehbar zu machen. Zwischen 1949 und 1990 gab es zwei deutsche Staaten, beide gleichermaßen das Resultat der Niederlage von 1945, deren Ordnungsstrukturen und Herrschaftspraktiken man sich aber unterschiedlicher kaum denken konnte. Trotzdem gelang die Vereinigung dieser beiden Staaten 1990 ohne gewaltsame Friktionen. Gerade die Soldaten diesseits und jenseits der weggefallenen *Demarkationslinie* im Ost-West-Konflikt hatten viel weniger Verständigungs-Probleme miteinander als andere Berufsgruppen, obwohl sie doch vorher zwei einander feindlich gegenüberstehenden, hochgerüsteten Militärbündnissen angehört hatten. Dieser erstaunliche Sachverhalt verdient eine nähere Untersuchung.

Im *dritten Teil* geht es um die Beschreibung und eine sich daran anschließende Analyse der Neuordnung des zivil-militärischen Verhältnisses in der Bundesrepublik Deutschland nach 1949 oder, mit Blick auf das Gründungsdatum der Bundeswehr, 1955. Als die Bundeswehr gegründet wurde, wurden sowohl von außen, von den Verbündeten in NATO und WEU, als auch von innen, vom Parlament, von der Regierung und aus der kritischen Öffentlichkeit heraus, Vorkehrungen getroffen, die insgesamt darauf hinausliefen zu verhindern, dass diese neue Streitmacht sich je wieder zum Promotor eines deutschen Machtstrebens auf Kosten seiner Nachbarn und ebenso wenig zur anti-demokratischen Gegenmacht der rechtmäßigen Regierung würde aufschwingen können. *Demokratie-Kompatibilität* war, ebenso wie *Bündnis-Integration*, Entstehungsbedingung der Bundeswehr, eine *conditio sine qua non*. Die Konzepte und Modelle, verfassungsrechtlichen Grundlagen und politischen Kontroll-Einrichtungen, die in den fünfziger Jahren des 20. Jahrhunderts entworfen wurden, haben bis heute Geltungskraft, sind freilich auch fortentwickelt worden und stehen seit dem Ende des Ost-West-

Konflikts vor einer neuen Bewährungsprobe. Das gilt nicht zuletzt auch für die Innere Führung der Bundeswehr, eine konzeptionelle Innovation der Gründungsjahre, welche nun auf die neuen Herausforderungen eingestellt werden muss. Denn in der Tat haben sich die Anforderungen an die Bundeswehr und damit das Berufsprofil des Soldaten erheblich verändert.

Um die Ausgangspositionen in diesem Veränderungsprozess und um diesen selbst geht es im *vierten Teil*, in dem zunächst die seinerzeit völlig neuartigen, aus heutiger Sicht schon wieder als traditionell und teilweise historisch überholt zu bezeichnenden Aufgaben der Bundeswehr in den ersten Jahrzehnten ihres Bestehens nachgezeichnet werden. Die beiden Schlüsselbegriffe lauteten damals *Verteidigung* und *Abschreckung*. In der von Rückschlägen nicht freien Entspannungsphase des Ost-West-Konflikts, die für die Bundesrepublik Deutschland gegen Ende der 1960er Jahre mit leichter Verspätung gegenüber den amerikanisch-sowjetischen Beziehungen begann, wurden diese beiden Begriffe ergänzt durch den der *Rüstungskontrolle*. Ein weiterer Schwerpunkt dieses Teils liegt auf der Erweiterung des Sicherheitsbegriffs nach 1990. Der Katalog der Risiken, Gefahren und Bedrohungen ist nach 1990 in allen westlichen Ländern völlig umgeschrieben worden. Begriffe und Konzepte wie *Neue Kriege* und *Asymmetrische Bedrohung* haben sich in den Vordergrund der Debatten geschoben. Westliche Militärbündnisse haben nach 1990 sukzessive ihre Gestalt verändert, und mit den Bemühungen um eine gemeinsame europäische Sicherheitspolitik taucht – vielleicht – ein neuer sicherheitspolitischer Akteur in der sich immer weiter global vernetzenden Sicherheitslandschaft auf. Welche neuen Aufgaben kommen auf die Streitkräfte in diesen Kontexten zu und wie müssen sie darauf reagieren? Wie sieht der bereits zurückgelegte Weg hin zu einer Europäischen Verteidigungs- und Sicherheitspolitik aus und welche Etappen sind noch zu bewältigen?

Den Konsequenzen, welche diese Aufgabenverlagerung für die Organisation, Ausbildung und für die Einsatzgrundsätze von Streitkräften hat, wird im *fünften Teil* nachgegangen. Die Transformationen der Bundeswehr, man kann hier ruhig den Plural benutzen, können aber wiederum nicht ausschließlich organisationsbezogen betrachtet werden, sondern müssen auch an den Anforderungen an Demokratie-Kompatibilität der Streitkräfte gemessen werden. Oberster Mess-Akteur ist dabei die politisch interessierte Öffentlichkeit. Da für deren Information und Urteilskraft neben den verschiedenen Bildungseinrichtungen auch und vor allem die Medien sorgen, sollen am Ende dieses Kapitels das Verhältnis Bundeswehr/Öffentlichkeit und die Rolle der Medien in den Blick genommen werden. Das Aufgabenspektrum der Bundeswehr hat sich seit 1990 erheblich erweitert. Nicht mehr Verteidigung und Abschreckung stehen im Vordergrund, sondern Friedensmissionen und Interventionsfähigkeit *out of area* (das heißt: außerhalb des Territoriums der NATO-Mitgliedsstaaten). Die sichtbaren und unsichtbaren Implikationen dieses dramatischen Vorgangs werden thematisiert und auf innere Widersprüchlichkeiten sowie nicht-intendierte Konsequenzen abgeklopft. Die Grundfrage, die in diesem Zusammenhang Politiker wie ihre Wählerinnen und Wähler, Pazifisten und Soldaten gleichermaßen bewegt, ist die nach den Möglichkeiten einer Ordnung, die wirksam den Schutz der Menschen vor der Gewalt anderer Menschen garantiert. Diese Frage ist alt. Aber sie stellt sich am Beginn des 21. Jahrhunderts neu, weil die Bedrohung der Menschen durch andere Menschen wegen der enorm gestiegenen Mobilität und der globalen Vernetzung von Individuen und Gruppen ihrerseits globalen Charakter angenommen hat. Jeder lokale Krieg kann jederzeit horizontal eskalieren, in andere Länder exportiert werden – die Bilder von Krieg und Gewalt werden ohnehin, oft in Echtzeit, um den ganzen Erdball gesendet. Die Attentate vom 11. September 2001 in New York und Washington haben zwar nicht die Welt verändert, aber sie haben auf schreckliche Weise in jedermanns Bewusstsein gerufen, wie groß der Vorsprung der realen Entwicklung gegenüber unserer Reflexion darüber schon geworden ist. Diesen Abstand zu verringern, ist das Ziel dieses Buches.

Das Schlusskapitel bietet einen knappen Ausblick und geht auf die Frage ein, wie künftig eine umfassende Sicherheitspolitik mit ihren militärischen und nicht-militärischen Elementen im Rahmen der Europäischen Union gestaltet werden muss, und wie die verschiedenen Akteure, staatliche wie nicht-staatliche, am wirkungsvollsten kooperieren können, um den vielfältigen Bedrohungen von Frieden und Risiken für die Sicherheit möglichst erfolgreich zu begegnen.

Für das vorliegende Buch habe ich auf eine inzwischen schon ziemlich umfangreiche Zahl von Vorarbeiten zurückgegriffen, insbesondere auf eine frühere Publikation von mir („Demokratie und Streitkräfte" aus dem Jahr 2000) sowie auf den Kurs „Militär, Gesellschaft und Politik in der Bundesrepublik Deutschland", den ich 2003 für die FernUniversität in Hagen geschrieben habe. Allerdings geht es hier, wie im Untertitel deutlich wird, um mehr und anderes als nur die zivilmilitärischen Beziehungen in Deutschland. Für die Fertigstellung des Manuskripts war ein einmonatiger Aufenthalt am Sozialwissenschaftlichen Institut der Bundeswehr in Strausberg von großem Nutzen – ich danke dem Institutsdirektor Ernst-Christoph Meier und den wissenschaftlichen und nicht-wissenschaftlichen Mitarbeiterinnen und Mitarbeitern des Instituts für eine große Zahl von Anregungen. Stellvertretend für sie alle nenne ich Gerhard Kümmel, von dem ich inzwischen mindestens so viel gelernt habe wie er seinerzeit als Student und Doktorand in Marburg von mir. Großen Dank schulde ich auch meinen Kolleginnen und Kollegen aus der internationalen *scientific community* der Militärsoziologie, vor allem Karl W. Haltiner, Charles C. Moskos, Giuseppe Caforio und Bernard Boëne. Ohne die unermüdliche formale Hilfestellung von David Bosold würde das Manuskript nicht so rasch verlagsreif geworden sein. Von ihm, dem Experten für das kanadische Konzept der *human security*, bin ich aber auch inhaltlich angeregt worden, ebenso wie von Michael Küllmer und Jan Germann. Und es ist mehr als nur eine altmodische rhetorische Verbeugung, wenn ich an dieser Stelle auch den gar nicht so wenigen Studentinnen und Studenten in meinen Lehrveranstaltungen zur Strukturgeschichte der Bundeswehr und zur Sicherheitspolitik einen Dank ausspreche. Sie haben mich dazu angehalten, eine Synthese von sprachlicher Klarheit und gedanklicher Komplexität anzustreben.

# 1.Teil
# Prekäre Balance: Politik und Gewalt

Die Macht kommt aus den Gewehrläufen, hat Mao Tse-tung geschrieben, als er noch ein revolutionärer Guerilla-Kämpfer war. Er meinte aber eigentlich erst einmal die Gewalt. Die ist eine Ressource für Macht. Zwar gibt es auch Macht, die sich aus anderen Ressourcen speist. Aber in den dramatischen machtpolitischen Auseinandersetzungen innerhalb und zwischen Staaten hat schon immer eine entscheidende Rolle gespielt, wer über wie viele Gewehrläufe gebietet. Der Ausdruck Gewehrläufe, von Mao seinerzeit ganz wörtlich gemeint, steht in einer verallgemeinernden Betrachtung als *pars pro toto* für Kriegswaffen aller Art, von den Speeren und Schwertern vergangener Jahrtausende bis zu den modernen Nuklearwaffen.

Aus Maos Bemerkung folgt nun aber keineswegs, dass es deshalb immer die Soldaten sind, das heißt ihre militärischen Befehlshaber, die deshalb in politischen Gemeinwesen automatisch das Sagen haben. Als allgemeine und im Grunde für die gesamte Geschichte politischer Zivilisationen seit mehr als 5000 Jahren zutreffende Faustregel gilt: Die direkte Ausübung der Herrschaft durch Soldaten, durch das Militär funktioniert schlecht und ist in erster Linie ein Zeichen für das Versagen der zivilen Herrschaftsordnung. Wo diese erfolgreich ist, setzt sich eine Art Arbeitsteilung zwischen ziviler Regierung und dem Militär durch, in welcher letzteres durch erstere unter Kontrolle gehalten wird. Wie das im einzelnen geschieht, ist vom jeweiligen historischen Kontext und der politischen Kultur der Gesellschaft abhängig.

## 1 Schutz und Bedrohung

### 1.1 Gleichheit und Gewalt

Vergleichen wir einmal die beiden folgenden Aussagen:

- Alle Menschen sind gleich
- Im Hinblick auf ihre physische und psychische Kraft, ihre Gesundheit, ihre Schönheit, ihre Intelligenz und ihre Chancen auf ein erfülltes Leben könnten die Menschen kaum unterschiedlicher sein.

Die erste dieser beiden Aussagen wird in unserer Gesellschaft gemeinhin akzeptiert; sie liegt dem Konzept der egalitären Demokratie zugrunde, und es gibt zahlreiche Bemühungen, Defizite bei der Umsetzung dieses Konzepts ausfindig zu machen und abzubauen.

Die zweite Aussage kann von niemandem ernsthaft bestritten werden, aber sie erzeugt vielfach auch ein so starkes Unbehagen, dass immer wieder Versuche unternommen worden sind, in der sozialphilosophischen Theorie und in der politischen Praxis, solche als ungerecht und unfair empfundenen Unterschiede auszugleichen.

Aus der Sichtweise derjenigen, die dies tun wollen, entweder aus Eigeninteresse oder aus einem darüber hinausgehenden Gefühl für Gerechtigkeit heraus, gilt Gewalt als eines der wirksamsten Instrumente zur Etablierung und Aufrechterhaltung von Ungleichheit. Gewalt wird von den Eliten gegen die gewöhnlichen Leute benutzt, von den herrschenden Klassen zur Unterdrückung der niedrigen Klassen oder von Männern gegen Frauen, um ihnen gleiche Rechte zu verwehren. Gewalt kennzeichnet die Beziehung zwischen denen, die „oben" sind, und denjenigen, die „unten" gehalten werden, zwischen den *topdogs* und den *underdogs*. Dabei geht es nicht nur um physische Gewalt, sondern auch um subtilere Formen. Allerdings bleibt der Rückgriff auf physische Gewalt den *topdogs* auch dann als letzte Möglichkeit, wenn sie es eigentlich vorzögen, die ihnen zupass kommende Ungleichheit mit anderen Mitteln (Propaganda, Korrumpierung, eingehaltene oder nicht eingehaltene Wohlstandsversprechungen) aufrechtzuerhalten. Wenn die Ungleichheit jedoch so groß wird, dass sie von den *underdogs* als unerträglich empfunden wird, dann gewinnen Befreiungskonzepte Resonanz, in denen Gewalt, jetzt aber „Gewalt von unten" oder „Gegengewalt" zur Abschaffung der Ungleichheit propagiert wird.

In einer anderen Perspektive sind es in der Tat gerade die physische Gewalt und der Sachverhalt, dass alle Menschen als Individuen ihr letztlich gleichermaßen ausgesetzt sind, die ihre Gleichheit begründen. Es ist dies die Hobbes'sche Perspektive. In seinem Buch vom „Leviathan" findet sich die berühmte Passage:

> „Die Menschen sind von Natur aus gleich, sowohl in ihren körperlichen als auch in den geistigen Anlagen. Es mag wohl jemand erwiesenermaßen stärker sein als ein anderer oder schneller in seinen Gedankengängen, wenn man jedoch alles zusammen bedenkt, so ist der Unterschied zwischen den einzelnen Menschen nicht so erheblich, dass irgend jemand Veranlassung hätte, sich einen Anspruch daraus herzuleiten, den ein anderer nicht mit dem gleichen Recht geltend machen könnte. Man nehme nur die Körperstärke: Selbst der Schwächste ist stark genug, auch den Stärksten zu vernich-

ten; er braucht sich nur einer List zu bedienen oder sich zu verbinden mit anderen, die in derselben Gefahr sind wie er" (Hobbes 1965, 96-97).

Beide Perspektiven schließen sich gegenseitig keineswegs aus. Doch besteht ein Kontrast zwischen ihnen, weil die Einstellung von Hobbes zur Gewalt fatalistisch eingefärbt ist und er in ihrer gleichmacherischen Qualität eher eine Bedrohung von stabilen sozialen Ordnungen erkennt, wohingegen die Unterdrückungs- und Befreiungs-Theoretiker jeweils zwischen einer negativen und einer positiven Seite von Gewalt unterscheiden. Aber alle stimmen darin überein, dass physische Gewalt zwischen Menschen verringert werden sollte. Organisierte physische Gewalt sollte in der Gesellschaft besonders legitimiert und im Verkehr der Staaten untereinander möglichst wirkungsvoll unter Kontrolle gehalten werden.

## 1.2 Relativierung und Optimierung physischer Gewalt

Der Soziologe Heinrich Popitz hat physische Gewalt folgendermaßen definiert:

> „Gewalt meint eine Machtaktion, die zur absichtlichen körperlichen Verletzung anderer führt, gleichgültig, ob sie für den Agierenden ihren Sinn im Vollzug selbst hat (als bloße Aktionsmacht) oder, in Drohungen umgesetzt, zu einer dauerhaften Unterwerfung (als bindende Aktionsmacht) führen soll" (Popitz 1999, 48).

Ob als auf den Augenblick der Gewaltausübung beschränkte oder – in der Absicht der Gewalttäter – als dauerhaft bindende Aktionsmacht – physische Gewalt eignet sich zur Destruktion, aber zur Fundierung konstruktiver sozialer Beziehungen eignet sie sich kaum. Das gilt für den Bereich der persönlichen Beziehungen und ebenso für ganze Gesellschaften. Gewalt in der Ehe vertieft (entgegen volkstümlichen Altherren-Witzen) das Unglück der Partner. Ein Staat, der wie die totalitären Regime im 20.Jahrhundert seine Untertanen massenweise terrorisiert, kann sich zwar eine Zeitlang, aber nicht auf Dauer an der Macht halten.

Die Rolle von individueller und kollektiver Gewalt hat sich im Laufe der Geschichte verändert. Außerdem ist festzuhalten, dass unterschiedliche Kulturen ihr einen unterschiedlichen Stellenwert einräumen. Darüber gibt es seit ein paar Jahren aufschlussreiche Forschungen in vergleichender Perspektive (vgl. etwa von Stietencron/Rüpke 1995; Sofsky 1996; Sieferle/Breuninger 1998). In den arbeitsteiligen Gesellschaften des Westens mit ihren von der Aufklärung modellierten politischen Wertvorstellungen über Demokratie und Menschenwürde ist die physische Gewalt nicht weniger präsent als in anderen Gesellschaften. Aber sie wird hier als ein eher grobes und dysfunktionales Medium zwischenmenschlicher Beziehungen angesehen. Um Individuen und Gruppen dazu zu bringen, die geltenden Normen und Gesetze zu akzeptieren und zu verinnerlichen, wird physische Gewalt in der Regel skrupulöser als früher verwendet. An ihre Stelle sind Überzeugung, Überredung und psychischer Druck getreten. Dies betrifft die sozialen Beziehungen der Menschen ganz allgemein, man denke etwa an den Rückzug der Prügelstrafe im Erziehungsprozess. Es betrifft auch die politischen Beziehungen zwischen (demokratisch legitimierten) Regierungen und den Bürgerinnen und Bürgern. Ob sich damit ein langfristiger Zivilisationsprozess anbahnt, an dessen Ende gewaltfreie Gesellschaften stehen werden, ist umstritten, nach den Erfahrungen des letzten Jahrhunderts mit ihren zivilisatorischen Einbrüchen aber eher unwahrscheinlich.

Auch in den westlichen Demokratien gibt es auf jeden Fall umfangreiche Organisationen, zu deren Aufgaben unter bestimmten Umständen der Einsatz physischer Gewalt gehört. Für die Aufrechterhaltung der inneren Ordnung und den Schutz der Bürger sind die verschiedenen Organisationen der *Polizei* zuständig. Zum Schutz gegen Angriffe von außen und zur demonstrativen Abstützung der staatlich-gesellschaftlichen Freiheit der Eigenentwicklung unterhalten die Staaten *Streitkräfte*. In den vergangenen Jahrhunderten waren die Staaten durch keine rechtlichen Schranken daran gehindert, zur Durchsetzung ihrer Interessen (seien es nun die Interessen des Herrschers oder das kollektive Interesse der Nation) auch ihre Streitkräfte einzusetzen. Der Entschluss dazu beruhte letztlich nur auf einem Kosten-Nutzen-Kalkül, wobei die Herrscher sich um die Folgen solcher Gewalteinsätze für die betroffenen Menschen wenig Gedanken zu machen brauchten (manche taten es trotzdem, viele aber auch nicht).

Wenn zwei oder mehr Staaten zwecks Durchsetzung ihrer Interessen die Streitkräfte gegeneinander aufmarschieren lassen und es zu Gewaltaktionen kommt, nennt man dies Krieg. Es gibt viele leicht unterschiedliche Kriegsdefinitionen. In Anlehnung an die Definition der Arbeitsgemeinschaft Kriegsursachenforschung (2005, 10) lässt sich für die Gegenwart Krieg bestimmen als ein gewaltsamer Massenkonflikt, an dem mindestens auf einer Seite reguläre Truppen beteiligt sind, bei dem alle Konfliktparteien ein Mindestmaß an zentraler Organisation und Steuerung der Gewalt zeigen und dessen bewaffnete Operationen in einem planmäßigen Zusammenhang stehen. Staaten sind also nicht die einzigen Akteure, die in einen gewaltsamen Konflikt ziehen oder mit dem Ziel, bestimmte Interessen zu wahren oder durchzusetzen, hineingezogen werden können. Das können auch politische Gruppierungen innerhalb eines Staates sein. Auf jeden Fall ist wichtig festzuhalten, dass Kriege immer auf der Anwendung organisierter physischer Gewalt zwischen Gegnern mit einander entgegengesetzten politischen Zielen beruhen.

Seit dem Ende des 19. Jahrhunderts hat sich vor dem Hintergrund dramatischer Veränderungen des Kriegsbildes ein langsam umfangreicher werdender Kanon von Regeln für das Verhalten von Soldaten und militärischen Einheiten im Krieg herausgebildet, zusammengefasst in dem Begriff des *humanitären Völkerrechts*. Diese Vorschriften ergänzen den ungeschriebenen professionellen Code der Soldaten, der eine längere, freilich auch eine ziemlich löcherige Geschichte hat (vgl. Elias 1950). Nach dem Ende des Ersten Weltkriegs (1914-1918) verstärkten sich die politischen Bemühungen, den Staaten die Anwendung organisierter physischer Gewalt außer zu Verteidigungszwecken zu verbieten. Rechtlich zulässig ist sie heute, das haben jedenfalls die Mitgliedsstaaten der Vereinten Nationen durch ihre Unterschrift unter deren Charta formal akzeptiert, ausschließlich zur Abwehr einer Aggression sowie, wenn durch den Sicherheitsrat im Namen der internationalen Völkergemeinschaft beschlossen, zur Verhinderung einer Bedrohung des Weltfriedens und der internationalen Sicherheit.

Kriege hat es seither dennoch in großer Zahl gegeben. Nicht nur das – die Menschen im 20. Jahrhundert haben zwei Weltkriege durchlebt, eine beispiellos dynamische Weiterentwicklung der Rüstungstechnologie und, als Folge davon, der Militärstrategie gesehen sowie eine breite Auffächerung des Kriegsbildes, das nun an dem einen Ende der Skala subkonventionelle Partisanenkriege und Terrorismus, an ihrem anderen Ende den Nuklearkrieg mit mehrfachen *overkill*-Kapazitäten umfasst.

Streitkräfte als Organisationen optimierter und kontrollierter physischer Gewalt wurden und werden gebraucht als symbolisches und faktisches Mittel zur Demonstration der Macht eines Akteurs (eines Staates, einer Gruppe von Staaten oder einer Gruppierung innerhalb eines Staates). Insofern treffen die berühmten Formulierungen von Clausewitz über den Krieg als die Fortsetzung der Politik unter Beimischung anderer Mittel und über die Streitkräfte als ein Instrument der jeweiligen politischen Führung heute genau so zu wie am Beginn des 19. Jahrhunderts. Dies wird allerdings nicht selten bestritten. Die Kritiker verweisen dabei darauf, dass Gewalt und Krieg den politischen Rahmen, in die sie eingebunden werden sollen, allzu leicht sprengen können. Dann verselbständigt sich die Gewalt. Dafür gibt es eine unendlich lange Liste mit Beispielen aus Geschichte und Gegenwart. Dies ist auch Clausewitz nicht verborgen geblieben.

## 1.3 Das anarchische internationale System

Ein internationales System kann man, im Sinne von Raymond Aron, definieren als ein Ensemble voneinander unabhängiger politischer Einheiten mit regelmäßigen politischen, wirtschaftlichen, kulturellen und sicherheitspolitischen Beziehungen untereinander. Dies schließt auch die Möglichkeit ein, dass sie gegeneinander Krieg führen. Das gegenwärtige internationale System entstand als europäisches Staatensystem im 16. und 17. Jahrhundert und breitete sich in der Folgezeit über die gesamte Erde aus. Es ist in der Tat das *erste globale internationale System*, denn zuvor gab es immer nur kleinere, regional begrenzte internationale Systeme (z. B. mit China, Griechenland oder Rom als Zentrum). Seit der Zeit des europäischen Imperialismus vor dem Ersten Weltkrieg und der damals erfolgten Eingliederung sämtlicher Territorien (mit ganz wenigen Ausnahmen, z. B. die Antarktis) in kolonial ausgreifende Staatsverbände bezeichnet der Begriff internationales System eine wirklich planetarische Einheit.

Es ist ganz offensichtlich, dass in jedem internationalen System, unangesehen der in ihm vorhandenen Interessengegensätze und Konflikte zwischen den einzelnen politischen Einheiten, ein gewisses Minimum an allgemein akzeptierten Regeln vorhanden sein muss, denn ohne sie würden alle Bindungen und Verbindungen zwischen ihnen auf Sand gebaut sein. Soziale Beziehungen verlangen grundsätzlich immer Beziehungsregeln, auf jeder Ebene und unabhängig von ihrem jeweiligen Inhalt. Dies trifft auch und sogar ganz besonders zu für ein System, dessen Einheiten untereinander eben nicht im Hobbes'schen Sinne gleich, sondern ganz verschieden sind: unterschiedlich stabil, unterschiedlich mächtig sowie in Bezug auf ihre sozialen und politischen Binnenstrukturen sehr heterogen. Wegen dieser Ungleichheiten ist es für ein internationales System, das nicht rasch wieder zerfallen soll, unabdingbar, Normen und Regeln zu kodifizieren, die das bestehende Ungleichgewicht in der Machtverteilung (ein wenig) ausbalancieren.

Das gegenwärtige internationale System wird unter anderem dadurch gekennzeichnet, dass es eine rasch wachsende Zahl solcher Normen und Regeln entwickelt, dass sich das internationale oder Völkerrecht permanent erweitert und dass die Zahl internationaler Organisationen und internationaler Regime ständig zunimmt. Dies alles und außerdem die Tendenz zur Bildung einer Art Weltöffentlichkeit hat etliche Beobachter der internationalen Politik dazu gebracht, das gegenwärtige internationale System bereits als die Vorform oder sogar als erste Stufe der im Entstehen begriffenen *Weltgesellschaft* zu bezeichnen. Auf der anderen Seite muss man jedoch auch erkennen, dass heute nicht anders als früher die Staaten, und keinesfalls nur die mächtigen Staaten dieses Systems, sich zuweilen die Freiheit nehmen, die Normen und Regeln für die internationale Politik auch schon einmal zu missachten. Meist ist dies zwar mit schwer abschätzbaren Folgekosten verbunden, weshalb jede Regierung gut beraten ist, wenn sie es sich genau überlegt, ob sie ihr Land aus einem bestimmten internationalen Konsens heraushalten oder –lösen will. Aber weil es oberhalb der Ebene der Staaten keine Institution gibt, weder eine politische, noch eine moralische, die mächtige Staaten wirkungsvoll zur Einhaltung von Normen und Regeln verpflichten kann, deswegen gilt auch heute noch die Kennzeichnung des internationalen Systems als anarchisch. Staaten können nur von anderen Staaten dazu gebracht werden, Verstöße gegen die geltenden Normen und Regeln rückgängig zu machen; auch die Vereinten Nationen funktionieren so. Verstöße gegen Regeln, das klingt nicht sehr dramatisch. In der Alltagsgeschichte internationaler Politik geht es allerdings dabei häufig um den Einsatz von Gewalt.

> „It is war and the threat of war that help to determine whether particular states survive or are eliminated, whether they rise or decline, whether their frontiers remain the same or are changed, whether their peoples are ruled by one government or another, whether disputes are settled or drag on, and which way they are settled, whether there is a balance of power in the international system or one state becomes preponderant" (Bull 1977, 187).

Krieg und organisierte Gewalt sind niemals die einzigen Mittel und Mechanismen für die Aufrechterhaltung, Veränderung oder Wiederherstellung der internationalen Ordnung, aber sie waren immer sehr wichtig und sind es bis heute geblieben. Denn alle anderen Mittel, einschließlich wirtschaftliche Macht und Ideologien, müssen auf Dauer versagen, wenn es nicht gelingt, die eigene Sicherheit und damit auch die internationale Ordnung notfalls auch mit militärischen Mitteln zu beschützen.

## 1.4 Gezähmte Anarchie

Anarchie in einem internationalen System ist immer schon gezähmte Anarchie. Wäre es anders, hätte es nie eine Chance gegeben, dass sich überhaupt ein internationales System herausbildet. Gezähmt werden muss vor allem der Fluss der Gewalt. Wie und mit welchem Ziel das hier und heute angegangen werden kann oder soll, darüber gibt es unterschiedliche Auffassungen:

- In den geschichtsphilosophischen Wunsch-Visionen frühbürgerlicher Denker wie Benjamin Constant (1767-1830), Auguste Comte (1798-1857) oder, nicht mehr ganz so früh, Herbert Spencer (1820-1903) würden physische Gewalt und Krieg in naher Zukunft obsolet werden, weil Industrie und Handel sich in einer Weise entwickeln würden, dass alle Menschen davon profitieren könnten. Militär und Streitkräfte würden bald nichts als Relikte der Vergangenheit sein, und die internationale Ordnung könnte ohne den Rückgriff auf Gewalt befestigt werden. Solchen Ideen sah man eigentlich schon in dem Moment, als sie geäußert wurden, ihre Naivität und Weltfremdheit an. Das verhinderte jedoch nicht ihre weite Verbreitung. Seither ist der Gedanke einer gewaltfreien internationalen Ordnung oder sogar einer friedenssichernden Weltregierung immer wieder neu variiert worden.

- Sehr viel bescheidener, indes als Zähmungsversuch von Gewalt auf niedriger Ebene ansatzweise erfolgreich, sind die seit dem 19. Jahrhundert laufenden Bemühungen, das humanitäre Völkerrecht zu erweitern. Einige der bestialischsten Tötungsmethoden sind auf diese Weise von der Liste des im Krieg Erlaubten gestrichen worden. Außerdem wurden einige Minimalstandards bei der Behandlung von Kriegsgefangenen eingeführt. Viel ist das nicht. Vor allem, wenn man an die Brutalisierung der Kriegsführung in den Kriegen der letzten einhundert Jahre denkt. Die Entwicklung des humanitären Völkerrechts hat mit der Entwicklung der militärischen Vernichtungsmöglichkeiten nicht Schritt halten können. Trotzdem ist es sinnvoll, seine Erweiterung anzustreben.

- Scheinbar ist es ein Paradox, aber es sprechen viele Gründe dafür, dass die Nuklearwaffen (Sprengköpfe und Raketen) während des Ost-West-Konflikts nach 1945 einen mäßigenden Einfluss auf die anarchische Konstellation im internationalen System ausgeübt haben. Genauer gesagt, sind es nicht diese Waffen *per se*, die das erreicht haben, vielmehr war es die nuklearstrategische Verklammerung der beiden Führungsmächte des Ost-West-Konflikts.

- Zwar gibt es keinerlei Anzeichen dafür, dass in absehbarer Zukunft eine allgemeine und vollständige Abrüstung erreicht werden könnte; aber Rüstungskontroll- und Rüstungsreduzierungskonzepte haben nicht nur während der Entspannungsphase des Ost-West-Konflikts eine wichtige Rolle gespielt, sondern stehen auch nach 1990 auf der internationalen Tagesordnung. Denn eines der grundlegenden Probleme des Zusammenlebens von Staaten, das sogenannte *Sicherheitsdilemma*, besteht nach wie vor: Alle Maßnahmen zur Erhöhung der eigenen Sicherheit, vor allem solche der Rüstung, können, unangesehen der damit verbundenen Absicht, von konkurrierenden Staaten nur allzu leicht als Bedrohung wahrgenommen werden, und umgekehrt.

So unterschiedlich diese Konzepte und Rezepte auch sind, eines haben sie gemeinsam: Sie tragen alle mehr oder weniger wirksam zur Zähmung der Gewalt im anarchischen internationalen System der Gegenwart bei. Politikwissenschaftler bezeichnen dieses System neuerdings auch gerne als Westfälisches System. Kaum hatte sich dieser Name eingebürgert, als auch schon die Diskussion über das mögliche Ende dieses Typs von internationalem System einsetzte.

## 1.5 Niedergang des Westfälischen Internationalen Systems

Hauptakteur des Westfälischen Systems internationaler Politik ist der souveräne Staat. Er wird definiert durch sein umgrenztes Territorium, seiner Bevölkerung und das Vorhandensein einer irgendwie akzeptierten inneren Ordnung. Der Staat hat sich das Monopol organisierter physischer Gewalt vorbehalten, und er ist in seinem Innern zuständig für die Aufstellung von Gesetzen, für die Einhaltung der Gesetze, für die Regulierung von Konflikten, für den gesellschaftlichen Zusammenhalt. Hinzu kommt die Funktion, seine Bürgerinnen und Bürger und die gesellschaftliche Ordnung insgesamt gegen Angriffe von außen zu schützen. Zur Aufgabenerfüllung dienen die von ihm erhobenen Steuern. Das Westfälische System besteht hauptsächlich aus solchen Staaten, die beanspruchen, diese Funktionen nach innen und nach außen wahrnehmen zu können. In einem Wort: Sie beanspruchen Souveränität.

Es handelt sich bei diesem Typ von internationalem System insofern um ein anarchisches System, als es keine verbindliche Autorität oberhalb der Staaten gibt. Staaten können sich letztlich nur auf ihre eigene Handlungsmacht verlassen, und die Bürgerinnen und Bürger eines Staates entsprechend auf die Fähigkeit ihrer Regierung, davon auf kluge Weise Gebrauch zu machen. Internationale Politik ist in diesem System hauptsächlich, wenn auch keineswegs ausschließlich, zwischenstaatliche Politik, bei der es um die Verfolgung unterschiedlicher nationaler Interessen geht. Wenn nationale Interessen quer zueinander stehen, gibt es zwischenstaatliche Konflikte. Diese werden machtpolitisch bearbeitet, entweder auf diplomatischem Wege oder, wenn den Akteuren dies vertretbar, effektiv und vergleichsweise kostengünstig erscheint, mit Hilfe des Militärs. Die Versuche der Staaten, mittels politischer und militärischer Allianzen zu einem Gleichgewicht der Macht zu finden und sich gegen Bedrohungen ihrer äußeren Sicherheit möglichst immun zu machen, gehören ebenso zu den charakteristischen Zügen des Westfälischen Systems wie ihre Versuche, solche Unsicherheiten über ein Flechtwerk von Normen und Regeln zu verringern.

Der Westfälische Frieden, der 1648 den Dreißigjährigen Krieg im damals noch auf Europa zentrierten internationalen System beendete, hat ihm seinen Namen gegeben. Seither ist häufig genug von den Staaten gegen die Prinzipien dieses Systems verstoßen worden. Es hat sich nicht nur über die ganze Erde ausgedehnt, sondern auch sonst vielfach verändert. Eine tiefe Zäsur bildet, sowohl unter politischen wie unter militärischen Gesichtspunkten, die Französische Revolution, mit der die Phase der sich rasch immer mehr industrialisierenden Massenkriege einsetzte. Es spricht einiges dafür, dass wir eine ähnlich tiefreichende Zäsur miterleben, die eine neue strukturelle Veränderung oder vielleicht sogar das Ende des Westfälischen Systems internationaler Politik markiert, obwohl dies eher unwahrscheinlich ist. Die tragenden Säulen dieses Systems beginnen allerdings, Risse zu zeigen. Die Fähigkeiten der meisten Staaten, ihre Gesellschaften effektiv zu organisieren, als zentraler Bezugspunkt kollektiver Loyalität unangefochten zu bleiben oder die Staatsbürger vor Risiken und Bedrohungen von jenseits der Grenzen ausreichend zu schützen, haben nachgelassen. Staatliche Souveränität ist vielfach porös geworden, zuweilen von den Regierungen der Staaten so gewollt, oft aber gegen deren Absichten. Weil die Volkswirtschaften zunehmend interdependent und von Weltmarktentwicklungen beeinflusst werden, verringern sich die Möglichkeiten staatlicher Bürokratien, die Wirtschafts- und Finanzpolitik eigenständig zu gestalten. Ökologische Probleme können ohnehin nur auf makroregionaler oder globaler Ebene mit Aussicht auf Erfolg angegangen werden – Staaten, die hier alleine handeln wollen, erscheinen da eher als Teil des Problems, als dass sie zu seiner Lösung auf sinnvolle Weise beitragen könnten.

Der relative und sich nicht überall gleich stark manifestierende Niedergang des souveränen Staates und des Systems von modernen Staaten, eben des Westfälischen Systems, lässt sich nicht leugnen. Ob er Ausdruck einer langfristig wirkenden Tendenz zum Verschwinden von beiden Institutionen ist, darüber streiten sich die Theorieexperten in den Sozialwissenschaften. Dieser Streit ist nicht unser Thema. Aber er bietet die Hintergrundmusik für eine andere und mitten in unser Thema hineinzielende Debatte. Wenn nämlich der moderne Staat unter anderem durch den Anspruch auf das Monopol organisierter physischer Gewalt und das Westfälische System unter anderem auch durch einen sich über die Generationen hinweg erweiternden Kanon von Normen und Regeln für das Führen von Kriegen gekennzeichnet sind, dann drängt sich doch die Frage auf, was denn

mit diesen beiden Sachverhalten im Fall des Niedergangs von Staat und Staatensystem passieren wird.

## 1.6 Verwilderung des Krieges

Die am meisten zu hörende Antwort auf diese Frage klingt nicht gerade optimis-
tisch: Obwohl eine genaue Quantifizierung schwierig ist, spricht viel für die
Vermutung, dass der Pegel organisierter physischer Gewalt nicht sinkt, sondern
eher anzusteigen droht. Die Formen der Kriegsführung werden mannigfaltiger,
die Kombattanten kümmern sich dabei weniger um die überlieferten Zähmungs-
Regeln, die ein Minimum an Menschlichkeit bewahren sollen. Immer wieder ist
von Kriegsforschern darauf hingewiesen worden, dass seit einigen Jahrzehnten,
besonders aber nach dem Ende des Ost-West-Konflikts, Kriege nur in seltenen
Ausnahmefällen in der im Westfälischen System dominierenden Form, nämlich
als zwischenstaatliche Kriege auftreten. Mehr und mehr sind gewaltsame Konflikte *innerhalb* von – schwachen und instabilen – Staaten an ihre Stelle getreten.
Die Liste der wichtigsten Ursachen für solche Konflikte ist relativ umfangreich und reflektiert erstens die Schwäche vieler Staaten, als politische Organisation von ihren jeweiligen Bevölkerungen akzeptiert zu werden. Zweitens reflektiert sie die Schwäche des internationalen Systems der Gegenwart, dem Globali-
sierungsprozess eine allseits anerkannte Ordnungsstruktur zu geben.
Die Rüstungstechnologie entwickelt sich derweil auf allen Ebenen weiter,
bei den hochtechnischen Großsystemen ebenso wie bei den Kleinwaffen. In vielen Konflikten der nahen Zukunft werden nicht nur staatliche Streitkräfte mit
völkerrechtlich eindeutig als Kombattanten ausgewiesenen Soldaten, vielmehr
Banden, Söldner und Techno-Partisanen kämpfen. Es wird eine Verschmelzung
von konventioneller und Guerilla-Kriegführung stattfinden. Die von manchen
Experten als revolutionär gekennzeichnete Entwicklung der elektronischen In-
formations- und Führungssysteme und die damit verbundene Technisierung des
Krieges hat keineswegs einen „klinisch sauberen" Krieg zur Folge, als den manche den Golfkrieg im Winter 1990/91 fälschlicherweise interpretiert haben.
Für diese im Gegenteil durchaus „schmutzigen Kriege" sind verschiedene
Namen vorgeschlagen worden: begrenzte Kriege, *low intensity wars*, kleine Kriege, lokale Kriege, Kriege der dritten Art oder, einfach und vermutlich deshalb am
einprägsamsten: neue Kriege.

„Die neuen Kriege...sind vor allem durch zwei Entwicklungen gekennzeichnet, die sie zugleich deutlich von den Staatenkriegen der vorangegangenen Epoche unterscheiden: Zum einen durch Privatisierung und Kommerzialisierung, also das Eindringen privater, eher von wirtschaftlichen als von politischen Motiven geleiteter Akteure in das Kriegsgeschehen, und zum anderen durch Asymmetrisierung, das heißt durch das Aufeinanderprallen prinzipiell ungleichartiger Militärstrategien und Politikrationalitäten, die sich, allen gerade in jüngster Zeit verstärkt unternommenen Anstrengungen zum Trotz, völkerrechtlichen Regulierungen und Begrenzungen zunehmend entziehen" (Münkler 2002, 57).

Wenn dies zutrifft und sich vielleicht sogar noch verstärkt, dann haben wir es in der Tat mit einer Verwilderung des Krieges zu tun.

## 1.7  Globale Sicherheitslandschaft

Die Entwicklung der Kriegsbilder und -formen im 20. Jahrhundert ist auch durch die permanente Notwendigkeit geprägt worden, die Konzeptionen militärischer Räume umzuformulieren. Der traditionelle Land- und Seekrieg wurde durch den Luftkrieg ergänzt. Die Reichweite der Waffen ist immer weiter vergrößert worden, bis sie im Grunde den gesamten Erdball umfasste. Militärtechnologie und Militärstrategie haben den militärischen Raum globalisiert. Die Folge davon ist ein Bedeutungsverlust territorialer Grenzen für militärische Aktionen. Spätestens mit den Kernwaffen und ihren Trägersystemen entstand so etwas wie eine globale Sicherheitslandschaft. Lokale Kriege müssen seither immer auch unter dem Aspekt ihrer jederzeit möglichen horizontalen Eskalation, ihrer Auswirkungen auf das internationale System insgesamt und den Weltfrieden betrachtet werden.

Die *neuen Kriege* entwickelten sich im Schatten der nuklearen Konfrontation. Erwachsen auf dem Boden lokaler und regionaler Konflikte, nahmen sie immer rascher auch einen internationalen Charakter an, zunächst einmal in der Hauptsache wegen der Kommunikations-Möglichkeiten der Tele-Medien (ungefähr seit dem Ende der 1950er Jahre) und wegen der Absicht lokaler und regionaler Akteure, die Aufmerksamkeit dieser Medien auf sich zu ziehen. Die globale Sicherheitslandschaft ist deshalb niemals nur eine Angelegenheit der Nuklearmächte gewesen, wenn sie auch um deren bipolare Konfrontation als Zentrum ausgerichtet war. Seit dem Ende des Ost-West-Konflikts bildet diese globale Sicherheitslandschaft den Rahmen für sehr unterschiedliche politische und militärische Konflikte. Deren territoriale Eindämmung ist nach wie vor möglich, wird jedoch immer schwieriger.

Hier stoßen wir auf ein Paradox. Um nämlich lokale und regionale Konflikte einzudämmen oder, wenn möglich, präventiv ihr Umschlagen in militärische Auseinandersetzungen zu hindern, sind gezielte Anstrengungen der internationalen Staatengemeinschaft nötig. Damit wird ein weiter Schritt in Richtung auf eine Internationalisierung dieser Konflikte unternommen. Die territoriale Eingrenzung solcher Konflikte oder Kriege kann nicht von den regionalen Akteuren durchgesetzt werden, sie verlangt vielmehr das Eingreifen handlungsmächtiger und handlungsbereiter Akteure außerhalb der Region. Handlungsmacht und Handlungsbereitschaft fallen nicht immer zusammen, so dass viele lokale Kriege über eine lange Zeit hinweg weiter und weiter geführt werden.

## 1.8 Hoffnung auf den demokratischen Frieden

Internationalisierung von Konflikten und Kriegen und Verwilderung des Krieges, außerdem die Zunahme innerstaatlicher gewaltsamer Auseinandersetzungen – das sind keine beruhigenden Aussichten für das 21. Jahrhundert. Im (ebenfalls schon lange international gewordenen) sicherheitspolitischen Experten-Diskurs kann man immerhin auch eine optimistische Vorstellung über die Zukunft von Krieg und organisierter physischer Gewalt ausfindig machen, nämlich den Gedanken, dass die Regierungen von gefestigten Demokratien weder die Absicht noch die Möglichkeit haben, ihre Bürger für einen Krieg gegen andere Demokratien zu mobilisieren. Insbesondere Friedensforscher haben sich mit diesem Theorem von einem *demokratischen Frieden* beschäftigt. Über die Gründe dafür, dass man in der Tat Kriege zwischen demokratisch verfassten Gesellschaften in den letzten Jahrzehnten nicht zu registrieren hatte, gibt es unterschiedliche Meinungen. Sie alle aber sind in einem den Grundvorstellungen von Thomas Hobbes diametral entgegengesetzten Weltbild verankert, gleichviel, ob man wie etwa Ernst-Otto Czempiel (1999, 26) davon spricht, dass „reiche Gesellschaften…der organisierten militärischen Gewaltanwendung in der internationalen Umwelt" besonders kritisch gegenüberstehen, oder ob man wie andere Verfechter dieses Gedankens der Demokratie (und nur ihr) die Kraft zur Zähmung kollektiver Aggressivität zutraut (vgl. auch: Müller 2002, 46-81).

Voraussetzung einer Entwicklung zum Abbau organisierter Gewalt und zur Reduzierung der Zahl von Kriegen ist in dieser Sichtweise also die Demokratisierung möglichst vieler Gesellschaften. So wie in Europa nach dem Zweiten Weltkrieg zwischen den früheren „Erzfeinden" Deutschland und Frankreich ein Krieg praktisch unmöglich geworden ist, so ähnlich könnte es in anderen Regionen der

Welt sein, wenn sich die Staaten und Gesellschaften dort demokratische Verfassungen geben. Das ist ein anspruchsvolles und schwieriges, aber sicherlich ein unterstützenswertes Programm!

Ob es allerdings wirklich zu einem demokratischen Frieden führt, darüber kann man im Augenblick nur spekulieren. Die Erwartung eines solchen Friedens gründet sich auf zu viele schwache Punkte. Der wichtigste darunter: die Definition von *gefestigter Demokratie*. Unter den fast 200 Staaten im gegenwärtigen internationalen System kann man nur eine kleine Minderheit als gefestigte Demokratien bezeichnen, und auch traditionsreiche Demokratien können immer einmal wieder von anti-demokratischen Strömungen beeinflusst werden. Vieles von dem, was uns heute als unabdingbar für eine diesen Namen wirklich verdienende Demokratie gilt (z. B. das Frauenstimmrecht), war Demokratien im 19. Jahrhundert noch ganz fremd und musste mühselig erstritten werden. Wir wären naiv anzunehmen, dass gegenwärtige Formen der Demokratie auch im Rückblick künftiger Generationen als das *non plus ultra* demokratischer Vorstellungen gelten wird. Wahrscheinlicher ist doch, dass man sich dann über unseren beschränkten Horizont und unsere zeitgeist-gebundenen Vorurteile wundern wird.

Wenn man den Blick von zwischenstaatlichen Beziehungen weg- und auf innergesellschaftliche Probleme demokratischer Gesellschaften hinlenkt, fällt jedenfalls nicht unbedingt ein deutlich erkennbares Absinken des Gewaltpegels in diesen Gesellschaften ins Auge. Kurz: der *demokratische Frieden* ist etwas, worauf wir vielleicht hoffen können. Aber verlassen sollten wir uns auf sein Kommen nicht.

## 1.9  Gewalt und Ordnung

Physische Gewalt gehört ebenso wie das Unbehagen darüber und die entsprechenden Versuche, sie zu zähmen und für eine akzeptable soziale Ordnung nutzbar zu machen, zu den Grundzügen der Gattung Mensch. Man stößt auf alles drei in jeder Kultur der Vergangenheit und Gegenwart. Freilich sind das Ausmaß des Unbehagens und die Konsequenzen, die daraus gezogen werden, ebenso unterschiedlich, wie es die sozialen Ordnungen sind, zu deren Stützung physische Gewalt eingesetzt wird.

In ihren virtuellen und realen Formen markiert Gewalt die Fragilität, die Zerbrechlichkeit jeder Ordnung zwischen Individuen in einer Gruppe oder Gesellschaft. Eruptive, spontane, ungesteuerte Gewalt gefährdet diese Ordnung und muss deshalb in deren Namen eingedämmt werden. Dieses Ziel kann mittels verschiedener Instrumente und Methoden angestrebt werden. Erfolgreich erscheint dieses Streben aber letztlich nur, wenn die Gewalt selbst in seinen Dienst gestellt wird. Ohne den Anspruch auf das Monopol legitimer Gewalt und dementsprechend die Ausbildung einer ihm allein unterstehenden Organisation von Gewalt ist der moderne Staat schwer vorstellbar. Denn er muss nicht nur den inneren Frieden gewährleisten, sondern auch bedrohliche Herausforderungen von außen neutralisieren. Aber auch staatlich domestizierte und organisierte Gewalt kann jederzeit in Destruktivität umschlagen. Dann gefährden die Ordnungs-Agenten diese Ordnung oder sie definieren sie zu ihren eigenen Gunsten um. Aus diesem Dilemma gibt es keinen Ausweg; jede Gesellschaft muss damit leben, und ihre Mitglieder dürfen vor den Gefährdungen, die von organisierter Gewalt ausgehen, nicht die Augen verschließen.

Organisierte Gewalt ist ihrerseits tief in die Strukturen des internationalen Systems eingebettet. Ohne ein Minimum an allseits akzeptierter Ordnung ist aber auch ein internationales System nicht lebensfähig. Im Idealfall erweitert und vertieft sich diese Ordnung über neue Verhaltenscodes, Normen und Regeln für die internationale Politik. Damit geht dann ein Prozess des Abbaus zwischenstaatlicher Gewalt einher.

Bedrohung durch Gewalt und Schutz vor Gewalt mit Gewalt, damit sind nach wie vor die erwünschten und unerwünschten sozialen und politischen Funktionen von Gewalt gekennzeichnet. Dieser Ambivalenz kann niemand entfliehen, der sich ernsthaft und frei von Wunschdenken mit diesem Sachverhalt auseinandersetzt. Drei unterschiedliche Blickrichtungen lassen sich hierbei unterscheiden:

- Manche Beobachter (z. B. van Creveld 1998, 1999) sehen die Zukunft des Staates in düsteren Farben. Dieser kann in ihren Augen schon heute die von ihm erwarteten Ordnungsleistungen nicht mehr erbringen und wird künftig noch kraftloser werden. Als Folge davon wird der Pegel physischer Gewalt in den Gesellschaften ansteigen. Permanente Bedrohtheit durch physische Gewalt unterschiedlichster Akteure (Bandenchefs, Terroristen, Warlords usw.) wird zu einem Kennzeichen künftigen Lebens, ein bisschen so, wie man es aus manchen Hollywood-Filmen kennt.
- Andere Beobachter (z. B. Czempiel 1999) erkennen gerade im Abstieg des machtgestützten Staates eine Möglichkeit zur Eindämmung von Gewalt. Viel zu oft in der Vergangenheit waren es ja die Staaten, also ihre Regierungen, die Gewalt als Instrument zur Erreichung anderer als nur defensiver Ziele eingesetzt haben. Wenn nun inter- und transnationale Strukturen einer

*global governance* entstehen, bei der es um die Festigung von im Prinzip jedenfalls globaler Kooperation und um die Durchsetzung gewaltfremder
Werte geht, dann wird es demnächst in der Welt nur noch Kontrahenten,
aber keine Feinde mehr geben. Konflikte reduzieren sich auf „Positionsdifferenzen" (Czempiel 1999, 246); aus „Feindschaft" würde – in der Regel – unblutige „Rivalität" (Wendt 1999, Kap. 6). Die Voraussetzung für Krieg wäre
somit entfallen.

▪ In einer dritten Perspektive, sie liegt diesem einführenden Kapitel zugrunde,
werden die beiden anderen zu kombinieren versucht. Die beträchtlichen sozialen, politischen und wirtschaftlichen Schwierigkeiten, die mit dem gegenwärtig zu konstatierenden Dynamisierungsschub der Globalisierung
einhergehen, werden dabei nicht in Abrede gestellt. Das internationale System befindet sich inmitten einer Phase der Umstrukturierung, an der nicht
nur Staaten, sondern in wachsender Zahl auch nicht-staatliche Akteure aktiv
beteiligt sind. Dieser Prozess, in dessen Verlauf u. a. manche Staaten zu zerfallen drohen, staatsfreie Zonen entstehen, neue kollektive Identitäten (religiös, kulturell oder ethnisch vermittelt) entstehen, auch neue Staaten, und in
der die globale Ressourcenverteilung heftig umkämpft wird, ist von organisierter Gewalt geradezu durchtränkt. Umso unabdingbarer werden Anstrengungen zur Ausweitung und Verstärkung der internationalen Ordnung, wozu nicht zuletzt alles zählt, was ihre Akzeptanz erhöht. Diese internationale Ordnung ist auch, nutzlos das zu leugnen, eine Gewaltordnung.
Aber eine Vielzahl von Maßnahmen, von der Rüstungskontrolle und partiellen Abrüstung bis hin zur präventiven Konfliktbearbeitung und der Belohnung von gewaltfreiem Verhalten, verfolgen das „klassische" Ziel, das
Ausmaß von organisierter Gewalt im internationalen System zu verringern.
Dazu ist aber auch der auf breiter internationaler Basis legitimierte Gebrauch von organisierter Gewalt zur negativen Sanktionierung von gewalttätigen Außenseitern und anti-humanitären Akteuren notwendig. Nicht
immer lassen sie sich indes eindeutig identifizieren. Die auf dem Papier und
in vielen Filmen wunderbar klaren Trennlinien zwischen den *bad guys* und
den *good guys* verwischen sich im politischen Alltag oft bis zur Unkenntlichkeit. Darüber kann man nur unzufrieden sein – aber man muss damit fertig
werden.

# 2 Streitkräfte in der Demokratie

Die Geschichte ist voll von Beispielen militärischer Machtübernahmen, gegen die andere soziale und politische Einrichtungen wenig oder nichts unternehmen konnten. Kein Wunder also, dass der anfangs zitierte Mao-Ausspruch von der Macht, die aus den Gewehrläufen kommt, für viele Fatalisten unter denjenigen, die sich mit unserem Thema beschäftigen, im Grunde schon die Quintessenz ihrer Reflexionen darüber darstellt. Doch Fatalisten wie Utopisten zeichnen sich dadurch aus, dass sie nicht genau genug hinschauen. Was etwa die Macht aus den Gewehrläufen betrifft, muss man doch immer den jeweiligen Kontext beachten, nicht nur die Gewehrläufe selbst. Man muss sich also fragen, wer denn die Gewehre hält und gegebenenfalls auf den Abzug drückt, wer den Befehl dazu gibt und nicht zuletzt, auf wen die Gewehre gerichtet sind. Denn es sind ja nicht die Waffen, die Gewalt ausüben, sondern es sind die Menschen mittels ihrer Waffen.

Wenn wir uns auf die historische Sequenz des Westfälischen Systems internationaler Beziehungen konzentrieren, erkennen wir ganze Abfolgen von unterschiedlich strukturierten sozio-politischen Konstellationen in dem Dreiecksverhältnis Gesellschaft-Staat-Streitkräfte. Dabei gelten zwei, im weiteren noch zu verfeinernde Faustregeln:

- Staatsverfassung und Führungs-Organisation der Streitkräfte müssen bei Strafe erheblicher gesellschaftlicher und politischer Friktionen miteinander kompatibel sein.
- Seit der Durchsetzung der Grundsätze von Volkssouveränität und Demokratie müssen die Streitkräfte von der Bevölkerung akzeptiert werden, wiederum bei Strafe großer Reibungsverluste und Defizite beim Funktionieren der Streitkräfte.

## 2.1 Militarismus vor und nach der Industriellen Revolution

Der preußische Historiker Otto Hintze hielt am 17. Februar 1906 in Dresden einen Vortrag über „Staatsverfassung und Heeresverfassung", in dem er das Verhältnis zwischen dem absolutistischen Staat im Europa des 17. und 18. Jahrhunderts zu seinen Streitkräften folgendermaßen charakterisierte:

„In der Armee verkörpert sich der neue Staatsgedanke am deutlichsten und greifbars-
ten, der Gedanke des machtvollen, zentralisierten, absolutistischen Großstaats. Die
Unterhaltung der Armee wird die Hauptausgabe der staatlichen Finanzverwaltung;
sie führt zu einer bis dahin unerhörten Anspannung der Steuerschraube und in Ver-
bindung damit zu einem eigentümlichen Wirtschaftssystem, das die Vermehrung der
baren Geldmittel und zugleich die künstliche Beförderung und Anreizung zur Produktion, namentlich auf dem gewerblichen Gebiet, bezweckt...Machtpolitik, Merkantilismus und Militarismus hängen unter sich zusammen; der Absolute Militärstaat
entwickelt sich zum bevormundenden Polizeistaat, der die salus publica, die er auf
seine Fahne schreibt, nicht im Sinne der individuellen Glückseligkeit seiner Untertanen, sondern im Sinne der Erhaltung und Kräftigung der staatlichen Gesamtheit versteht. Und zugleich dringen die Einrichtungen der Armee maßgebend in die Sphäre
der bürgerlichen Verwaltung ein" (Hintze 1975, 75-76).

Damit ist ein Beispiel für Militarismus beschrieben, übrigens gleich ein ziemlich
eigentümliches, denn dieser enormen Bedeutung der Streitkräfte für den Staat
entsprach keineswegs eine entsprechende Hochschätzung des Militärischen und
des Soldatenberufs in der Gesellschaft. Merkantilismus und Militarismus ko-
existierten zwar, aber doch in einer gewissen Distanz zueinander.

Militarismus ist „das tatsächliche Vorherrschen des Militärs oder militärisch-
kriegerischer Prinzipien in Staat, Gesellschaft und Politik" (Sauer 1964, 193). Man
muss diesen Begriff so weit dehnen, weil er nur so alle unterschiedlichen Erscheinungsformen dieses Typs von Beziehungen im Dreieck Gesellschaft-Staat-
Streitkräfte umfasst. Im Falle des absolutistischen Staates geht die Hochschätzung
des Militärs als eines vorbildlichen Handlungs- und Organisationsprinzips für
die Außen- und die Innenpolitik vom Souverän selbst aus, dem absolutistischen
Monarchen. Oft blieb sie auf ihn selbst und den Adel beschränkt. Die meisten
Menschen hatten im 18. Jahrhundert nur wenige Berührungspunkte mit dem
Militär.

„Es gab nur sehr wenig innere Anteilnahme für das Militär, das im Alltag der Straßen
und Plätze, der Wirtshäuser und Stadttore zwar ständig präsent war, jedoch eher als
obrigkeitliche Polizeimacht wahrgenommen wurde. Überdies galt der Militärdienst
trotz aller Imagebemühungen von Fürsten und Generalen nicht unbedingt als ehren-
volle Tätigkeit..." (Pröve 2006, 3).

In Preußen entsteht so ein eigentümlicher „aufgeklärter Militarismus", der im
kollektiven Gedächtnis der Deutschen in der Figur des Monarchen Friedrich des
Großen personifiziert wird. Dieses staatliche und außenpolitische Ordnungs- und
Handlungsprinzip kommt aber unter dem Druck der sozialen und politischen

Wandlungsprozesse gegen Ende des 18. Jahrhunderts ins Wanken: Die *Industrielle Revolution* macht andere Sozialbeziehungen, andere politische Verhältnisse, auch andere Organisationsformen für die Streitkräfte selbst notwendig.

Dort, wo die Industrielle Revolution mit politischen Umwälzungen einherging, am sichtbarsten in den sich von ihrem Kolonialstatus lösenden und selbständig werdenden Vereinigten Staaten von Amerika, entwickelten sich bald Muster für das Zurückschneiden des Militarismus. Die bürgerliche Gesellschaft bleibt auf Distanz zu den Streitkräften, jedenfalls zu den Berufsarmeen (oder den „Stehenden Heeren"), was deren Inanspruchnahme als Schutz-Instrument keineswegs ausschließt. Für die Vereinigten Staaten findet sich die ‚klassische' gedankliche Aufbereitung dieses Problems in den „Federalist Papers".

In anderen Gesellschaften bleiben die Streitkräfte ein privilegiertes Medium von Sozialisation und gesellschaftlicher Integration und gelten als politisch zu bevorzugende Organisation. Militärische Werte und soldatische Verhaltensweisen bestimmen auch zivile Handlungen und Entscheidungsprozesse. Dies ist das Modell des Militarismus in modernen Gesellschaften, wie es sich im 19. Jahrhundert herausgebildet und im wilhelminischen Deutschland eine spezifische, zuweilen schon an Selbstkarikatur grenzende Ausprägung erhalten hat.

Im 20. Jahrhundert, vor allem in dessen zweiter Hälfte, hat sich wiederum ein anderes Modell von Militarismus verbreitet – gemeint sind Regime in Staaten mit schwach ausgeprägten zivilgesellschaftlichen und politischen Ordnungsstrukturen, in denen Militärdiktatoren die Macht ergreifen, häufig über einen Staatsstreich, und die tatsächlichen oder angeblichen Schwächen der zivilen Politiker mittels militärischer Effizienz im Interesse der Nation zu überwinden versprechen. In aller Regel sind das nichts als leere Versprechungen, denn man kann ein Land, seine Außenpolitik und seine Wirtschaft nicht erfolgreich nach militärischen Grundsätzen führen. Diese Erfahrungen haben putschende Obristen und Generäle immer wieder machen müssen. Die Konsequenzen eines solchen politischen Militarismus für die betroffenen Gesellschaften und ihre Bevölkerungen waren so gut wie immer ruinös; und dabei ist von den Fällen, in denen es den Diktatoren einzig und allein um ihr eigenes Wohl und das ihrer kleinen Schar von engsten Anhängern geht, noch gar nicht die Rede.

## 2.2 Politische (zivile) Kontrolle

In der Militärsoziologie ist heute der Begriff *civilian control* gebräuchlich, um das Insgesamt an Normen, Verfahren und Einstellungen zu bezeichnen, die garantie-

ren sollen, dass die Streitkräfte ein Instrument in der Hand der politischen Führung des Staates bleiben und dass militärische Denkschemata, z. B. das Befehl/
Gehorsam-Schema nicht zum Grundmuster politischen Denkens werden. Dieser
amerikanische Begriff wird im Deutschen entweder als *politische Kontrolle* oder als
*zivile Kontrolle* übersetzt; erst beide Übersetzungen zusammengenommen ergeben
den gemeinten Sinn. Wenn die politische (zivile) Kontrolle der Streitkräfte funktioniert, ist der Gefahr von Militärputschen und Militärdiktaturen wirkungsvoll
vorgebeugt.

Dieses Konzept ist sinnvoll und ertragreich, wenn man das Verhältnis von
Staat, Gesellschaft und Streitkräften auf einer relativ allgemeinen Ebene untersucht. Allerdings gelangt man dabei nicht sehr weit, wenn man die untersuchten
Gesellschaften nach dem Grad der Verwirklichung demokratischer Normen und
Wertvorstellungen unterscheiden will. Im 20. Jahrhundert waren es nämlich
gerade die totalitären Regime der Sowjetunion und des nationalsozialistischen
Deutschland, die eine besonders nachdrückliche politische Kontrolle ihrer Streit-
kräfte durchsetzten. Eine vergleichende Untersuchung der Methoden dieser totalitären politischen Kontrolle bringt zu Tage, dass sich die Führungs-Cliquen um
Stalin und Hitler die militärische Führung mit brachialen Mitteln unterwarfen.
Diese Mittel reichten von der ideologischen Infiltration der militärischen Loyali-
täts-Codes bis hin zu periodischen Säuberungen des Offizierkorps und der gezielten Tötung von vermuteten Regime-Gegnern unter den Offizieren. Keine
Frage also, dass in solchen Gesellschaften zivile Einrichtungen und Agenturen,
also etwa die regierende Partei, die Vorgaben für die innere und äußere Gestalt
sowie für den Auftrag der Streitkräfte alleine formulieren.

## 2.3 Inkompatibilität von Militär und Demokratie?

Im 20. Jahrhundert haben sich aber nicht nur totalitäre Regime und Militärdiktaturen verbreitet, sondern auch Demokratien. Ja, beide Weltkriege sind etwa aus
der Perspektive der Vereinigten Staaten von Amerika (die jedes Mal nicht gleich
am Anfang, sondern erst später eingriffen) Kriege gegen anti-demokratische
Mächte-Konstellationen gewesen; und beide Male sollte das eigene Eingreifen
dazu beitragen, „to make the world safe for democracy", wie es Präsident
Woodrow Wilson für den Ersten Weltkrieg formuliert hat.

Demokratie und Militär, Demokratie und Krieg, das sind komplexe Verhältnisse, wie wir schon anhand der Vorstellung vom „demokratischen Frieden"
erfahren haben (Kap. 1.8), also der Vorstellung, dass Demokratien entweder ganz

allgemein und grundsätzlich eine größere Distanz zu allem Militärischen und eine größere Abneigung, einen Krieg zu führen entwickeln oder zumindest ihre Beziehungen untereinander friedlich zu regeln anstreben. Selbst wenn dies nur eine Hoffnung ausdrückt und kein sozio-politisches „Gesetz", so steckt dahinter doch auch die Ahnung, dass Demokratie und Militär/Krieg jedenfalls nicht umstandslos miteinander zu kombinieren sind.

Diese Ahnung wurde schon früh von geschichtsphilosophisch argumentierenden Verkündern der bürgerlichen Gesellschaft zu einem richtiggehenden sozialen Konzept verdichtet, das in der Fachliteratur unter dem etwas schwierig auszusprechenden Namen *Inkompatibilitäts-Theorem* bekannt ist. Es besagt nichts anderes, als dass organisierte militärische Gewalt in den auf der Industriewirtschaft gründenden bürgerlichen Gesellschaften keinen Platz mehr hat und zu einem Anachronismus geworden ist.

Ahnherr dieses Konzepts ist der französische Philosoph Auguste Comte (siehe Kap.1.4). Comte ist berühmt geworden mit seinem „Drei-Stadien-Gesetz", einer großzügig modellierten Gesellschafts- und Geschichtsphilosophie. Danach schreiten die Kenntnisse, aber auch die Institutionen der Menschen vom Stadium des theologischen Zustands fort in das Stadium des metaphysischen Zustands und landen schließlich im wissenschaftlichen oder positiven Zustand. Letzterer entspricht dem, was in der bürgerlichen Gesellschaft erreicht ist. Das klingt, wer wollte das leugnen, ziemlich merkwürdig, und das ist es auch. Nur eben, dass ein paar der von Comte auf recht verquere Weise in einen systematischen Zusammenhang gebrachten Ideen durchs ganze 19. Jahrhundert und darüber hinaus bis heute weitergewirkt haben. Auch andere Philosophen und Gesellschaftstheoretiker haben den Gedanken, dass Industrie und Handel Streitkräfte letztlich überflüssig machen und den Krieg zum Verschwinden bringen werden, aufgegriffen und weitergesponnen. Industrie und Handel und überhaupt die angestiegene Rationalität in den Köpfen der Menschen sorgen dafür, dass soziale Beziehungen optimiert werden können, in denen alle Beteiligten Gewinne erzielen und somit „Sieger" sind. Gewalt und Krieg hingegen vernichten letztlich alle solche Gewinne. Wenn man das erst einmal begriffen hat, vermeidet man beides.

Auf dem Papier ist das einleuchtend. Das Problem mit dem so gefassten Inkompatibilitäts-Theorem besteht darin, dass es von seinen Begründern ganz naiv als empirische, im Fall von Auguste Comte sogar als „positivistische" Beobachtung verstanden wurde, wo es sich doch nur um einen Appell handelt – eine fatale, wenngleich gar nicht selten vorkommende Verwechslung.

## 2.4 Neue Version des Inkompatibilitäts-Theorems

Im Verlauf des 19. und 20. Jahrhunderts haben sich auch organisierte Gewalt und der Krieg industrialisiert und sind zu Massenphänomenen geworden. Insofern wurde das klassische Inkompatibilitäts-Theorem widerlegt. Dennoch sind dadurch sein appellativer Charakter und, wenn man so will, seine appellative Würde nicht aufgehoben. Zudem gibt es seit ein paar Jahrzehnten auch Versuche, es vor dem Hintergrund der Entwicklung von Massenvernichtungswaffen und globalen *overkill*-Kapazitäten neu zu fassen.

„Das klassische Inkompatibilitätstheorem, das durch die Vielzahl und die Intensität der kriegerischen Katastrophen der letzten 150 Jahre widerlegt schien, ist durch die technische Fähigkeit der Menschen, sich mittels der Nuklearwaffen wechselseitig und jederzeit selbst zu vernichten, auf unerwartete Weise rehabilitiert worden. Militärische Hochrüstung bzw. kriegerische Gewaltanwendung sind angesichts der Entwicklung, Existenz und der inzwischen erreichten Perfektion von Massenvernichtungsmitteln im Atomzeitalter in zunehmendem Maße nicht nur unter politischen und ökonomischen (Kalkül-)Gesichtspunkten im höchsten Maße unvernünftig und widersinnig geworden, sondern Militär und Krieg werden auch unter ethisch-normativen (Moral-) Aspekten zunehmend mehr als unverantwortlich und verwerflich angesehen" (Vogt 1983, 38f.).

Der Gedankengang hinter dieser Behauptung lässt sich etwa so rekapitulieren: Zwar hat die bürgerliche Gesellschaft nicht automatisch zur Überwindung von organisierter Gewalt und Krieg geführt. Aber weil sie ungeahnte Vernichtungskräfte entfesselt haben, stehen die Menschen nun vor der Alternative, entweder den Krieg wirkungsvoll zu ächten oder das immer bedrohlicher werdende Risiko zu laufen, alle miteinander unterzugehen – so wie es in einem Lied des amerikanischen Protestsängers Tom Lehrer aus dem Jahr 1965 heißt: „We all go together when we go".

In der Tat war ein solcher Zivilisationsbruch, wenn nicht sogar der Untergang der Welt als eines von Menschen bewohnbaren Planeten *das* Schreckensszenario für das Versagen der nuklearen Abschreckung im Kalten Krieg. Diese politisch-militärische Konstellation ist Geschichte geworden. Nach dem Ende des Ost-West-Konflikts, in dessen Entspannungs-Phase im übrigen eine ganze Reihe von Maßnahmen zur Stabilisierung der (gegenseitigen) nuklearen Abschreckung beschlossen und durchgeführt wurden, ist der moralische Impetus der neuen Version des Inkompatibilitäts-Theorems zwar nicht schwächer geworden. Indes sind organisierte Gewalt und Krieg nach 1990 nicht etwa in den Hintergrund getreten, ganz im Gegenteil. Auch diese Version ist letztlich nichts anderes als ein Aufruf, ein Appell.

## 2.5 Das sui generis-Theorem

Während das Inkompatibilitäts-Theorem, es hat vor allem auf der politischen Linken seine Anhänger, die ideelle und strukturelle Unvereinbarkeit von moderner Gesellschaft (*bürgerliche Gesellschaft* in der Terminologie des 19. Jahrhunderts, *Zivilgesellschaft* in zeitgenössischer Terminologie) einerseits und organisierter Gewalt und Krieg andererseits proklamieren, gibt es einen politisch eher auf der Rechten zu verortenden Versuch, den Streitkräften eine Art organisatorische *black box* zu sichern, in der sie sich weitestgehend unabhängig von den sie umgebenden gesellschaftlichen und politischen Bedingungen und vor allem gut abgeschottet gegen anti-militärische Strömungen aus der Gesellschaft entwickeln können. Das Argument, das dieses Erfordernis begründen soll lautet: Die Streitkräfte sind eine Organisation ganz eigener Art, *sui generis* eben, und sie können die von ihnen geforderte organisatorische Effizienz nur dann erreichen, wenn die zivile Gesellschaft und deren Repräsentanten diese Differenz akzeptieren.

> „Offiziere…müssen bereit sein, notfalls Verwundung, Tod und Gefangenschaft in Ausübung ihres Auftrags hinzunehmen und ein Beispiel zu geben. Sie haben sich geistig und körperlich auf diese Möglichkeit einzustellen. Sie üben keinen ‚Beruf wie jeder andere' aus, sondern haben spezifische Berufseigentümlichkeiten, die nicht darin bestehen, dass sie notfalls ihr Leben einsetzen müssen. Das wird von anderen Berufen, vom Lebensrettungsdienst über Sprengmeister und Polizei bis zur Feuerwehr, auch erwartet. Nein, das Spezifikum des Soldaten, besonders des Offiziers, liegt darin, dass er notfalls Gewalt anwenden muss" (Karst 1997, 140f.).

Man kann es auch etwas prägnanter ausdrücken: Soldaten, gleichviel welchen Dienstrangs, stehen, wenn im Dienst, letztlich außerhalb des Tötungstabus. Ihr Beruf bringt sie in Situationen, wo sie getötet werden können und wo sie unter Umständen selbst töten müssen. Sie sind deshalb, um das an dieser Stelle gleich *en passant* zu erwähnen, keineswegs Mörder oder potentielle Mörder. Denn die kulturell und politisch für bestimmte und meistens auch ziemlich präzis definierte Zwecke erlaubte Übertretung des Tötungstabus ist etwas völlig anderes als die individuelle oder gemeinschaftliche Selbstermächtigung von einzelnen Menschen, die sich auf gewalttätige Weise gegen einen der tragenden Grundsätze für das Funktionieren von Gesellschaftsbildung wenden (Hepp/Otto 1996). Freilich können Soldaten auch zu Mördern werden, dann nämlich, wenn sie außerhalb ihres militärischen Auftrags töten. Wegen dieser durchaus heiklen und von den mannigfaltigsten Übertretungen bedrohten Suspendierung des Tötungstabus ist der Soldatenberuf in der Tat kein Beruf wie jeder andere (vgl. Collmer/Kümmel 2005). Um zu verhindern, dass Soldaten diese Besonderheit ihres Berufs in andere gesellschaftliche Bezirke übertragen, hat sich über die Jahrhunderte oder sogar einen noch viel längeren Zeitraum hinweg ein professioneller Code entwickelt, der sich zwar von Ära zu Ära und von Gesellschaft zu Gesellschaft in manchem unterscheidet, in seinem Kern aber weitgehend konstant geblieben ist. Der Militärsoziologe Detlef Bald (1994, 60) spricht – voller Missbilligung – von „einer Konfiguration der ‚ewigen' Tugenden des Soldaten". Zu diesen Tugenden des Soldaten zählen Gehorsam, Disziplin, Bescheidenheit, Beharrlichkeit, Tapferkeit, Mut, Ehre und Fürsorge für die Untergebenen. Zusammengehalten wird dieser Tugend-Kanon durch ein professionelles Ethos, das nicht nur viel älter ist als die moderne Gesellschaft, sondern vielfach in Opposition zu ihr und ihren Werten steht, zum Beispiel denen des bürgerlichen Individualismus.

Läuft das also auf eine ‚rechte' Version des Inkompatibilitäts-Theorems hinaus? So etwas hat es Deutschland in der Tat gegeben, nach dem Ende des Ersten Weltkriegs, als einige rabiat-eloquente Vertreter der ‚Schützengraben-Generation' die zivile Gesellschaft mit ihrer Verachtung überhäuften, Ernst Jünger beispielsweise. Nach dem Zweiten Weltkrieg hat es das in Deutschland so gut wie gar nicht mehr gegeben. Stattdessen befanden sich die Verfechter der an und für sich ja gar nicht falschen *sui generis*-Perspektive auf den Soldatenberuf in der Defensive, weil durch die technischen und auch die rüstungstechnischen Entwicklungen nicht so sehr die Unterschiede, vielmehr die partiellen Übereinstimmungen zwischen ziviler und militärischer Arbeit in den Vordergrund der Betrachtung traten.

## 2.6 Strukturelle Annäherung von Demokratie und Streitkräften?

Noch einmal zurück zu dem Appell-Charakter des Inkompatibilitäts-Theorems in seiner ‚linken' Version: Wer einen solchen Appell unterstützt, möchte die politische Sensibilität für die bei jedem Einsatz organisierter Gewalt anfallenden Kosten erhöhen. Das ist einerseits nützlich, denn nicht nur diejenigen, die solche Einsätze beschließen, sondern auch die eingesetzten Soldaten selbst machen sich manchmal zu wenig Gedanken über solche Kosten (und hier sind jetzt nicht etwa Sachkosten gemeint). Freilich nützt dieser Appell so gut wie gar nichts, wenn es darum geht, über die Ausgestaltung des Verhältnisses von modernen Demokratien zu ihren Streitkräften zu reflektieren. Denn auch demokratisch verfasste Gesellschaften verfügen nun einmal über Streitkräfte, und zwar in manchen Fällen nicht zu knapp. Es kommt also darauf an, dieses Verhältnis mittels Regeln, Institutionen und Leitbildern so zu gestalten, dass die Streitkräfte ein wirksames Instrument in der Hand der politisch legitimierten Regierung bleiben und weder absichtlich noch unabsichtlich eine Schwächung der demokratischen Grundsätze und Willensbildung in der Gesellschaft bewirken können.

Hier stoßen wir auf den eigentlichen Kern des Unbehagens, das sich in allen Versionen des Inkompatibilitäts-Theorems, wenn auch auf missverständliche Weise, Ausdruck verschafft. Denn unabhängig von allen großspurigen geschichtsphilosophischen Annahmen über den Aufstieg (oder den Abstieg oder das Auf-der-Stelle-Treten) des Menschengeschlechts lässt sich nicht übersehen, dass die Funktionsnotwendigkeiten militärischer Organisationen mit demokratischen Grundsätzen in Übereinstimmung zu bringen, nicht ganz einfach ist. Solche Grundsätze für die Demokratie umfassen bekanntlich unter anderem die allgemeine, geheime und freie Wahl des Führungspersonals für eine festgelegte Periode, Mehrheitsentscheidungen auch bei Sachproblemen, offene Diskussion von Handlungsalternativen. Auf der anderen Seite gelten in Streitkräften Funktionsnotwendigkeiten wie das Befehl/Gehorsam-Schema und eine entsprechende Hierarchie des militärischen Personals.

Trotzdem hat es Angleichungsprozesse oder, wenn man so will, eine partielle „Verzivilisierung" der Streitkräfte auf zwei Ebenen gegeben, *erstens* auf der Ebene organisations-interner Verfahrensabläufe und *zweitens* auf der Ebene demokratischer Kontrolle. Die Organisation der Streitkräfte hat sich, das wird von den militärsoziologischen Forschungen der letzten Jahrzehnte immer wieder bestätigt, an ihrer Spitze, also im zuständigen Ministerium, aber auch in den hohen und sogar in den mittleren und unteren Stäben mehr und mehr bürokratisiert. Der dynamische Einzug von immer komplexerer Technik in die militärischen Einheiten hat bewirkt, dass den Faktoren Planung, Wartung, Spezialisierung und Management in den Streitkräften ein erheblich größeres Gewicht als früher beigemessen werden muss. Zu den überlieferten militärischen Wunscheigenschaften (Tugenden), die um individuelle Tapferkeit, Kämpfer- und Heldenmut sowie Führungsfähigkeit zentriert sind, gesellen sich neue, z. B. technische Findigkeit und die Fähigkeit, Untergebene zur Eigeninitiative zu motivieren. Diese Tendenz wurde in den Streitkräften der westlichen Staaten während der nuklearen Konfrontation des Ost-West-Konflikts wesentlich verstärkt.

Die Soldaten dieser Streitkräfte sollten den traditionellen professionellen Leitbildern zwar auch weiterhin gerecht werden können. Darüber hinaus sollten sie aber auch Kriegsverhinderung mittels einer glaubwürdigen nuklearen Abschreckung betreiben. Für diese Aufgabe waren technische Anpassungsfähigkeit und das erfolgreiche Management rüstungstechnologischer Innovationen besonders wichtig, wobei der letztendliche Zweck solcher Organisationsleistung in den Hintergrund trat. Ein besonders eindrucksvolles Beispiel für eine diese Veränderungen reflektierende Betrachtung findet sich im Text einer Rede, die Wolf Graf von Baudissin am 10. Februar 1965 im Auditorium Maximum der Universität Hamburg gehalten hat. Anlass dieser Rede war die Verleihung des Freiherr-vom-Stein-Preises an die Bundeswehr-Generäle Ulrich de Maizière, Johann Adolf Graf von Kielmansegg und ihn selbst für ihre Verdienste um die demokratische Wehrverfassung der Bundesrepublik. Baudissin nahm diese Auszeichnung zum Anlass, über die besonderen organisations-internen Herausforderungen für die Bundeswehr zu sprechen und darüber, wie wenig er selbst und die zivilen und uniformierten „Reformer" unter den Gründern der Bundeswehr mit der Inkompatibilitäts-Vorstellung anzufangen wussten:

> „Durch die Verwissenschaftlichung und Technisierung des militärischen Handwerks – angefangen beim ‚operational research' als unentbehrlichem Mittel für langfristige Planung und weiträumige Operationen bis hin zur arbeitsteiligen Teamarbeit in Stäben, Bedienungen und Besatzungen – haben sich die überkommen vor- und frühtechnischen Vorstellungen von Hierarchie, Gehorsam, Disziplin und Ausbildungsmethodik stärker gewandelt, als wir gemeinhin erkennen. Dieser Technisierungsprozess hatte zwar schon im Ersten Weltkrieg eingesetzt, doch beschleunigt er sich nun von Jahrfünft zu Jahrfünft, das heißt von Waffengeneration zu Waffengeneration, und hat inzwischen – wenn auch mit unterschiedlicher Intensität – alle Einheiten ergriffen…Die militärische Hierarchie hat ihre Bedeutung sicher nicht verloren, ist aber zu einer lebendigen Gemeinschaft von Soldaten mit abgestufter, differenzierter Verantwortung und Einsicht geworden…Wir meinten, dass heute notgedrungen, aber in merkwürdiger Übereinstimmung mit den Prinzipien freiheitlichen Lebens, auf allen Arbeitsplätzen und Schlachtfeldern mehr koordiniert als befohlen, mehr kooperiert als nur gehorcht werden müsse. Diese unauflösliche Verflechtung des Militärischen mit den Funktionsgesetzen der modernen Industriegesellschaft erschien uns nicht zufällig…Es hat unter uns immer Einmütigkeit darüber bestanden, dass die soldatische Ordnung ein kongruenter Teil der Gesamtordnung sein muss. Armeen können nur in Form sein, wenn sie die Strukturen des Ganzen widerspiegeln und wenn sie vom gleichen Geist beseelt sind, der das Ganze trägt. Soldaten sind Kinder ihrer Zeit; Streitkräfte repräsentieren die gesellschaftlich-politischen Herrschaftsformen, deren Instrumente sie sind" (Baudissin 1969, 120ff.).

Die „unauflösliche Verflechtung des Militärischen mit den Funktionsgesetzen der modernen Industriegesellschaft", um diesen Gedanken geht es hier. Baudissin erweitert ihn noch um politische Inhalte, indem er darauf besteht, dass westliche Streitkräfte in der Konstellation des Ost-West-Konflikts, den er auch (und zu Recht!) als geistige Auseinandersetzung interpretiert, demokratie-kompatibel organisiert sein müssen. Denn nur so gewinnen die Werte, für die der Soldat notfalls mit seinem Leben einsteht, auch in seinem Arbeitsalltag Glaubwürdigkeit und können ihn von der Überlegenheit der eigenen Gesellschaftsordnung überzeugen. Dieser wichtige Aspekt soldatischen (Selbst-)Verständnisses leidet häufig darunter, dass er im jeweils gerade vorherrschenden Zeitgeist-Sonntagsreden-Jargon formuliert wird und dann kitschig klingt. Das sollte uns jedoch nicht täuschen – es handelt sich um einen außerordentlich wichtigen Aspekt. Er wird uns noch mehrfach beschäftigen.

Hier steht jedoch erst einmal der organisations- und arbeitssoziologische Befund im Vordergrund, der in der vorgestellten Passage ausgedrückt wird. Die Fortentwicklung der modernen Gesellschaft von einer agrarischen und handwerklichen Prägung hin zu einer durch die Industrieproduktion bestimmten Gesellschaft betrifft eben auch die Streitkräfte. Das war in den fünfziger und sechziger Jahren des 20. Jahrhunderts hierzulande zu übersehen nicht mehr möglich. Nicht Inkompatibilität charakterisiert nach den Worten Baudissins das Verhältnis der modernen Gesellschaft zu ihren Streitkräften, sondern die unauflösliche Verflechtung industriegesellschaftlicher Funktions-Imperative. Dieser Begriff ist allerdings dem der ‚Funktionsgesetze' vorzuziehen, weil er den gesellschaftlichen Akteuren mehr Handlungsspielraum lässt.

## 2.7 Politische Kultur und Streitkräfte

Bisher haben wir uns in diesem Kapitel in der Hauptsache mit allgemeinen Überlegungen zur Grundgestalt und dem Wandel des Verhältnisses zwischen modernen (bürgerlichen, zivilen) Gesellschaften und ihren Streitkräften beschäftigt, selbst wenn wir immer schon mit einem Auge auf das deutsche Beispiel geblickt haben. In dem Maße, wie sich diese Gesellschaften demokratisiert haben, hat sich dieses Verhältnis kompliziert, denn die Strukturprinzipien militärischer Organisationen und das professionelle Konfliktverhalten von Soldaten (Einsatz physischer Gewalt) scheinen in deutlichem Widerspruch zu den Strukturprinzipien funktionierender Demokratien sowie der idealtypischen Konfliktbearbeitung in solchen Demokratien (Aushandlung, Kompromiss) zu stehen. Manche sehen

diesen Widerspruch als unübersteigbar an, das sind die Anhänger des Inkompatibilitäts-Theorems in seinen verschiedenen Varianten. Andere postulieren, dass
er gar nicht so grundlegender Natur sei und vor allem auch durch soziale und
politische Maßnahmen erheblich abgemildert werden könne.

Darauf werden wir wieder zurückkommen. Zuvor sollten wir jedoch das
uns hier beschäftigende Problem noch aus einer anderen Perspektive in Augenschein nehmen. Es ist nämlich nicht so, dass allein der Gesellschaftstyp für die
Ausgestaltung des zivil-militärischen Verhältnisses verantwortlich ist. Die von
den Sozialphilosophen und soziologischen Theoretikern angebotenen Gesell-
schaftstypologien bieten nämlich ohnehin nur die Möglichkeit, über das, was in
bestimmten Gesellschaften vor sich geht, sehr allgemeine Aussagen zu treffen.
Für klarere Aussagen braucht es höhere Beschreibungsdichten und handlichere
Analyse-Konzepte.

Ein solches Konzept ist das der *politischen Kultur*. Unter der politischen Kultur einer Gesellschaft oder einer anderen Gruppierung wird die Summe der Einstellungen, Werte, Diskurse und Verhaltensmuster in Bezug auf die politischen
Symbole und Strukturen verstanden, die unter den Gesellschafts- oder Gruppen-
mitgliedern vorfindbar sind und die für sie eine Bedeutung haben. Diese Summe
ist nicht einfach die Addition von sehr Heterogenem, vielmehr ergeben sich in ihr
in der Regel klar und deutlich vorherrschende Vorstellungen, allerdings auch
Abweichungen davon. Alles zusammen ist normalerweise in eine ungeschriebene
und an ihren Rändern nicht scharf abgeschnittene, sondern leicht verfransende
*kollektive politische Identität* eingebunden. Politische Kulturen und kollektive politische Identitäten sind über Generationen hinweg einigermaßen stabil, was ihre
stetige und manchmal auch schubartige Veränderung nicht ausschließt. Letztere
kommen allerdings selten vor und, wenn, dann sind sie meist von außerordentlichen Ereignissen verursacht worden (vgl. Harris 1979, 47).

Für Deutschland hat es mit den beiden Weltkriegen im 20. Jahrhundert und
den beiden Niederlagen zwei solche außerordentlichen Ereignisse gegeben. Beide
wurden als soziale und politische Katastrophen empfunden. Aber nicht die Niederlage 1918, sondern erst die von 1945 bewirkte eine nachhaltige Veränderung
der politischen Kultur in Deutschland.

Seit der Reichsgründung von 1871 nahmen militärisch geprägte Werte und
Verhaltensmuster einen wichtigen Platz in der politischen Kultur Deutschlands
ein. Sie waren sehr populär, auch wenn in den Jahren nach dem Ersten Weltkrieg
die Zahl derjenigen anwuchs, die genau diese Werte und Verhaltensmuster ab-
lehnten. Sie blieben dennoch in der Minderheit. Einen Bruch in der politischen
Kultur Deutschlands hat es erst 1945 gegeben. Zwar kann man nicht von einer

wirklichen *Stunde Null* ausgehen, die damals ermöglicht hätte, dass man *alles* ganz neu und anders machen musste oder durfte. Aber die Rede von einer solchen Stunde Null symbolisiert dennoch den weit verbreiteten Willen zu einem sozialen und politischen Neuanfang und zur Umgestaltung entscheidender Elemente der kollektiven Identität der Deutschen.

Die militärische Niederlage des Ersten Weltkriegs wurde 1919 in einem ‚Verrat' umdefiniert, um sie nicht akzeptieren zu müssen. 1945 war das anders: Jetzt wurde die Niederlage vor allem auch als Chance begriffen, die Ziele und Mittel deutscher Politik, auch der Außenpolitik, neu zu bestimmen. Außerdem haben die militärlose Zeit zwischen 1945 und 1955 und die besonderen politischen und militärischen Bedingungen für die Wiederbewaffnung ab 1956 den Stellenwert militärisch geprägter Werte und Verhaltensweisen in der politischen Kultur der Bundesrepublik Deutschland drastisch verändert. Dass nun, um es etwas vereinfacht auszudrücken, der Soldat nicht mehr der erste Mann im Staat war, das erschien in den fünfziger und sechziger Jahren aus der Perspektive mancher Soldaten der älteren Generation nur als sozialer Abstieg und Minderung des Sozialprestiges. Das war es zwar auch. Aber in erster Linie handelte es sich um die angemessene Korrektur einer für die Demokratie gefährlichen Hypertrophie, die sich seit der Reichsgründung 1871 der politischen Kultur Deutschlands eingeprägt hatte.

## 2.8  Demokratische Kontrolle

Zivile oder politische Kontrolle von Streitkräften bedeutet zunächst einmal nur dies: Die Streitkräfte sind so in die Entscheidungsstrukturen des politischen Systems und in die Status-Hierarchie von gesellschaftlichen Institutionen eingebaut, dass andere Entscheidungsträger über ihnen stehen und andere Institutionen einen höheren Status genießen. In einer demokratischen Gesellschaft reicht das aber nicht aus. Vielmehr muss hier ein inhaltliches, ein normatives Moment hinzutreten. Die Streitkräfte, also die Soldaten, das heißt im übrigen mit besonderem Nachdruck, wenn auch nicht ausschließlich: das Offizierkorps, sollen sich mit den die Demokratie tragenden Normen und Werte identifizieren. Demokratische Kontrolle wird nicht als Maßnahmenbündel gegen eine der Gesellschaft fremd oder distanziert gegenüberstehende Organisation aufgefasst. Sie funktioniert stattdessen über das Mittel der sozialen und politischen Integration (vgl. Odenthal/Bangert 2003).

Das lässt sich in dieser Allgemeinheit relativ leicht formulieren. Man darf dabei allerdings nicht übersehen, dass das aktuelle Verhältnis Gesellschaft/Streitkräfte in jedem einzelnen Fall auf besonderen historischen Umstände fußt. Der Stellenwert der Streitkräfte in der Politik eines Landes und im kollektiven Selbstverständnis seiner Bewohner wird von sehr unterschiedlichen Faktoren bestimmt. In der Schweiz mit seinem zwar nicht mehr so reibungslos wie früher, aber doch immer noch funktionierenden Milizsystem ist die Integration der Streitkräfte in die demokratische Gesellschaft gewissermaßen demonstrativ angelegt. In vielen anderen westlichen Gesellschaften, in denen es schon seit längerem oder neuerdings keine Wehrpflicht mehr gibt, erscheint sie weniger fest vollzogen. Wenn man dann aber die Einstellung der Bevölkerung zu den nationalen Streitkräften vergleicht, stößt man auf weitere Differenzierungen. Kurz: es gibt kein Modell demokratischer Kontrolle, das einfach von einer Gesellschaft auf eine andere übertragen werden kann (oder sollte). Diese Einsicht hat übrigens neue Bedeutung gewonnen bei dem Prozess der Reformen von Streitkräften und des zivil-militärischen Verhältnisses in den post-kommunistischen Transformationsgesellschaften, von denen ein paar inzwischen schon der NATO beigetreten sind.

Die Anhänger des Inkompatibilitäts-Theorems betrachten die Forderung nach demokratischer Kontrolle der Streitkräfte und nach ihrer Integration in die Gesellschaft mit ähnlichem Misstrauen wie die Anhänger des *sui-generis*-Theorems. Beide machen, einmal linksgedreht, einmal rechtsgedreht, denselben Denkfehler. Dieser Denkfehler besteht darin, einen unüberwindbaren Gegensatz zwischen dem Professionalismus der Streitkräfte und ihrer Integrationsfähigkeit in eine demokratische Gesellschaft zu konstruieren.

Unter Professionalismus versteht man in der Soziologie u. a. das Ergebnis der Spezialisierung und Verwissenschaftlichung eines Berufs, die Höherqualifizierung der Berufsausbildung, die Organisation der Berufsangehörigen in Berufsverbänden, die Ausdifferenzierung bestimmter berufsethischer Normen und die über Symbole, Fachsprache und Verhaltenseigenheiten geprägte kollektive Identität der Berufsangehörigen. Der Prozess, der dahin führt, heißt entsprechend Professionalisierung. Eine solche professionalisierte Berufsauffassung herrscht etwa unter den Angehörigen von Berufen wie Ärzten oder Rechtsanwälten vor. Wenngleich sich wegen der Vielfalt der Tätigkeiten innerhalb von Streitkräften deren professionelle Bandbreite etwas anders darstellt, sind solche Professionalisierungs-Tendenzen hier besonders stark ausgeprägt. Dies kann, muss aber keineswegs zur Abschottung der Streitkräfte von der Gesellschaft führen. Anders gesagt: Professionalisierung und demokratische Kontrolle, die Ausbildung berufsinterner Standards und die Integration in die demokratische Gesellschaft, das läuft überhaupt nicht auf einen unabwendbaren Widerspruch hinaus.

## 3 Das Militär als Gegenstand sozialwissenschaftlichen Studiums

Physische Gewalt und Krieg gehören zu den ältesten Erfahrungen der Menschen. In der Geschichte der Menschheit dürfte die Zahl der Individuen, die nicht im Laufe ihres Lebens mit organisierter physischer Gewalt oder mit Krieg in Berührung gekommen sind, nur eine kleine Minderheit ausmachen. Aber je nach dem kulturellen Umfeld, der historischen Situation und der Rolle der einzelnen Individuen, werden diese Erfahrungen ganz unterschiedlich gedeutet. Verstümmelung, Tod, Elend und Zerstörung sind immer die Konsequenzen von organisierter Gewalt und Krieg, mal mehr, mal weniger. Die Einteilung in *Täter* und *Opfer* von Gewalt und Krieg bietet sich zur Untersuchung von einzelnen Sequenzen des Geschehens zwar an, jedoch hilft sie wenig zum Verständnis der Sachlage. Das benötigt aber, wer sich nicht einfach fatalistisch damit abfindet, sondern über Mittel und Wege sinnt, Verstümmelung, Tod, Elend und Zerstörung als ein von Menschen ihresgleichen zugefügtes Schicksal zu überwinden.

### 3.1 Zurückhaltung der Sozialwissenschaft

Zwar stößt man im Arsenal des politischen Denkens auf eine ganze Reihe von Erklärungsansätzen, Vorstellungen und Plänen zur Zähmung von Gewalt und Krieg. Man kann auch behaupten, dass sich diese geistigen Anstrengungen im Laufe der letzten zwei Jahrhunderte, parallel zur Intensivierung des Kriegsgeschehens, verstärkt haben. Jedoch verwundert es, dass sich gerade die Beiträge aus den Sozialwissenschaften dabei mit einer eher nachgeordneten Rolle zufrieden geben müssen. Warum dürfte das mit leicht sarkastischem Unterton formulierte Diktum von Janowitz und Little (1965, 11) – die „soziologische Fachliteratur über psychiatrische Kliniken ist viel umfangreicher als die über die soziale Organisation des Militärs" – auch heute noch gültig sein und warum trifft Entsprechendes auch auf die anderen Sozialwissenschaften zu? Und dies trotz der doch gerade im 20. Jahrhundert nun wirklich unübersehbar gewordenen Bedeutung von Krieg, Streitkräften und Gewalt für das Schicksal ganzer Völker und Kontinente, ja im Rahmen der nuklearen Ost-West-Konfrontation sogar für das Überleben der menschlichen Zivilisation?

Von den Sozialwissenschaftlern selbst sind zwei Antworten auf diese Frage formuliert worden; beide erscheinen plausibel. Die erste Antwort bezieht sich auf die Blickverengung der herkömmlichen Modernisierungstheorien aus dem zweiten Drittel des 20. Jahrhunderts:

> „Nicht die Sozialwissenschaften insgesamt halten an der Utopie einer gewaltfreien Moderne, einer ein für allemal ‚entmilitarisierten' Gesellschaft fest. Dies gilt vielmehr für eine breite, besonders einflussreiche Strömung: die in den fünfziger und sechziger Jahren konzipierte Modernisierungstheorie. Suchte man mit ihr zunächst den Vorgang der Verwestlichung und Industrialisierung der Dritte-Welt-Länder zu bezeichnen, ging es später mehr und mehr um eine generelle Bestimmung von Leitsektoren, an denen sich der Wandel von Staat und Gesellschaft im 19. und 20. Jahrhundert unmittelbar ablesen lässt. Hier führte die Modernisierungstheorie…Faktoren an wie wirtschaftliches Wachstum, strukturelle Differenzierung, politische Partizipation, Bürokratisierung, Demokratisierung oder Rationalisierung…Der Widerspruch, der sich damit auftut – einerseits die entwicklungstheoretische Selbstgewissheit, dass der Modernisierungsprozess weitgehend gewaltfrei abläuft und sich gewissermaßen evolutionär einstellt, andererseits aber eine äußerst bedrohliche Präsenz militärischer Konflikte-, ist enorm" (Knöbl/Schmidt 2000, 8f.).

Diese Beobachtung trifft zu. Über den Grund für die Hartnäckigkeit, mit welcher diese Lücke zwischen Theorie und Praxis offen gehalten wird, sagt sie allerdings nichts aus. Man kann vermuten, dass es sich um Splitter der Inkompatibilitäts-Vorstellung aus frühbürgerlicher Zeit handelt, die hier eine kaum noch reflektierte, irisierende Wirkung entfalten.

Die zweite Antwort bezieht sich speziell auf den Erfahrungshintergrund westdeutscher Sozialwissenschaftler nach dem Zweiten Weltkrieg. Ein bekannter deutscher Soziologe formulierte gegen Ende seiner akademischen Karriere im Rückblick selbstkritisch:

> „Wenn z. B. in unserem Göttinger Soziologischen Seminar fast niemals in der Lehre das Thema ‚Militär' behandelt wurde, wenn dies in ähnlicher Weise für die Lehre an anderen deutschen Universitäten gilt und wenn auch die soziologische Forschung hierzulande diese Thematik vernachlässigt, dann ist das nicht nur eine ‚Lücke', die irgendwann einmal aus Gründen der ‚Perfektion' oder um einer fragwürdigen ‚Vollständigkeit' willen ausgefüllt werden sollte. Es ist auch aus politischen Gründen bedenklich.
> Die Hauptursache für dieses Defizit in Lehre und Forschung ist natürlich, dass die Mehrzahl der deutschen Soziologen nach 1945 aufgrund ihrer politischen Einstellungen, so sehr diese auch sonst voneinander abwichen, meist eine Aversion hatten ge-

gen die Welt des Militärs und Militarismus, gegen Aufrüstungspolitik überhaupt und gegen Konzeptionen, die eine Nutzung von Kernwaffen vorsahen" (Bahrdt 1987, 9).

Die ältere Generation der Sozialwissenschaftler hat ihre Nachfolger diesbezüglich gut sozialisiert. „Auch die jüngsten Versuche im Zeichen der Kriege im Kosovo oder in Afghanistan, den Krieg nicht länger als Barbarei, sondern als Kampf gegen die Barbarei umzuwerten", schreiben Heins und Warburg (2004, 12f.), „haben nicht zu einer erkennbaren Belebung der professionellen Beschäftigung mit dem Militär in Demokratien geführt." Die Diskrepanz zwischen der Aufgeregtheit des Publikums angesichts jedes neuen Krieges und der mangelnden sozialwissenschaftlichen Beschäftigung mit Krieg und Militär sei in Deutschland nach wie vor eklatant (vgl. auch Hondrich 2002).

Auch dies trifft ziemlich ins Schwarze. Bedenklich ist in der Tat, dass hier eine Wissenschaft, deren Protagonisten ja in aller Regel die Gesellschaft über sich selbst aufklären wollen, ein Themenfeld, weil es dieser politisch unangenehm ist, so ausgiebig vernachlässigt. Im übrigen verbirgt sich hinter dieser Haltung eine Art *self-fulfilling prophecy*, denn wenn diejenigen Sozialwissenschaftler, die sich dennoch mit dem Thema Militär beschäftigen, von vornherein unter dem Anfangsverdacht stehen, Militarismus, Aufrüstung und Kernwaffeneinsätze umstandslos zu bejahen, dann wirkt sich solche Stigmatisierungs-Drohung noch zusätzlich als Abschreckung für jüngere Wissenschaftler aus. Denn sie wissen, dass die Beschäftigung mit einem unter den Kollegen ‚unpopulären' Thema der eigenen Karriere nicht unbedingt förderlich ist.

Diese beiden einander ergänzenden Antworten sind aber noch nicht erschöpfend. Denn es kommen noch andere wissenschaftsinterne Schwierigkeiten hinzu, ferner Probleme bei der Institutionalisierung und Finanzierung von Militär-Sozialwissenschaften sowie nicht zuletzt eine in allen Gesellschaften anzutreffende und geradezu reflexartige Abwehr seitens der Streitkräfte, wenn sie zum Gegenstand unabhängiger Analyse gemacht werden sollen.

## 3.2 Interdisziplinarität

Krieg und Frieden, die Anwendung und Eindämmung organisierter Gewalt als Instrumente von Strategien zur Erreichung politischer Ziele, das gehört selbstverständlich in den Katalog der Themen, mit denen man sich in der politischen *Philosophie* schon seit vielen Jahrhunderten beschäftigte. Als sich die Sozialwissenschaften im modernen Sinne des Wortes herausbildeten, also im Laufe des 19.

Jahrhunderts, blieben sie noch lange unter dem Einfluss von (Sozial-) Philosophen, die sich wie Comte und Spencer der Hoffnung hingaben, Gewalt und Militär würden als Medium politischer Auseinandersetzungen demnächst der Vergangenheit angehören. Die Frustration, die durch die weitere Existenz und die
gesellschaftliche Ausdehnung von Phänomenen wie Gewalt und Krieg in und
zwischen den bürgerlichen Gesellschaften hervorgerufen wurde, drückte sich vor
allem in weltanschaulichen Formen aus.

Die *Politikwissenschaft* und die *Internationalen Beziehungen* nahmen sich zwar
unter dem allgemeinen Schock der Schrecken des Ersten Weltkriegs des Themas
‚Frieden in der Staatenwelt' an. Man kann sogar mit Fug und Recht behaupten,
dass die Internationalen Beziehungen als Disziplin durch dieses Thema und die
Erwartung, als eine Art Frühwarnsystem für die Eskalation internationaler Konflikte zu wirken und präventiv Lösungsvorschläge für sie zu erarbeiten, eigentlich erst begründet wurden. Aber weder die in diesem Rahmen unternommenen
Bemühungen noch die in der *Geschichtswissenschaft* vorgenommenen Beschrei-
bungen von Kriegsvorbereitung, Kriegsausbrüchen und Kriegsverläufen sowie
von Rüstungsprozessen und Kriegsursachen konnten die großen Wissenslücken
über die Organisation von bewaffneten Kräften und ihre Stellung in Staat und
Gesellschaft auffüllen.

In der Zeit zwischen den beiden Weltkriegen und nach dem Zweiten Weltkrieg hat sich in verschiedenen Ländern eine Militär-*Sozialpsychologie* (Wehrpsychologie) mit begrenzten Fragestellungen ausgebildet. Im Dritten Reich waren
die meisten Protagonisten der Wehrpsychologie ideologisch eng mit dem Nationalsozialismus liiert. Diese Liaison blieb allerdings auf Deutschland beschränkt.
Aus den verschiedenen sozialpsychologischen Ansätzen, die sich mit dem Militär
befassten, entstand, vor allem in den Vereinigten Staaten, in den 1940er und
1950er Jahren die *Militärsoziologie*, die dank einer Reihe ihrer profiliertesten Vertreter rasch zum Brennpunkt aller sozialwissenschaftlichen Annäherungen an das
Thema Militär wurde (vgl. als einführenden Überblick Bröckling 2000). Allerdings wurde und wird häufig beklagt, dass trotz dieses weiten Mantels der sich
etablierenden Militärsoziologie deren Erkenntnishorizont in den Zeiten des Ost-
West-Konflikts und der nuklearen Konfrontation zum Schaden der wissenschaftlichen Erkenntnisfähigkeit rasch wieder eingeengt wurde.

> „Wissenschaftsgeschichtlich lässt sich das geradezu grotesk anmutende Phänomen
> beobachten, dass angesichts der zunehmenden Existenzbedrohung durch nukleare
> Hochrüstung zwar die Geschichtswissenschaft von einer reinen Kriegsgeschichts-
> schreibung zugunsten sozialhistorischer Analysen von Militär und Krieg Abschied
> nimmt, die Sozialwissenschaften aber diesem Thema gegenüber um so abstinenter

werden, je schrecklicher und endgültiger die militärischen Vernichtungspotentiale geraten" (Wachtler 1983, 7).

Diese Abstinenz – sie wird von Wachtler vielleicht ein wenig zu nachdrücklich betont, jedenfalls haben sich in jüngster Vergangenheit einige Dinge zum Besseren verändert – liegt neben den oben angesprochenen Gründen gewiss auch daran, dass es gar nicht so einfach ist, die unterschiedlichen Ansätze, Methoden und Fragetraditionen, die sich in den einzelnen Fächern gebildet haben, interdisziplinär zu kombinieren (vgl. Schössler 1980, 17f.).

Interdisziplinarität ist aber im Selbstverständnis der meisten mit dem Militär befassten Sozialwissenschaftler zu einem Merkmal ihrer Arbeitsweise geworden. Sie sind keineswegs die einzigen, die dieses Selbstverständnis hegen (und sie werden ihm auch nicht immer unbedingt gerecht), jedoch verbergen sich unter dem im angelsächsischen Sprachbereich als Kennzeichnung durchgesetzten Namen *military sociology* häufig genug interdisziplinär angelegte Studien und Forschungen. Was von der Sache her geboten erscheint, kann sich allerdings im akademischen Alltag mit seiner Konzentration auf die Fächer und fachbezogenen Studiengänge als Hindernis für die Institutionalisierung erweisen. Das muss umso mehr irritieren, als Interdisziplinarität schon seit Jahren als Schlachtruf (um einmal eine Militär-Metapher zu verwenden) bei allen Bemühungen zur Reform von Lehre und Forschung in den Geistes- und Sozialwissenschaften bemüht wird. Viel hat er nicht bewirkt. Immerhin kann man neuerdings wieder einen Aufschwung der *Friedens- und Konfliktforschung* an manchen deutschen Universitäten feststellen. Zu deren Untersuchungsgegenständen gehören, das ist ja logisch, die Ursachen, Formen und Wirkungsweisen organisierter Gewalt, gehören aber vor allem auch die Formulierung und Überprüfung von Mechanismen zur Reduzierung, Kontrolle, Kanalisierung von Gewalt. Während sich die Friedens- und Konfliktforschung nach ihrer recht erfolgreichen Premiere in den späten 1960er Jahren bald wieder in ihren elfenbeinernen Werte-Turm zurückzog, stehen die Chancen für eine neue Offenheit heute gar nicht schlecht. Aber im Augenblick handelt es sich noch mehr um ein Versprechen.

An den Universitäten wird in Deutschland über Militär und Streitkräfte selten gelehrt und so gut wie gar nicht geforscht. Was die Lehre betrifft, so ist der gerade neu eingeführte interdisziplinäre M.A.-Studiengang „Military Studies" an der Universität Potsdam ein Unikat. Sozialwissenschaftliche Militärforschung gibt es in der Hauptsache an Forschungseinrichtungen, die in den Dienstbereich der Bundeswehr behören oder durch Forschungsaufträge seitens des Bundesministeriums der Verteidigung in eine gewisse „Militär-Nähe" gerückt sind. Beides trifft im übrigen mit leichten Veränderungen auch für andere Länder zu. „Militär-Nähe" sollte dabei nicht automatisch als „Militär-Frömmigkeit" verstanden werden. Die meisten Forschungsergebnisse des Sozialwissenschaftlichen Instituts der Bundeswehr (SOWI), das früher in München angesiedelt war und seit ein paar Jahren in Strausberg bei Berlin residiert, lassen sich mit einem solchen Vorwurf nicht treffen.

Dennoch ist auch heute noch nicht völlig falsch, was Wachtler (1983, 12), damals übrigens Mitarbeiter am SOWI, spitzzüngig so formuliert hat:

> „Militärsoziologie in der Bundesrepublik Deutschland war bisher weitgehend eine ‚Soziologie für den Dienstgebrauch', die, wenn überhaupt, zwar Probleme des Militärs erforschte, niemals jedoch das Militär als gesellschaftliches Problem."

Vielleicht sollte das „niemals" in dieser Passage durch ein „immer noch zu selten" ersetzt werden. Es waren in den letzten zwei Jahrzehnten aber nicht zuletzt auch Wissenschaftler beim SOWI (wie z. B. Detlef Bald) oder am Fachbereich Sozialwissenschaften an der Führungsakademie der Bundeswehr in Hamburg (wie z. B. Wolfgang R. Vogt oder Martin Kutz), die bestimmte Aspekte der Streitkräfte und ihrer Organisation als gesellschaftliches Problem verstanden und in ihren Publikationen thematisiert haben. Ob die Bundeswehr-Führung diese Art Fragestellung oder sogar Infragestellung so gewollt hat, das mag man mit Fug und Recht bezweifeln. Schließlich ist es selbstverständlich, dass komplexe Organisationen, wenn sie auf wissenschaftliche Beratung zurückgreifen, sich Vorschläge zur Lösung ihrer internen Probleme erhoffen und an allgemeinen gesellschaftlichen Problem-Aspekten allenfalls dann ein Interesse entwickeln, wenn diese ihre eigenen Organisationsprobleme beeinflussen.

Der ‚schwarze Peter' geht also weg von der Bundeswehr und landet wieder bei den Sozialwissenschaftlern in zivilen Organisationen.

## 3.3 Gespanntes Verhältnis

Während das Verhältnis zwischen dem Militär und den Natur- und Ingenieurwissenschaften sich seit der Industriellen Revolution immer enger gestaltete (bis hin zu den gigantischen Hoch-Technologie-Projekten in der Raumfahrt), scheint die Kluft zwischen dem Militär und den Sozialwissenschaften über den gleichen Zeitraum hinweg relativ breit und tief geblieben zu sein. Die soziale Distanz, die sich in der Inkompatibilitätstheorie ausdrückt, und die politische Distanz, auf die

Hans-Paul Bahrdt für die deutschen Soziologen nach 1945 aufmerksam macht, werden ja auch von der anderen Seite, von den Soldaten, als solche wahrgenommen. Es kommt hinzu, dass sie beides ihrerseits nicht selten geradezu liebevoll pflegen. Das fiel umso leichter, als eben nicht nur die erste Generation westdeutscher Soziologie-Professoren mit ganz wenigen Ausnahmen (zu denen René König zählt) ihre Forschungs-Neugier der Militärorganisation vorenthalten hat. Auch die folgenden Generationen behielten diese Haltung mit wenigen Ausnahmen bei (zu denen etwa Ludwig von Friedeburg zählt). Das „gesellschaftsverändernde Bemühen der Soziologie", das ihr in der Folge der Studentenbewegung Ende der 1960er Jahre für einige Zeit Profil und Dynamik gab, empfanden die Soldaten

> „aus guten Gründen jahrzehntelang als anstößig, richtet sich das aus der geschichtsphilosophischen Tradition herrührende kritische Moment der Gesellschaftswissenschaft doch primär gegen die Kräfte der Beharrung und damit in aller Regel auch gegen das Militär" (Zoll 1979, 23).

An den deutschen Hochschulen wurden und werden in den sozialwissenschaftlichen Studiengängen Lehrveranstaltungen zum Thema Militär und Streitkräfte nur selten angeboten. In den wichtigsten soziologischen Fachzeitschriften machen militärsoziologische Aufsätze nur einen verschwindend geringen Teil aus. Außerhalb der bundeswehr-eigenen Institute werden nur ganz wenige militärsoziologische Forschungsprojekte abgeschlossen. Ein wenig besser sieht die Sachlage bei den Themenkomplexen Gewalt und Krieg aus. Allerdings werden von hier aus zu selten Verknüpfungen mit militärsoziologischen Diskursen angestrebt.

Auf der anderen Seite scheint sich in der Konsequenz von Sprach- und Verständigungsschwierigkeiten zwischen Sozialwissenschaftlern und Soldaten bei letzteren auch das Stereotyp festgesetzt zu haben, dass Sozialwissenschaftler hauptsächlich an ihrer Abschaffung interessiert seien.

Es ist bezeichnend, dass sich diese von beiden Seiten her vertiefte Distanz in Deutschland bis heute gehalten hat, und dies trotz der Akademisierung der Offiziersausbildung und der Gründung der beiden Hochschulen der Bundeswehr in Hamburg und München. Sie hat sich übrigens in den USA seit den 1980er Jahren, obgleich insgesamt viel weniger gewichtig, auch wieder ein wenig vergrößert.

## 3.4  Arbeitsfelder der (interdisziplinären) Militärsoziologie

Am Anfang dieses Unterkapitels soll erst noch rasch eine terminologische Un-
klarheit beseitigt werden. Es ist weiter oben einiges Gewicht auf den interdisziplinären Charakter sozialwissenschaftlicher Studien und Forschungen über
Militär und Streitkräfte gelegt worden. Dennoch wurde und wird hier weiterhin
der Begriff *Militärsoziologie* für die Kennzeichnung solcher Art Studien und Forschungen benutzt. Warum? – Es bietet sich kein anderer an; er hat sich in der angelsächsischen Welt durchgesetzt; und er soll dort wie hier eben nicht nur soziologische Analysen im engeren Sinn bezeichnen, vielmehr auch umfassende interdisziplinären Studien.

Überblickt man den internationalen Stand der Militärsoziologie, kommt man
gegenwärtig auf sechs Haupt-Arbeitsfelder:

- *Organisations-interne Probleme des militärischen Alltags der Streitkräfte im Frieden*: Eignungstests; Motivations- und Disziplinprobleme; soziale und organisatorische Konsequenzen neuer Technologien; Gruppenprozesse in den militärischen Einheiten; militärische Rituale; Ordnungsstrukturen und Friktionen der militärischen Subkultur;
- *Organisations-interne Probleme der Streitkräfte im Einsatz*: Führungsverhalten
  und Führungseigenschaften; Kampfmotivation; Evaluation des Kampfver-
  haltens;
- *Organisatorische Probleme bei Friedensmissionen*: Vorbereitung der Soldaten auf
  derartige Missionen; Zusammenarbeit mit Streitkräften anderer Nationen im
  multinationalen Verbund; Zusammenarbeit mit zivilen Organisationen; in-
  terkultureller Kompetenz-Erwerb;
- *Militär und Gesellschaft*: Veränderungen des Soldatenberufs als Folge sozialen
  und technischen Wandels; Sozialstruktur und Rekrutierungsmuster der
  Streitkräfte; Ausbildung und Erziehung der Soldaten; soldatische Interessenverbände; Frauen im Militär; Minderheiten im Militär; die Soldatenfamilie;
- *Militär und Staat*: soziale und politische Kontrolle der Streitkräfte; Streitkräfte und Demokratie; Militarisierungsprozesse und Militärcoups in unterschiedlichen Gesellschaften; Amalgamierung militärischer und wirtschaftlicher Interessen; organisierte Gewalt in staatsfreien Zonen;
- *Militär und internationale Politik*: nationale und internationale Aspekte von
  militärischer Sicherheit; Rüstungskontrolle; neuartige oder als neuartig empfundene Bedrohungen wie der internationale Terrorismus und der Beitrag
  der Streitkräfte zu ihrer Eindämmung.

Die Akzente, welche von den Militärsoziologen (im weitesten Sinne des Wortes) in ihren Forschungen gesetzt wurden, hingen weitgehend von den Bedürfnissen der Forschungs-Auftraggeber ab. Das klingt alarmierend, ist aber letztlich selbstverständlich. So hat es, um ein Beispiel anzuführen, *vor* der eingeschränkten und später dann der generellen Öffnung der Streitkräfte für Frauen kaum Studien über das Thema Frauen in Streitkräften gegeben. Erst als dieses Thema zu einem praktischen Problem der Streitkräfte wurde, sind von ihrer Führung Studien darüber angefordert worden. Freilich wurden Diskussionsintensität und -richtung bei diesem Thema nicht zuletzt auch von Impulsen aus der feministischen Theoriedebatte und der *gender*-Forschung mitbestimmt.

Weil der gesellschaftliche Problemdruck auf die Streitkräfte unserer Gesellschaft eher anwachsen wird, damit aber auch die Kommunikationsprobleme zwischen Militär und Gesellschaft sich auf vielen, wenn auch nicht auf allen Gebieten verschärfen werden, könnte die paradoxe Situation eintreten, dass gerade in Zeiten eines kräftig angestiegenen wissenschaftlichen Beratungsbedarfs der Militärorganisationen die Sozialwissenschaften ihre Aufmerksamkeit noch weiter von ihr abwenden. Das wäre fatal, denn dann könnte es wirklich zu jener unguten Aufspaltung der mit Militär, Gewalt und Krieg sich beschäftigenden Sozialwissenschaften in ,militärfromme' und ,militärfeindliche' Forschung kommen, eine Aufspaltung, mit der niemandem geholfen wäre, weil sie sachlich ganz und gar unangemessen wäre.

## 3.5 Wissenschaftliche Einrichtungen, Hilfs- und Arbeitsmittel

Wer sich in Deutschland intensiv und regelmäßig mit den Streitkräften, ihrer Organisation, ihrer Stellung in Staat und Gesellschaft sowie ihren strategischen Aufgaben auseinandersetzen will, hat es gar nicht so einfach. Zwar gibt es hier, wie man an jedem Bahnhofskiosk nachprüfen kann, eine ausgiebige Kriegsliteratur auf den verschiedensten Stil- und Geschmacksebenen, meist mit Schwerpunkt auf dem Zweiten Weltkrieg, was übrigens keineswegs eine deutsche Besonderheit ist, vielmehr anderswo genauso existiert. Die Historiker haben eine große Zahl von eindrucksvollen Einzelstudien und Überblicksdarstellungen zu den beiden Weltkriegen produziert, und es ist gerade in dieser Disziplin, wo sich seit ein paar Jahren eine sozial- und mentalitätsgeschichtlich inspirierte *neue Militärgeschichtsschreibung* mit spannenden Beiträgen zu Worte meldet.

Es gibt aber noch nicht genügend systematische und analytische Studien zum Beruf des Soldaten in der Gegenwart, Datensammlungen und Lexika und Fachzeitschriften, die sich auf dieses Thema konzentrieren. Was letztere betrifft, so sei auf drei wichtige englischsprachige Publikationen hingewiesen, die regelmäßig zu studieren auch in Deutschland notwendig ist, will man militärsoziologisch auf dem Laufenden bleiben:

- die Zeitschrift *„Armed Forces and Society"*: Sie erscheint seit 1974 in den USA und wird als „Interdisciplinary Journal" vom Inter-University Seminar on Armed Forces and Society herausgegeben, der wichtigsten internationalen Vereinigung von Sozialwissenschaftlern (unter Einschluss von Historikern), die sich mit dem Militär befassen;
- die Zeitschrift *„Defense & Security Analysis"* (Großbritannien);
- die Zeitschrift „Journal of Political and Military Sociology" (USA).

In Deutschland gibt es keine vergleichbaren Fachzeitschriften. Als Periodika mit militär-bezogenem und militärpolitischem Inhalt sind hier vor allem zwei zu nennen:

- die Monatszeitschrift *„Europäische Sicherheit"*, vormals *„Europäische Wehrkunde"* (eher bundeswehr-freundlich) und
- die Vierteljahres-Zeitschrift *„S & F"*, welches Kürzel nicht etwa für Science und Fiction steht, sondern für *„Sicherheit und Frieden"* (eher bundeswehrkritisch).

Die beiden Etikettierungen in Klammern dienen zur groben Orientierung; sie sollen keinesfalls als Qualitäts-(Vor-)Urteil bezüglich der dort publizierten Beiträge verstanden werden.

Wer sich einen Überblick über das internationale Profil der interdisziplinären Militärsoziologie verschaffen will, ist zunächst einmal vor allem auf englischsprachige Texte angewiesen. Wie in den meisten anderen Disziplinen, ist auch hier das amerikanische Englisch zur *lingua franca* geworden. Eine Reihe lesenswerter Sammelbände und einführender Texte hat Giuseppe Caforio herausgegeben, übrigens vor seinem ‚Seitenwechsel' zu den Sozialwissenschaften ein General in den Streitkräften Italiens.

- Giuseppe Caforio (Hg.) 1999: The Sociology of the Military, Cheltenham – ein Reader mit teils älteren, teils damals neu geschriebenen Aufsätzen, die in

ihrer Summe einen angemessenen Eindruck von der Fülle der Untersu-
chungsthemen in diesem Arbeitsfeld vermitteln;

- Giuseppe Caforio (Hg.) 2003: Handbook of the Sociology of the Military,
  New York – alle Beiträge für dieses Handbuch wurden speziell mit der Absicht geschrieben, einen Einblick in gerade laufende Forschungen auf den
  verschiedenen Gebieten der Militärsoziologie zu geben;
- Giuseppe Caforio (Hg.) 2006: Social Sciences and the Military. An Interdisciplinary Overview, London – als Fortsetzung und interdisziplinäre Erweiterung des Blicks auf sozialwissenschaftliche Forschungen über das Militär
  konzipiert.

Sehr gut brauchbar ist auch der Sammelband von:

- Jean Callaghan und Franz Kernic (Hg.) 2003: Armed Forces and International Security. Global Trends and Issues, Münster.

Wie ergiebig die Grundlagenarbeit der wechselnden Crew von Mitarbeiterinnen
und Mitarbeitern am Sozialwissenschaftlichen Institut der Bundeswehr auf den
Aussichtstürmen der Disziplin ist, kann man an zwei gelungenen Sammelbänden
mit einführendem oder Überblickscharakter ablesen:

- Nina Leonhard und Ines Jacqueline Werkner (Hg.) 2005: Militärsoziologie –
  Eine Einführung, Wiesbaden;
- Sven Bernhard Gareis und Paul Klein (Hg.) 2006: Handbuch Militär und
  Sozialwissenschaft, 2. Aufl., Wiesbaden.

Vor 30 Jahren erschien das überaus brauchbare und auch viel gebrauchte Handwörterbuch „Bundeswehr und Gesellschaft", herausgegeben von Ralf Zoll, Ekkehart Lippert und Tjarck Rössler. Die meisten der dort versammelten Texte sind
inzwischen veraltet, und ein vergleichbares Handwörterbuch hat es seither leider
nicht gegeben. Wer aber nur kurze und meist auf Definitions-Charakter konzentrierte Erläuterungen über militärische und sicherheitspolitische Fachbegriffe
sucht, ist mit dem folgenden Wörterbuch gut bedient:

- Ernst-Christoph Meiers, Klaus-Michael Nelte und Heinz-Uwe Schäfer 2006:
  Wörterbuch zur Sicherheitspolitik. Deutschland in einem veränderten internationalen Umfeld, 6. Aufl., Hamburg.

Wissenschaftliche Einrichtungen, die sich in Deutschland permanent und konzentriert mit unserem Themenbereich beschäftigen, können leicht an den Fingern einer Hand aufgezählt werden. Zuerst ist dabei ein Institut zu nennen, das, wie schon im Namen ausgedrückt, zur Bundeswehr gehört:

- Das *Sozialwissenschaftliche Institut der Bundeswehr* (SOWI), in Strausberg bei Berlin, wo früher das Ministerium für Nationale Verteidigung der DDR beheimatet war. Das SOWI gehört zu den renommiertesten militärsoziologischen Forschungseinrichtungen nicht nur auf nationaler Ebene (da ist es, mangels Konkurrenz, nicht schwer), sondern auch im internationalen Vergleich. Die Geschichte des SOWI ist nicht frei von schwierigen und nicht so fruchtbaren Perioden – so gab es vor ein paar Jahren heftige interne Auseinandersetzungen um den Umzug vom Süden in den Osten Deutschlands.

Andere Institutionen, in deren Themenkreis neben anderem auch die Bundeswehr zu finden ist, sind:

- das *Institut für Friedensforschung und Sicherheitspolitik* an der Universität Hamburg (ISFH), seinerzeit gegründet von General a. D. Wolf Graf von Baudissin und danach geleitet von Egon Bahr, Dieter S. Lutz und gegenwärtig von Michael Brzoska. Die bekannteste Publikationsserie des ISFH ist die Schriftenreihe „Demokratie, Sicherheit, Frieden" im Nomos-Verlag, Baden-Baden;
- die *Hessische Stiftung Friedens- und Konfliktforschung* (HSFK) in Frankfurt/Main, die ebenfalls eine große Zahl von Studien veröffentlicht hat, viele davon in Eigenregie; an diesem Institut laufen seit ein paar Jahren mehrere Forschungsprojekte zum Thema Demokratie und Frieden;
- die *Stiftung Wissenschaft und Politik – Deutsches Institut für Internationale Politik und Sicherheit* (SWP; derzeitiger Direktor: Volker Perthes), früher in Ebenhausen, jetzt in Berlin, ein der Bundesregierung in Fragen der internationalen Politik einschließlich der Sicherheitspolitik zuarbeitender *think tank*. Die SWP veröffentlicht zahlreiche Studien im Eigenverlag, von denen nicht alle öffentlich zugänglich sind, früher auch zwei Schriftenreihen im Nomos-Verlag, Baden-Baden.
- die beiden *Hochschulen der Bundeswehr* in München und Hamburg.

An den zivilen Universitäten gibt es allenfalls Ansätze systematischer Beschäftigung in Forschung und Lehre mit den Streitkräften, ihrer Organisation, ihren

Funktionen und ihren Veränderungen. Dieser Themenkranz findet allenfalls vom Rande her Eingang in Lehrveranstaltungen im Bereich der Internationalen Politik oder der neuerdings wieder stärker geförderten Friedens- und Konfliktforschung (z. B. in Tübingen, Hagen oder Marburg). Die Ausnahme Potsdam wurde schon erwähnt.

Brauchbare ‚parteilich eingefärbte', nämlich grundsätzlich militär-freundliche Materialien sind zu beziehen vom Bundesministerium der Verteidigung: unter anderem die Zeitschrift „Information für die Truppe" oder die Weißbücher zur Sicherheit der Bundesrepublik Deutschland und zur Lage der Bundeswehr, von denen das letzte nach zwölfjähriger Pause 2006 publiziert wurde. In der Zwischenzeit gab es zwar mehrere Entwürfe, die aber über dieses Stadium nicht hinauskamen.

Schließlich sei an dieser Stelle noch auf den *Arbeitskreis Militär und Sozialwissenschaften* (AMS) hingewiesen, der in regelmäßigen Abständen einen Newsletter für seine Mitglieder herausgibt und außerdem die Schriftenreihe „Militär und Sozialwissenschaften" im Nomos-Verlag, Baden-Baden, einem, wie man spätestens jetzt bemerkt haben wird, in unserem Themenkreis besonders aktiven Verlagshaus. Der Arbeitskreis wurde 1971 gegründet und hat sich die Aufgabe gestellt, Militärsoziologen (im breiten Wortsinne) innerhalb und außerhalb der Bundeswehr, Journalisten und schließlich auch an der sozialwissenschaftlichen Forschung über das Militär interessierte Soldaten zusammenzubringen. Der AMS versteht sich als deutsche Sektion des schon erwähnten *Inter-University Seminar on Armed Forces and Society* (IUS). Ganz zuletzt sei noch der Zusammenschluss von Militärsoziologen aus mehreren europäischen Staaten zu einem lockeren Diskussions- und Forschungsverbund angeführt, die *European Research Group on the Military and Society* (ERGOMAS).

Die Sozialwissenschaftler haben ihre Schwierigkeiten mit dem Forschungs-Gegenstand Militär. Die Streitkräfte oder besser ihre Führung tun manchmal das Ihre dazu, um diese Schwierigkeiten zu akzentuieren. Dass sich am Gegenstand politisch die Meinungen polarisieren, das spiegelt sich zuweilen auch in den akademischen Diskursen darüber. In Deutschland gibt es nur wenige wissenschaftliche Einrichtungen, die sich systematisch mit den Streitkräften und ihrer Organisation beschäftigen. In letzter Zeit könnte sich hier vielleicht eine langfristig wirkende Veränderung angebahnt haben, in der Hauptsache als Folge der neuen Aufgaben für die Bundeswehr im Rahmen multinationaler Friedenseinsätze. Denn für alles, was dabei passiert, muss sich eine unvoreingenommene Friedens- und Konfliktforschung geradezu brennend interessieren.

# 2. Teil
# Militär und Politik in Deutschland

Welche Rolle die Streitkräfte in einer Gesellschaft einnehmen sollen, wie viel sie dieser kosten dürfen, welche Dienste sie ihr erweisen müssen, das ist, genau besehen, in jeder einzelnen Gesellschaft der Moderne ein besonderes Problem – aber ein Problem ist es mehr oder weniger deutlich überall. Auch wenn man noch soviel Vergleichsmaterial aus der Weltgeschichte heranzieht, kommt man der Ideallösung dieses Problems nicht näher, weil es immer die besonderen Umstände sind, welche die Problemgestalt bestimmen. Aus Vergleichen kann man allerdings lernen, welche Lösungen ganz bestimmt falsch sind, und das ist ja auch schon als Erkenntnisgewinn nicht zu verachten. In den nächsten drei Kapiteln geht es darum, die tiefe Zäsur deutlich zu machen, die das Jahr 1945 für die Entwicklung des zivil-militärischen Verhältnisses in Deutschland spielt. Dabei werden unter Rückgriff auf die Ergebnisse historischer Forschung vor allem zwei Perspektiven miteinander kombiniert.

- In *soziologischer* Perspektive interessiert vor allem das Maß an gesellschaftsprägender Bedeutung, die den Streitkräften zugestanden wird oder die sie sich gewissermaßen erobern.
- In *politikwissenschaftlicher* Perspektive geht es vor allem um den Einfluss militärischen Denkens auf die Entscheidungsprozesse des politischen Systems.

Die beiden Perspektiven ergänzen einander, allerdings nicht ohne gelegentliche Widersprüche. Dies lässt sich gut an der Entwicklung des Verhältnisses von Militär und Politik in Preußen und Deutschland studieren. Das Thema ist darüber hinaus freilich auch in sich selbst aufschlussreich genug. Denn ein ganz wichtiger Faktor bei der Ausgestaltung des zivil-militärischen Verhältnisses in einer Gesellschaft wird ja durch die Traditionen der politischen und der militärischen Kultur gebildet.

## 4    Militär und Politik vor 1945

Nicht nur, weil in nationalen und internationalen Diskursen über den Krieg und
über das Verhältnis zwischen Politik und Kriegsführung immer wieder auf Clausewitz Bezug genommen wird, sondern auch wegen der damaligen *revolution in
military affairs*, die das Aufkommen der nationalistisch inspirierten Massenheere
um die Wende vom 18. zum 19. Jahrhundert bedeutete, ist es sinnvoll, diesen
Rückblick auf die Zeit nach den Befreiungskriegen gegen Napoleon zu konzentrieren.

### 4.1   Von Clausewitz zu Ludendorff

In den Jahren 1832 und 1834 erschien posthum das trotz seines Umfangs Frag-
ment gebliebene Buch „Vom Kriege", dessen Verfasser Carl von Clausewitz
(1780-1831) in dem Rufe steht, einer der Meisterdenker des 19. Jahrhunderts zu
sein. Dieser Ruf besteht zweifellos zu Recht. Es hat seit dem ersten Erscheinen des
Buches immer wieder auch Kritik an den Gedanken von Clausewitz gegeben,
und mehr als einmal wurde von prominenten Experten behauptet, dass sie sich
nicht mehr recht dazu eignen würden, die jeweils gerade aktuellen oder zu er-
wartenden Veränderungen von Form und Zweck des Krieges hinreichend zu erfassen. Diese Auseinandersetzungen haben in erster Linie aber nur bewirkt, dass
die Beschäftigung mit Clausewitz nie wirklich nachgelassen hat. Während viele
Militärdenker und Strategen aus dem 19. und 20. Jahrhundert inzwischen nur
noch den Experten bekannt sind, gehört Clausewitz inzwischen zu den antholo-
gie-erprobten Klassikern des politischen und militärischen Denkens. Wie das so
geht mit Klassikern – sie werden häufiger zitiert als gelesen, und beim Zitieren
schleichen sich dann oft missverständliche Interpretationen ein. Deswegen sei an
dieser Stelle allen, die sich für den Themenbereich Politik/Gewalt/Krieg/Streit-
kräfte ernsthaft interessieren, die Lektüre wenigstens der wichtigsten Kapitel aus
„Vom Kriege" nahe gelegt.
    Clausewitz betrachtet den Krieg als einen „Akt der Gewalt, um den Gegner
zur Erfüllung unseres Willens zu zwingen", wobei er schon hier deutlich betont,
dass organisierte physische Gewalt immer in ihrem Mittel-Charakter gesehen
werden muss. Wer solche Gewalt einsetzt, verfolgt damit in aller Regel Zwecke.
Wird der Gewalt-Einsatz zum Selbstzweck, dann handelt es sich für Clausewitz
um eine Degenerations-Erscheinung. Die Zwecke werden aber politisch bestimmt. Wer das macht und wie das geschieht, das variiert stark. Für Clausewitz,

der seine Begriffe und Anschauungen nicht ausschließlich, jedoch naturgemäß in besonders nachhaltiger Weise seinem eigenen Zeitalter entnimmt, setzt die Politik nicht einfach nur dem Krieg einen Zweck und zieht sich dann aus dem Folgegeschehen bis zum Ende des Krieges zurück. Vielmehr wird sie „den ganzen kriegerischen Akt durchziehen und einen fortwährenden Einfluss auf ihn ausüben, soweit es die Natur der in ihm explodierenden Kräfte zulässt" (Clausewitz 1973, 191).

Diese Grundgedanken führen zu der berühmten Bestimmung des Verhältnisses von Politik und Krieg:

> „So sehen wir also, dass der Krieg nicht bloß ein politischer Akt, sondern ein wahres politisches Instrument ist, eine Fortsetzung des politischen Verkehrs, ein Durchführen desselben mit anderen Mitteln" (Clausewitz 1973, 210).

Selbstverständlich reduziert sich der über tausend Seiten umfassende Text nicht auf diesen einen Satz und seine Varianten. Aber wir sind hier bereits auf ein Grundproblem gestoßen, denn das offenbar problematische Verhältnis Krieg/Politik ist ja nichts anderes als der dramatisch zugespitzte Teil des Verhältnisses Streitkräfte/Gesellschaft.

Clausewitz führt seinen Ausgangsgedanken folgendermaßen weiter aus:

> „Wir behaupten...der Krieg ist nichts als eine Fortsetzung des politischen Verkehrs mit Einmischung anderer Mittel. Wir sagen mit Einmischung anderer Mittel, um damit zugleich zu behaupten, dass dieser politische Verkehr durch den Krieg selbst nicht aufhört, nicht in etwas ganz anderes verwandelt wird, sondern dass er in seinem Wesen fortbesteht, wie auch seine Mittel gestaltet sein mögen, deren er sich bedient, und dass die Hauptlinien, an welchen die kriegerischen Ereignisse fortlaufen und gebunden sind, nur seine Lineamente sind, die sich zwischen den Krieg durch bis zum Frieden fortziehen. Und wie wäre es anders denkbar? Hören denn mit den diplomatischen Noten je die politischen Verhältnisse verschiedener Völker und Regierungen auf? Ist nicht der Krieg bloß eine andere Art von Schrift und Sprache ihres Denkens? Er hat freilich seine eigene Grammatik, aber nicht seine eigene Logik" (Clausewitz 1973, 990f.).

Das ganze 19. Jahrhundert hindurch und kulminierend im Ersten Weltkrieg 1914-1918 verwischen sich die zunächst einmal klar und deutlich hervorgetretenen Grenzen zwischen Politik und Kriegsdenken. Das liegt *einmal* an neuen Groß-Ideologien zur Integration ganzer Gesellschaften, besonders dem *Nationalismus* und etwas zeitverschoben dem *Sozialismus*. Die Zeugnisse sozial-darwinistischen, imperialistischen und rassistischen Denkens im letzten Drittel des 19. Jahrhunderts und später können einen noch heute das Gruseln lehren. *Zweitens* liegt es an der rapiden Technisierung des Krieges im 19. Jahrhundert, die seine Formen umprägte und das Kriegsbild der modernen Massenarmeen hervorbrachte, für deren Unterhalt ebenso wie für die Kriegsvorbereitung und -führung in psychologischer wie in ökonomischer Hinsicht langfristige Dispositionen des politischen Systems nötig waren.

Beides wirkte darauf hin, die Politik, insbesondere die nach außen gerichtete Politik, gründlich zu militarisieren und den von Clausewitz proklamierten Zweck-Mittel-Charakter im Verhältnis Krieg/Politik und Streitkräfte/Gesellschaft scheinbar umzudrehen. Diesem Druck hielt das politische System des deutschen Kaiserreichs im Ersten Weltkrieg nicht stand. So kam es, dass in der letzten Phase dieses Krieges die Oberste Heeresleitung die militärischen *und* die politischen Belange gleichermaßen autoritär regelte. Der bestimmende Kopf in dieser Quasi-Militärdiktatur war der General Erich Ludendorff (1865-1937). Er hat 1935 eine kleine Schrift mit dem programmatischen Titel „Der totale Krieg" veröffentlicht, in welcher er diese Umkehr des Zweck-Mittel-Verhältnisses zu rechtfertigen und allgemein zu begründen versucht.

Die Kriege der Gegenwart deutet Ludendorff als Ausdruck der Rivalität zwischen den großen Mächten um die Vorherrschaft. Da geht es um alles oder nichts, und deswegen haben sie die Tendenz, zu totalen Kriegen zu werden. Der totale Krieg, so sein (sozial-darwinistisches) Grundargument, sei ein existentielles Ringen von tiefer sittlicher Berechtigung, denn es gehe, gewissermaßen in einem Nullsummenspiel zwischen den Nationen, um die Lebensperspektive eines ganzen Volkes. Deswegen müsse sich schon in der Vorbereitungsphase dieses Krieges jedes Individuum, jede gesellschaftliche Gruppe seinem Imperativ unterordnen. Alles politische und wirtschaftliche Handeln müsse auf ihn bezogen werden.

„Das Wesen des totalen Krieges beansprucht buchstäblich die gesamte Kraft eines Volkes...

Wie sich so das Wesen des Krieges geändert hat, und zwar unter der Einwirkung unabänderlicher, nicht rückgängig zu machender Tatsachen, ich möchte sagen gesetzmäßig, so hätten sich auch der Aufgabenkreis der Politik und die Politik selbst ändern müssen. Diese muss, wie der totale Krieg, totalen Charakter gewinnen. Sie muss, im Hinblick auf die Höchstleistung eines Volkes im totalen Krieg, ausgesprochen die Lehre von der auf sie zugeschnittenen Lebenserhaltung eines Volkes sein und genau beachten, was das Volk auf allen Gebieten des Lebens, nicht zuletzt auf dem seelischen Gebiete, zu seiner Lebenserhaltung bedarf und beansprucht. Da der Krieg die höchste Anspannung eines Volkes für seine Lebenserhaltung ist, muss sich eben die totale Politik auch schon im Frieden auf die Vorbereitung dieses Lebens-

kampfes eines Volkes im Kriege einstellen und die Grundlage für diesen Lebens-
kampf in einer Stärke festigen, dass sie nicht in dem Ernst des Krieges verschoben,
brüchig oder durch Maßnahmen des Feindes völlig zerstört werden kann.
Das Wesen des Krieges hat sich geändert, das Wesen der Politik hat sich geändert,
so muss sich auch das Verhältnis der Politik zur Kriegsführung ändern. Alle Theorien
von Clausewitz sind über den Haufen zu werfen. Krieg und Politik dienen der Lebenserhaltung des Volkes, der Krieg aber ist die höchste Äußerung völkischen Le-
benswillens. Darum hat die Politik der Kriegsführung zu dienen" (Ludendorff 1935,
9f.).

Uns erscheinen solche Sätze heute bizarr und kaum noch nachvollziehbar. (Obwohl uns eine Phrase wie „Der Krieg ist die höchste Äußerung ethnischen Le-
benswillens" durchaus auch in aktuellen Fernsehinterviews, etwa eines albani-
schen Partisanen im Kosovo, begegnen kann.) Vor zwei, drei Generationen stie-
ßen sie in Deutschland auf eine weit verbreitete positive Resonanz. Im Ersten und
im Zweiten Weltkrieg passte ein völkisch militarisierter Politik-Begriff haargenau
zu Konzepten der Kriegsvorbereitung, in denen alles, von der Säuglingshygiene
bis zur Organisation der Wirtschaft, dem Zweck der Ressourcen-Mobilisierung
diente. Auch eine möglichst überzeugungskräftige und alle modernen Medien
einsetzende Propaganda gehört in diesen Zusammenhang – die UFA ging im
Ersten Weltkrieg aus Überlegungen hervor, das Medium Film gezielt zu Propa-
gandazwecken zu benutzen.

An der Ludendorff-Passage lässt sich übrigens auch gut studieren, wie eine
Argumentation halb richtig und dennoch ganz falsch sein kann. Denn obwohl
sich die Austragungsformen des Krieges im Sinne einer ansatzweisen Totalisie-
rung verändert hatten (Technisierung; Industrialisierung; Massenheere; Staats-
propaganda, Zivilbevölkerung und zivile Infrastruktur als Vernichtungsziel),
galten die grundsätzlichen Bestimmungen von Clausewitz über die Natur des
Krieges nach wie vor. Auch das „Wesen der Politik" hatte sich selbstverständlich
ebenso wenig geändert. Die Attitüde von Ludendorff, er müsse den alten Clausewitz vom Kopf auf die Füße stellen, ist nur großspurig und hohl. (Wenn jemand einen anderen vom Kopf auf die Füße stellen will, ist sowieso immer Vorsicht geboten.) Auch zur Zeit des Ersten Weltkriegs in der Phase der „Militärdik-
tatur" hat sich die Politik nicht der Kriegsführung untergeordnet. Vielmehr war
es die Politik der führenden Köpfe im Deutschen Reich, alles auf die militärischen
Mittel zur Erreichung ihrer Zwecke zu setzen und auf andere weitgehend zu
verzichten. Auf diese Weise kam es zur Entscheidung der deutschen Regierung,
den U-Boot-Krieg uneingeschränkt zu führen und auf Zivilschiffe unter der Flag-
ge der Feindnationen auszudehnen. Um diese Entscheidung gab es zwar 1916/17

ein Hin und Her, aber schließlich meinte sich das Kaiserreich in tiefer Verblendung ganz auf die militärischen Instrumente verlassen zu müssen.

## 4.2 Moderner Militarismus

Damit sind wir schon wieder auf einen Begriff verwiesen, der in der politischen Alltagssprache häufig benutzt wird, wenn es darum geht, bestimmte Verirrungen oder Fehlentwicklungen im Verhältnis zwischen Streitkräften und Gesellschaft, nicht nur in der deutschen Geschichte, sondern generell zu kennzeichnen: den Begriff des Militarismus (siehe auch Kap. 2.1). Man bezeichnet damit die Dominanz des Militärs als Organisation in Staat und Gesellschaft und das Vorherrschen von militärisch-kriegerischen Denkkategorien in Staat, Gesellschaft und Politik. Uns allen fallen sogleich Beispiele in erschreckend großer Zahl dafür ein, gleichviel ob wir eher in die Vergangenheit blicken oder uns auf die Gegenwart beschränken. Mit anderen Worten: Militarismus ist ein weit verbreitetes Phänomen, das in mannigfachen Erscheinungen auftritt.

Es kommt nun auf den jeweiligen historisch-politischen Kontext und die Gestalt des Militarismus in dieser oder jener Gesellschaft an, ob es sich dabei eher um ein gesellschaftliches Durchgangsstadium oder um die zielgerichtete Unterjochung und Ausplünderung seitens einer uniformierten Herrschaftselite handelt. In Preußen z. B. ergab sich im 17. Jahrhundert ein Gefüge geopolitischer (Nebenrolle im Konzert der europäischen Mächte), ökonomischer (Ressourcenknappheit) und sozialer („Bündnis" zwischen Adel und Monarch) Bedingungen, die in ihrem Zusammenspiel die Entwicklung dieser „Streusandbüchse des Heiligen Römischen Reiches deutscher Nation" zu einem straff und effizient von oben nach unten durchorganisierten Militärstaat besonders beförderten. Unwillkürlich erinnert man sich hier an die Figur des ausgedienten preußischen Feldwebels, der umsattelte und als Volksschullehrer weiterbeschäftigt wurde. Dieser vor-industrielle Militarismus prägte in Europa eigentlich nur das aufgeklärt-absolutistische Preußen des ‚Soldatenkönigs' und Friedrichs des Großen. Ansonsten waren die Streitkräfte im Absolutismus für die gesellschaftliche Entwicklung weniger bedeutsam.

Unter dem Druck der sozialen und politischen Wandlungsprozesse veränderten sich in Europa die absolutistischen Regime, mal eher friedlich, mal über revolutionären Druck. Die politischen Revolutionen in Nordamerika (1776 Unabhängigkeitserklärung der dreizehn vereinigten Staaten Nordamerikas) und Frankreich (1789) beeinflussten das Verhältnis von Politik zum Militär nicht unbeträchtlich. In idealtypischer Verkürzung lassen sich zwei verschiedene Modelle für das zivil-militärische Verhältnis in den durch die Impulse der Industriellen Revolution zur Modernisierung genötigten Gesellschaften gegeneinander stellen:

- Die Streitkräfte bleiben im gesellschaftlichen Alltagsleben sozusagen virtuell. Nur im Falle einer Bedrohung wird aus dem „virtuell" ein „aktuell". Nicht stehende Heere und Berufssoldaten, sondern – im Bedarfsfall – Bürger-Milizen verhindern, dass es zu Friktionen zwischen dem politischen System und den Streitkräften kommt. Im militärischen Ernstfall erscheint es den Bürgern als patriotische Pflicht, die Uniform anzuziehen, so dass nach einer kurzen Eingewöhnungszeit die Militärorganisation „funktioniert". Dieses Modell gibt es etwa in der Schweiz (Milizsystem) oder in den USA (*citizen soldier; national guards*), wobei allerdings die Frage bleibt, jedenfalls im Blick auf die USA, ob nicht der dort auch auf dieses Modell zurückzuführende Waffenkult im Zivilleben als eine Schrumpfform des Militarismus bezeichnet werden muss.

- Die Streitkräfte werden zu einem wirksamen und nachdrücklich gepflegten Motor der allgemeinen gesellschaftlichen Entwicklung. Militärische Fachüberlegungen greifen tief in den Gang politischer Entscheidungen ein. Militärische Werte und soldatische Verhaltensweisen bestimmen zivile Handlungen und Entscheidungsprozesse. Den Streitkräften kommt neben ihren militärischen Funktionen auch die einer „Schule der Nation" zu, mit dem Ziel, die unteren Schichten ideologisch unter Kontrolle zu halten und den sozialen Führungsanspruch bestimmter Gruppen zu sichern.

Allerdings war der Militarismus in Deutschland unter Kaiser Wilhelm II in sich mehrfach gebrochen. Gewiss dominierten die „Junker", der preußische Adel, die Armee, besonders das Heer (weniger die Flotte). Gewiss wurden, etwa mit der großen sozialen Bedeutung des Reserveoffiziers für Karrieren im öffentlichen und im privatwirtschaftlichen Bereich, die sich rasch verflachenden Wert- und Normvorstellungen jener kleinen sozialen Schicht gesellschaftlich maßgebend. Aber dieser aristokratische Militarismus wurde mehr und mehr überholt von einem im Bürgertum, vor allem im Kleinbürgertum sich entwickelnden „Militarismus von unten" (vgl. Förster 1985), der bis zum Extrem nationalistisch, populistisch (gleich: demokratisch im schlechten Sinne des Wortes) und durch und durch kriegslüstern war. Beide Formen des Militarismus waren im Kaiserreich miteinander verflochten, standen aber auch nicht selten in gegnerischen politischen Lagern.

## 4.3  Staat im Staate

Die deutsche Niederlage im Ersten Weltkrieg und der Regimewechsel von der Monarchie zur Demokratie wurden von einer Mehrheit der Deutschen nach 1918 nicht recht akzeptiert. Vor allem die als ungerechtes Diktat empfundenen Bedingungen des Versailler Friedensvertrages sollten revidiert werden. Einen wichtigen Bestandteil dieses Friedensvertrages bildeten, neben der Durchsetzung territorialer Forderungen und der Auferlegung von Reparationen, Bestimmungen zur Verkleinerung der Streitkräfte auf maximal 100 000 Mann und zur Begrenzung ihrer Ausrüstung und Bewaffnung.

Viele Angehörige der so entstandenen Reichswehr verachteten die „Erfüllungspolitiker". Die Soldaten waren in dieser Konstellation der Mühe enthoben, sich ernsthaft auf die neu entstandene Demokratie einzulassen, die es ja auch in der Gesellschaft von Anfang an sehr schwer hatte – die Umstände, die dazu führten, dass das politische Gemeinwesen *Weimarer Republik* genannt wurde, nämlich ein erster Putschversuch und bürgerkriegsähnliche Verhältnisse in Berlin, machen das deutlich. Die Führung der Reichswehr bastelte sich nach 1919 eine eigene Legitimation, die oberhalb jener der Weimarer Republik stehen sollte und diese als lästige Übergangserscheinung verstand.

> „Die Reichswehr strebte nicht direkte Herrschaft und schon gar nicht den Kasernenton der preußischen Armee oder die Kriegsspielereien der verschiedenen paramilitärischen Verbände, sondern eine verinnerlichte nationale Wehrbereitschaft an. Die Vorstellung einer wehrbereiten Volksgemeinschaft war von Anfang an mit derjenigen eines Eliteheeres verbunden" (Geyer 1984, 123).

Weil das politische System der Weimarer Republik die obersten und unantastbaren politischen Belange der Nation oder des Reiches der Deutschen zu verwirklichen nicht in der Lage schien, so deutete die Reichswehrführung unter General Hans von Seeckt (1866-1936) die Lage nach dem verlorenen Krieg, musste die Reichswehr als Ordnungsfaktor nicht nur militärisch, sondern auch politisch-erzieherisch wirken. Bei dieser Lagebeurteilung mischten sich politische Mythenbildung und militärischer Professionalismus. Zu ersterer gehört etwa die verschrobene „Dolchstoß-Legende", wonach die Streitkräfte den Krieg 14-18 schon gewonnen hätten, wären ihnen nicht die Daheimgebliebenen und unter ihnen besonders die klassenkämpferisch aufgehetzten Arbeiter in den Rücken gefallen. Dieser Mythos wirkte sich besonders fatal auf das politische Bewusstsein der Soldaten aus, und man kann mit Fug und Recht behaupten, dass er den demokratischen Neuanfang nach der Niederlage im Ersten Weltkrieg von Anfang an vergiftete.

Die unter äußerst schwierigen Bedingungen durchgeführten militärischen Planungs- und Aufbauarbeiten der Reichswehr sind demgegenüber als Zeugnisse eines hoch-effizienten Professionalismus zu bewerten. Dazu muss man auch das beträchtliche, wenn auch zwiespältige politische Geschick der Reichswehrführung zählen, der es gelang, die Restriktionen der Siegermächte immer wieder neu zu umgehen, z. B. auch durch heimliche Rüstungsmaßnahmen in Kooperation (ausgerechnet!) mit der Roten Armee der Sowjetunion.

Diese Kooperation war nicht zuletzt auch deshalb umso bemerkenswerter, als die Weimarer Republik innenpolitisch ganz stark von einer links/rechts-Polarisierung geprägt war. Die Extrempositionen nahmen auf der Linken die Kommunisten und auf der Rechten die vor allem in der Weltwirtschaftskrise erstarkenden Nationalsozialisten ein. Innenpolitisch standen sich die Kommunisten mit ihren Bündnisgruppen und die Reichswehr feindlich gegenüber, aber das hinderte letztere nicht daran, mit der Roten Armee partiell (und heimlich) zusammenzuarbeiten. Es hinderte auch die sowjetische Führung nicht daran, mit der Speerspitze des Klassenfeindes in Deutschland, wo man ansonsten eifrig alle revolutionären Bestrebungen unterstützte, militärisch zu kooperieren. Ein besonders drastisches Beispiel für die Anwendung von Doppelstandards in der Politik!

Die Formel von der Reichswehr als einem „Staat im Staate" bezeichnet die Distanz ihrer Führung zum politischen System der Weimarer Republik, wie sie etwa besonders folgenreich während des Kapp-Lüttwitz-Putsches im März 1920 zum Ausdruck kam.

„Um 1 Uhr nachts am 13. März versammelten sich die leitenden Offiziere im Reichswehrministerium in Noskes Zimmer: die Generale Reinhardt, von Seeckt, von Oven, von Oldershausen, Vizeadmiral von Trotha, Oberstleutnant Wetzell, Oberstleutnant Hasse, die Majore von Bock, von Gilsa, von Hammerstein und von Stockhausen. Die aus Döberitz zurückgekehrten Generale brachten ein Ultimatum Ehrhardts (des aufständischen Freikorps-Führers, WvB), das sich mit den deutschnationalen Forderungen...deckte...; eine Antwort erwarte er bis 7 Uhr morgens an der Siegessäule, unmittelbar am Brandenburger Tor. Er war also entschlossen, seinen Marsch fortzusetzen. Noske (der sozialdemokratische Reichswehrminister, WvB) lehnte Verhandlungen ab und sprach sich für bewaffneten Widerstand aus...Der Herr Reichswehrminister fragte nun, wer bereit sei mit ihm zu kämpfen und wer nicht..." (Carsten 1965, 89f).

Auf diese Frage antwortete einzig der inzwischen in der Reichswehr weitgehend isolierte Chef der Heeresleitung, Generalmajor Reinhardt im Sinne der Republik.

Daraufhin versammelte sich das Kabinett am Morgen des 14. März und beschloss angesichts der Haltung der Berliner Truppen, den Kampf gegen die Putschisten nicht aufzunehmen und Berlin zu verlassen. Es zog sich vorübergehend nach Weimar zurück, welcher Ort dann der ganz am Anfang ihrer Lebenszeit bereits nachhaltig von den eigenen Streitkräften gedemütigten Republik ihren Namen gab.

Betrachten wir aber nicht nur das politische System, sondern das gesamte Gefüge der unterschiedlichen Gruppen und Akteure der deutschen Gesellschaft jener Jahre, dann wird sofort klar, dass von einer Distanz der Reichswehr zur *Mehrheit* in der Gesellschaft keine Rede sein kann. Zwar war diese Gesellschaft in einem heute schwer nachvollziehbaren Maße politisch polarisiert, zwar wurde das Militär von links her mit Misstrauen, Abwehr und Aggression betrachtet. Aber die Mehrheit der Deutschen fand, dass es zur Überwindung der elenden Lage der Nation selbstverständlich einer starken Streitmacht bedurfte. Die Reichswehr stand also keineswegs gesellschaftlich im Abseits. Sie war zwar nicht in die Gesellschaft insgesamt, sehr wohl aber in den größeren Teil dieser Gesellschaft integriert. Wobei der Begriff der gesellschaftlichen Integration sich vor allem auf die Gemeinsamkeit der politischen Leit- und Zielvorstellungen bezieht, auf ein gemeinsames Feindbild (innenpolitisch die Linke, außenpolitisch die Mächte, die einer Revision des Versailler Vertrages entgegenstanden) und schließlich auf das bevorzugte Rekrutierungsmilieu für Soldaten aller Dienstgrade, insbesondere aber der Offiziere, nämlich die „konservativen Kreise".

Auch aus der Gegenperspektive heraus zeigt sich das zivil-militärische Verhältnis in der Weimarer Republik als gestört. Auf der (nicht-kommunistischen) Linken gab es zunächst einen starken, sich bald aber politisch aufsplitternden Pazifismus (Holl 1988). Abgesehen davon aber waren militärische Wertvorstellungen, militante Verhaltensweisen und militärische Deutungsmuster für politische Vorgänge sehr weit verbreitet.

„Diese Erscheinungsformen der zivilen Militarisierung waren in der Zwischenkriegszeit nicht auf Deutschland begrenzt; es stand, was deren quantitative Ausdehnung anging, möglicherweise nicht einmal an der Spitze der europäischen Nationen, wenn man an Italien, an Ungarn und an die südosteuropäischen Länder denkt. Überall korrespondierte diese Veränderung des politischen Stils mit der Erosion des Liberalismus und der Zurückdrängung seiner klassischen politischen Organisationsformen, die durch das Prinzip der Öffentlichkeit geprägt waren. Die quasi-militärische Subordinationsstruktur der Wehr- und Veteranenverbände war großenteils fiktiv, aber sie gewöhnte die Massen daran, den ausgegebenen Parolen blind zu folgen und ihre politische Mündigkeit preiszugeben" (Mommsen 1997, 270).

Als die Weimarer Republik am Ende war, was durch den wirtschaftlichen Verfall beschleunigt wurde, hätte es unter Umständen zu einer Bündelung aller in der Republik unter den verschiedensten politischen Bannern marschierenden Militarismen kommen können, und zwar unter Ausschluss der Nationalsozialisten. So sah es das Programm des allerdings nur kurze Zeit amtierenden Reichskanzlers und Reichswehr-Generals von Schleicher vor. Dieses Programm, wenn man es denn so nennen kann, scheiterte nicht wegen starker Gegnerschaft auf der politischen Linken, sondern weil ein anderes politisch-militärisches Konzept noch wirkungsvoller zu sein versprach.

## 4.4 Wehrmacht und Nationalsozialismus

Die Vorstellungen der Nationalsozialisten über die „Wehrhaftmachung" des ganzen Volkes erschienen der Reichswehr-Führung nicht zuletzt deshalb so besonders attraktiv, weil der Reichswehr darin eine privilegierte Rolle zukam. In der umfangreichen und in ihren Spitzenerzeugnissen so präzise differenzierenden wie entschieden urteilenden Fachliteratur über die nationalsozialistische Machtergreifung und die daran sich anschließende, zielbewusst auf den Krieg hinsteuernde Innen- und Außenpolitik wird darauf hingewiesen, dass das „Bündnis" zwischen Hitler und der Reichswehr 1933/34 auf einer teilweisen Übereinstimmung der politischen Ziele beruhte, dass indes die Reichswehr in diesem „Bündnis" sukzessive an Eigenmacht verlor und schließlich zum (fast) willenlosen Instrument des nationalsozialistischen Regimes unter Hitler wurde. Voraussetzung für dieses „Bündnis", das man sich nicht als einen formal mit Brief und Siegel abgeschlossenen Pakt vorstellen darf, vielmehr als einen Prozess sich überlappender und ergänzender Interessenwahrnehmungen und darauf basierender Entscheidungen (deshalb die Anführungsstriche), war auf Seiten der Generäle jenes ideologische Syndrom von autoritären Ordnungsvorstellungen und außenpolitischem Großmachtstreben, das im gesamten militärischen Führerkorps unumstritten war.

Auch der Faktor Zeit drängte. Die innenpolitischen und die internationalen Turbulenzen in den frühen dreißiger Jahren, unter denen die Bedrohung durch den Kommunismus wegen der Wirtschaftskrise eine besondere Aktualität zu gewinnen schien, machten ein rasches Vorgehen erforderlich. Wie auch andere Funktionseliten der Weimarer Republik mit ihrer unterentwickelten demokratischen Loyalität sah die Reichswehr-Führung 1933/34 in der Allianz mit den Nationalsozialisten die günstige Möglichkeit, die Gesellschaft autoritär von oben zu kontrollieren und auf dieser Grundlage die Vorbereitungen zur Revision des außenpolitischen Status von Deutschland zu beschleunigen. Diese Sichtweise bestätigte sich zunächst auch.

> „In der Phase der Regimefestigung nach dem 30. Januar 1933, in der Hitler, ‚eingerahmt' durch seine deutschnationalen und nationalkonservativen Koalitionspartner und abhängig vom Vertrauen des Feldmarschall-Präsidenten v. Hindenburg, nur über eine prekäre Machtbasis verfügte, musste er alles tun, um sich das Wohlwollen der Streitkräfte zu erhalten" (Müller 1987, 49).

Hitler gestand ihnen Überparteilichkeit zu und versprach, sie aus innenpolitischen Kämpfen herauszuhalten. Außerdem verpflichtete er sich, besonders wichtig angesichts der rasch angewachsenen und „revolutionstrunkenen" nationalsozialistischen Sturmabteilungen (SA), das Waffenträgermonopol der Reichswehr zu festigen. Es gelang Hitler und dem nationalsozialistischen Regime jedoch schon in ganz kurzer Zeit, die anfangs betonte sozio-politische Sonderstellung der Reichswehr weitestgehend abzubauen. Schon die Ereignisse im Frühsommer 1934 stellen das Muster dar, nach dem dieser Abbau vorgenommen wurde. Dass dabei, so kurios es klingen mag, auch eine spezifische Art der Integration der Streitkräfte in das totalitär umgestaltete Gesellschaftsgefüge herauskam, steht auf einem anderen Blatt.

Seit der Machtergreifung durch Adolf Hitler (1889-1945) war die Reichswehr (Heer, Marine sowie die getarnt entstehende Luftwaffe) damit beschäftigt, intensiv aufzurüsten. Zugleich erwuchs der Reichswehr innenpolitisch mit der SA ein Waffenträger-Konkurrent. Auch für Hitler selbst wurde die SA unter dem früheren Hauptmann Ernst Röhm (1887-1934) immer lästiger, weil sie durch ihr rabaukiges Auftreten und mit ihren weitergehenden politisch-militärischen Aspirationen den Konsolidierungsprozess des Regimes beeinträchtigte. Am 30. Juni 1934 machte Hitler dem ein Ende. In einer von der Reichwehr-Führung gebilligten Nacht-und-Nebel-Aktion wurden Hunderte von SA-Führern verhaftet und viele von ihnen sogleich ermordet. Diese Aktion wurde aber auch auf einige andere hochrangige Hitler-Gegner ausgedehnt, darunter die früheren Reichswehr-Generäle von Schleicher und von Bredow. Den Vorwand zum Losschlagen gaben mehr oder weniger gefälschte Indizien eines bevorstehenden Putsches der SA ab, dem zuvorzukommen eine Sache der „Staatsnotwehr" sei. Die Reichswehr-Führung verbuchte die Ausschaltung der SA als einen Sieg. Dass die mörderischen Übergriffe in ihre eigenen Reihen hineinreichten, das wurde nach leichter Irritation verdrängt. Das Offizierkorps hatte jetzt, um es mit einer Metapher auszudrücken, seine Seele an Hitler verkauft.

Klaus-Jürgen Müller (1987, 65) urteilt, die innere Übereinstimmung zwischen der Reichswehr-Führung und Hitler sei wohl seit der Machtübernahme niemals größer als zu diesem Zeitpunkt gewesen. Dies war die erste einer Reihe von Selbsttäuschungen der Reichswehr-Führung. Denn nicht ihre eigene Machtstellung, wohl aber die von Hitler wurde durch die sogenannte „Niederschlagung des Röhm-Putsches" gestärkt.

Am 2. August 1934 starb Reichspräsident von Hindenburg (1847-1934), der greise und von seiner Entourage politisch manipulierte „Ersatzkaiser" für die monarchischen und obrigkeitlichen Gefühle der mehrheitlich ihrer Demokratie überdrüssig gewordenen Deutschen. Noch am gleichen Tag ließ Hitler ein Gesetz beschließen, das die Ämter des Reichskanzlers und des Reichspräsidenten vereinigte. Zugleich ordnete er an, den Text der Eidesformel für die Soldaten zu ändern. In allen Garnisonen wurde der neue Eid am 2. August 1934 feierlich geschworen:

> „Ich schwöre bei Gott diesen heiligen Eid, dass ich dem Führer des Deutschen Reiches und Volkes, Adolf Hitler, dem Oberbefehlshaber der Wehrmacht, unbedingten Gehorsam leisten und als tapferer Soldat bereit sein will, jederzeit für diesen Eid mein Leben einzusetzen" (Müller 1987, 207).

1919 hatten die Soldaten noch der Reichsverfassung Treue geschworen und gelobt, das Deutsche Reich und seine gesetzmäßigen Einrichtungen zu schützen. Daraus wurde in der 1933 eingeführten Eidesformel das Treuegelöbnis für „Volk und Vaterland". Jetzt stand hier der Name eines Einzelnen, Adolf Hitler. Die Tragweite dieser Umformulierung des Eids, in den nun das personalisierte Führerprinzip eingefügt wurde, ist schwer zu ermessen, aber auf jeden Fall beträchtlich.

Wie groß das Gewicht des soldatischen Eids für das Selbstverständnis und den Lebenssinn von Soldaten sein kann, beschreibt der seinerzeit vielgelesene Roman „Die Standarte" von Alexander Lernet-Holenia am Beispiel des Zerfalls der multinational zusammengesetzten Streitkräfte in der österreichisch-ungarischen Doppelmonarchie am Ende des Ersten Weltkrieges. Der Roman erschien übrigens, es ist Zufall, aber kein blinder Zufall, 1934.

In der Gegenwart, so hat es den Anschein, ist die Bindekraft solcher Selbstverpflichtungen des Individuums an eine höhere Instanz in unserem Land ziemlich gering. Damals sah es anders aus. Vielleicht nicht unbedingt in dem Sinne, dass den beteiligten Soldaten die Bedeutung der neuen Eidesformel sofort in allen Konsequenzen klar geworden wäre – dagegen spricht jedenfalls, dass sich kaum jemand ernsthaft damit auseinandersetzte, ganz zu schweigen von irgendwelchen Eid-Verweigerungstendenzen. Aber spätestens im Krieg und angesichts der Frage, ob sie sich dem Widerstand gegen Hitler anschließen sollten oder nicht, hat der Eid vom 2. August 1934 in dieser auf den Führer als Person zugeschnittenen Formulierung seine Wirkung entfaltet und manchen Soldaten auch dann noch „unbedingt gehorsam" weitermachen lassen, als die Vergeblichkeit, ja das Verbrecherische der ihnen befohlenen Aufgaben schon unübersehbar geworden sein musste. Der Eid wirkte dann als Entlastungs-Mechanismus und als Instrument zur Auflösung individueller Verantwortungsbereitschaft. Es war ein verderblicher Eid.

In der Gegenwart scheinen sich die Wirkungskraft solcher Formeln und die Prägekraft der militärischen Rituale, die beim kollektiven Schwören oder Geloben inszeniert werden, verflüchtigt zu haben. Dieser Eindruck stimmt mit den Befunden von Soziologen bezüglich der Individualisierung der Menschen in unserer Gesellschaft überein. Andererseits ist erklärungsbedürftig, warum es in der Bundesrepublik Deutschland zeitweise, etwa in den achtziger Jahren, aber auch nach der Vereinigung, um die Rekruten-Vereidigung und das Feierliche Gelöbnis zum Teil heftige politische Auseinandersetzungen gegeben hat. Die Bundeswehr war in manchen Orten gezwungen, auf den öffentlichen Charakter der Rekruten-Vereidigung zu verzichten. Offensichtlich gibt es also auch heute noch eine bestimmte Symbolkraft, die von Eid und Gelöbnis ausgeht und die jedenfalls Militärgegner als bedrohlich ansehen und von der sie glauben, sie zerstören zu müssen.

Die Entwicklung des Verhältnisses der bewaffneten Macht zum nationalsozialistischen Regime zwischen 1933 und dem Kriegsausbruch 1939 ist die Geschichte der Selbsttäuschung und Selbstentmachtung der Streitkräfte. Selbstentmachtung in dem Sinne, dass die 1934 in Wehrmacht umbenannte Reichswehr zwar einerseits mit enormem Tempo vergrößert wurde, dass sie aber andererseits Schritt für Schritt im nationalsozialistischen Umfeld versank wie der verirrte Wanderer im Moor.

In diesen Jahren und unter dem Vorzeichen des Aufwuchses der Wehrmacht (aber nicht nur sie wurde rasch vergrößert, ebenso die nach dem gewalttätigen Stutzen der SA nunmehr von der NSDAP besonders geförderten Schutzstaffeln, die SS) fand auch so etwas wie eine Integration der Streitkräfte in die Gesellschaft statt. Nur eben, dass diese Gesellschaft eine andere war als in der Weimarer Republik. Insbesondere durch die Einführung der Allgemeinen Wehrpflicht am 16. März 1935 und die damit einhergehende Vergrößerung des Umfangs der Streitkräfte wurde die soziale Homogenität von Führer- und Unterfüh-

rerkorps schrittweise aufgelöst. Die militärischen Führungsgruppen nahmen das
sehr wohl war. Einige entscheidende Akteure wie etwa der Reichswehrminister
von Blomberg waren damit auch einverstanden. Andere wie etwa General Ludwig Beck (später ein wichtiger Exponent des Widerstandes gegen Hitler) zeigten
sich besorgt. Indes saßen sie in einer Zwickmühle, die von Klaus-Jürgen Müller
so beschrieben wird:

> „Eine Gegenwirkung vom Standpunkt der Militär-Elite aus war um so schwerer auszuüben, als gleichzeitig mit der Relativierung ihrer Positionen die Grundlagen für die
> Durchsetzung der eigenen außenpolitischen Zielsetzungen insgesamt verbessert zu
> sein schienen" (Müller 1987, 35).

Auch die spektakulären und schäbigen Skandal-Ereignisse der Blomberg-Fritsch-
Krise vom Frühjahr 1938, die dazu diente, zwei der höchsten Repräsentanten
dieser Militär-Elite abzuservieren, zeigen an, wie nachhaltig die Integration der
Wehrmacht in den straff organisierten Führerstaat gelungen war. Die Wehrmacht-Führung schluckte die Demütigung. Es ging in beiden Fällen um Verstöße
gegen die gesellschaftlichen Konventionen (un-standesgemäße Heirat von Blomberg, angebliche Homosexualität von Fritsch). Solche Konventionen legten damals in einem ganz aus unseren Vorstellungen verschwundenen Maße den Soldaten Verhaltenskorsetts an. Deren Fixierung wurde von den Nationalsozialisten
sehr geschickt und im Falle von Fritsch sogar auf kriminelle Weise benutzt, um
zwei unliebsam gewordene Generäle bei ihresgleichen „unmöglich" zu machen.
Dieser Mechanismus funktionierte ganz im Sinne von Himmler und Hitler.

Straff organisiert war der Führerstaat nur von seiner Anlage her. Im politischen Alltag sah das allerdings häufig ganz anders aus, denn die Fäden der binnengesellschaftlichen Machtpolitik verhedderten sich oft erheblich. Darauf muss
in diesem Zusammenhang hauptsächlich deswegen hingewiesen werden, weil
ein nicht unbeträchtlicher Teil der verblüffenden Regime-Effizienz des Nationalsozialismus in Friedens- und mehr noch in Kriegszeiten auf eine Art selektive
Loyalität zurückzuführen ist. „Das Ganze" der politischen Entwicklung und die
besonders unerfreulichen Aspekte dieser Entwicklung konnten immer wieder
leicht und umstandslos ausgeblendet werden; die „eigene" Organisation wurde
von anderen Organisationen als moralisch höherwertig abgesetzt und als den
edleren Teil der Regimeziele verfolgend wahrgenommen Auf diese selektive
Selbst- und Umfeldwahrnehmung traf man gerade in der Wehrmacht häufig. Sie
bildete dann ja auch nach dem Krieg für Jahrzehnte ein wichtiges Rechtfertigungsmuster für Wehrmachtangehörige.

Diese Haltung gehört mit in den gar nicht so umfangreichen Katalog der Ursachen, auf welche die eigentümliche und erschreckend hohe Integrationskraft des NS-Regimes gerade auch in seiner Niedergangsphase nach dem Dezember 1941 und sogar noch ganz am Ende, im Frühjahr 1945, zurückzuführen ist. Sie kam nur für zwei Minderheiten innerhalb der Wehrmacht nicht in Frage. Die eine bestand aus den sich voller Enthusiasmus als „hundertprozentige Nationalsozialisten" bekennenden Soldaten. Die andere wurde von den Widerständlern auf der entgegengesetzten Seite des normativ-politischen Spektrums gebildet. Das Rückgrat des Widerstandes wurde nach dem 20. Juli 1944 gebrochen. Die „hundertprozentigen Nationalsozialisten" unter den Soldaten blieben unbelehrbar bis zum bitteren Ende und auch noch darüber hinaus. Es spricht einiges für die folgende, nicht nur auf die Wehrmacht, sondern die ganze deutsche Gesellschaft gemünzte These von Armin Nolzen:

> „Zum Durchhalten in den letzten Kriegsmonaten bedurfte es…keiner positiven ideologischen Identifikation mit dem Nationalsozialismus. Es reichte aus, von der Politik des ‚Dritten Reiches' auf irgendeine Art und Weise materiell profitiert zu haben oder aber durch schieren Zwang in den destruktiven Sog gezogen zu werden, den das Regime entfaltete" (Nolzen 2002, 96).

Die schwierigen, weil immer hoch-emotionalisierten Diskussionen über den Sinn von Krieger- und Deserteur-Denkmälern, die in den 1980er Jahren in der Bundesrepublik zaghaft aufzuflackern begannen, und die heftigen Auseinandersetzungen um die „Wehrmachts-Ausstellung" in den 1990er Jahren haben Ansätze geboten, dieser erschreckenden Persistenz der Regime-Loyalität so vieler Menschen auf den Grund zu gehen. Allerdings bleiben bis heute viele Fragen offen, z. B. die nach den Gründen des Weiterkämpfens ganz am Ende des Krieges, als doch den allermeisten Soldaten, gleichviel welchen Dienstrangs, klar geworden sein musste, dass der Krieg verloren war.

In der Geschichte systematischer Reflexionen über das Militär und sein Verhältnis zu Politik und Gesellschaft finden sich in der deutschen Tradition bedeutende Namen wie z. B. Carl von Clausewitz. Man stößt aber auch auf Beispiele für einen intellektuellen Niedergang. Außerdem ist die Geschichte des Aufstiegs von Preußen durch einen deftigen *aristokratischen Militarismus* geprägt; die des 1871 gegründeten Kaiserreichs auch durch einen *populistischen Militarismus*. Die Streitkräfte spielten auch in der Weimarer Republik eine entscheidende Rolle. Sie sorgten mit für deren Untergang und für den Aufstieg des Nationalsozialismus, den das Offizierkorps zunächst für einen leicht zu manipulierenden Verbündeten hielt. Hitler aber war stärker und manövrierte die konservative Reichswehr-

Führung aus. Die Wehrmacht machte sich zu einem Komplizen der Nationalsozialisten, unangesehen einiger Ausnahme-Erscheinungen im Offizierkorps. Die Beteiligung am Aufstand des 20. Juli 1944 fiel den Offizieren deshalb so schwer oder schien ihnen sogar unmöglich, weil ihr überwiegend traditionalistisch geprägtes Weltbild auch noch im Zweiten Weltkrieg die Einordnung der düsteren Aspekte des Dritten Reichs in ein Bild von Deutschlands glanzvoller Größe erlaubte.

## 5 Zwei Blöcke, zwei Staaten, zwei Streitkräfte

Der Zweite Weltkrieg, der zunächst als ein europäischer Krieg begonnen hatte, spätestens aber seit dem japanischen Überfall auf Pearl Harbour (7. Dezember 1941) globalen Charakter annahm, markiert eine Zäsur in der Geschichte des 20. Jahrhunderts. Für viele gilt er auch als Wendepunkt der Kriegs-Geschichte, denn mit der Entwicklung und Erprobung der Atombombe in den Vereinigten Staaten und mit ihrem Kriegseinsatz in Hiroshima (6. August 1945) und Nagasaki (9. August 1945) ist die Tür für eine Entwicklung aufgestoßen worden, an deren Ende als „Kollateralschaden" eines Krieges mit Nuklear- oder anderen Massenvernichtungswaffen der Untergang der menschlichen Zivilisation stehen könnte (vgl. Salewski 1998).

Auf jeden Fall bedeutet das Ende des Zweiten Weltkrieges einen tiefen Einschnitt in die deutsche Geschichte. Deutschland wurde territorial aufgeteilt und unter Kuratel der Siegermächte gestellt. Teils gemeinsam, teils getrennt strebten sie eine Verkleinerung der machtpolitischen Möglichkeiten Deutschlands an. Das sollte Hand in Hand gehen mit einer politischen Rekonstruktion des Landes, allerdings nun unter dem Vorzeichen von gesichertem Frieden und stabiler Demokratie. Obwohl aus dem „teils gemeinsam, teils getrennt" der Vier Alliierten rasch der Kalte Krieg wurde, hat das ursprüngliche Konzept der Siegermächte kurioserweise, von heute her im Rückblick betrachtet, im Großen und Ganzen auch funktioniert, wenn auch ganz anders, als gedacht.

### 5.1 Ost-West-Konflikt als Kalter Krieg

In die Welt getreten ist der Ost-West-Konflikt als ein die Strukturen der internationalen Beziehungen beeinflussender und schließlich sogar bestimmender Konflikt, als die bolschewistische Revolution in Russland im Oktober 1917 das alte Regime fortgespült hatte. Seither nämlich gab es ein die herrschenden Regeln und Muster zwischenstaatlicher Politik herausforderndes Konkurrenzmodell, das bekanntlich andere Vorstellungen nicht nur zur internationalen Politik verwirklichen wollte, sondern auch für die Ökonomie, die Sozialbeziehungen und letztlich für den Menschen selbst ein alternatives Leitbild proklamierte. Das begann eher schwächlich. In den ersten Jahren nach dieser Revolution war die Sowjetunion hauptsächlich damit beschäftigt, sich im Innern zu konsolidieren. Sie spielte deshalb zunächst nur eine untergeordnete und responsive Rolle in der internationalen Politik – der Ost-West-Konflikt blieb nachrangig und wurde von anderen Konflikten überlagert. Das schloss aber nicht aus, dass unter bestimmten Gruppen zu bestimmten Zeiten und an bestimmten Orten dieses sowjetische Konkurrenzmodell zu den bürgerlichen Demokratien und zu Kapitalismus und Marktwirtschaft beträchtliche Anziehungskraft zu entwickeln vermochte, etwa unter Intellektuellen und Künstlern in den bürgerlichen Gesellschaften, aber auch in antikolonialistisch eingestellten Eliten der Kolonien.

Die Weimarer Republik und nach 1933 das nationalsozialistische Deutschland standen im Zentrum der dreiseitigen Konflikt-Konstellation zwischen Demokratie, Kommunismus und Faschismus/Nationalsozialismus. Wie diese Konstellation sich im einzelnen manifestiert hat, in der Innenpolitik der Staaten häufig ganz anders als in ihrer Außenpolitik, ist ein nach wie vor Überraschungen bereithaltender Gegenstand historisch-systematischer Forschung. Sie können etwa an den diesbezüglichen Überlegungen von Ernst Nolte anknüpfen, sollten allerdings seine zugespitzten Thesen und Aussagen über den Modellcharakter des sowjetischen Totalitarismus für das nationalsozialistische Deutschland nicht ungefiltert übernehmen. Sieben Tage, bevor der Zweite Weltkrieg am 1. September 1939 begann, d. h. bevor Hitler ihn entfesselte, wurde der deutsch-sowjetische Nichtangriffspakt (Hitler-Stalin-Pakt) abgeschlossen. Das Zweckbündnis der beiden totalitären Diktaturen hielt aber nicht lange. Am 22. Juni 1941 startete der Überfall des Dritten Reiches auf die Sowjetunion. Schon am 12. Juli 1941 kam es daraufhin zu einem Bündnis zwischen der Sowjetunion und Großbritannien. Es bildete den Kern der sogenannten Anti-Hitler-Koalition. Der Name trifft den Sachverhalt ziemlich gut, denn das Bündnis der Alliierten wurde durch den gemeinsamen Feind zusammengehalten. Was die Ordnung der Welt nach einem Sieg über die Achsenmächte in Europa (Deutschland und Italien) und Asien (Japan) betraf, da gab es zwar auch ein paar gemeinsame, aber in der Hauptsache divergierende Pläne und Konzepte, und jede Menge Hintergedanken.

Unmittelbar nach Kriegsende gewannen diese gegensätzlichen Vorstellungen über die neu aufzubauende Struktur des internationalen Systems und die Rolle, welche die einzelnen Staaten darin spielen sollten, das Übergewicht. Schien es zunächst noch so, als würde eine eher kooperative Ausgestaltung der internationalen Beziehungen und der unterschiedlichen Interessen zwischen den westlich-demokratischen Staaten und der Sowjetunion möglich sein, so stellte sich schon nach einer kurzen Übergangsphase das Gegenteil heraus. Die beteiligten Hauptakteure wollten, nicht zuletzt aus innenpolitischen Gründen, die Konfrontation, wenngleich sicherlich damals niemand genau abzusehen vermochte, wie diese sich entwickeln würde. Binnen zweier Jahre, von 1945 bis 1947, nahm der Ost-West-Konflikt die Austragungsform des *Kalten Krieges* an. Das ist nun ein recht aussagekräftiger Begriff. Er besagt, dass die entscheidenden Führungsmächte, die USA und die UdSSR, zu allen Mitteln der Konfrontation, von der Propaganda bis zu Wirtschaftsmaßnahmen zu greifen entschlossen waren – mit einer Ausnahme: Direkte militärische Gewalt zwischen ihnen sollte erst einmal ausgeschlossen bleiben. Nicht aus Menschenliebe wollten sie das, vielmehr deswegen, weil mit einer direkten militärischen Konfrontation das Risiko eines neuen Weltkrieges, dieses Mal mit noch schrecklicheren Waffen als jemals zuvor, kaum noch eingrenzbar wäre. Zwar stand die Welt in der Zeit des Kalten Krieges, wie es scheint, einige Male nicht weit vom Abgrund des „heißen Krieges" entfernt. Zwar gab es nach 1945 zahlreiche Kriege, in welche die beiden Weltmächte in Ost und West indirekt verwickelt waren (z. B. über Waffenlieferungen, Militärhilfe aller Art usw.). Aber der Schatten der Atombombe wirkte als Zähmungsmittel – eigentlich paradox.

Aus diesen Ausführungen geht hervor, dass die vielfach unreflektiert vorgenommene Gleichsetzung der Begriffe Ost-West-Konflikt und Kalter Krieg in diesem Text nicht mitgemacht wird. *Ost-West-Konflikt* ist der übergeordnete Begriff und bezeichnet einen politischen Strukturkonflikt im 20. Jahrhundert (von 1917 bis 1990, um ihn zeitlich genauer einzugrenzen), der sich auf mehreren Ebenen zeigt. Er ist Machtkonflikt zwischen Staaten und Bündnissen, gesellschaftspolitischer Konflikt zwischen einander entgegengesetzten Ordnungskonzepten und ideologischer Konflikt zwischen Welt- und Menschenbildern. Die Akteure dieses Konflikt blieben die ganze Zeit programmatisch aufeinander fixiert, denn hüben wie drüben wurde er als ein Wettbewerb wahrgenommen und interpretiert, als Konkurrenz zweier Weltordnungs-Angebote, von denen jedes das effektivere sein wollte und den Anspruch stellte, der menschlichen Natur besser zu entsprechen.

Diejenigen, die über diese Konkurrenz nach dem Zweiten Weltkrieg letzten Endes zu entscheiden hatten, mal mehr, mal weniger freiwillig, das waren die Menschen, die sich in den Ländern Europas, Asiens und später dann in den entkolonialisierten Ländern neu orientieren und einrichten mussten. In Europa bildete sich mit dem Eisernen Vorhang relativ rasch eine Grenze zwischen Ost und West heraus, die sich erst einmal zu verfestigen begann. Der Eiserne Vorhang verlief mitten durch Deutschland und teilte auch die Stadt Berlin. Es brauchte einige Jahre, bis diese Verfestigung der Grenze so weit fortgeschritten war, dass eine Art *modus vivendi* akzeptabel wurde.

Als das möglich wurde, zu Beginn der 1960er Jahre, endete nicht der Ost-West-Konflikt, wohl aber seine Austragungsform als *Kalter Krieg*. Als entscheidende Zäsur kann man hier die Doppelkrise Berlin im Sommer 1961 (Bau der Mauer und weiterer Grenzbefestigungen) und Kuba im Herbst 1962 nennen (Stationierung sowjetischer Raketen mit nuklearen Sprengköpfen plus ihr anschließender Abbau). Die Lehre für die beiden militärisch mächtigsten Weltmächte, die hier jeweils direkt einander gegenüber und kurz vor dem Beginn kriegerischer Aktionen standen, war eindeutig. Ihre Konfrontation würde ohne ein erhebliches Mehr an wechselseitiger Kommunikation, an Vorkehrungen für Krisen-Management und ohne gemeinsame Anstrengungen zur Steuerung der rüstungstechnologischen Entwicklung (*arms control*) zu risikoreich.

Diese Lehre, die auch beherzigt wurde, bildet das Fundament für die Entwicklung des Ost-West-Konflikts vom Kalten Krieg zur Entspannung.


## 5.2 Zwei kontrollierte deutsche Staaten

Ohne den Kalten Krieg und die durch ihn erweckten Bedrohungsgefühle im Westen hätte es keine Wiederbewaffnung in Deutschland gegeben, jedenfalls nicht so rasch. Die Nachkriegsplanungen der Siegermächte, so widersprüchlich sie im einzelnen auch waren, visierten ein gemeinsames Ziel an: die Ausschaltung Deutschlands als eines destruktiven Machtfaktors (militärisch, politisch, wirtschaftlich) innerhalb der neu zu gestaltenden regionalen Ordnung Europas und der ebenfalls neu zu gestaltenden Weltordnung.

Diese Weltordnung hätte in der Perspektive der Vereinigten Staaten eine Art nicht-hegemoniale *pax americana* werden sollen. Hegemoniale Ordnung unterscheiden sich von nicht-hegemonialen dadurch, dass die führende Ordnungsmacht ihre Stellung nicht dazu benutzt, Gewinne auf Kosten der anderen Akteure zu machen, sondern diese an den gemeinsamen Gewinnen angemessen partizipieren zu lassen. Was und wie viel genau mit dem Wörtchen *angemessen* gemeint ist, darüber sind sich die Beobachter der internationalen Politik indes selten einig. Wie auch immer – auch 1945 war es nicht anders als 1918. Die Menschen standen unter dem Schock der Kriegs-Schrecken, und die Politiker versuchten, die Struktur des internationalen Systems so zu verändern, dass es zu einer Wiederholung des gerade überwundenen Übels nicht kommen würde. Dieses Übel war klar und über alle politischen Unterschiede hinweg einstimmig definiert – das machtpolitische Ausgreifen Deutschlands auf Europa und das Wiederaufleben von Faschismus und Nationalsozialismus. Das beides sollte es nicht mehr geben können.

Die zunächst noch gemeinsame Haltung der Siegermächte Deutschland gegenüber drückt sich am klarsten im Potsdamer Abkommen vom 2. August 1945 aus, worin es u. a. heißt:

> „Der deutsche Militarismus und Nazismus werden ausgerottet, und die Alliierten treffen nach gegenseitiger Vereinbarung in der Gegenwart und in der Zukunft auch Maßnahmen, die notwendig sind, damit Deutschland niemals mehr seine Nachbarn oder die Erhaltung des Friedens in der ganzen Welt bedrohen kann.
>
> Es ist nicht die Absicht der Alliierten, das deutsche Volk zu vernichten oder zu versklaven. Die Alliierten wollen dem deutschen Volk die Möglichkeit geben, sich darauf vorzubereiten, sein Leben auf einer demokratischen und friedlichen Grundlage von neuem wieder aufzubauen. Wenn die eigenen Anstrengungen des deutschen Volkes unablässig auf die Erreichung dieses Zieles gerichtet sein werden, wird es ihm möglich sein, zu gegebener Zeit seinen Platz unter den freien und friedlichen Völkern der Welt einzunehmen…
>
> Die Ziele der Besetzung Deutschlands, durch welche der Kontrollrat sich leiten lassen soll, sind:
>
> Völlige Abrüstung und Entmilitarisierung Deutschlands und die Ausschaltung der gesamten deutschen Industrie, welche für die Kriegsproduktion benutzt werden kann, oder deren Überwachung…
>
> Das deutsche Volk muss überzeugt werden, dass es eine totale militärische Niederlage erlitten hat und dass es sich nicht der Verantwortung entziehen kann für das, was es selbst dadurch auf sich geladen hat, dass seine eigene mitleidlose Kriegsführung und der fanatische Widerstand der Nazis die deutsche Wirtschaft zerstört und Chaos und Elend unvermeidlich gemacht haben" (zit. nach von Schubert 1978, 59f.).

Die Entmilitarisierung Deutschlands war ein herausragender Programmpunkt des Potsdamer Abkommens. Zusammen mit der konsequenten Eliminierung des Nationalsozialismus (ideologisch, politisch, organisatorisch) bildete sie 1945 die Basis für alle Überlegungen zum Neuaufbau Deutschlands.

Indes machte die internationale Entwicklung einen Strich durch alle politischen Rechnungen, die auf der Einigkeit der Alliierten in Ost und West gründeten. Der Kalte Krieg bewirkte, dass die Länder und Territorien, die bei Kriegsende entweder vom Westen oder vom Osten befreit und okkupiert waren, nun zur jeweils eigenen Einflusssphäre geschlagen und bald auch zu Verbündeten der einen oder anderen Seite wurden. Neutrale Zonen gab es nur ausnahmsweise und dann, wenn es beiden Seiten genehm war. Für Deutschland bedeutete dies den für lange Zeit verfestigten Zustand der nationalen Teilung – 45 Jahre, wie sich herausstellen sollte, was freilich damals niemand voraussehen konnte. Aus den Besatzungszonen, drei im Westen, eine im Osten, wurden 1949 zwei Staaten. Der Kalte Krieg hatte in Europa mit der Berlin-Blockade durch die Sowjetunion und den spektakulären Hilfsaktionen der Westmächte für West-Berlin schon einen besonders dramatischen Höhepunkt hinter sich. Der zweite, nämlich der Ausbruch des Korea-Krieges, stand nahe bevor.

## 5.3  Auf dem Wege zur Wiederbewaffnung

Es war diese Konstellation des Kalten Krieges, die auch Rolle und Status der beiden deutschen Staaten entscheidend veränderte: Sie waren jetzt nicht mehr primär der am Wiedererstarken zu hindernde Ex-Feind und Kriegsverlierer. Sie waren stattdessen zu Verbündeten ihrer jeweiligen Führungsmächte geworden, unmittelbar an der Grenze zwischen den beiden unterschiedlichen politisch-ideologischen „Lagern", die einander feindlich gegenüberstanden. Die Intensität und die Gefährlichkeit der Bedrohung durch das andere Lager wurden hüben wie drüben so hoch eingeschätzt, dass es sich geradezu anbot, die Wiederbewaffnung der Deutschen zur Stärkung des jeweils eigenen militärischen Potentials anzustreben. Auf diese Weise wurden die konzeptionellen Wege zum Aufbau der Nationalen Volksarmee (NVA) in der DDR und der Bundeswehr in der Bundesrepublik Deutschland vorgestanzt.

Die Wiederbewaffnung begann zu einem Zeitpunkt, als das Entmilitarisierungs-Gebot des Potsdamer Abkommens noch in Kraft war. Deswegen fanden die ersten Schritte in diese Richtung auch nicht in aller Offenheit und (wenngleich es das in der Sphäre der Politik eigentlich nicht gibt) mit schlechtem Gewissen statt. Populär waren solche Schritte auch nicht, ein Grund mehr für die Politiker, sich sehr vorsichtig auf diesem sozusagen verminten Gelände zu bewegen. Es braucht nicht betont zu werden, dass es in erster Linie die Sowjetunion und die Vereinigten Staaten waren, die ihren ‚neuen' Verbündeten das Tempo vorgaben (vgl. Bauer 2004). Unter den sicherheitspolitischen und militärstrategischen Experten der jetzt zerfallenen Anti-Hitler-Koalition herrschte keine Einigkeit über die jeweils eigene Bedrohungslage. Aber sowohl im östlichen als auch im westlichen Lager hielt man es in diesen Kreisen für unabdingbar, zur Entlastung der eigenen Streitkräfte wieder deutsche bewaffnete Kräfte aufzubauen – allerdings unter der entscheidenden Voraussetzung, dass sie gut kontrolliert blieben. Denn das Risiko eines neuen und die Ost-West-Systemgrenze durchbrechenden deutschen Nationalismus mit einem revisionistischen Wiederaufstiegsprogramm, das wollte man in Washington und Moskau keinesfalls eingehen, in Paris und London übrigens noch weniger.

Obwohl es erst nach 1955/56 einigermaßen deutlich zu Tage trat, galt das ‚Wiedervereinigungs-Axiom' schon in der Frühphase des Kalten Krieges: Keine der beiden Seiten würde eine Wiedervereinigung unter dem Vorzeichen des gegnerischen Lagers dulden, ebenso wenig ein neutrales Deutschland. Dieses Axiom würde alle Wiedervereinigungs-Hoffnungen und Initiativen in diese Richtung solange blockieren, bis der Ost-West-Konflikt enden würde.

## 5.4 Militär in der Deutschen Demokratischen Republik

In der Sowjetischen Besatzungszone (SBZ) begannen die heimlichen Vorbereitungen der Sowjetischen Militär-Administration in Deutschland (SMAD) für den Aufbau deutscher militärischer Kader im Sommer 1947. Dann ging es zügig weiter. Alles, was diesbezüglich geschah, ging auf sowjetische Anstöße zurück und wurde auch in seiner alltäglichen Umsetzung von der Besatzungsmacht genau überwacht. Dieses Politikmuster von Vorbild und Nachahmung, sowjetischem Entscheidungs-Primat und folgsamer Implementierung seitens der SED-Führung blieb im Grunde mit ganz wenigen Abweichungen bis 1989 erhalten.

„Am 2. Juli 1948 setzte Stalin seine Unterschrift unter einen Beschluss, der die Schaffung kasernierter Polizeibereitschaften mit einer Stärke von 10.000 Mann vorsah, die ausdrücklich mit automatischen und ähnlichen Waffen aus militärischen Beständen auszurüsten waren und erklärtermaßen eine reguläre militärische Ausbildung erhalten sollten. Als Ausbilder wurden 5.000 sorgfältig in sowjetischen Kriegsgefangenenlagern auszuwählende Soldaten und Unteroffiziere sowie 100 Offiziere und fünf Generäle aus dem gleichen Kaderreservoir vorgesehen. Am 18. Juni 1949 verfügte Stalin weiterhin die Schaffung von sowjetzonalen Polizeischulen zur militärischen Ausbildung von 35.000 Unteroffizieren und 11.000 Offizieren. Er ordnete auch an, 150 zuverlässige hohe SED-Funktionäre an eine sowjetische Infanterieschule zu holen und diese dort in einem zwölfmonatigen Kurs zu obersten militärischen Führern ausbilden zu lassen…Als eine der folgenden Ausführungsbestimmungen ist ein Befehl der SMAD vom 8. August 1949 nachweisbar, dem zufolge 24 Infanterie-, acht Artillerie- und drei Panzerabteilungen mit jeweils 950, 750 beziehungsweise 1.100 Mann auszubilden waren…Am 25. April 1950 unterzeichnete Stalin einen Befehl über den Aufbau erster

Einheiten eines ,grenzpolizeilichen Dienstes zur See' und einer Ausbildungsstätte für ,seepolizeiliches' Führungspersonal. Die Instruktionen bezüglich Training und Bewaffnung machten klar, dass es sich um die Anfänge einer Marine handelte" (Wettig 1995, 11).

Diese paramilitärischen Kräfte wurden erst Mitte der fünfziger Jahre offen in Streitkräfte umgewandelt; der Volkskammerbeschluss über das Gesetz zur Schaffung der Nationalen Volksarmee (NVA) und des Ministeriums für Nationale Verteidigung datiert vom 18. Januar 1956. Die allgemeine Wehrpflicht wurde 1962 eingeführt. Mitte der 1980er Jahre umfassten die Landstreitkräfte der NVA 191.500 Soldaten (davon 71.500 Wehrpflichtige), die Luftstreitkräfte 53.000 Soldaten (davon 15.000 Wehrpflichtige) und die Volksmarine 22.000 Soldaten (davon 8.000 Wehrpflichtige). Zur selben Zeit waren die Grenztruppen der DDR auf ca. 50.000 Mann angewachsen.

Es sind aber nicht so sehr diese Zahlen, die in unserem Zusammenhang von besonderer Bedeutung sind. In der DDR bildete sich ein von der Roten Armee der Sowjetunion übernommenes System der politischen Kontrolle der Streitkräfte heraus, das eine Eigenentwicklung der Streitkräfte verhinderte. Dass die sozialistische Militärelite zu einem unabhängigen, die zivilen Führungsgruppen aus organisations-internem Eigeninteresse heraus beeinflussenden Akteur in der Gesellschaft werden könnte, daran war im Traum nicht zu denken. Das hat weniger mit Sozialismus und Kommunismus zu tun als vielmehr mit der Übernahme sowjetischer Kontrollmuster für die Streitkräfte. Dass Eigenentwicklungen der Streitkräfte auch unter einem (irgendwie) kommunistischen Regime nicht a priori unmöglich sind, kann man heutzutage am Beispiel Nordkoreas studieren, und auch in China spielen die Streitkräfte innen- und wirtschaftspolitisch eine sehr wichtige Rolle.

Die Nationale Volksarmee stand auf dreifache Weise unter der besonderen Kontrolle der Sowjetunion: Ihr Aufbau und ihre Ausrüstung wurden unter engster sowjetischer Beratung vorgenommen. Militärstrategisch und bündnis-organisatorisch war sie in den Warschauer Pakt eingebunden. Ihre internen Befehls- und Kommandostrukturen blieben jederzeit und prinzipiell für den Einblick der SED offen. Auch andere Mitgliedsstaaten des Warschauer Paktes konnten ihre Militär- und Sicherheitspolitik keineswegs souverän gestalten; indes blieb ihr Spielraum diesbezüglich etwas größer. Das Misstrauen gegenüber deutschen Soldaten war im östlichen Europa nicht unbeträchtlich; was Wunder, blieb doch die Erinnerung an die Leiden, die der deutsche Ostfeldzug wenige Jahre zuvor über die Menschen dieser Regionen gebracht hatte, lange lebendig (und das nicht lediglich aus propagandistischen Gründen). Es wurde zudem verstärkt, weil diese Truppen am Westrand des eigenen Herrschaftsbereichs stationiert waren und weil die nationale Frage der Deutschen als potentiell gefährlich angesehen wurde. Das „sichtbarste", wenn auch, was ihre reale Gestalt betraf, den Blicken der DDR-Bevölkerung immer wieder entzogene Kontroll- und Aufsichtinstrument der Sowjetunion waren die Truppen der Roten Armee, erst *Gruppe der Sowjetischen Besatzungstruppen in Deutschland* (GSBT) genannt und seit der sowjetischen Erklärung über die Souveränität der DDR vom März 1954 in *Gruppe der Sowjetischen Streitkräfte in Deutschland* (GSSD) umgetauft. Der Umfang der GSSD war beträchtlich: Nach dem Abschluss der deutsch-sowjetischen Partnerschaftsverträge im Jahr 1990 begann der Abzug der sowjetischen Streitkräfte aus dem östlichen Teil des jetzt vereinten Deutschland. Dieser Abzug betraf ca. 340.000 Soldaten, 200.000 Zivilangestellte und Familienangehörige und eine Riesenmenge von schweren Waffen und Munition (Kowalczuk, Wolle 2001, 221).

Die Organisation der politischen Kontrolle der NVA durch die SED war relativ aufwendig. Es gab neben der militärischen Hierarchie bis hinunter in die Kompanien einen parallelen Befehlsstrang, der in der „Politischen Hauptverwaltung der NVA" im Ministerium für Nationale Verteidigung seine Spitze hatte. Es handelt sich dabei um sogenannte militärische Politorgane, die mittels ideologischer Schulung der Soldaten und mittels Einflussnahme auf die Entscheidungen in der Truppe dafür zu sorgen hatten, dass die Führungsrolle der SED unbestritten blieb. In den Kompanien und Bataillonen waren diese Politorgane als Stellvertreter des Chefs bzw. des Kommandeurs eingesetzt. Aus der Sicht der SED sollte die NVA eine „Armee neuen Typs" werden, durchdrungen vom Klassenbewusstsein und der unverbrüchlichen Treue zur Sowjetunion sowie den anderen Verbündeten. Entsprechend sollte der Hass auf die westlichen Militaristen und Imperialisten sowie die inneren Feinde des Volkes die Soldaten motivieren.

„Aus diesem Grund maß die SED der ‚Entwicklung eines spezifisch sozialistischen Offizierskorps' beim Aufbau der NVA besondere Bedeutung bei. Dabei propagierte die Partei im Rahmen ihrer Militärkonzeption den ‚Typ des sozialistischen Offiziers', der einen radikalen Bruch mit der Militärtradition darstellen sollte. Nach Ansicht der SED gab es erstmals in einer deutschen Armee keine Klassengegensätze mehr zwischen Offizieren und Soldaten. Die Offiziere seien ‚Söhne der Arbeiterklasse', der sie zugleich dienten. Sie bildeten mit den Soldaten eine ‚politisch-moralische und militärische Einheit', die durch das kameradschaftliche Verhältnis der ‚Klassenbrüder' und nicht durch Befehl und Gehorsam geprägt sei…Für die SED war das Leitbild des Offiziers vor allem politisch motiviert…Das Ziel der SED war es, die Entstehung eines traditionellen und nicht politisch geprägten korporativen Selbstverständnisses des

NVA-Offizierskorps zu verhindern. Sie versuchte stattdessen, ein neues ideologisch begründetes Leitbild zu konstruieren, das seinerseits jedoch nicht ohne den traditionellen Ehrbegriff auskam, der jedoch neu interpretiert wurde" (Giese 2002, 51f.).

Bei aller Verschiedenheit der Inhalte – in einem ganz wichtigen Punkt stimmten diese Zielvorstellungen mit denen im Westen Deutschlands überein, als man dort die Bundeswehr plante: Hüben wir drüben ging es darum, *nicht* an die preußisch-deutsche Militärtradition anzuknüpfen, ohne sie doch ganz und gar außer Kraft zu setzen. Vielmehr sollte sie weitestgehend umgeprägt werden. Die Prägungen selbst waren dann allerdings im Westen und im Osten ziemlich verschieden.

Wurden die Ziele der DDR-Führung in Bezug auf die Gestalt und den Geist der ostdeutschen Streitkräfte erreicht? Die meisten Beobachter sind sich in ihrem Urteil einig – die NVA stand unter fester politischer Kontrolle. Das folgende Urteil stammt von einem ehemaligen NVA-Oberst und ist vermutlich repräsentativ für die Berufssoldaten in der früheren DDR:

> „Im Verlaufe ihrer Entwicklung erreichte die Nationale Volksarmee einen beachtlichen Grad innerer Geschlossenheit und Übereinstimmung mit der offiziellen Partei- und Staatspolitik…Der weitaus größte Teil der Berufs- und Zeitsoldaten identifizierte sich mit der NVA; auch die Mehrheit der Soldaten im Grundwehrdienst hatte ein positives Verhältnis zum Soldatsein" (Held 1992, 68).

Man kann vielleicht einige Zweifel an dem „positiven Verhältnis" der Wehrpflichtigen zu den Streitkräften hegen; viele unter ihnen haben sich nur widerwillig diesem Dienst unterworfen. Sie befürchteten Repressalien, wenn sie den Wehrdienst verweigern würden. Aber insgesamt wird auch von NVA-Kritikern das Urteil von Held bestätigt (nur ist es dann viel kritischer gemeint). Das Führungskorps der NVA hat im politischen Entscheidungsprozess der DDR auch niemals eine eigene Rolle gespielt, sondern stand bis ganz zum Schluss zur politischen Führung. Dass dies so war, hat möglicherweise auch mit dem Fehlen einer gesellschaftlich und wirtschaftlich für den Staat wichtigen Rüstungsindustrie zu tun. In den sowjetsozialistischen oder anderen kommunistischen Regimen ist den Streitkräften häufig dann ein politischer Einfluss in relevanter Größenordnung auf das politische System zugewachsen, wenn sie sich auf ein internes Machtbündnis mit den Repräsentanten der Rüstungsindustrie stützen konnten. Am klarsten kann man das an der UdSSR selbst studieren. Das militärische Establishment dieses Landes wurde, obgleich unter strikter politischer Kontrolle der Kommunistischen Partei, mit der Zeit so stark, dass bei den Rüstungskontrollverhandlungen mit den Vereinigten Staaten, z. B. SALT zu Beginn der 1970er

Jahre, die zivilen Unterhändler aus Moskau oftmals über keine Informationen über den tatsächlichen Stand der eigenen Raketenrüstung verfügten, weil der sowjetische „militärisch-industrielle Komplex" sie ihnen vorenthielt.

## 5.5 Streitkräfte für die Bundesrepublik Deutschland

Der Kalte Krieg begann 1946/47 und nahm rasch eine relativ bedrohliche Gestalt an. Zwar glaubte die Mehrheit der militärischen Fachleute im Westen nicht an einen unmittelbar bevorstehenden oder an einen aktiv vorbereiteten östlichen Angriff auf Westeuropa. Aber dort waren die politischen Verhältnisse damals keineswegs gefestigt, und überhaupt bestand angesichts der geostrategischen Asymmetrie auf dem europäischen Kontinent zwischen Ost und West große Unsicherheit, die auch durch die waffentechnische Überlegenheit des Westens nur teilweise ausgeglichen wurde.

Schon vor 1950 erschien deshalb der Gedanke an deutsche Soldaten zur Verstärkung des westlichen Militärpotentials in allgemeinen militärstrategischen Überlegungen durchaus attraktiv. Das entscheidende Datum zur Beförderung dieser Überlegungen war der 25. Juni 1950. An diesem Tage überschritten nordkoreanische Truppen die Grenze nach Südkorea. Der damit begonnene Korea-Krieg schien eine auf militärische Mittel zurückgreifende weltpolitische Initiative der Sowjetunion anzukündigen. Und gerade wegen der geostrategischen Asymmetrie in Europa – Westeuropa als ‚blauer' Westzipfel einer von der Sowjetunion kontrollierten riesigen ‚roten' Landmasse – erschienen die Staaten Westeuropas besonders gefährdet. Dies wurde jetzt auch der breiten Öffentlichkeit in Europa bewusster. Im gleichen Maße, wie dies geschah, wurden die politischen Bedenken gegen die Aufstellung deutscher Streitkräfte zurückgestellt.

In einem Memorandum von Bundeskanzler Adenauer über die Sicherung des Bundesgebietes nach innen und außen vom 29. August 1950, das er den Außenministern der drei Westmächte zustellen ließ, wird diese Bedrohungswahrnehmung aus seiner Sicht zugespitzt so dargestellt:

„Die Entwicklung im Fernen Osten hat innerhalb der deutschen Bevölkerung Beunruhigung und Unsicherheit ausgelöst. Das Vertrauen, dass die westliche Welt in der Lage sein würde, Angriffshandlungen gegen Westeuropa rasch und wirksam zu begegnen, ist in einem besorgniserregenden Ausmaß im Schwinden begriffen und hat zu einer gefährlichen Lethargie der deutschen Bevölkerung geführt…"
*(Es folgt ein ausführlicher Vergleich der militärischen Stärke zwischen Ost- und Westdeutschland, der zum Ergebnis kommt, dass die DDR ein großes militärisches Übergewicht besitzt.)*

„Das Problem der Sicherheit des Bundes stellt sich zunächst unter dem äußeren Gesichtspunkt. Die Verteidigung des Bundes nach außen liegt in erster Linie in den Händen der Besatzungstruppen. Der Bundeskanzler hat wiederholt um die Verstärkung der Besatzungstruppen gebeten und erneuert diese Bitte hiermit in dringendster Form. Denn die Verstärkung der alliierten Besatzungstruppen in Westeuropa kann allein der Bevölkerung sichtbar den Willen der Westmächte kundtun, dass Westdeutschland im Ernstfall auch verteidigt wird…Der Bundeskanzler hat wiederholt seine Bereitschaft erklärt, im Falle der Bildung einer internationalen westeuropäischen Armee einen Beitrag in Form eines deutschen Kontingents zu leisten. Damit ist eindeutig zum Ausdruck gebracht, dass der Bundeskanzler eine Remilitarisierung Deutschlands unter Aufstellung einer eigenen nationalen militärischen Macht ablehnt" (zit. nach von Schubert 1978, 79ff.).

Man hat es hier, dies nebenbei, mit einem Spitzenprodukt diplomatischen Geschicks zu tun. Allein, um den gesamten Gehalt und die verschiedenen Subtexte dieses Memorandums angemessen auszuloten, brauchte man Stunden; entsprechend lang würde ein alle diese Aspekte einbeziehender Kommentar. In unserem Zusammenhang mag es genügen, noch einmal auf den Kontext Kalter Krieg/Wiederbewaffnung zu verweisen. Ohne jenen wäre es zu dieser nicht gekommen.

Adenauers Angebot eines deutschen militärischen Beitrags zur gemeinsamen Verteidigung des Westens in Europa lief auf eine Art Vorneverteidigung an der Ostgrenze der Bundesrepublik Deutschland hinaus, ein unter militärischen Gesichtspunkten übrigens nicht sehr überzeugendes Konzept. Aber Adenauer ging es ja auch um anderes und mehr als nur einen militär- und sicherheitspolitischen Vorstoß (Thoß 2006). Das innenpolitische Echo auf solche Vorstellungen war, alles in allem, verheerend. Besonders interessant ist die Reaktion von Kurt Schumacher, allerdings nicht repräsentativ für die der Wiederbewaffnung skeptisch bis grundsätzlich ablehnend gegenüberstehende SPD. Er verlangte als Voraussetzung für den Aufbau deutscher Streitkräfte den Status voller Gleichberechtigung und die Garantie der Verbündeten, bei einem östlichen Angriff sogleich zum Gegenangriff anzutreten und damit die Kriegszone weit nach Osten, jenseits des deutschen Siedlungsgebietes, auch jenseits der 1945 abgetrennten Ostprovinzen zu verschieben (Wettig 1995, 23).

Der Weg zur Aufstellung westdeutscher Streitkräfte war anders, als ihn Adenauer oder Schumacher sich vorstellten. Er führte über Beschlüsse und Planungen für eine Europäische Verteidigungsgemeinschaft (EVG), die aber nicht verwirklicht werden konnte (vgl. Militärgeschichtliches Forschungsamt (Hg.) 1990-1996, Bd. 2: Die EVG-Phase), zur Gründung nationaler Streitkräfte Ende 1955/Anfang 1956. Die Bundeswehr war allerdings auf ganz besonders feste Weise in zwei Militärbündnisse eingebunden, *transatlantisch* in die NATO, *europäisch* in die Westeuropäische Union (WEU). Die NATO war das wichtigere Bündnis von den beiden, weil es unter amerikanischer Führung Handlungsfähigkeit entwickelte. Dagegen lag die Bedeutung der WEU hauptsächlich in den Rüstungskontroll-Bestimmungen für die deutsche Wiederbewaffnung.

Die Jahre 1951 bis 1955 sahen die Experten für die organisatorischen, rechtlichen, militärischen und politischen Angelegenheiten neu aufzustellender deutscher Streitkräfte in eifriger Geschäftigkeit (vgl. dazu die mehrbändige Reihe „Sicherheitspolitik und Streitkräfte der Bundesrepublik", die das Militärgeschichtliche Forschungsamt seit 2006 herausgibt). Es sind diese Jahre vor allem aber gekennzeichnet durch eine heftige und die Bevölkerung aufwühlende öffentliche Debatte über Sinn und Folgen einer Wiederbewaffnung (von ihren Gegnern *Remilitarisierung* genannt, weil da die Assoziation an Militarismus mitklang) sowie über die Gestalt der Bundeswehr und über die mit ihrer Gründung möglicherweise ins Leben tretenden Gefahren. Diese Debatte ist die erste einer ganzen Reihe von öffentlichen Auseinandersetzungen über außen- und sicherheitspolitische Streitfragen in den folgenden Jahrzehnten, in denen immer einmal wieder das politische Selbstverständnis der Demokratie in Deutschland durchgerüttelt wurde. Sie erfasste damals alle Schichten und Gruppen innerhalb der Bundesrepublik. Die Kirchen und die Gewerkschaften engagierten sich mit Verve. Die Regierung versuchte, durch eigene Öffentlichkeitsarbeit die Debatten zu steuern, was erstens etwas zwiespältig war und zweitens kein großer Erfolg. Man kann mit einiger Sicherheit behaupten, dass sich in diesen Kontroversen der neue Staat als ein lebendiges Gemeinwesen konstituierte.

Die wichtigsten (untereinander widersprüchlichen) Argumente der Gegner einer Wiederbewaffnung lassen sich wie folgt zusammenfassen:

- Die Aufstellung der Bundeswehr und ihre Integration in westliche Bündnisse zementieren die Teilung Deutschlands, denn allenfalls ein militärisch schwaches und neutrales Deutschland bekommt die Chance zur Wiedervereinigung eingeräumt.
- Wenn es wieder deutsche Soldaten gibt, dann leben auch die militaristischen Traditionen wieder auf.
- Die Deutschen haben mit den Greueln des Nationalsozialismus und den Kriegsverbrechen im Zweiten Weltkrieg ein für alle Mal das moralische und politische Recht verwirkt, Politik mit militärischen Mitteln zu treiben.
- Solange Deutschland nicht völlig gleichberechtigt im Kreise anderer Länder auftreten darf, solange die Soldaten der Wehrmacht nicht offiziell und pau-

schal vom Vorwurf der Kriegsverbrechen entlastet werden, braucht
Deutschland keine militärischen Lasten zu tragen.

Die Dringlichkeit der Bedrohungswahrnehmung, die beim Ausbruch des Korea-
Krieges steil angestiegen war, ließ bald wieder nach. In demoskopischen Untersuchungen, deren Ergebnisse allerdings mit einiger Vorsicht aufgenommen werden müssen, weil sie zuweilen auch ein wenig „herbeigefragt" worden sind,
ergibt sich eine nicht geringe Schwankungsbreite zwischen Zustimmung zu deutschen Streitkräften oder ihrer Ablehnung. Wenn der Kalte Krieg bedrohlicher
wurde, stieg die Zustimmung schon einmal auf ca. 50% der Befragten an, das war
etwa im Sommer 1951 der Fall. Auch die Kurve der Ablehnungen verläuft
schwankend, aber in der ersten Hälfte der fünziger Jahre fällt sie nie unter 23%.
Entsprechend variiert die Zahl der (aus den verschiedensten Motiven) Unent-
schlossenen zwischen 24% und 37%.

Schon am 26. Oktober 1950 hatte Bundeskanzler Konrad Adenauer die ihm
unterstellte Dienststelle eines „Bevollmächtigten des Bundeskanzlers für die mit
der Vermehrung der alliierten Truppen zusammenhängenden Fragen" eingerichtet. Was für ein Name! Er wurde gewählt, weil der Kanzler und sein Bevollmäch-
tigter, es war übrigens der Bundestagsabgeordnete Theodor Blank vom Arbeit-
nehmerflügel der CDU, damals bei unverhohlener Aktivität für die Wiederbewaffnung mit den Beschlüssen der Potsdamer Konferenz in Widerspruch geraten
wären. Außerdem fürchtete Adenauer öffentlichen Gegenwind, selbst bei Partei-
freunden. Knapp fünf Jahre später, am 8. Juli 1955, wurde Theodor Blank zum
ersten Bundesminister für Verteidigung ernannt, so die offizielle Amtsbezeich-
nung in dieser Phase (aus dem „für" wurde dann später aus Gründen der sprachlichen Einheitlichkeit von Ministeriums-Bezeichnungen ein „der").

Über die Wehrgesetzgebung, das Neue an den deutschen Streitkräften und
die Probleme des Zusammenpralls reform-orientierter und reform-skeptischer
Militärplaner wird in den folgenden Kapiteln berichtet, ebenfalls über militärstrategische und sicherheitspolitische Aspekte der Verteidigung und der Abschreckung im Ost-West-Konflikt. Die bedingungslose Kapitulation Deutschlands im
Mai 1945 war nicht der Beginn einer langen Periode deutscher politischer Ohn-
macht geworden. Zwar wurde Deutschland geteilt, und einige seiner Ostgebiete
wurden, rechtlich gesehen, provisorisch abgetrennt, mit dem Ziel der Endgültig-
keit, politisch gesehen. Aber der rapide Wandel der internationalen Beziehungen
machte aus dem besiegten Deutschland das verbündete Deutschland. Das gleich
zweimal: im Osten die DDR, im Westen die Bundesrepublik Deutschland.
Deutschland wurde zu einem Zentrum des Ost-West-Konflikts (ein anderes lag in

Asien). Der Ost-West-Konflikt sorgte auch dafür, dass die nationale Frage der Deutschen seiner „Block-Logik" untergeordnet wurde, nicht nur im Kalten Krieg, sondern gerade auch später während der Entspannungs-Phase.

Deutsche Streitkräfte gab es wieder so bald, weil der Ost-West-Konflikt ihre Notwendigkeit diktierte, freilich im Osten mit einem anderen Text als im Westen. In beiden deutschen Staaten dominierten zwei formal gleichartige, inhaltlich aber höchst unterschiedliche Imperative den Prozess der Wiederbewaffnung, nachdem die entsprechenden Aufstellungsbeschlüsse einmal gefallen waren:

- Erstens der Imperativ der machtpolitischen Zähmung und Kontrolle durch die Verbündeten.
- Zweitens der Imperativ der innenpolitischen, zivilen Kontrolle der Streitkräfte durch die Regierung.
- Im Osten bedeutete das den Primat der SED über die NVA, im Westen hingegen die grundsätzliche Demokratie-Kompatibilität der Bundeswehr.

## 6 Die Bundeswehr am Ende des Ost-West-Konflikts

Die Geschichte der Bundeswehr zwischen 1955 und 1990 blieb die gesamte Zeitspanne geprägt vom Ost-West-Konflikt. Diese Aussage bezieht sich auf die militär- und die sicherheitspolitischen Aspekte dieser 35 Jahre ebenso wie auf die Grundlagen des zivil-militärischen Verhältnisses in der Bundesrepublik Deutschland und nicht zuletzt auch auf das Leitbild vom Soldaten und seinen Aufgaben. Von einem das zuspitzende Wort liebenden politischen Beobachter Deutschlands ist behauptet worden, die Bundesrepublik Deutschland sei ein Kind der NATO gewesen. Das war wohl etwas zu sehr zugespitzt – aber auf die Bundeswehr trifft es zu. Auf einige und speziell in sozialwissenschaftlicher Betrachtung besonders wichtige Elemente dieser Geschichte werde ich in den folgenden Kapiteln noch zurückkommen. Hier soll erst einmal der große Schritt über diese 35 Jahre hinaus in die Zeit nach dem Ende des Ost-West-Konflikts gemacht werden. Denn man kann sich die Auswirkungen, die der Strukturwechsel des internationalen Systems auf die sicherheitspolitische Lage Deutschlands und infolgedessen auch auf die Militärorganisation und das soldatische Selbstverständnis mit Beginn der 1990er Jahre zeitigte, gar nicht dramatisch genug vorstellen. Er war sogar so dramatisch, dass er, in einer Art paradoxer Nicht-Intervention, von den Betroffenen häufig erst einmal zu ignorieren versucht wurde.

In diesem Kapitel sollen deshalb nacheinander die drei entscheidenden Drehpunkte dieses dramatischen Wandels untersucht werden, *erstens* der Wandel des internationalen Systems selbst, *zweitens* die Übernahme der NVA durch die Bundeswehr und *drittens* die Erneuerung der sicherheitspolitischen Einbindung Deutschlands in multilaterale Strukturen zum Zwecke der Reduzierung von 1990 neu erwachenden Befürchtungen vor einem (politisch und) militärisch wiedererstarkten Deutschland.

## 6.1 Die neue Unübersichtlichkeit

Während des Kalten Krieges waren die Frontlinien zwischen Freund und Feind geradezu im Übermaß eindeutig. Es gab für die westlichen Staaten einen Feind (oder, wie es in etwas unverfänglicherer Terminologie hieß: potentiellen Gegner), und es gab ein einziges Ausgangs-Szenario für militärische Auseinandersetzungen in Europa, nämlich einen Angriff seitens des Warschauer Paktes. Die NATO und die Bundeswehr als ihr Mitglied hatten die vordringliche Aufgabe, einen solchen Angriff (für den es freilich dann etliche Unter-Szenarios gab) zu verhindern. Sollte es dennoch zu einem solchen Angriff kommen, dann hatten die westlichen Streitkräfte den Auftrag, das eigene Territorium zu verteidigen. Kriegsverhinderung war der primäre, Verteidigung der sekundäre Auftrag. Das strategische Mittel zur Kriegsverhinderung heißt Abschreckung, und um Abschreckung so glaubwürdig wie möglich auszugestalten und sie damit möglichst effizient zu machen, drohte der Westen im Falle eines Angriffs aus dem Osten diesem den Einsatz von Nuklearwaffen an. Dies war für deutsche Soldaten etwas Neues.

> „Für den Soldaten, der im klassischen Krieg kämpft, ist die Frage, ob er mordet oder tötet, falsch gestellt, denn der Mann an der Front lebt im Dauerzustand der Notwehr. Er tötet und wird getötet. Dies gehört zu seiner Schutzfunktion, die auch das Bibelwort meint: ,Niemand hat größere Liebe, als der, so sein Leben lässt für die Brüder'. Zu Beginn des Aufbaus der Bundeswehr stellte sich diese Frage neu. Denn die Soldaten wuchsen in die westliche Atomwaffen-Schutzzone hinein. Sie war zugleich die Verteidigungszone, die nicht überschritten werden durfte. Alle in ihr versammelten Streitkräfte waren auf Kriegsverhinderung festgelegt" (Schmückle 1995).

Ein wenig unübersichtlicher wurde die Situation in der Entspannungs-Phase des Ost-West-Konflikts. Zwar blieb die bipolare Konfliktstruktur erhalten. Aber sie wurde dadurch aufgeweicht, dass die sich weiterhin als potentielle Gegner betrachtenden Akteure in den antagonistischen Bündnissen dessen ungeachtet mehr Wert auf kooperative Elemente in ihrer „System-Auseinandersetzung" legten. Man kann dies sehr gut an der Geschichte der Konferenz über Sicherheit und Zusammenarbeit in Europa (KSZE) studieren. Abschreckung und Verteidigung blieben die beiden entscheidenden Aufträge der Streitkräfte. Der sicherheitspolitische Grundkonsens in der Gesellschaft begann sich jedoch zu lockern. Denn trotz aller Maßnahmen der Rüstungskontrolle und sicherheitspolitischen Vertrauensbildung zwischen Ost und West (so riesig waren die Fortschritte hier nicht, jedenfalls nicht bis kurz vor Ende der 1980er Jahre) wurden die Waffen der Kontrahenten in ihren Waffenarsenalen immer perfekter, das heißt zerstörerischer. In dem militär-kritischen Diskurs westlicher Gesellschaften wuchs die Furcht vor einem nuklearen Schlagabtausch. Die Nuklearisierung der westlichen Abschreckungsstrategie erhöhte nicht länger ihre Glaubwürdigkeit in den westlichen Gesellschaften, sondern begann, sie zu unterhöhlen.

Oberflächlich gesehen, schien der Westen in den Zeiten der Nachrüstungs-Debatte und des NATO-Doppelbeschlusses, also zwischen 1980 und 1984, die sicherheitspolitische Auseinandersetzung mit der UdSSR und ihren Verbündeten zu verlieren, weil ein bis dahin Minderheit gebliebener Teil der westlichen Gesellschaften zur Mehrheit zu werden drohte, nämlich die Abschreckungskritiker. Unterhalb der politisch-ideologischen Oberfläche vollzog sich indes ein gegenläufiger Prozess. Der „real existierende Sozialismus" nach dem sowjetischen Modell hatte nämlich seine Innovationsfähigkeit, seinen ökonomischen Schwung und seine Legitimationskraft so gut wie restlos verbraucht, ohne dass die professionellen „Feind-Beobachter" im Westen (die „Kreml-Astrologen", wie man sie häufig nannte) dies in vollem Ausmaß mitbekommen hatten. Die Reform-Versuche von Gorbatschow, der seit 1985 als Generalsekretär der KPdSU amtierte, waren samt und sonders zum Scheitern verurteilt. Das von der Sowjetunion um sich gescharte „sozialistische Lager" brach auseinander und diese kurz darauf zusammen. Der Ost-West-Konflikt endete offiziell mit der Unterzeichnung der „Gemeinsamen Erklärung von zweiundzwanzig Staaten" auf dem KSZE-Gipfel am 19. November 1990 in Paris. Die entscheidenden Passagen in dieser kurzen Erklärung lauten:

> „1. Die Unterzeichnerstaaten erklären feierlich, dass sie in dem anbrechenden neuen Zeitalter europäischer Beziehungen nicht mehr Gegner sind, sondern neue Partnerschaften aufbauen und einander die Hand zur Freundschaft reichen wollen...
> 3. Sie erkennen an, dass Sicherheit unteilbar ist und dass die Sicherheit eines jeden ihrer Länder untrennbar mit der Sicherheit aller KSZE-Teilnehmerstaaten verbunden ist.

4. Sie verpflichten sich, nur solche militärischen Potentiale aufrechtzuerhalten, die zur Kriegsverhütung und für eine wirkliche Verteidigung notwendig sind..." (von Bredow 1992, 145).

Selbst wenn man die diplomatischen Verschönerungs-Floskeln nicht ganz wörtlich nimmt – das Ende des Ost-West-Konflikts durfte man mit Erleichterung zur Kenntnis nehmen. Gegenseitige Abschreckung mit Nuklearwaffen war nun obsolet geworden. Manche Beobachter erwarteten die Heraufkunft eines Zeitalters, das von Frieden und weltweiter Ausbreitung des Wohlstands geprägt sein würde (siehe Kap. 1.8). Dies erwies sich allerdings rasch als Illusion. An die Stelle einer zum Schluss schon einigermaßen löchrig gewordenen, aber dennoch gut überschaubaren Bipolarität ist eine unübersichtliche Konstellation des internationalen Systems getreten. Zwar lässt sich eine Reihe von längerfristigen Entwicklungstendenzen der Weltpolitik ausmachen:

- die zunehmende Globalisierung politischer, ökonomischer und sozio-kultureller Prozesse;
- die Ausbildung von Makro-Regionen, deren Integration enger oder lockerer konzipiert sein kann, deren Integrationsziele oft auf ein bestimmtes Handlungsfeld (z. B. Wirtschaft) beschränkt bleiben und deren Räume sich häufig überschneiden;
- die Aufsplitterung größerer politischer Einheiten in Mini-Regionen mit starker ethnisch-national, religiös oder kulturell – tendenziell exklusiv definierten – kollektiven Identität ihrer Bevölkerung;
- die Zunahme der Zahl grenzüberschreitend handelnder Akteure, seien es nun Staaten und internationale Organisationen oder nicht-staatliche Akteure wie Firmen, Interessengruppen oder schlicht Individuen.

Aber oft genug kommen sich diese Prozesse gegenseitig in die Quere. In der politikwissenschaftlichen Literatur zur Theorie der Internationalen Beziehungen gibt es mehrere Denkschulen, aber insbesondere drei von ihnen konkurrieren um die adäquate Beschreibung und Erklärung der Weltpolitik nach dem Ost-West-Konflikt. Die erste bezieht sich in ihren Aussagen in der Hauptsache auf die jeweilige Grundstruktur des internationalen Systems und betrachtet die souveränen Staaten zwar als die entscheidenden, aber in ihren Handlungen von dieser Grundstruktur weitgehend bestimmten Akteure internationaler Politik (*neorealistische Denkschulen*). Die zweite geht von einem hohen Grad an globaler Interdependenz im internationalen System aus und bezieht die grenzüberschreitenden Handlungen nicht-staatlicher Akteure vermehrt in ihre Betrachtungen ein (*institutionalistische Denkschulen*). Die dritte und jüngste betont in ihren Analysen die Bedeutung von handlungsleitenden Ideen und Normen in der internationalen Politik und vor allem auch den Sachverhalt, dass diese jederzeit umdefiniert und umgestaltet werden können, so dass die politischen Vorgänge auf der internationalen Bühne viel mehr von der wechselseitigen Kommunikation der Akteure und den Konsequenzen, die sie daraus ziehen (wollen), bestimmt werden als von festen und quasi unabänderlichen Strukturen und Interessen. Dies wird in den *konstruktivistischen Denkschulen* vertreten. Dies ist nur ein sehr vereinfachter Überblick (Näheres z. B. bei Krell 2004), der auch nicht weiter vertieft werden soll. Keine dieser Denkschulen, jede von ihnen hat zahlreiche Ableger, und auch keine andere kann ernsthaft den Anspruch erheben, eine allumfassende und zuverlässige Prognosen erlaubende Erklärung der gegenwärtigen Weltpolitik zu liefern.

Unübersichtlichkeit der Weltpolitik, so lässt sich zwischendurch bilanzieren, bedeutet, dass die frühere ‚große' Bedrohung im Ost-West-Konflikt durch eine ganze Reihe ‚kleinerer' Bedrohungen abgelöst worden ist, dass andere Akteure ins Spiel gekommen sind, dass die auf Sicherheit ihrer Staatsbürger und auf internationale Sicherheit bedachten Staaten andere Mittel einsetzen müssen, um diese Ziele zu erreichen. Hier stoßen wir auf ein Paradox. Denn die herkömmlichen militärischen Mittel sind zugleich *unwichtiger* geworden, weil sie die aufkommenden Konflikte weder zu unterdrücken noch gar (was sie ohnehin kaum jemals erreichten) zu lösen vermögen. Sie sind aber zugleich auch *wichtiger* geworden, weil alle anderen Mittel der Konfliktbearbeitung ohne die Möglichkeit des Rückgriffs auf das Militär zu scheitern drohen. Anders und speziell im Blick auf die europäische Sicherheit formuliert: Im Ost-West-Konflikt war spätestens mit dem Erreichen eines ungefähren nuklearen Gleichgewichts (*nukleares Patt*) zwischen den Antagonisten deutlich, dass ein Krieg zwischen ihnen auch dem Sieger keine Gelegenheit für ausgelassene Siegesfeiern geben würde. Und wegen der Verklammerung von nuklearer und konventioneller Kriegsführung galt dieses aus der Not realistischer Einsicht geborene de-*facto*-Kriegsverbot eben für jede Art der direkten militärischen Konfrontation auf diesem Kontinent. Rüstungsanstrengungen beider Seiten hatten das primäre Minimal-Ziel, diesen Zustand aufrechtzuerhalten.

Dies hat sich nach 1990 geändert. Die auf paradoxe Weise pazifizierende Wirkung der Nuklearwaffen ist verebbt. Das heißt nichts anderes, als dass militärische Mittel zur Durchsetzung politischer Ziele wieder offensiver eingesetzt werden können. Weder braucht man in den Regionen, wo es nach 1945 bereits viele Kriege gegeben hat, jetzt noch Rücksicht auf eine mögliche Eskalation in eine Ost-West-Nuklearkonfrontation zu nehmen. Noch existiert in den Regionen, wo früher ein ‚nuklearer Frieden' geherrscht hat, diese Behinderung kriegerischer Politik weiter. Wie die sich schon über anderthalb Jahrzehnte hinstreckenden militärischen Konflikte auf dem Balkan zeigen, sind Kriege auch in Europa wieder ‚führbar' geworden. Außerdem kann man beobachten, dass inzwischen auch andere Staaten als die herkömmlichen Nuklearmächte trotz aller Rüstungskontroll-Anstrengungen den Besitz von Atomwaffen anstreben – zwar nicht so viele, wie Skeptiker gleich nach 1990 befürchtet haben, aber dafür oft gerade solche Staaten, deren Führungen ein besonderes westliches Zutrauen in die Verantwortlichkeit ihres Handelns nicht unbedingt erwarten können (Beispiele sind etwa Nordkorea oder Iran, um nur diese zu nennen). Nuklearwaffen sind im übrigen nur eine Kategorie von Massenvernichtungswaffen. Die beiden anderen Kategorien (chemische und biologische) können im Grunde noch leichter hergestellt und erworben werden.

## 6.2   Renaissance militärischen Denkens?

Bedeutet das alles eine Renaissance militärischen Denkens? Mit dem Begriff ‚militärisches Denken' assoziieren die meisten Menschen ein ziemlich grobes Weltbild mit einfachen Bewegungsmustern: Befehle verlangen Gehorsam; Freund und Feind sind klar unterschieden; das Überleben von Individuen und Gruppen (zumal Nationen) wird als andauernder Kampf im Sinne eines Nullsummenspiels interpretiert; Macht beruht vor allem auf physischer und materieller Stärke, in der Staatenwelt also auf Militärmacht. Militärisches Denken wird kanalisiert oder symbolisiert durch strenge Hierarchie und markigen Pomp, Militärmusik und das Geräusch von zusammengeschlagenen Hacken. Nun ja. Dies ist dann doch wohl nur ein Extremfall oder eine (sehr beliebte und als Klischee weit verbreitete) Karikatur militärischen Denkens.

Um von dieser Version des Begriffs ‚militärisches Denken' wegzukommen, ist es sinnvoll, ihn zu politischem Denken oder Kalkül in Beziehung zu setzen. Politisches Denken ist militärischem Denken nämlich *nicht* entgegengesetzt. Es ist ihm übergeordnet, ganz so wie die Sphäre der Politik der des Militärischen übergeordnet ist. Auch in der Politik geht es nach der berühmten Definition von Max Weber um den Erwerb und den Einsatz von Macht. Diese kommt in der Chance zum Ausdruck, den eigenen Willen auch gegen Widerstand durchsetzen zu können (oder, wie es in einer etwas bösartigen Version dieser Definition bei Karl W. Deutsch heißt:…nicht lernen zu müssen). Weber ergänzt seine Definition mit dem

Hinweis, dass es ganz gleich sei, worauf diese Chance beruht. Damit klassifiziert er also alle Mittel zur Durchsetzung des eigenen Willens in Beziehung zu einem anderen Akteur nur unter dem Gesichtspunkt ihres potentiellen Erfolgs. Er gibt nicht etwa einer bestimmten Kategorie den Vorzug.

Damit wird eine breite Skala von Möglichkeiten angesprochen, politisch erfolgreich zu handeln: Kooperation, Verhandlungen, Kompromisse, psychologische und propagandistische Beeinflussung, Versprechen und Bestechung, Kompensationsgeschäfte in einem Paket (*linkage*), das versteckte, das offene Androhen von unfreundlichen Maßnahmen aller Art, wirtschaftliche und andere Sanktionen, Boykotte, schließlich auch das Androhen und ganz zuletzt der Einsatz von Gewalt. Militärische Gewalt (offensiv und defensiv) ist für ein solches politisches Denken in der Tat auch immer eine Option, aber eine, die mit Vorsicht zu behandeln ist, wegen ihrer beträchtlichen Kosten. Für diese Kosten gibt es keine ‚objektive' Berechnungsart, denn in jeder historischen Epoche und in jeder politischen Kultur mit ihren jeweils besonderen Werte-Skalen wurden bzw. werden sie anders berechnet. Militärisches Denken hat seinen Platz und seine Funktion erstens innerhalb der Militär-Organisation und zweitens in der Politikberatung seitens militärischer Experten. Die Veränderungen der internationalen Sicherheits-Landschaft haben es aber mit sich gebracht, dass auch auf diesen beiden Ebenen weit über militärische Horizonte hinaus gedacht werden muss.

Denn moderne Streitkräfte sind derart komplex zusammengesetzte Gebilde, dass man sie mit herkömmlichem militärischem Denken allein nicht angemessen in Form halten kann. Streitkräfte in Demokratien können nicht, was noch die Reichswehr-Führung in der Weimarer Republik versucht hat, politisches Denken aus dem Militär verbannen und die Soldaten, die Offiziere zumal, in den engen Rahmen militärischen Denkens sperren. Das ist gleichermaßen normativ verfehlt wie unter handwerklichen Gesichtspunkten dysfunktional, heute mehr denn je. Dennoch gilt freilich, dass auch in den modernsten Streitkräften ein großer Teil des militärischen Alltags nach der professionellen Logik militärischen Denkens abläuft. Das kann auch gar nicht anders sein.

Die neue Unübersichtlichkeit umfasst also nicht nur die politische Weltlage, wo die zum Schluss schon etwas abgewetzte bipolare Struktur des Ost-West-Konflikts ersetzt wurde durch eine Konstellation, die der amerikanische Politikwissenschaftler Joseph Nye einmal mit einem Schachspiel auf mehreren Ebenen verglichen hat. Auch für die Streitkräfte und ihre Organisation sowie für die Soldaten und ihre Ausbildung hat sich seit 1990 enorm viel in Richtung auf eine vergrößerte Komplexität verändert.

## 6.3 Das Ende der DDR und die Loyalität ihrer Soldaten

Als der Ost-West-Konflikt beendet war, gab es auch keinen Grund mehr für die Existenz zweier deutscher Staaten, denn sie würden ja nicht länger unterschiedliche Gesellschaftsordnungen aufweisen. Wenn es der DDR gelungen wäre, eine eigenständige politische Kultur zu entwickeln und einen ausreichend starken Bezugspunkt für die kollektive politische Identität ihrer Bürgerinnen und Bürger darzustellen, dann hätte dieses Gedankenspiel von zwei demokratischen Staaten in der Mitte Europas, zeitweise eine Lieblingsutopie mancher östlicher und (sehr merkwürdig!) westlicher Intellektueller, vielleicht eine Chance gehabt. Aber es war der DDR- Führung weder das eine noch das andere gelungen.

Die Vereinigung als große politische Geste ist allerdings das eine. Auf der Deklarations- und Federstrich-Ebene geht das rasch und dynamisch. Aber dann kommen die vielen juristischen und administrativen Umsetzungsschritte, und niemand hatte sich 1990 wohl klare Vorstellungen darüber gemacht, wie viele Schwierigkeiten hier lauern würden. In den letzten Jahren ist darüber viel diskutiert und geschrieben worden. Dass ausgerechnet die Übernahme der Streitkräfte der DDR durch die Bundeswehr vergleichsweise reibungslos vonstatten ging, muss nun allerdings überraschen. Denn waren es nicht die Soldaten beiderseits des Eisernen Vorhangs, die am nachhaltigsten mit den wertbezogenen und den ideologischen Aspekten der Ost-West-Konfrontation vertraut gemacht wurden, zwecks Hebung ihrer Wehr- und gegebenenfalls auch ihrer Kampfmotivation? Waren die beiden deutschen Streitkräfte nicht die jeweiligen (konventionellen) Speerspitzen der verfeindeten Bündnisse NATO und Warschauer Pakt? Wurden die Soldaten von NVA und Bundeswehr nicht darauf vorbereitet, bei einem Angriff des feindlichen Bündnisses die nationalen Gemeinsamkeiten der Treue zum eigenen Bündnis frag- und klaglos unterzuordnen?

Wir haben es hier mit einer ziemlich einmaligen und für den Sozialwissenschaftler faszinierenden Konstellation zu tun. In den 1950er Jahren überraschte die weitgehende Ausschaltung eines die Blockgrenzen ignorierenden nationalen Zusammengehörigkeits-Gefühls unter den Soldaten, speziell den Offizieren. Die Integration der deutschen Streitkräfte in ihre jeweiligen Bündnisse verlief weitestgehend reibungslos. Ebenso muss die umstandslose und nur von einem leisen Gemurre begleitete Eingemeindung der NVA in die Bundeswehr zunächst ungläubiges Staunen hervorrufen.

Der Bruch von 1945 ermöglichte ein postnationales politisches Bewusstsein nicht nur in den beiden deutschen Gesellschaften, sondern eben auch in den jeweiligen Streitkräften. Im Osten wurde ein propagandistisch aufgepäppeltes

Selbstbild „des Sozialismus" als internationalistisches Strukturprinzip von Welt-und Sicherheitspolitik zum obersten Bezugswert der soldatischen Loyalität. Im Westen waren es das transatlantische Bündnis und das auf eine politische Union zustrebende Europa mit den Werten Freiheit und Leistungsgerechtigkeit an der Spitze, welche den seit dem 19. Jahrhundert deutlich vorherrschenden Loyalitäts-Primat der Nation überdeckten. Durch diese postnationale Konstellation, sie traf in dieser Schärfe weit und breit für kein anderes Land zu, schimmerten zwar immer einmal wieder nationale Loyalitäts-Komponenten durch. Aber Staat konnte damit niemand machen, auch unter den Soldaten nicht.

Das Ende des Ost-West-Konflikts machte den Soldaten der NVA zunächst einmal klar, dass ihr politisches Weltbild, einschließlich ihres Feindbildes vom Westen, auf enorm falschen Prämissen beruht hatte. Wenn man sich die Optionen der Soldaten, hier sind jetzt nicht die wehrpflichtigen Soldaten gemeint, sondern die Offiziere und Unteroffiziere, vor Augen hält, kommt man auf folgende Liste:

- Sie konnten, ähnlich wie das viele ihrer Vorgänger im Kaiserlichen Heer am Ende des Ersten Weltkriegs getan haben, sich der politischen Entwicklung auf aggressive Weise verweigern. Aber was hätten sie als *lost generation* des verlorenen Ost-West-Konflikts schon tun können? Die Option einer klandestinen Weiterführung des Kampfes blieb rein theoretisch und ohne die geringste Anziehungskraft.
- Sie konnten ihre Loyalität gegenüber der „verlorenen Sache" apathisch-nostalgisch pflegen und sich mittels Pensionen oder Gelegenheitsjobs über Wasser halten. Und die PDS wählen. Das tun gar nicht so wenige. Vor allem aus diesen Kreisen kommt die langsam anschwellende Welle von Erinnerungen und Rückblicken in Form von Büchern und Broschüren.
- Sie konnten sich voll und ganz von ihrem früheren Beruf abwenden und etwas Neues anzufangen versuchen. Es wäre günstig gewesen, wenn die allgemeine wirtschaftliche Lage der letzten Jahre für solche mutigen Entschlüsse mehr Erfolgs-Chancen geboten hätte.
- Sie konnten sich auf ihre weltbild-ungebundenen professionellen Fähigkeiten stützen und einen Job in irgendeiner privaten Sicherheitsfirma, sei es im eigenen Land oder im Ausland, anstreben oder sich bei der französischen Fremdenlegion bewerben. Auch dafür gibt es Beispiele.
- Oder sie konnten versuchen, ihre soldatische Karriere bei der Bundeswehr fortzusetzen. Das konnten sie indes nicht als weltbild-enttäuschte „Nur-Soldaten", sondern sie mussten sich die Wertgrundlage der Bundeswehr als

einer Streitmacht für die Demokratie aneignen, in gewissem Sinne also politische Konvertiten werden.

Eine postsozialistische und in einer großen Kehre wieder auf den Nationalismus zurückweisende Option hat es niemals auch nur ansatzweise gegeben, obwohl in den neuen Bundesländern insgesamt ein größeres Potential für nationalistisch definierte politische Ziele vorhanden war (ein Resultat der Enttäuschung über das internationalistisch-sozialistische DDR-Regime). Aber immerhin ist diese virtuelle nationale Option zumindest in der unmittelbaren Übernahmephase gewissermaßen als Linderungsmittel zum Einsatz gekommen. Nirgends drückt sich dies besser aus als in dem vielzitierten Satz aus dem Munde von General Jörg Schönbohm, dem Befehlshaber des Bundeswehrkommandos Ost: „Wir kommen nicht als Sieger zu Besiegten, sondern als Deutsche zu Deutschen" (zit. nach Herspring 2000, 143). Das ist übrigens eine eminent politische Formulierung des Generals gewesen. Kein Wunder, dass er bald darauf seinen Beruf wechselte und in die Landespolitik, erst in Berlin, dann in Brandenburg überwechselte.

## 6.4  Die Übernahme der Nationalen Volksarmee

Als der Ost-West-Konflikt vorbei und Deutschland vereinigt war, gab es sofort eine Menge Probleme des gegenseitigen Verständnisses und der wechselseitigen Anpassung zwischen Ost- und Westdeutschen. Nicht wenige dieser Probleme haben sich als ausgesprochen zählebig erwiesen und beeinflussen noch heute, mehr als ein Dutzend Jahre ist seit der Vereinigung inzwischen vergangen, das Leben in Deutschland. Weil die Vereinigung unter westlichem Vorzeichen stattfand, bedeutete sie für zahlreiche Einrichtungen in der ehemaligen DDR das Aus, insbesondere für solche, die von der SED kontrolliert worden waren. Der Staatsapparat, das Justizsystem, die Universitäten, die Polizei – vom Führungspersonal in diesen Einrichtungen, oft bis weit hinunter ins mittlere Management und tiefer, blieben nicht allzu viele übrig.

Die erst im Nachhinein in ihren ganzen Ausmaßen einigermaßen erkennbar werdende Tätigkeit der Staatssicherheit (Stasi) hatte die DDR-Gesellschaft auf perfide Art für die Herrschenden transparent gemacht. Infolgedessen war es mehr als verständlich, dass die Angehörigen der Staatssicherheit (außer sie zeichneten sich durch ein ganz besonderes Geschick aus), für eine verantwortungsvolle Karriere im vereinigten Deutschland nicht in Frage kamen. Diese politisch-ideologische Unvereinbarkeit galt selbstverständlich auch für die Streitkräfte, ja sie musste hier wegen der mit großem Nachdruck hergestellten Nähe der NVA zum SED-Regime sogar noch unzweideutiger als sonst eingefordert werden. Wie das aus der Perspektive der NVA-Soldaten aussah, beschreibt der amerikanische Politologe Dale Herspring in seiner mit viel Einfühlungsvermögen geschriebenen Analyse des NVA-Endes so:

„Eine der schmerzlichsten Aufgaben, vor der die ehemaligen Berufssoldaten der NVA standen, war die Bewältigung ihrer Vergangenheit. Waren die Jahre, die sie in der NVA verbracht hatten, vergeudet? Sind sie Verräter, weil sie jetzt in der Bundeswehr dienten? War ihre Parteimitgliedschaft in der SED ein Fehler? Wie stand es mit der doppelten Moral, mit der sie täglich lebten, indem sie zum Beispiel wussten, dass die Zahlen über den Lebensstandard, die sie ihren Truppen gegenüber zitierten, offensichtlich falsch waren, und die sie dennoch weiter Tag für Tag nachplapperten? Was war mit der Korruption, die es um sie herum gab? Den Ostdeutschen und wahrscheinlich auch den Soldaten anderer Streitkräfte, die diesen Prozess durchlaufen, muss man sowohl Frustration als auch Groll zugestehen. Es wäre schwer, einen Berufssoldaten der NVA zu finden, der nicht geglaubt hat, in den Jahren des Kalten Krieges dazu beigetragen zu haben, den Frieden in Europa zu erhalten" (Herspring 2000, 200f.).

Alles in allem vollzog sich die Übernahme der NVA und ihrer Soldaten durch die Bundeswehr ohne äußere Konflikte. Zilian (1999, 7) hält als zentrale Schlussfolgerung seiner Studie fest, die Übernahme sei als „Erfolg" zu bewerten. Auch Herspring (2000, 201) kommt letztlich zum gleichen Ergebnis: „Die Aufgabe, Berufssoldaten eines ehemals totalitären Regimes einzugliedern bzw. umzuerziehen, war nicht einfach. Gestützt auf das, was ich gesehen habe, kann ich sagen, die Westdeutschen haben glaubwürdig gearbeitet." Freilich gibt es auch kritischere Stimmen, nicht nur von ehemaligen Offizieren der NVA, die nicht in die Bundeswehr übernommen wurden. Einer der Gründe, warum diese kritischen Stimmen aufkamen, bestand in der verständlichen, indes nicht ganz unzwiespältigen Übertreibung der „Integrationserfolge" seitens des Bundesministeriums der Verteidigung. Im „Weißbuch 1994" ist von der Bundeswehr als der „Armee der Einheit" die Rede, eine Selbstkennzeichnung, die eigentlich erst später, bei den Hilfs-Einsätzen der Bundeswehr während der großen Überschwemmungen in den neuen Bundesländern (Oder 1997; Elbe mit Nebenflüssen 2002) in der Öffentlichkeit der neuen Bundesländer akzeptiert wurde (vgl. von Kirchbach 1998).

Die Zusammenarbeit deutscher Soldaten (West) mit deutschen Soldaten (Ost) verlief aber dennoch von Anfang an erstaunlich reibungslos. Dafür kann man aber eben *nicht* (trotz des oben zitierten Schönbohm-Slogans) den neu gefundenen Gleichklang nationaler Wertvorstellungen verantwortlich machen. Stattdessen muss man hier *erstens* auf den schleichenden Legitimitätsverlust der DDR-Herrschaftselite und des Sowjet-Sozialismus insgesamt hinweisen und *zweitens* auf den soldatischen Professionalismus, der Anknüpfungspunkte über nationale und „System"-Grenzen hinweg bot. Die Bundeswehr-Angehörigen kamen als Deutsche zu Deutschen, gewiss; aber sie kamen vor allem auch als Fachleute zu Fachleuten. Es waren nicht zuletzt die vergleichsweise harten professionellen Erfahrungen der NVA-Soldaten, welche sie in ihrem Austausch mit den Bundeswehr-Soldaten vor allzu großen Einbrüchen ihres Selbstwertgefühls schützten.

Der Vereinigung Deutschlands am 3. Oktober 1990 ging ein knapp anderthalbjähriger rapider Autoritätsverfall der Staatsführung in der DDR und der SED voraus. In dieser Phase wurde auch versucht, durch bestimmte Reformen die Zukunftsfähigkeit einer eigenständigen DDR wiederzugewinnen. Diese Versuche kamen allesamt viel zu spät, aber sie sind zumindest erwähnenswert. Als typisch für einen solchen Versuch kann man die Neufassung des Fahneneids ansehen, die von der Volkskammer der DDR am 26. April 1990 beschlossen wurde.

> Alte Fassung: „Ich schwöre: Der Deutschen Demokratischen Republik, meinem Vaterland, allzeit treu zu dienen und sie auf Befehl der Arbeiter-und-Bauern-Regierung gegen jeden Feind zu schützen. Ich schwöre: An der Seite der Sowjetarmee und der Armeen der mit uns verbündeten sozialistischen Länder als Soldat der Nationalen Volksarmee jederzeit bereit zu sein, den Sozialismus gegen alle Feinde zu verteidigen und mein Leben zur Erringung des Sieges einzusetzen."
> Neue Fassung: „Ich schwöre, getreu den Gesetzen der Deutschen Demokratischen Republik, meine militärischen Pflichten stets diszipliniert und ehrenhaft zu erfüllen. Ich schwöre, meine ganze Kraft zur Erhaltung des Friedens und zum Schutz der Deutschen Demokratischen Republik einzusetzen."

Ja, Essig. Am Tag der Vereinigung umfasste die NVA noch rund 90.000 Soldaten (darunter circa 50.000 Zeit- und Berufssoldaten). Außerdem gab es noch rund 19 000 Angehörige der am 21. September 1990 aufgelösten Grenztruppen und rund 48.000 Zivilangestellte. (In der Literatur finden sich dazu unterschiedliche Zahlenangaben.) Im April 1990 war das *Ministerium für Nationale Verteidigung* umbenannt worden in *Ministerium für Abrüstung und Verteidigung*. Abgerüstet wurde vom letzten DDR-Ressortminister, Rainer Eppelmann, in der Tat. Für die Monate April bis Oktober 1990 trat zudem ein Gesetz in Kraft, das den Wehrpflichtigen die Verweigerung des Kriegsdienstes nicht nur ermöglichte, sondern diese dazu nachgerade ermunterte. Kein Wunder also, dass sich die Organisation der NVA im Herbst 1990 in einem desolaten Zustand befand.

Mit dem Tag der Einheit wurden das DDR-Ministerium für Abrüstung und Verteidigung und die NVA aufgelöst. Die Soldaten der NVA, nicht aber die Angehörigen der anderen bewaffneten Organe der DDR, wurden vorläufig in die Bundeswehr übernommen. Die NVA-Einheiten wurden zügig aufgelöst und Truppenteile der Bundeswehr aus Angehörigen der Bundeswehr und der ehemaligen NVA neu aufgestellt. Von den 50.000 Zeit- und Berufssoldaten waren 9.000 Stabsoffiziere (Dienstgrade ab Major), 15.000 sonstige Offiziere (Leutnant bis Hauptmann), 14.000 Unteroffiziere mit Portepee (Feldwebel-Dienstgrade), 9.000 Unteroffiziere ohne Portepee (Unteroffiziere und Stabsunteroffiziere) und 3.000 Mannschaften (Gefreiten-Dienstgrade). Die Dienstgrad-Bezeichnungen in Klammern sind solche des Heeres der Bundeswehr und dienen hier nur zur Illustration der Unterscheidungen. Wenn Dienstgrade vom Major aufwärts ein ganzes Zehntel einer Streitmacht ausmachen, muss schon eine ganze Menge organisations-intern schief gelaufen sein – zu viele Häuptlinge, kaum Indianer. Oder man will einen ganz besonders raschen Aufwuchs der Streitkräfte vorbereiten.

Ungefähr die Hälfte der hier aufgezählten Soldaten schied aus mehr oder weniger eigenem Wunsch aus dem Dienstverhältnis aus. Für die anderen ehemaligen Soldaten richtete die Bundeswehr zunächst insgesamt 30.000 auf zwei Jahre befristete Planstellen ein. Die verbliebenen Soldaten der Grenztruppen und der Zivilverteidigung der DDR erhielten einen bis zum 30. September 1991 befristeten zivilen Status in der Bundeswehr und wurden zum Abbau der Grenzanlagen eingesetzt, eine Arbeit, die sie effizient und professionell verrichteten. Auch die Zivilangestellten der NVA wurden zunächst übernommen. Viele von ihnen waren für die nun anstehenden Umorganisations-Maßnahmen im Grunde sogar wichtiger als die Uniformträger. Folgerichtig konnten viele von ihnen auch mit einer längeren Weiterbeschäftigung rechnen.

Im „Weißbuch 1994" des Bundesministeriums der Verteidigung werden zum weiteren Verbleib ehemaliger NVA-Angehöriger in der Bundeswehr folgende Angaben gemacht:

> „Rund 12.000 Offiziere, 12.000 Unteroffiziere und 1.000 Mannschaften bewarben sich für ein Dienstverhältnis in der Bundeswehr. Die Bewerbungen erfolgten überwiegend mit dem Ziel, als Berufssoldat oder längerdienender Soldat auf Zeit übernommen zu werden. 6.000 Offiziere, 11.200 Unteroffiziere und 800 Mannschaften wurden in ein Dienstverhältnis als Soldat auf Zeit zunächst für die Dauer von zwei Jahren berufen. Ihnen wurde im Hinblick auf die vorgesehene Verwendung nach vergleichender Betrachtung von Vorbildung, Ausbildung, Dienstzeiten, Laufbahnzugehörigkeit und

Funktion in der ehemaligen NVA mit entsprechenden Werdegängen in der Bundeswehr ein endgültiger Bundeswehrdienstgrad verliehen.
Für ein weiterführendes Dienstverhältnis als Berufssoldat oder längerdienender Soldat auf Zeit sind 3.027 Offiziere, 7.639 Unteroffiziere und 207 Mannschaften ausgewählt worden. Die persönliche Eignung der als Berufssoldat vorgesehenen Offiziere wurde nach den Bestimmungen des Einigungsvertrages durch den unabhängigen ‚Ausschuss Eignungsprüfung' festgestellt.
Für ausscheidende Soldaten der ehemaligen NVA wurden umfangreiche Programme zur Umschulung und Fortbildung in zivilen Berufen angeboten. Mehr als 12.000 ehemalige Soldaten haben sich mit Hilfe des Berufsförderungsdienstes der Bundeswehr für eine neue berufliche Zukunft qualifiziert" (Weißbuch 1994, 16).

Das macht, zurückgerechnet auf den Personalumfang der NVA im Herbst 1990, ungefähr ein Zehntel aus. Viel ist das nicht, und deshalb kann man die Kritik (u. a. Koop 1995, 20; Bald 1999, 27) an der „besonderen Integrationsleistung" verstehen, welche von der Bundeswehr-Führung für sich in Anspruch genommen wird. Die Qualifizierung für zivile Berufe wäre gewiss auch erfolgreicher gewesen, wenn die allgemeinen wirtschaftlichen Rahmendaten für die neuen Bundesländer nicht bald Anlass zu erheblichem Pessimismus gegeben hätten. Auf der anderen Seite hat z. B. das Auswärtige Amt schlicht und einfach niemanden aus den Reihen der ehemaligen DDR-Diplomaten in seine Dienste übernommen und dabei eine Menge Sachverstand brach liegen lassen. Außerdem muss man in Rechnung stellen, dass einem stärkeren Zulauf von Bewerbern auch die vertraglich festgelegte Verkleinerung des Bundeswehr-Umfangs um ein knappes Viertel binnen vier Jahren entgegenstand.

## 6.5 Signale der Rüstungskontrolle

Es wird kaum verwundern, dass die Vereinigung Deutschlands bei manchen seiner Nachbarn auch Befürchtungen weckte. Was, wenn die zwischen 1949 und 1990 betont un-revisionistische deutsche Außenpolitik nun die alten Träume von einer deutschen Vormachtstellung in Europa oder wenigstens in Mitteleuropa erneuern würde? Zwar gab es für derlei so gut wie keine Indizien. Aber die Bundesregierung war gut beraten, als sie sich in ihren ersten und für die künftige Ausrichtung der Politik des vereinigten Deutschland besonders aussagekräftigen internationalen Verträgen auf verbindliche rüstungskontroll-politische Maßnahmen im Sinne einer demonstrativen Verkleinerung der Streitkräfte festlegte. Dies war um so wichtiger, als zugleich die Aufforderung nach der Übernahme von mehr sicherheitspolitischer Verantwortung für die Aufrechterhaltung der internationalen Ordnung zu hören war. Mit anderen Worten: Deutschland hatte durch die Vereinigung auf der Rangskala der Staaten im internationalen System einen Sprung nach oben gemacht. Die Bundesregierung sollte und wollte aber zugleich deutlich hervorkehren, dass sie diese neue Stellung nicht zu unilateralen politischen Schachzügen, geschweige denn zu militärischen Abenteuern benutzen würde.

Besonders die Sowjetunion, für die ja nun der Rückzug ihrer in der DDR stationierten Truppen anstand, war es wichtig, von der Bundesregierung eine Reihe von Sicherheitsgarantien eingeräumt zu bekommen. Eine davon war, dass nach dem Abzug der Roten Armee zwar auch im östlichen Teil Deutschlands der NATO angegliederte Truppen stationiert werden können, allerdings ohne für Atomwaffen verwendbares Abschussgerät. Ausländische Truppen und Atomwaffen sollen nicht dorthin verlegt werden. Hat diese Bestimmung noch eher etwas mit dem nuklearstrategischen Gleichgewicht zu tun, so waren zwei weitere Festlegungen Deutschlands, die Bundeskanzler Helmut Kohl am 17. Juli 1990 im Anschluss an seinen Besuch in der Sowjetunion verkündete, direkt auf die Bundeswehr bezogen:

„Die Bundesregierung erklärt sich bereit, noch in den laufenden Wiener Verhandlungen eine Verpflichtungserklärung abzugeben, die Streitkräfte eines geeinten Deutschlands innerhalb von drei bis vier Jahren auf eine Personalstärke von 370.000 Mann zu reduzieren...Das geeinte Deutschland wird auf Herstellung, Besitz und Verfügung der ABC-Waffen verzichten und Mitglied des Nichtverbreitungsvertrages bleiben" (Auswärtiges Amt 1995, 682).

Und so geschah es. Diese Erklärung ging auch in den „Vertrag über die abschließende Regelung in Bezug auf Deutschland mit vereinbarter Protokollnotiz" ein, herkömmlich als „Zwei-plus-Vier-Vertrag" bezeichnet. Sie findet sich dort in Artikel 3. Dass sich die Bundesregierung zu diesem Schritt bereitfand, besänftigte alle Befürchtungen bezüglich eines neuen militärisch unterfütterten deutschen Machtstrebens nachhaltig. Es erleichterte auch die Aushandlung des Vertrages zwischen Deutschland und der Sowjetunion über die Bedingungen des befristeten Aufenthaltes und über die Modalitäten des planmäßigen Abzugs der sowjetischen Truppen aus dem Gebiet der ehemaligen DDR. Dieser Vertrag wurde am 12. Oktober 1990 unterzeichnet und sah vor, dass die noch etwa 380.000 sowjetischen Soldaten samt ihren Familien (insgesamt etwa 600.000 Sowjetbürger) bis Ende 1994 in ihre Heimat zurückkehren. Militärlogistiker haben damals vorausgesagt, dass dies in so kurzer Zeit niemals klappen könnte. Sie hatten Unrecht.

Zur selben Zeit gewannen alle schon seit mehreren Jahren laufenden Bestrebungen für eine engere deutsch-französische Zusammenarbeit in militärischen und sicherheitspolitischen Angelegenheiten neuen Schwung. Beide Länder verstärkten auch ihre gemeinsamen Bemühungen zum Aufbau einer Gemeinsamen Außen- und Sicherheitspolitik (GASP) im Rahmen der Europäischen Union (vgl. Müller-Brandeck-Boquet 2002).

# 3. Teil
# Anpassung an die Demokratie

Eine der großen, freilich unabgeschlossenen und immer wieder gefährdeten Zivilisations-Aufgaben moderner demokratischer Gesellschaften besteht in der demokratischen Kontrolle der Streitkräfte. Das erscheint vielleicht als ein bescheidener und nicht sehr zuversichtlicher Ausblick auf diese Gesellschaften, erhoffen sich doch viele Menschen erheblich mehr, etwa die komplette Abschaffung des Krieges und der organisierten Gewalt. Aber ob solche (Friedens-)Tauben auf dem Dach wirklich eingefangen werden können, ist eher unwahrscheinlich. Und darüber den Spatz der Demokratie-Kompatibilität in der Hand gering zu schätzen, wäre frivol und unverantwortlich.

Deswegen wird in den drei Kapiteln dieses Teils, in denen es um die Einbindung (*Einbettung* ist ein neuerdings populär gewordenes Synonym) der Bundeswehr in das politische System der Bundesrepublik Deutschland geht, die Demokratie-Kompatibilität als entscheidender Maßstab für das verfassungsrechtliche und inner-organisatorische Profil der Streitkräfte verwendet. Im Kapitel 9 wird die Auseinandersetzung über die allgemeine Wehrpflicht und ihre Alternativen aufgegriffen, weil beides nicht nur für die Rekrutierung der Streitkräfte, sondern auch für die zivile Gesellschaft und ihr Verständnis von sich selbst als Gemeinwesen eine wichtige Rolle spielt.


## 7    Grundgesetz und Bundeswehr

### 7.1  Ursprüngliche Bestimmungen

Das Grundgesetz der Bundesrepublik Deutschland trat am 23. Mai 1949 in Kraft. Zu diesem Zeitpunkt gab es keine deutschen Streitkräfte. Es sah auch nicht unbedingt danach aus, als stünde die Wiederbewaffnung der Deutschen in Kürze auf der politischen Tagesordnung. Dennoch enthielt das Grundgesetz bereits eine Reihe von diesbezüglichen Bestimmungen.


- *Glaubens-, Gewissens- und Bekenntnisfreiheit*: In seinem Grundrechtsteil, also an herausgehobener Stelle, steht als Art. 4, Abs. 3 GG: „Niemand darf gegen sein Gewissen zum Kriegsdienst mit der Waffe gezwungen werden."

- *Übertragung von Hoheitsrechten auf zwischenstaatliche Einrichtungen*: Im Art. 24, Abs. 2 GG heißt es: „Der Bund kann sich zur Wahrung des Friedens einem System gegenseitiger kollektiver Sicherheit einordnen; er wird hierbei in die Beschränkungen seiner Hoheitsrechte einwilligen, die eine friedliche und dauerhafte Ordnung in Europa und zwischen den Völkern der Welt herbeiführen und sichern."
- *Verbot der Vorbereitung eines Angriffskrieges*: Art. 26, Abs. 1 GG hat folgende Formulierung: „Handlungen, die geeignet sind und in der Absicht vorgenommen worden werden, das friedliche Zusammenleben der Völker zu stören, insbesondere die Führung eines Angriffskrieges vorzubereiten, sind verfassungswidrig. Sie sind unter Strafe zu stellen."
- *Kriegswaffenkontrolle*: Der Abs. 2 von Art. 26 GG bestimmt: „Zur Kriegführung bestimmte Waffen dürfen nur mit Genehmigung der Bundesregierung hergestellt, befördert und in Verkehr gebracht werden. Das Nähere regelt ein Bundesgesetz."

Alle diese Regelungen haben bis heute ihre Bedeutung behalten, obwohl sich die politischen Grundkonstellationen seit 1949 kräftig verändert haben. Die damalige Aufnahme dieser Bestimmungen in das Grundgesetz zeugt im übrigen auch von dem beträchtlichen Einfluss einer nicht ganz freiwillig angenommenen, aber mit großer Ernsthaftigkeit verfolgten postnationalen Vision europäischer und über Europa hinausgehender Sicherheit, die für die damalige Zeit avantgardistisch genannt zu werden verdient. Im Vergleich mit den Verfassungen vieler Länder zeichnet sich das damals von vielen durchaus als Provisorium empfundene Grundgesetz aber auch durch eine solide politische Bodenhaftung aus – insgesamt eine erstaunliche Leistung!

Die Einordnung des Rechts auf Kriegsdienstverweigerung in den Grundrechtekatalog und seine Qualifizierung als Element der Gewissensfreiheit hat ihm einerseits eine besondere Bedeutung gegeben, denn in „keinem Falle darf ein Grundrecht in seinem Wesensgehalt angetastet werden" (Art. 19, Abs. 2 GG). Andererseits gab es schon früh die Befürchtung, es könne später einmal zu einem „Massenverschleiß des Gewissens" kommen. Die Frage, wie glaubwürdig die Berufung eines Kriegsdienstverweigerers auf sein Gewissen ist, lässt sich, weil man in niemandes Kopf und innerste Gedanken hineinsehen kann, nur pragmatisch beantworten. Aber 1949 war das ohnehin eine hypothetische Frage. Richtig aktuell und politisch einigermaßen brisant wurde sie auch 1955 noch nicht, sondern erst Mitte/Ende der 1960er Jahre.

## 7.2 Änderungen nach 1955

Das *7. Gesetz zur Ergänzung des Grundgesetzes vom 19. März 1956* brachte alle verfassungsrechtlichen Bestimmungen in das Grundgesetz, die für die Aufstellung
deutscher Streitkräfte den Rahmen bildeten. Und das *17. Gesetz zur Ergänzung des
Grundgesetzes vom 24. Juni 1968* fügte die sogenannte *Notstandsverfassung* ein, in
der u. a. genauere Regelungen für den Verteidigungsfall festgelegt wurden.

An ganz verschiedenen Stellen im Grundgesetz wird die Bundeswehr erwähnt, was zunächst ein wenig verwirrend, aber doch sach-angemessen ist. Bei
der Aufstellung der neuen Streitkräfte galt der Grundsatz: Soweit wie irgend
möglich, sollen sie in die zivile Gesellschaft integriert werden. Nur dort, wo es
unumgänglich ist, soll ihnen und ihren Angehörigen ein Sonderstatus eingeräumt
werden. (Aus diesem Grunde ist auch der umfangreiche Verwaltungsapparat der
Bundeswehr als Zivilverwaltung organisiert. Geregelt ist das in Art. 87b GG.)

Als Teil der Exekutive ist die Bundeswehr wie alle anderen Teile der vollziehenden Gewalt sowie der Legislative (Gesetzgebung) und der Judikative
(Rechtsprechung) an die verfassungsmäßige Ordnung, Recht und Gesetz gebunden. Ebenso ist der Grundrechtekatalog des Grundgesetzes (Artikel 1 bis 19) auch
für die Soldaten und in der Bundeswehr unmittelbar geltendes Verfassungsrecht.
Wir haben uns inzwischen daran gewöhnt, dies als Selbstverständlichkeit anzusehen. Tatsächlich aber haben wir es mit einer institutionellen Integration der
Streitkräfte in die Gesellschaft zu tun, die keineswegs überall und selbst in Demokratien nicht immer so eindeutig praktiziert wird. Freilich sagt der Grundriss
einer institutionellen Regelung noch nichts Definitives darüber aus, ob diese auch
im Sinne der Erfinder funktioniert. Es muss immer wieder neu überprüft werden,
dass die Differenz zwischen den Vorgaben der Verfassung und der „Verfas-
sungswirklichkeit" nicht über ein tolerables Maß hinaus anwächst (sie gegen Null
hin reduzieren zu wollen, ist allerdings ein naiver oder ein sektiererischer Vor-
satz). Die Standards für eine solche Prüfung sind im Grundgesetz jedenfalls eindeutig festgelegt.

Auch die (Haupt-)Aufgabe, ihr militärischer Auftrag, ist im Grundgesetz
vorgeschrieben. Er wurde dort (in gewissem Sinne kann man sagen: ausgerechnet) im Jahr 1968 aufgenommen. Artikel 87a GG zur Aufstellung und zum Einsatz der Streitkräfte lautet:

„(1) Der Bund stellt Streitkräfte zur Verteidigung auf. Ihre zahlenmäßige Stärke und
die Grundzüge ihrer Organisation müssen sich aus dem Haushaltsplan ergeben.

(2) Außer zur Verteidigung dürfen die Streitkräfte nur eingesetzt werden, soweit dieses Grundgesetz es ausdrücklich zulässt.

(3) Die Streitkräfte haben im Verteidigungsfalle und im Spannungsfalle die Befugnis, zivile Objekte zu schützen und Aufgaben der Verkehrsregelung wahrzunehmen, soweit dies zur Erfüllung ihres Verteidigungsauftrages erforderlich ist. Außerdem kann den Streitkräften im Verteidigungsfalle und im Spannungsfalle der Schutz ziviler Objekte auch zur Unterstützung polizeilicher Maßnahmen übertragen werden; die Streitkräfte wirken dabei mit den zuständigen Behörden zusammen.

(4) Zur Abwehr einer drohenden Gefahr für den Bestand oder die freiheitliche demokratische Grundordnung des Bundes oder eines Landes kann die Bundesregierung, wenn die Voraussetzungen des Art. 91 Abs. 2 vorliegen und die Polizeikräfte sowie der Bundesgrenzschutz nicht ausreichen, Streitkräfte zur Unterstützung der Polizei und des Bundesgrenzschutzes beim Schutze von zivilen Objekten und bei der Bekämpfung organisierter und militärisch bewaffneter Aufständischer einsetzen. Der Einsatz von Streitkräften ist einzustellen, wenn der Bundestag oder der Bundesrat es verlangen."

Der militärische Auftrag der Bundeswehr hat nach dieser grundgesetzlichen Bestimmung vier Dimensionen, von denen allerdings nur die ersten beiden den Daseinszweck der Streitkräfte begründen, denn für die beiden anderen gibt es andere Organisationen, etwa die Polizei oder das Technische Hilfswerk (THW). Allerdings war und ist es freilich sinnvoll, die Möglichkeit eines zusätzlichen Einsatzes von Streitkräften nicht grundsätzlich auszuschalten, wenn diese anderen Organisationen alleine nicht zurecht kommen:

- Abwehr bewaffneter Kräfte von außen;
- Vorbereitende Maßnahmen zur Verteidigung im Spannungs- und im Verteidigungsfall;
- (Rechtlich eng begrenzte Möglichkeiten für einen) Einsatz im Rahmen der Herstellung und Erhaltung der Inneren Sicherheit;
- Einsatz bei Naturkatastrophen oder Unglücksfällen.

Im Grunde, kann man sagen, ist die Terminologie und sind vor allem die ihr unterliegenden Vorstellungen von den Hauptaufgaben heute überholt. Denn beides bezieht sich auf die politisch-militärische Konfrontation des Ost-West-Konflikts. Danach ist von den verantwortlichen Politikern, insbesondere den Verteidigungsministern Volker Rühe (CDU), Rudolf Scharping (SPD), Peter Struck (SPD) und Franz Josef Jung (CDU), versucht worden, die Formulierung des militärischen Auftrags den sich verändernden Bedingungen im internationalen Umfeld schrittweise anzupassen. So heißt es im regierungsamtlichen „Weißbuch zur Sicherheit

der Bundesrepublik Deutschland und zur Lage und Zukunft der Bundeswehr"
aus dem Jahr 1994 zu deren Auftrag:

> „Die Bundeswehr schützt Deutschland und seine Staatsbürger gegen politische Er-
> pressung und äußere Gefahr; fördert die militärische Stabilität und die Integration Eu-
> ropas; verteidigt Deutschland und seine Verbündeten; dient dem Weltfrieden und der
> internationalen Sicherheit im Einklang mit der Charta der Vereinten Nationen und
> hilft bei Katastrophen, rettet aus Notlagen und unterstützt humanitäre Aktionen"
> (Weißbuch 1994, 89).

In diesen Zusammenhang gehört auch die etwas flapsig klingende, aber durchaus ernsthaft gemeinte und einen folgenreichen Wandel der Vorstellung vom
Verteidigungsauftrag der Bundeswehr signalisierende Bemerkung von Minister
Struck, die Bundeswehr könne auch schon einmal in die Lage kommen, die Sicherheit Deutschlands „am Hindukusch" zu verteidigen. Sie fiel mehr oder weniger *en passant*, als es um die öffentliche Begründung des Einsatzes der Bundeswehr in Afghanistan im Jahr 2002 ging.

Die seit 2005 im Amt befindliche Regierung der Großen Koalition hat die
Formulierung des Auftrags der Bundeswehr folgendermaßen formuliert:

> „Die Bundeswehr als Instrument einer umfassend angelegten und vorausschauenden
> Sicherheits- und Verteidigungspolitik sichert die außenpolitische Handlungsfähigkeit,
> leistet einen Beitrag zur Stabilität im europäischen und globalen Rahmen, sorgt für die
> nationale Sicherheit und Verteidigung, trägt zur Verteidigung der Verbündeten bei,
> fördert multinationale Zusammenarbeit und Integration" (Weißbuch 2006, 70).

Als gegen Ende der 1960er Jahre, in einer ohnehin etwas turbulenteren Phase der
politischen Entwicklung der Bundesrepublik, über die Notstandsgesetze gestritten wurde, stand der Art. 87a, Abs. 4 GG im Kreuzfeuer der Kritik. Die Gegner
der Notstandsgesetzgebung befürchteten, er würde die Bahn frei machen für
Bundeswehr-Einsätze bei inner-gesellschaftlichen Auseinandersetzungen, z. B.
bei Streiks. Die Bundeswehr, wurde argumentiert, könnte mithilfe dieses Grundgesetz-Artikels missbraucht werden, um demokratisch legitimierten sozialen
Wandel zu verhindern. Auch ein bisschen destruktive Klassenkampf-Romantik
steckte hinter diesen Befürchtungen, die allerdings schon damals weitestgehend
obsolet und überhaupt nur als ein Reflex auf Erfahrungen in der Weimarer Republik verständlich waren. Sie passten aber in das vom Ost-West-Konflikt geprägte Welt- und Politikverständnis und wurden jetzt nur eben auf die Innenpolitik projiziert.

Als die Notstandsgesetze schließlich von der damals die Regierung bilden-
den Großen Koalition aus CDU/CSU und SPD verabschiedet waren, verschwan-
den solche Befürchtungen ziemlich rasch aus dem öffentlichen Bewusstsein. Der
Art. 87a, Abs. 4 GG ist längst zu einem völlig normalen Bestandteil des Grundgesetzes geworden.

Bleibt noch zu erklären, was damals mit den Begriffen *Spannungsfall* und
*Verteidigungsfall* gemeint war:

▪ Der Eintritt in den Spannungsfall wird durch den Bundestag oder das zuständige NATO-Gremium beschlossen, wenn zu einer Zeit intensivierter internationaler Spannung Maßnahmen zur Erhöhung der Verteidigungsbereitschaft als notwendig angesehen werden. Falls die NATO diesen Beschluss
  fasst, muss ihm auch die Bundesregierung zustimmen.

▪ Der Bundestag stellt mit Zustimmung des Bundesrates auf Antrag der Bundesregierung den Eintritt des Verteidigungsfalles fest. Dem muss ein Angriff
  auf das Bundesgebiet mit Waffengewalt vorausgegangen sein, oder er muss
  unmittelbar bevorstehen. Im Art. 115a, Abs. 2 GG ist ausgeführt, unter welchen Umständen der Verteidigungsfall festgestellt wird und wie dieses Verfahren auch vereinfacht werden kann. Dort heißt es: „Erfordert die Lage unabweisbar ein sofortiges Handeln und stehen einem rechtzeitigen Zusam-
  mentritt des Bundestages unüberwindliche Hindernisse entgegen oder ist er
  nicht beschlussfähig, so trifft der Gemeinsame Ausschuss diese Feststellung
  mit einer Mehrheit von zwei Dritteln der abgegebenen Stimmen, mindestens
  der Mehrheit seiner Mitglieder."

▪ Der *Gemeinsame Ausschuss* ist ein kleines Notparlament, dessen Zusammensetzung, Geschäftsordnung und Informationsrecht ebenfalls im Grundgesetz, nämlich im Art. 53a, Abs. 1 und 2 GG umrissen sind. Mit der Verkün-
  dung des Verteidigungsfalles geht die Befehls- und Kommandogewalt über
  die Streitkräfte auf den Bundeskanzler über (Art. 115b GG).

Unterbrechen wir an dieser Stelle kurz die Betrachtung des verfassungsrechtlichen Designs der Bundeswehr und lassen das auf den ersten Blick einigermaßen
unübersichtliche Knäuel von verfassungsmäßigen Bestimmungen über Befugnis-
se und Auftrag der Streitkräfte noch einmal vor dem inneren Auge Revue passieren. Das Grundgesetz hat sich in der Geschichte der Bundesrepublik Deutschland
als besonders wichtiges Kristallisationsmedium kollektiver Identität herausge-
stellt (Wohlfahrtsgewinne bilden ein anderes). Jede politisch umstrittene Frage

von übergeordneter Bedeutung, aber auch eine Menge anderer, wurden und werden in der Öffentlichkeit immer mit Bezug auf das Grundgesetz debattiert. Eben auch militärische Sicherheit und die Bundeswehr. Man kann die Veränderung der politischen Kultur in Deutschland unter anderem auch an diesem Sachverhalt deutlich machen. Denn in der Entwicklung des Verhältnisses Militär/ zivile Gesellschaft während der letzten 150 Jahre gilt, dass die Streitkräfte zumeist einen beträchtlichen institutionellen Freiraum besaßen. Er wurde ihnen entweder von den politischen Autoritäten zugestanden, oder sie bewilligten ihn sich selbst aus eigener Machtvollkommenheit. Die Grundgesetz-Bestimmungen nun, welche die Aufgaben der Bundeswehr auf Verteidigung beschränken (und fände sie auch „am Hindukusch" statt) und ihren Aktionsradius im Spannungs- und Verteidigungsfall sowie im Falle eines inneren Notstandes eng umreißen, setzen sich weit ab von der deutschen Tradition und signalisieren das deutsche Einschwenken in die Hauptströmung westlich-liberaler Ordnungsvorstellungen für bürgerliche Gesellschaften.

Die bis jetzt genannten und die noch zu behandelnden Eingrenz- und Kontrollregelungen können gewiss nicht als Garantie dafür genommen werden, dass diese westlich-liberalen Ordnungsvorstellungen ein für allemal gesichert sind. Sie schaffen indes die Bedingungen für ihre Sicherung. Dass sowohl in der Wiederbewaffnungs-Debatte als auch in der um die Notstandsgesetze ein starkes Misstrauen gegen die Streitkräfte geäußert wurde, ist vor dem Hintergrund der deutschen Geschichte nachvollziehbar. Solches Misstrauen würde erst dann paranoid, wenn es der Bundeswehr und ihrer Führung keine Chance ließe, ihr Einverständnis mit dem ihnen gesetzten verfassungsmäßigen Rahmen zu demonstrieren. Deswegen muss es die Bundeswehr weiterhin ertragen. Aber es ist nur fair, im gleichen Atemzug hervorzuheben, dass die Bundeswehr und ihr militärisches Führungskorps das Ziel der Demokratie-Kompatibilität ganz und gar akzeptiert haben, nicht nur formal, sondern mit ganz wenigen und nicht ins Gewicht fallenden Ausnahmen auch aufgrund innerster Überzeugung.

## 7.3 Soldatische Rechte und Pflichten

Die Bundeswehr ist ein Teil der Exekutive. Ihr sind so wie anderen wichtigen Institutionen und Organisationen im öffentlichen Raum Ziele und Aufgaben, Handlungsmöglichkeiten und Handlungsbeschränkungen vom Grundgesetz vorgegeben worden. Dies bedarf der Ergänzung. Organisationen bestehen schließlich aus Menschen, und wenn sich diese auch bis zu einem gewissen Grade mit ihrer

Organisation identifizieren, so bleiben sie doch mit ihren eigenen Biographien, Interessen, Wünschen sowie ihren Rechten und Pflichten innerhalb der Organisation von dieser unterschieden. Vor dem Hintergrund der Erfahrungen mit dem Nationalsozialismus und mit dem sowjetischen Modell des Sozialismus in der DDR gewinnt diese Differenz eine besondere Bedeutung.

Die beiden Grundanforderungen an die Bundeswehr lauten: organisatorische Effektivität und optimale Integration in die Gesellschaft. Ihre Verknüpfung hat der Gesetzgeber nicht zuletzt dadurch angestrebt, dass er bei der Gründung der Bundeswehr die allgemeine Wehrpflicht einführte. Art. 12a, Abs. 1 GG lautet: „Männer können vom vollendeten achtzehnten Lebensjahr an zum Dienst in den Streitkräften, im Bundesgrenzschutz oder zu einem Zivilschutzverband verpflichtet werden." Der Bundesgrenzschutz hat sich zur Polizei des Bundes entwickelt, und der Zivilschutz ist nach dem Ende des Ost-West-Konflikts so gut wie unwichtig geworden. Was den Zivilschutz betrifft, so ist sein Rückbau, nebenbei und in aller Vorsicht gesagt, vielleicht etwas vorschnell beschlossen und ins Werk gesetzt worden.

Die Wehrpflicht bezieht sich, das erste Wort des eben zitierten Grundgesetz-Artikels macht dies unmissverständlich klar, nicht auf Frauen. Ob das ein männliches Privileg ist oder gerade das Gegenteil davon, das hängt von den sich ändernden kollektiven und individuellen Bewertungsmaßstäben in der politischen Kultur ab. Zwar gibt es keinen eindeutigen Zusammenhang zwischen Wehrpflicht und bürgerlicher Demokratie in dem Sinne, dass diese die am besten passende Wehrform für jene wäre. Auch das Dritte Reich sowie viele andere ganz und gar nicht demokratisch verfasste Staaten haben die Wehrpflicht eingeführt. Aber seit der Selbstbefreiung der amerikanischen Kolonien von Großbritannien mit der „Erfindung" des *citizen soldier* (vgl. von Bredow 2006) und der Französischen Revolution mit der „Erfindung" der *levée en masse* (massenweisen Rekrutierung) gegen ausländische Truppen umgibt die Wehrpflicht doch auch die Aura einer besonderen Verbundenheit zwischen Streitkräften und selbstbewusst werdender Bürgergesellschaft.

Bei der Debatte über die deutsche Wiederbewaffnung wurde über das Pro und Contra der Wehrpflicht gestritten. Nicht zuletzt auch unter dem noch sehr lebendigen Eindruck der demokratie-schädlichen Distanz zwischen der Berufsarmee Reichswehr und der Republik von Weimar setzten sich die Argumente für die Wehrpflicht durch. Bekannt geworden und häufig zitiert worden ist der Ausspruch des ersten Bundespräsidenten Theodor Heuss von der Wehrpflicht als dem „legitimen Kind der Demokratie". Sie ist jedenfalls kein illegitimes. 1955/56 war die Wehrpflicht bei den direkt davon Betroffenen, wen wundert's, erheblich weniger populär als bei den älteren Jahrgängen. Aber die jungen Männer haben sie akzeptiert. Im ersten Jahrzehnt des Bestehens der Bundeswehr blieben auch die Kriegsdienstverweigerer-Zahlen vergleichsweise niedrig. Das änderte sich dann allerdings ab Mitte/Ende der 1960er Jahre.

Aus der Perspektive des Soldaten, gleichviel ob als Wehrpflichtiger, freiwillig Längerdienender oder Berufssoldat, ist entscheidend, dass die im Grundgesetz angeführten Grundrechte auch für ihn gelten. Eine Reihe von Einschränkungen, die sich aus den Besonderheiten des Soldatenstatus ergeben, betreffen:

- das Grundrecht der freien Meinungsäußerung,
- die Versammlungsfreiheit und
- das Petitionsrecht.

Das sind vergleichsweise geringfügige Einschränkungen. Eine derart weitgehende Grundrechtsgarantie ist ein Novum in der deutschen Militär- und Verfassungsgeschichte. Wie ernst es der Gesetzgeber mit dieser Grundrechtsgarantie gemeint hat, kann man daran erkennen, dass er eine ebenfalls völlig neuartige, auf skandinavische Vorbilder zurückgehende Einrichtung ins Leben rief, die den Schutz der Grundrechte der Bundeswehrangehörigen wirksamer machen soll – das Amt des Wehrbeauftragten des Deutschen Bundestages (Art. 45b GG).

## 7.4 Soldatinnen in der Bundeswehr

Die Wehrpflicht betrifft junge Männer. Das allgemeine Bild von der Tätigkeit des Soldaten, insbesondere im Kampf, war lange Zeit so gut wie ausschließlich männlich geprägt, obwohl es in der Menschheitsgeschichte auch Kriegerinnen gegeben hat. Auch in die Kriege des 20. Jahrhunderts waren Frauen aktiv einbezogen, als Krankenschwestern, in den Stäben, in die Rüstungsproduktion, in einigen Ländern auch bei der kämpfenden Truppe. Der Art. 12a, Abs. 4 GG sagt folgendes:

„Kann im Verteidigungsfalle der Bedarf an zivilen Dienstleistungen im zivilen Sanitäts- und Heilwesen sowie in der ortsfesten militärischen Lazarettorganisation nicht auf freiwilliger Grundlage gedeckt werden, so können Frauen vom vollendeten achtzehnten bis zum vollendeten fünfundfünfzigsten Lebensjahr durch Gesetz oder auf Grund eines Gesetzes zu derartigen Dienstleistungen herangezogen werden. Sie dürfen auf keinen Fall Dienst mit der Waffe leisten."

Bis 1999 blieb diese Passage aus dem Grundgesetz eher unbeachtet. Zwar gab es in der Bundeswehr auch schon Frauen in Uniform, seit Anfang 1991: Nach § 1 (2) des Gesetzes über die *Rechtsstellung des Soldaten (Soldatengesetz)* konnten nämlich auch Frauen in ein Dienstverhältnis als Berufssoldat oder als Soldat auf Zeit berufen werden, aber lediglich für Verwendungen im Sanitätsdienst und im Militärmusikdienst.

> „Ende 1999/Anfang 2000 belief sich...die Zahl von Frauen, die im Musikkorps Dienst leisteten, auf 57, während es im Sanitätsdienst 4.350 waren. Unter letzteren waren über 400 Sanitätsoffiziere, über 700 Offizieranwärter, über 2.300 Unteroffiziere und Feldwebel, über 200 Unteroffizieranwärter und etwa 100 Mannschaftsdienstgrade. Damit summierte sich die Zahl von Soldatinnen in der Bundeswehr insgesamt auf 4.407. Dazu kamen allerdings noch einmal rund 47.900 Frauen, welche die Bundeswehr seit 1955 als zivile Bedienstete sowohl in den Streitkräften als auch in der Bundeswehrverwaltung beschäftigt. Von ihnen werden oft Tätigkeiten ausgeführt, die in anderen Streitkräften von weiblichen Soldaten übernommen werden" (Kümmel 2003, 88f.).

In den Streitkräften der meisten NATO-Verbündeten und anderer Länder gehören Frauen, wenn auch als Minderheit, schon länger zum normalen militärischen Alltag. Für die deutschen Streitkräfte begann diesbezüglich im Jahr 2000 „nichts weniger als eine neue Zeitrechnung" (Kümmel/Klein/Lohmann 2000, 19).

Sie begann nicht ganz freiwillig, obwohl entsprechende Veränderungen sich schon länger angekündigt hatten. 1996 nämlich hatte sich eine gelernte Elektronikerin für den freiwilligen Dienst im Bereich Instandsetzung bei der Bundeswehr beworben und war mit dem Hinweis auf den letzten Satz von Art. 12a, Abs. 4 GG vom Personalstammamt der Bundeswehr abgewiesen worden. Gegen diese Ablehnung legte sie Rechtsmittel ein. Ihre Klage fußte auf dem Argument, die Bewerbung hätte nicht mit der vorgetragenen geschlechtsspezifischen Begründung abgelehnt werden dürfen, weil dies gegen Gemeinschaftsrecht/EU-Recht verstoße. Hier existiert in der Tat eine Gemeinschaftsrichtlinie aus dem Jahr 1976, die besagt, der Grundsatz der Gleichbehandlung schließe jede mittelbare oder unmittelbare Diskriminierung auf Grund des Geschlechts aus. Die Klage wanderte zum Europäischen Gerichtshof (EuGH) in Luxemburg. Der Gerichtshof entschied am 11. Januar 2000, die Beschränkung des Zugangs zur Beschäftigung, zur Berufsausbildung und zum beruflichen Aufstieg sowie in Bezug auf die Arbeitsbedingungen, die Frauen allgemein vom Dienst mit der Waffe ausschließt und ihnen lediglich Zugang zum Sanitäts- und Militärmusikdienst erlaubt, verstoße gegen Gemeinschaftsrecht. Die Bundesregierung und das Verteidigungsministerium waren somit aufgefordert, dem Urteil zu entsprechen und die Öffnung der Bundeswehr für Frauen in die Wege zu leiten. Dies ist unverzüglich geschehen. Seit Beginn des Jahres 2001 stehen alle Laufbahnen in der Bundeswehr Frauen offen. In jenem Jahr betrug der Anteil weiblicher Soldaten in der Bundeswehr etwa 2,8%. Nach Auskunft des Bundesministeriums der Verteidigung vom November 2006 dienen derzeit insgesamt rund 13.600 Frauen in den Streitkräften der Bundeswehr. Davon sind 1.460 Offiziere. Das entspricht etwa 7% aller Berufs- und Zeitsoldaten. Nur im Sanitätsdienst liegt der Frauen-Anteil höher, nämlich bei rund 30%[1]. Seit Jahresbeginn 2005 ist in Deutschland das Gesetz zur Durchsetzung der Gleichstellung von Soldatinnen und Soldaten in Kraft, das unangesehen seines sperrigen Namens (in der Bürokraten-Terminologie noch sperriger: Soldatinnen- und Soldatengleichstellungsdurchsetzungsgesetz – SDGleiG) eine Reihe von Erleichterungen verspricht, um z. B. die Vereinbarkeit von Familie und Beruf zu fördern.

Der Abstand zu den anderen NATO-Ländern hat sich in wenigen Jahren deutlich verringert. Zum Vergleich: Nach der Statistik des Internationalen Instituts für Strategische Studien (IISS) in London betrug der Anteil von Soldatinnen in den Streitkräften im Jahr 2001 in Belgien 7,7%, in Kanada 11,4%, in Dänemark 5,6%, in Frankreich 8,5%, in den Niederlanden 8,0% und in Großbritannien 8,1%. Zu selben Zeit betrug er in Griechenland nur 0,17%. Ganz anders in den USA – da belief sich dieser Anteil im Jahr 2001 bereits auf 14%. Er ist dort weiter angewachsen. Nach einer Meldung der *Neuen Zürcher Zeitung* vom 15. April 2003 waren rund 15% der im Irak-Krieg im März/April 2003 eingesetzten US-Soldaten weiblich. Sie sind auch in den kampfbezogenen Truppenteilen vertreten, was ihnen längere Zeit verwehrt geblieben war.

## 7.5 Parlamentarische Kontrolle

Der moderne Staat reklamiert für sich das Monopol physischer Gewalt. Kann er diese Forderung nicht durchsetzen, bleibt die innere Ordnung ungeschützt und können Angriffe von außen nicht abgewehrt werden. Kurz: der Staat wird schwächer und schwächer und scheitert am Ende. Schwache oder scheiternde Staaten

---

[1] *Frauen in der Bundeswehr*, <www.bundeswehr.de/portal/a/bwde/kcxml/04_Sj9SPykssy0x PLMnMz0vM0Y_QjzKLd4w3DAgCSYGZbn76kTCxoJRUfVP_NxUfW_9AP2C3IhyR0dFR QALiGVU/delta/base64xml/L3dJdyEvd0ZNQUFzQUMvNElVRS82X0FfMVFH>, Zugriff 12. 03.2007.

oder gar staatsfreie Zonen, aus denen sich jegliche staatliche Autorität zurückzie-
hen musste, sind meist Orte physischer Gewalt. Die Menschen, die hier leben,
werden zu ihren Opfern. Neben der Polizei haben Streitkräfte in den letzten beiden Jahrhunderten die entscheidende Rolle bei der Aufrichtung und Aufrechterhaltung des staatlichen Gewaltmonopols gespielt. In der modernen Staatenwelt
sind Streitkräfte Instrumente des Staates. Anders sieht es aus, wenn sie ihn sozusagen in Besitz nehmen, wie das in zahlreichen *Militärdiktaturen* auf der Welt der
Fall ist. Von *Militärdemokratien* hat noch niemand etwas gehört, außer in Propa-
gandasendungen von Militärdiktaturen.

Hier stoßen wir wieder auf das Grundproblem von Gewalt und Ordnung:
Ordnung braucht Schutz vor Verletzungen; die gewaltbewältigende institutionalisierte Gewalt des Staates muss aber davon abgehalten werden, die Macht an
sich zu reißen. Wie kann die Eingrenzung institutionalisierter Gewalt gelingen?

> „Nur selten in der Gesellschaftsgeschichte hat sich die Chance ergeben, auch nur die
> Frage nach der Begrenzung institutionalisierter Gewalt planvoll und handlungsrele-
> vant zu stellen. Das gelang im wesentlichen wohl nur in der griechischen Polis, im re-
> publikanischen Rom, in einigen anderen Stadtstaaten und in der Geschichte des Ver-
> fassungsstaates der Neuzeit. Die Antworten sind erstaunlich ähnlich: Das Postulat der
> Herrschaft des Gesetzes und der Gleichheit aller vor dem Gesetz („Isonomia"), der
> Gedanke der prinzipiellen Begrenzung aller Normsetzung (Grundrechte), Kompe-
> tenznormen (Gewaltenteilung, Föderalismus), Verfahrensnormen (Entscheidung
> durch Gremien, Öffentlichkeit, Instanzenwege), Besetzungsnormen (Turnus, Wahl)
> und Öffentlichkeitsnormen (Meinungsfreiheit, Versammlungsfreiheit)...Aber es gibt
> mit Sicherheit keine Antwort, die das Problem befriedigend löst. Jede Begrenzung in-
> stitutionalisierter Macht und Gewalt muss selbst wieder begrenzt werden durch die
> Begründung von Gegenmächten und Gegengewalten. Eine prinzipiell gewaltfreie Me-
> thode ist ein frommer Traum. Der Teufelskreis der Gewaltbewältigung bildet sich
> zwangsläufig immer von neuem" (Popitz 1999, 65f.).

Diese Passage bietet viele Anregungen zum Nachdenken über die Mühen, soziale
Lebensqualität herzustellen. In unserem Zusammenhang bildet sie den Ausgangspunkt für einen Überblick über die Einrichtungen parlamentarischer Kontrolle der Bundeswehr. Niemand kann ernsthaft leugnen, dass Streitkräfte in
modernen Demokratien einer besonderen politischen Kontrolle unterliegen. In
Gesellschaften mit hoher demokratischer Selbstsicherheit (Großbritannien etwa
und die Vereinigten Staaten), erscheint es oft so, als sei hier keine besondere Kontrolle nötig, ganz im Gegensatz zu Ländern, in denen sich gerade ein Transformationsprozess hin zur Demokratie vollzieht, wie in Deutschland nach 1945 oder in
den post-kommunistischen Ländern Ostmitteleuropas nach 1990. Tatsächlich

gehört der Aufbau von wirksamen Mechanismen demokratischer Kontrolle der Streitkräfte zu den vordringlichsten Maßnahmen in einem solchen Transformationsprozess.

Indes gilt festzuhalten, dass Streitkräfte in *allen* Demokratien politisch kontrolliert werden. Ein solches institutionelles Misstrauen beeinträchtigt weder die Würde und die Ehre der Uniform- und Waffenträger, noch schmälert es in mittel- und langfristiger Perspektive die Effizienz der Streitkräfte.

Nicht nur für demokratische politische Systeme gelten die im *Kriegsvölkerrecht* oder *Humanitären Völkerrecht* zusammengefassten Normen und Regeln. Sie wurden und werden aber von deren Repräsentanten besonders nachdrücklich vorangetrieben. Das Regelwerk dieses Völkerrechts, wenn es auch erst seit dem zweiten Drittel des 19. Jahrhunderts ständig anwächst, ist weit davon entfernt, dem Krieg seinen Schrecken zu nehmen. Aber bestimmte Verbote, z. B. von Dum-Dum-Geschossen seit 1899, oder Abkommen, z. B. über den Schutz von Kulturgütern bei bewaffneten Konflikten von 1954, können zumindest als Signale dafür angesehen werden, dass auch im Krieg Menschlichkeit nicht völlig verloren gehen soll.

Soldaten in Streitkräften von Staaten, die sich diesem Regelwerk und damit doch auch dem Keim der Vorstellung von einer Welt-Gemeinschaft aller Menschen verpflichtet fühlen, müssen es kennen und beachten lernen. Auch wenn im soldatischen Alltag, im Frieden sowieso, dieser Aspekt demokratischer Kontrolle meist fiktiv bleibt, soll er hier doch an erster Stelle erwähnt werden. Im deutschen Wehrrecht kommt er an einer eher versteckten Stelle zur Sprache, nämlich im Gesetz über die *Rechtsstellung des Soldaten (Soldatengesetz, kurz: SG)*. Dort sind in § 10 die Pflichten des Vorgesetzten beschrieben. § 10 (4) stellt fest, dass der Vorgesetzte einen Befehl „nur unter Beachtung des Völkerrechts" erteilen darf. Bekräftigt wird damit noch einmal der Artikel 25 GG, der lautet: „Die allgemeinen Regeln des Völkerrechts sind Bestandteile des Bundesrechtes. Sie gehen den Gesetzen vor und erzeugen Rechte und Pflichten unmittelbar für die Bewohner des Bundesgebietes." Das impliziert im übrigen, dass Untergebene ihnen gegebene Befehle, die gegen das Völkerrecht verstoßen, nicht ausführen dürfen (eine abstrakt ganz klare, in der hoffentlich nur ganz selten vorkommenden Praxis aber eine sehr heikle Angelegenheit). Für die Verteidigungs- und Abschreckungs-Aufgaben der Bundeswehr vor 1990 war dieser Punkt eher marginal. Für Einsätze in Friedensmissionen und humanitären Interventionen gewinnt er aber auch an praktischer Relevanz.

Von großer Bedeutung waren schon seit Gründung der Bundeswehr demgegenüber die Grundsätze und Mechanismen zur Steuerung von Entwicklung

und Ausrichtung der Streitkräfte seitens des politischen Systems, also der demo-
kratisch-parlamentarischen Kontrolle in ihrem alltäglichen Funktionieren. Hier
sind mindestens zwei Ebenen zu unterscheiden. Erstens geht es um die Verantwortung für den Auftrag der Streitkräfte und für den Umfang der zur Erfüllung
des Auftrages bereitgestellten Ressourcen. Und zweitens geht es um das Selbstverständnis der Soldaten und den Geist in den Streitkräften, um ihre Loyalität
zur bestehenden Gesellschaftsordnung, um ihre Demokratie-Konformität.

Hier sollen, zum Teil als Wiederholung, noch einmal alle einschlägigen Bestimmungen des Grundgesetzes aufgezählt werden, die eine politische Kontrolle
der Bundeswehr seitens anderer Verfassungsorgane ermöglichen:

- Die personelle Stärke und die Grundzüge der militärischen Organisation
  werden vom Deutschen Bundestag mit dem Haushaltsplan jährlich neu beschlossen (Art. 87a, Abs. 1 GG).
- Es sind parlamentarische Gremien, die über den Eintritt des Spannungs-
  und des Verteidigungsfalles entscheiden (Art. 80a, Abs. 1 und Art. 115a,
  Abs. 1 GG).
- In Friedenszeiten ist der Verteidigungsminister in politischer und organisa-
  torischer (fachlicher) Hinsicht oberster Vorgesetzter aller Angehörigen der
  Bundeswehr (Art. 65a GG); im Verteidigungsfall geht diese Befehls- und
  Kommandogewalt auf den Bundeskanzler über (Art. 115b GG) – beide Male
  unterliegt sie also letztlich parlamentarischer Kontrolle.
- Der Verteidigungsausschuss des Deutschen Bundestages besitzt die Rechte
  eines Untersuchungsausschusses zu jederzeitiger parlamentarischer Kontrolle, also auch zwischen dem Ende der einen und dem Beginn der nächsten Legislaturperiode (Art. 45a, Abs. 2 GG).
- Zum Schutz der Grundrechte und als Hilfsorgan des Deutschen Bundestages bei der Ausübung der parlamentarischen Kontrolle ist die Institution des
  Wehrbeauftragten geschaffen worden (Art. 45b GG).

Von den zahlreichen Gesetzen, die der Deutsche Bundestag insbesondere in seiner zweiten Legislaturperiode – in die Zeit zwischen 1953 und 1957 fiel ja die
Gründung der Bundeswehr – verabschiedet hat, und den sie ergänzenden Ver-
ordnungen sind von herausragender Bedeutung:

- das Wehrpflichtgesetz (WehrPflG),
- das Gesetz über die Rechtsstellung des Soldaten (Soldatengesetz, kurz: SG),

- die Verordnung über die Regelung des militärischen Vorgesetztenverhältnisses (VorgV) sowie
- die Wehrbeschwerdeordnung (WBO) und die Wehrdisziplinarordnung (WDO).

Gesetzes-architektonisch mag es ein wenig schwierig gewesen sein, die Bundeswehr zu einem Zeitpunkt in das Gefüge des Staates einzubauen, als dieser schon ein paar Jahre existiert und sich konsolidiert hatte. Dieser zeitliche Vorsprung des Zivilen vor dem Militärischen ist eigentlich untypisch für Staatsgründungen, denn in der Geschichte von Staaten steht am Anfang meistens ein kriegerischer Akt. Auch das Deutsche Reich ist 1871 mit „Blut und Eisen" geschmiedet worden. Entsprechend mächtig waren die Streitkräfte dann bei der Festlegung ihrer künftigen Rolle. Weil das im Falle der Bundesrepublik Deutschland anders war, ergab sich die Chance, die Verankerung der Bundeswehr in Staat und Gesellschaft so anzulegen, dass eventuelle Bestrebungen aus den Streitkräften oder aus Teilen der Gesellschaft heraus, die instrumentale und demokratie-kompatible Position der Bundeswehr zu verändern, institutionell erheblich erschwert wurden.

## 7.6 Die Entscheidung des Bundesverfassungsgerichts vom 12. Juli 1994

Heiße politische Kontroversen, bei denen es, wie man so sagt, ans Eingemachte geht, werden hierzulande gerne dem Bundesverfassungsgericht (BVerfG) zur Entscheidung vorgelegt. Dieses Gericht ist dadurch zur am meisten respektierten Institution der Bundesrepublik Deutschland geworden, unangesehen der Tatsache, dass es sich für die politische Kultur eines Landes in langer Perspektive vielleicht als nicht so günstig erweist, wenn sich die politischen Entscheidungsträger hinter juristischen Verdikten gewissermaßen verstecken. Aber das ist eine andere Debatte. Nach der Vereinigung Deutschlands am 3. Oktober 1990, die ja als Beitritt der DDR zur Bundesrepublik Deutschland firmierte (weswegen es für die neuen Bundesländer die leicht kabarettistisch klingende Bezeichnung *Beitrittsgebiet* gab), hörte man Stimmen, die eine gründliche Überarbeitung des Grundgesetzes, ja eigentlich sogar (im Blick auf Artikel 146 GG) seine Ablösung durch eine neue Verfassung forderten. Daraus wurde nichts. Die Gemeinsame Verfassungskommission des Deutschen Bundestages und des Bundesrates (GVK), die sich am 16. Januar 1993 konstituierte und am 28. Oktober 1993 ihren (insgesamt ziemlich mageren) Abschlussbericht vorlegte, untersuchte auf dem Politikfeld „Staatliche Souveränität und militärische Verteidigung" eine Reihe von Änderungsvorschlägen für das Grundgesetz. Sieben Unterpunkte setzte sie auf ihre Tagesordnung: Einsatz der Bundeswehr außerhalb des NATO-Territoriums (*out of area*); Spannungsfall – Bündnisfall – Verteidigungsfall; Friedensfähigkeit des Staates; Verzicht auf ABC-Waffen; Verbot von Waffenexporten; gleiche Dauer von Wehrdienst und Zivildienst; Dienstpflicht für Frauen. Das waren alles spannende Themen, und die Dokumentation der Diskussionen in der Kommission und mit eingeladenen Experten ergibt eine anregende Lektüre. Im Abschlußbericht der GVK heißt es dann jedoch unter dem Punkt *Empfehlungen* zu diesen Themen lapidar: „Die Gemeinsame Verfassungskommission spricht zu diesem Beratungsgegenstand keine Empfehlungen aus" (Näheres dazu bei von Bredow 1997, 159-176).

Sie tat das bei den wirklich wichtigen dieser sieben Fragenkomplexe aus zwei Gründen nicht, erstens weil sie sich nicht einigen konnte, und zweitens weil im Sommer 1992 und im Frühling 1993 insgesamt vier Klagen beim Bundesverfassungsgericht eingegangen waren, in denen es um die Verfassungsmäßigkeit bestimmter Bundeswehr-Einsätze ging. Über diese unter dem Titel „Adria-, AWACS- und Somalia-Einsatz der Bundeswehr" gebündelten Klagen entschied das Bundesverfassungsgericht am 12. Juli 1994. Den Mitgliedern der GVK wie der politisch interessierten Öffentlichkeit ist immer klar gewesen, dass die BVerfG-Entscheidung, wie immer sie ausfallen würde, erhebliche Konsequenzen haben würde. Weil das so empfunden wurde, zog es die GVK vor, mit eigenen Empfehlungen sehr zurückhaltend zu sein. Das war nicht unumgänglich, aber unbequem war es auch nicht.

Worum ging es bei den Klagen? Im Kern musste entschieden werden, ob und ggf. unter welchen Voraussetzungen das Grundgesetz eine Erweiterung des hauptsächlich in Art. 87a, Abs. 1, Satz 1 relativ eng umschriebenen Auftragsprofils der Bundeswehr zulässt. Dieser Satz lautet: „Der Bund stellt Streitkräfte zur Verteidigung auf." Während des Ost-West-Konflikts wurde dieser Satz von der Bundesregierung und in der Öffentlichkeit (wenn auch nicht unbedingt von allen Staatsrechts-Experten) so verstanden, dass die Bundeswehr im Rahmen der westlichen Bündnisse NATO und Westeuropäische Union das eigene Territorium und das der Bündnispartner schützt, indem sie einen möglichen Angreifer abschreckt und, falls dieser doch angreift, es mit den Verbündeten gemeinsam verteidigt. Zu mehr und anderem sollte die Bundeswehr nicht dienen. Diese Auslegung darf nicht einfach nur auf einen sicherheitspolitischen Quietismus zurückgeführt werden, obgleich es davon in der ‚alten' Bundesrepublik genug gab. Sie sollte auch als Signal an die Nachbarn und Verbündeten aufgefasst werden, dass der westdeutsche Staat das Instrument der Streitkräfte nur mit größter Behutsamkeit einzusetzen gedenkt und vor allem nicht so, dass man ihren Einsatz in irgendeiner Weise als offensiv interpretieren könnte.

Nach dem Ende des Ost-West-Konflikts sah die internationale Sicherheits-Landschaft schlagartig ganz anders aus. Zu den Veränderungen gehörte auch die Aufwertung der Rolle Deutschlands im internationalen System. Diese Rolle umfasste jetzt auch die aktive Unterstützung von Friedenssicherungs-Aufgaben der Vereinten Nationen oder der OSZE. Zum ersten Mal wurden solche Erwartungen im Golf-Krieg 1990/Anfang 1991 formuliert. Hier hielt sich Deutschland, zur Erleichterung einer noch mehrheitlich gegen die Übernahme internationaler Ordnungsfunktionen eingestellten Öffentlichkeit und zum Ärger seiner Verbündeten, sehr zurück. (Das wurde dann aber, auch das war Bestandteil dieser Nichtbeteiligungs-Politik Bonns, durch großzügige Zahlungen an die UNO-Interventionskoalition kompensiert.)

Danach aber begann die Bundesregierung Schritt für Schritt, ihre Streitkräfte für Missionen der Vereinten Nationen zur Verfügung zu stellen. Das geschah zunächst vornehmlich im Rahmen humanitärer Hilfe oder militärischer Hilfsdienste – im ehemaligen Jugoslawien, in Kambodscha, im Persischen Golf (bzw. auf der Arabischen Halbinsel), Irak und schließlich, besonders spektakulär, zwischen dem August 1992 und dem Februar 1994, in Somalia.

Gegen diese Bundeswehr-Einsätze richteten sich die Klagen. Sie kamen von der oppositionellen SPD und in einem Fall kurioserweise auch von der FDP-Fraktion im Deutschen Bundestag, obwohl die FDP damals den Außenminister der Bundesregierung stellte. Das Bundesverfassungsgericht stützte sich in seiner Entscheidung vom 12. Juli 1994 in erster Linie auf den Art. 24, Abs. 2 GG: „Der Bund kann sich zur Wahrung des Friedens einem System gegenseitiger kollektiver Sicherheit einordnen; er wird hierbei in die Beschränkungen seiner Hoheitsrechte einwilligen, die eine friedliche und dauerhafte Ordnung in Europa und zwischen den Völkern der Welt herbeiführen und sichern." Das Gericht stellte fest, dass dieser Grundgesetz-Artikel auch die Verwendung der Bundeswehr zu Einsätzen erlaubt, die im Rahmen und nach den Regeln eines solchen Systems gegenseitiger kollektiver Sicherheit stattfinden (Erster Leitsatz). Ausdrücklich wird darüber hinaus betont, dass Artikel 87a GG derartigen Einsätzen nicht entgegensteht (Zweiter Leitsatz). Und schließlich legte das Gericht der Bundesregierung die Pflicht auf, vor jedem Einsatz bewaffneter Streitkräfte die konstitutive Zustimmung des Deutschen Bundestages einzuholen (Dritter Leitsatz).

Das Echo auf diese Entscheidung war zunächst gemischt. Bundesregierung und Bundeswehr-Führung nahmen es mit Genugtuung auf. Erstere war vor allem auch deshalb erleichtert, weil damit jede Notwendigkeit einer Grundgesetz-

Änderung oder einer „Klarstellung" des Grundgesetz-Textes (womit man wohl eine sprachliche, nicht aber eine inhaltliche Veränderung meinte) entfallen war. Alle Parteien im Parlament konnten mit der in der Entscheidung implizierten Kennzeichnung der Bundeswehr als „Parlaments-Streitmacht" zufrieden sein. In der Bundestags-Debatte über die Entscheidung am 22. Juli 1994 sprach der SPD-Abgeordnete Walter Kolbow von einer tiefen Zäsur in der deutschen Nachkriegsgeschichte, die der Richterspruch aus Karlsruhe bewirkt habe. Damit traf er den Nagel auf den Kopf. Seither nämlich haben sich die Gewichte im militärischen Auftragsgefüge der Bundeswehr immer weiter verschoben, weg von der territorial gebundenen Verteidigung und hin zu internationalen Friedensmissionen und militärischen Interventionen aus (vornehmlich) humanitären Gründen. In der Öffentlichkeit bewirkte die Entscheidung zunächst einmal ein Ende der Debatte; es wurde überall, außer von militärkritischen Minderheiten, akzeptiert. Allerdings flammten Auseinandersetzungen über deutsche Militäreinsätze später immer wieder einmal auf, aber von nun an jedes Mal bezogen auf einen bestimmten Einzelfall.

## 8    Innere Führung

Inhaltlich nicht ganz einfach zu fassen und politisch seit Gründung der Bundeswehr unter Soldaten und Zivilisten heiß umstritten, sind die Begriffe *Innere Führung* und *Staatsbürger in Uniform* zu den am deutlichsten betonten Merkmalen, ja geradezu zum Inbegriff des Neuen an deutschen Streitkräften geworden. Die damit verbundenen Vorstellungen von der Demokratie-Kompatibilität der Streitkräfte und der Demokratie-Akzeptanz seitens der Soldaten knüpfen an frühbürgerliche Konzepte an, wie sie sich in den USA in der Leitfigur des *citizen soldier* manifestierten, wie sie aber auch in Preußen zu Beginn des 19. Jahrhunderts durch Militärreformer wie Scharnhorst und Gneisenau formuliert wurden.

In Preußen und Deutschland ging das dann für mehrere Generationen weitgehend verloren, so dass man in den 1950er Jahren mit gutem Recht von einer organisatorischen und führungstechnischen Innovation sowie einer neuartigen Konzeption zur Integration der Streitkräfte in die demokratische Gesellschaft sprechen konnte.

## 8.1 Kreative Neuerung

Nach meinem Urteil handelt es sich bei der Inneren Führung um eine der innovativsten und kreativsten politischen Neuerungen der Bundesrepublik Deutschland, in ihrer Bedeutung durchaus vergleichbar der wirtschafts- und gesellschaftspolitischen Konzeption der Sozialen Marktwirtschaft.

Das ist eine starke These, die einer starken Begründung bedarf. Im Blick auf die Zäsur in der Geschichte Deutschlands fallen drei damals vorgenommene und aus heutiger Perspektive eben sehr erfolgreiche sozio-politische Transformationen besonders auf:

- Erstens der Elitenwandel, der bewirkte, dass autoritäre und sich an Programmen und Perzeptionen des Nationalsozialismus ausrichtende Führungsfiguren aus dem öffentlichen Leben verbannt wurden. Es ist in den letzten Jahrzehnten immer mal wieder beklagt worden, dass dennoch eine Menge „alter Nazis" in der Bundesrepublik wichtige Positionen einnehmen konnten, eigentlich in allen gesellschaftlichen Bereichen. Das ist nicht zu bestreiten, und in vielen Einzelfällen ist es auch von schreiender Ungerechtigkeit. Indes steht in soziologischer Sichtweise etwas anderes im Vordergrund, nämlich dass diese Kontinuität der Personen einherging mit einem Mentalitätswechsel (gleichviel ob aus echten oder opportunistischen Gründen) und einem Wechsel in den Werteprioritäten. Am Anfang war die Demokratie gewiss ein *octroi*, aber bald war sie gewissermaßen gesamtgesellschaftlich internalisiert.
- Zweitens die Integration in multinationale und internationale Kontexte, wirtschaftlich (soziale Marktwirtschaft, Freihandel), politisch (Europäisierung, transatlantische Gemeinschaft), militärisch (NATO, WEU) und nicht zuletzt auch kulturell (letzteres wird zuweilen in kulturkritischer Perspektive als „Amerikanisierung" bezeichnet oder von Historikern als „Verwestlichung").
- Drittens die Neufassung des zivil-militärischen Verhältnisses mit der Absage an die bis 1945 über viele Generationen hin vorherrschenden Muster für eine Sonderstellung des Militärs in der Gesellschaft und mit dem Ziel der weitgehenden Integration der Streitkräfte in die zivile, demokratische Gesellschaft.

Keiner dieser drei Transformations-Erfolge gelang einfach so, es mussten immer wieder Widerstände überwunden werden. Aber letztlich setzte sich das Neue durch. Dabei ist wichtig festzuhalten, dass ein Misserfolg auf einer dieser drei Ebenen das gesamte Unternehmen hätte gefährden können. Mit dem Konzept der Inneren Führung und der Platzierung der Bundeswehr unter die parlamentarische Kontrolle wurde sie demokratie-kompatibel gemacht, auch wenn das wegen der Zählebigkeit der überlieferten militärischen Kultur in Deutschland nicht immer ganz einfach war.

## 8.2 Ausgangsbedingungen in den 1950er Jahren

Als die Bundeswehr entstand, sollte sie zwei einander nicht automatisch ergänzende Anforderungen erfüllen. Sie sollte alle als negativ beurteilten Attribute früherer deutscher Streitkräfte abgelegt haben, in einem Wort: nicht militaristisch sein; zugleich sollten ihre militärische Professionalität und Effizienz aber mindestens genauso hoch sein. Manche militärischen Fachleute hielten dies für eine Quadratur des Kreises. War es aber nicht. Die Bundeswehr-Planer schieden grob zwei Planungs-Bereiche. Bewaffnung, Ausrüstung, militärstrategische und operative Grundsätze als ‚äußere' Führung wurden auf effiziente Professionalität hin ausgerichtet. Der (nicht unbeträchtliche) Rest, eben das innere Gefüge der Streitkräfte und, wie man heute im Internet-Deutsch sagen würde, ihre links zur zivilen Gesellschaft und zum politischen System, also die Grundsätze der Menschenführung, Normen für den internen Alltagsbetrieb sowie das Insgesamt der die parlamentarisch-demokratische Kontrolle sichernden Gesetze und Regeln, all das wurde unter dem Begriff der Inneren Führung zusammengefasst. Dabei wurde nach innen (an die Adresse der Soldaten) und nach außen (an die Öffentlichkeit und an die Verbündeten) signalisiert, die neuen deutschen Streitkräfte würden sich von ihren Vorläufern Reichswehr und Wehrmacht nachdrücklich unterscheiden.

Allen Beteiligten war damals mehr oder weniger deutlich, dass es überhaupt nur unter den Bedingungen von glaubwürdiger Demokratie-Kompatibilität und strikter Bündnis-Ausrichtung zur Aufstellung deutscher Streitkräfte kommen würde. Ohne die proklamierte und in Gang gebrachte Distanzierung von großen Teilen der jüngeren deutschen Militärgeschichte und ihrer militärischen Traditionen hätte die Opposition gegen die Wiederbewaffnung im eigenen Lande und bei manchen Nachbarn noch mehr politische Zustimmung erhalten. Denn populär war die Wiederbewaffnung nirgends, weder im eigenen Land noch bei den Nachbarn.

Als nach einigen ‚entmilitarisierten' Jahren die Entscheidung zur Wiederbe-waffnung der Bundesrepublik gefallen war, sollte sie entsprechend der militärpo-litischen Vorgaben der USA überaus rasch vonstatten gehen. Das brachte ein Dilemma für die Gründungsphase der Bundeswehr mit sich:

> „Es mussten vor allem Vorgesetzte eingestellt werden, die den mentalen Sprung aus einer Armee in der Diktatur zu Streitkräften in der Demokratie vollziehen konnten und für die es attraktiv schien, aus dem bisherigen Zivilleben in die neue Bundeswehr ü-berzuwechseln. Auch mussten sie fähig sein, die öffentliche Gleichsetzung zwischen dem negativ besetzten Begriff Militarismus und Soldat auszuhalten, sich mit den ehe-maligen Kriegsgegnern zu verbünden, nicht selten eine zehnjährige Kriegsgefangen-schaft psychisch zu verarbeiten und schließlich ehemalige Kameraden immer noch in alliierten Gefängnissen als Kriegsverbrecher inhaftiert zu sehen" (Schlaffer 2006b, 625).

Das waren also die Ausgangsbedingungen für die Reformkonzeption für das innere Gefüge, von widerstrebenden Bundeswehr-Angehörigen damals gerne etwas herablassend ‚inneres Gewürge' genannt. Mit diesem Ausdruck beschrie-ben sie freilich nicht die Konzeption, sondern die Schwierigkeiten ihrer Umset-zung oder Implementierung.

## 8.3 Gebrauchs-Definition

Ein frühes Grunddokument für die Planung und Aufstellung der Bundeswehr ist die Denkschrift des militärischen Expertenausschusses über die Aufstellung eines Deutschen Kontingents im Rahmen einer übernationalen Streitmacht zur Vertei-digung Westeuropas vom 9. Oktober 1950, auch nach dem Ort ihrer Entstehung kurz Himmeroder Denkschrift genannt. Hier finden sich im Abschnitt „Das inne-re Gefüge" bereits wesentliche Elemente dessen, was später zur Inneren Führung gezählt wird. Die Distanz zur Wehrmacht wird betont, ebenso die demokratische Wertbezogenheit des soldatischen Selbstverständnisses (im Sinne einer Internali-sierung der Werte Freiheit und soziale Gerechtigkeit). Die neuen Streitkräfte sollten in der Demokratie verankert werden. Es gab damals und in der Folgezeit immer zwei negative Bezugspunkte für die Innere Führung, erstens die ‚militaris-tischen' Züge der deutschen Militärtradition, insbesondere bei Reichswehr und Wehrmacht, zweitens aber auch den Bolschewismus und seine militärische Ver-körperung in der Roten Armee und den Streitkräften des Warschauer Paktes. Der Hinweis auf den sowjetischen Totalitarismus erleichterte im übrigen die Abkehr vom nationalsozialistischen Totalitarismus.

Das in der Himmeroder Denkschrift skizzierte Programm zu operationalisieren, war nicht einfach. Viele haben an diesem Prozess mitgewirkt, aber es ist nur ein Gebot der Fairness, wenn man hier auf die überragende Figur von Wolf Graf von Baudissin (1907-1993) hinweist, ohne den die Innere Führung nicht das geworden wäre, was sie wurde und was sie heute ist.

Die Schwierigkeiten, mit denen sich Baudissin und seine Mitstreiter von Anfang an herumschlagen mussten, kamen hauptsächlich von der Verwirrung über Motiv, Gestalt und Grundsätze dieser neuartigen Konzeption. Diese Verwirrung lässt sich leicht nachvollziehen, weil mit der Inneren Führung zu viele Aufgaben zugleich erfüllt werden sollten. Sie sollte nämlich:

- die Integration der Streitkräfte in die zivile Gesellschaft und in das politische System bewirken und sichern;
- innerhalb der Streitkräfte ein vernünftiges, das reine Befehl/Gehorsam-Schema durch kooperativeres Führungsverhalten auflockerndes Betriebsklima schaffen;
- Signal und Barometer für die Demokratie-Kompatibilität der Organisation und ihrer Angehörigen sein.

Im 1957 vom Bundesministerium für Verteidigung herausgegebenen „Handbuch Innere Führung" werden als die Hauptaufgaben der Inneren Führung die geistige Rüstung und die zeitgemäße Menschenführung aufgeführt. Das klingt schon etwas weniger reformfreudig. Tatsächlich gab es unmittelbar nach der Aufstellung der Bundeswehr und in den Folgejahren etliche interne Auseinandersetzungen um die Innere Führung und ihren Hauptvertreter Baudissin. Zeitweise wurden Innere Führung sowie ihre Leitfigur und ihr Rollenmodell, der Staatsbürger in Uniform, ziemlich defensiv definiert, nämlich unter Betonung dessen, was *nicht* damit gemeint war. Insbesondere musste immer wieder darauf hingewiesen werden, dass Innere Führung nicht die soldatische Disziplin in Frage stellte, nicht der Verweichlichung soldatischer Ausbildung Vorschub leistete und nichts mit der Versorgung der Soldaten zu tun hatte. In dem Entwurf „Grundsätzliche Weisung über die Aufgaben und Bedeutung der Inneren Führung in den Streitkräften" vom 15. November 1955 hatte Baudissin das innere Gefüge der Streitkräfte als ihre „geistige, sittliche und rechtliche Gesamtverfassung" definiert und dann weiter formuliert:

„Die Innere Führung ist die Verwirklichung der Grundsätze und Vorschriften des Inneren Gefüges in und außer Dienst. Sie ist Menschenführung im weitesten Sinne und wird überall dort wirksam, wo sich im Gesamtorganismus der Truppe erzieherische, bildungsmäßige und betreuerische Aufgaben stellen. Somit ist Innere Führung wirksam in Führung und Ausbildung, in der Handhabung der Disziplinargewalt, in der politischen Bildung und Information der Truppe, in der Betreuung und Sorge um den Menschen, im außerdienstlichen Gemeinschaftsleben...Die Prinzipien der Inneren Führung müssen zur Grundlage aller menschlichen Beziehungen in den Streitkräften werden, andernfalls ist keine sittliche Verbindlichkeit gemeinsamer Haltung zu gewinnen" (Baudissin 1982, 64f.).

Eine etwas zu glatt geratene und vorsichtig formulierte, indes als Gebrauchs-Definition nützliche und in der Bundeswehr auch lange Zeit favorisierte Begriffsbestimmung von Innerer Führung geht auf den Kommandeur der Schule der Bundeswehr für Innere Führung in Koblenz während der Jahre 1960 bis 1962, Ulrich de Maizière (geb. 1912) zurück:

„Die Innere Führung ist die Aufgabe aller militärischen Vorgesetzten, Staatsbürger zu Soldaten zu erziehen, die bereit und willens sind, Freiheit und Recht des deutschen Volkes und seiner Verbündeten im Kampf mit der Waffe oder in der geistigen Auseinandersetzung zu verteidigen. Hierbei geht sie von den politischen und gesellschaftlichen Gegebenheiten aus, bekennt sich zu den Grundwerten unserer demokratischen Ordnung, übernimmt bewährte soldatische Tugenden und Erfahrungen in unsere heutigen Lebensformen und berücksichtigt die Folgen der Anwendung und Wirkung moderner technischer Mittel" (de Maizière 1989, 228).

Diese Definition diente der Koblenzer Schule für Innere Führung längere Zeit als Grundlage ihrer Arbeit.

## 8.4  Streit um die Innere Führung

Die Konzeption der Inneren Führung und ihre Hauptvertreter blieben innerhalb und außerhalb der Bundeswehr nicht unumstritten, innerhalb der Streitkräfte vor allem unter den Offizieren und Unteroffizieren. Allerdings unterstützten die entscheidenden politischen Strömungen in der Bundesrepublik die Innere Führung mit Nachdruck, mit Ausnahme der seinerzeit betont nationalistischen FDP sowie gesellschaftlicher Randgruppen. Warum aber war die Innere Führung in der Bundeswehr selbst so wenig populär? In der Literatur wird hier immer wieder auf zwei Gründe hingewiesen – zum einen auf den Erfahrungshintergrund der „ersten Generation" der Bundeswehr-Angehörigen (nämlich der Kontrast zwischen der Reichswehr- und Wehrmachtzeit und den Jahren der Entmilitarisie-

rung) und zum andern auf konzeptionelle Verschwommenheiten (vgl. Linnenkamp und Lutz 1995, Prüfert 1998).

In der Bundeswehr kristallisierten sich in Bezug auf die Innere Führung
rasch zwei lose verbundene Gruppierungen heraus, die kleinere Fraktion der
überzeugten „Reformer" und die umfangreiche Fraktion der „Traditionalisten",
von denen ein größerer Teil es bei Skepsis und einer abwartenden Haltung gegenüber den Ideen der Neuerer bewenden ließ, wohingegen eine militante Minderheit sich auf sie einschoss. Der Streit zwischen diesen Gruppierungen konnte
überaus scharf werden, zuweilen verletzte er auch die Würde der daran Beteiligten. Freilich darf man nicht annehmen, dass in der Aufbauphase der Bundeswehr
immer und überall Fragen der Inneren Führung im Vordergrund standen. Häufig
genug gab es gemeinsame und ihre diesbezüglichen Differenzen überbrückende
gemeinsame Interessen von Anhängern und Gegnern der Inneren Führung.
Ebenso versuchten viele Soldaten, sich dem Streit dadurch zu entziehen, dass sie
sich eher auf die technischen und professionellen Aspekte ihrer Arbeit konzen-
trierten.

> „In der ersten Dekade des Bestehens der Bundeswehr und darüber hinaus galt die
> Konzeption der Inneren Führung vornehmlich der kriegsgedienten Generation und
> den Bemühungen, dieser Generation deutlich zu machen, dass Innere Führung zu-
> nächst und vor allem die Verwirklichung der Wertsetzungen des Grundgesetzes in
> den Streitkräften und nicht kritikloses Anknüpfen an frühere Zeiten bedeutete. Dass
> sich diese Auffassung nach vielen Anfeindungen dann doch durchsetzte und öffentli-
> che Anerkennung fand, zeigt die Verleihung des Freiherr-vom-Stein-Preises an Graf
> Kielmansegg, Graf Baudissin und Ulrich de Maizière" (Schubert 1995, 315f.).

Das war 1965. Der Preis, für den sich Baudissin im Namen aller drei Preisträger
in einer programmatischen Rede bedankte (im Auditorium Maximum der Hamburger Universität – ein paar Jahre später war derartiges kaum noch vorstellbar!),
bedeutete zwar öffentliche Anerkennung. Intern hatten sich die ideologischen
Frontlinien jedoch keineswegs verflüchtigt, ja in gewissem Sinne verhärteten sie
sich sogar in der zweiten Hälfte der sechziger Jahre. Dafür kann man wiederum
zwei Gründe anführen, nämlich erstens den rapiden sozialen Wandel, der in der
zivilen Gesellschaft vonstatten ging (Stichworte: außerparlamentarische Opposition, Studentenrevolte, anti-autoritäre und libertäre Lebensentwürfe, Politisierung, Emanzipation) und der die Integration der Streitkräfte schwieriger machte.
Und zweitens hatte sich in der Bundeswehr in diesem Jahrzehnt nach den enormen Anstrengungen der Anfangsjahre eine Art Malaise, ein Unbehagen über die
bürokratischen und sonstigen Alltagsschwierigkeiten ausgebreitet, wovon ein

beträchtlicher Teil auf Personalprobleme im Offizier- und Unteroffizierkorps (insbesondere im Heer) beruhte. Dieses Unbehagen wurde übrigens oft drapiert in eine ganz unmilitärische Mimosenhaftigkeit bei Kritik und kritischen Nachfragen – die „Armee auf der Erbse" war der Titel einer kleinen, seinerzeit bundeswehrintern kursierenden Satire. Die Innere Führung gab jedenfalls für das verbreitete Unbehagen einen perfekten Sündenbock ab.

> „Oft waren Resignation und Gereiztheit in den Einheiten und Verbänden festzustellen, in denen die Fähigkeiten, die Erfahrung sowie das Format der Offiziere und Unteroffiziere nicht ausreichten. Dem allgemeinen Schwund an Autorität und steigenden Alkoholmissbrauch konnte nur wirksam durch ein erfahrenes sowie selbst- und verantwortungsbewusstes Offizier- und Unteroffizierkorps entgegengetreten werden. Entscheidend dabei war das Vertrauen in die Führung, aber dieses war einer erheblichen Belastungsprobe ausgesetzt" (Schlaffer 2006b, 639).

Ende der 1960er Jahre kam es zu einer „Krise der Inneren Führung" (Opitz 2001, 18), die sich u. a. auch dadurch bemerkbar machte, dass eine Reihe von Generälen (Trettner, Panitzki, Pape, Schnez, Karst, Grashey) aus ähnlichen, wenn auch nicht völlig übereinstimmenden Gründen und zu verschiedenen Anlässen ihrem Unmut über den Primat der zivilen Bürokratie im Ministerium, über die Innere Führung oder das auf die Dauer nicht hinnehmbare Unverständnis gegenüber militärischen Imperativen in der zivilen Gesellschaft auf spektakuläre Weise Luft machten. Dieser Unmut stieß auch auf eine gewisse Resonanz bei jüngeren Offizieren. Die „Hauptleute von Unna" veröffentlichten 1971 eine Stellungnahme, in der sie zu verstehen gaben, sie könnten wegen fehlender materieller, politischer und rechtlicher Unterstützung ihren Auftrag nicht mehr erfüllen. Sie gaben dafür der politischen Führung die Schuld und schienen mit ihren Forderungen, um die vorsichtige Formulierung von Abenheim (1989, 183) aufzunehmen, „das Prinzip der zivilen Kontrolle in Frage zu stellen."

Die harsche Kritik der Hauptleute, zu der sie übrigens von ihrem Divisionskommandeur ermuntert worden waren, konnte man auch als Antwort auf eine andere Stellungnahme verstehen, in der sich eine Reihe von Leutnants, alle Teilnehmer an einem Lehrgang der Heeresoffizierschule II, mit z. T. etwas provozierend formulierten Thesen vom konservativ-konventionellen Bild des Offiziers verabschiedeten und sich statt dessen explizit an den Gedanken und Vorstellungen Baudissins orientierten. Die Trennlinie zwischen den „Reformern" und den „Traditionalisten" behielt also auch für die jüngeren Offiziere ihre Bedeutung.

Aus einer etwas anderen, stark von der Mentalitätsgeschichte beeinflussten Perspektive kommt Klaus Naumann, zwar namens-identisch mit dem Generalinspekteur der Bundeswehr von 1991 bis 1996, aber ansonsten mit diesem weder verwandt, noch verschwägert, auch ideologisch nicht, zu einer auf anregende Weise differenzierenden Beurteilung des Streits um die Innere Führung im ersten Jahrzehnt der Existenz der Bundeswehr. Ich habe Vorbehalte gegen die von Naumann verwendete Begrifflichkeit und teile nicht seine Grundvorstellung, wonach eine sozio-politische ‚Katastrophe' (gemeint ist ein Wiederaufstieg des deutschen Militarismus) auch nur den Hauch einer Chance gehabt hätte, aber im Endeffekt halte ich sein Urteil für richtig:

> „Die Erfahrungsgeschichte eines destruktiven Jahrhunderts ‚deutscher Kriege' hatte sich in der Militärelite der zweiten Nachkriegsära in vier Generationsgestalten abgebildet: in den Mentoren, den Vernunftreformern, den Zerrissenen und den Umerzogenen. In einem ironischen Sinne war das Gründungsversprechen des ‚Bürgers in Uniform' aufgegangen, denn wie kritisch man die Positionen dieser Kontroversen und Konflikte auch bewerten musste, sie hatten ‚politische Generäle' produziert, die letztlich den demokratischen Konsens der politischen Verfassung nicht aufkündigten. Eine ‚Katastrophe' war ‚ausgeblieben'. Mehr noch, die Krisen und Stagnationen der 60er Jahre führten zu Reformen der Außenpolitik, strategischen Veränderungen der Sicherheitspolitik sowie zu Modernisierungen der Bundeswehr, die einem zweiten Gründungsakt gleichkamen" (Naumann 2000, 217).

Was Naumann hier als ‚zweiten Gründungsakt' bezeichnet, das sind die Auswirkungen der beachtlich großen Zahl miteinander verknüpfter Organisationsreformen der Bundeswehr, die zwischen 1969 und 1972 in die Wege geleitet wurden. Während der kurzen Ägide des ersten sozialdemokratischen Verteidigungsministers der Bundesrepublik, Helmut Schmidt (geb. 1918), wanderten viele traditionalistische Vorstellungen samt ihrer Vertreter ins Abseits. Das bedeutete indes nicht, dass die Innere Führung, wie Baudissin sie propagiert hatte, nun ungehindert zum Zuge kommen sollte. Für Verteidigungsminister Schmidt selbst war die Innere Führung eine Ideologie (so kann man sie in der Tat bezeichnen, allerdings nur, wenn man mit einem relativ nüchternen Ideologie-Begriff arbeitet), und deshalb war sie ihm wenn schon nicht ein bisschen verdächtig, so doch eher unwichtig. Schmidt, als Bundeswehr-Reformer ungewöhnlich erfolgreich, stellte das Betriebsklima der Streitkräfte weltanschaulich um einige Grade kühler, was ihr auch sehr gut bekam: Sie wurde mehr pragmatisch-technokratisch, effizienz- und leistungsbezogen. Organisationssoziologen wissen, dass derartige kühle Reformen für die Leistungsfähigkeit großer Organisationen ungemein wichtig sind. Aber sie haben auch herausgefunden, dass die Dynamik solcher Reformen nicht allzu lange anhält. Schmidts Nachfolger, der Sozialdemokrat Georg Leber (geb.

1920), vermochte sie jedenfalls nicht aufrecht zu erhalten. Opitz, damals einige Jahre enger Mitarbeiter von Leber, urteilt rückblickend:

> „Der Versuch, Ideologie (tatsächliche oder vermeintliche) durch Praktikabilität abzulösen oder diese auch nur damit zu ergänzen, kann eben zu einer Entwicklung führen, in der sich, entgegen der Absicht, ein Niedergang fortsetzt oder – um es positiver zu formulieren – Stagnation breit macht" (Opitz 2001, 21).

Diese Stagnation wird in der Literatur zur Inneren Führung, und davon gab es auch in den Folgejahren eine nicht abreißende Kette, immer wieder konstatiert. Die verschiedenen Autoren stimmen allerdings in der Begründung für Stagnation, sinkendes Interesse oder gar Niedergang nicht überein. Für die einen lag es schlicht und einfach daran, dass sich andere Aspekte in den Vordergrund schoben, wenn die Bundeswehr und Sicherheitspolitik thematisiert wurden: Friedensbewegung, alternative Sicherheitspolitik, Verblassen des Ost-West-Konflikts. Andere nehmen eher an, dass die zweite und dritte Generation von Offizieren die Innere Führung als Selbstverständlichkeit akzeptierten und in ihren Berufsalltag integrierten, freilich ohne sich dabei bewusst zu sein, wie notwendig eigentlich eine Weiterentwicklung der Inneren Führung wäre. Opitz (2001, 23) bemerkt etwas sardonisch, die Universitäten der Bundeswehr, Neugründungen in der Ära Helmut Schmidt, hätten dazu beigetragen, die zuvor politisch geführten Debatten über die Innere Führung zu akademisieren, was ihnen nicht gut bekommen sei. Eine dritte Meinung, sie wurde und wird insbesondere auch von einigen Sozialwissenschaftlern vertreten, die in der Bundeswehr ihren Arbeitsplatz haben, interpretiert die Jahre der CDU/CSU/FDP-Koalitionsregierung mit den Verteidigungsministern Manfred Wörner (1982-1988), Rupert Scholz (1988-1989) und Gerhard Stoltenberg (1989-1992) als eine Zeit, in der die Innere Führung gezielt zurückgedrängt und ein anachronistisches militärisches Denken von der Führungsspitze der Bundeswehr favorisiert wurde. Diese These findet sich etwa in den Schriften von Detlef Bald und Martin Kutz.

> „Dagegen ist die Starrheit des militärischen Denkens in der Bundeswehrführung unübersehbar. Es handelt sich dabei gewiss nicht um offenen oder versteckten Willen zum Krieg, wohl kaum auch um militärische Machtpolitik. Was aber auffällt, ist, dass ihr traditionalistischer Teil ähnliche Denkmuster entwickelt, wie die, die 90 Jahre früher entstanden waren. So wird ein gleich unreflektierter Historismus gepflegt, militärisches Handeln als professionell und weitgehend unpolitisch verstanden, sowie der soziale und politische Wandel der letzten 15 Jahre mit großem Misstrauen verfolgt" (Kutz 1990, 10).

## 8.5  Probleme der Umsetzung

Wenn diese sehr kritische Interpretation wirklich zugetroffen hätte, dann hätte die Bundeswehr seit der Vereinigung Deutschlands wohl kaum das tatsächlich erreichte Maß an Flexibilität und Offenheit für die Veränderungen ihres binnengesellschaftlichen und internationalen Umfeldes entwickeln können. Dennoch ist auch solch überspitzende Kritik hilfreich, denn sie fordert zu genauerem Hinsehen heraus und schärft die Idiosynkrasie (=intellektuelle Reizempfindlichkeit) gegenüber beschönigenden Erfolgsbilanzen.

1957 wurde vom Verteidigungsministerium das *Handbuch Innere Führung* herausgegeben. Damit war die Absicht verbunden, die Grundbegriffe zu klären und den Vorgesetzten bei der Umsetzung der Konzeption zu helfen. Gleichzeitig begann das Ministerium mit der Herausgabe einer mehrbändigen Buchreihe *Schicksalsfragen der Gegenwart. Handbuch politisch-historischer Bildung.* Beides zusammen kann man als Versuch ansehen, die Vorgesetzten in der Bundeswehr mit einem der Demokratie verpflichteten Orientierungswissen auszustatten. Das Handbuch Innere Führung umfasst neun Hauptkapitel:

- Der Eid: Von der letzten Instanz
- Situation und Leitbild: Staatsbürger in Uniform
- Soldatische Tradition: In der Gegenwart
- Der 20. Juli 1944: Gedanken zum Widerstand
- Leitsätze für Menschenführer: Erziehung des Soldaten
- Erläuterung der Leitsätze: Verantwortung weitergeben
- Gruppenselbstarbeit: Vertrauen schenken
- Truppen-Information: Gegenteil von Propaganda
- Truppen-Betreuung und Freizeitpflege: Sorge um den Menschen

Anhand des Themenbogens von der „letzten Instanz" zur „Freizeitpflege" kann man ermessen, wie ambitioniert die konzeptionellen Überlegungen zur Inneren Führung in den frühen Jahren gemeint waren, gleichermaßen aussagekräftig für theologische und philosophische Aspekte des Soldatenberufs und für Angelegenheiten der Erziehung und des Truppenalltags. Zum Lieblingsbuch der Bundeswehr-Angehörigen wurde das *Handbuch* nicht gerade. Der erste Teil schnitt ihnen den Rückzug auf die Traditionen von Reichswehr und Wehrmacht ab, ließ von der Wehrmacht nicht viel mehr gelten als den persönlichen Anstand vieler Soldaten und den Widerstand gegen Hitler. Der zweite Teil präsentierte Grundsätze der Soldaten-Erziehung, also hauptsächlich der Erziehung der Wehrpflichtigen. Sie liefen darauf hinaus, den Soldaten als mündigen Bürger und jungen Erwachsenen zu behandeln und ihn sowohl fachlich-kognitiv auszubilden, als auch seine Gesinnung zu formen.

Das war von Anfang an eine Überforderung, und zwar gleich in doppelter Hinsicht. Denn weder gab es eine leicht zu vermittelnde *moderne Erziehungslehre*, die den Offizieren und Unteroffizieren der Bundeswehr hätte angeboten werden können, damit sie ihrem Ausbildungs- und Erziehungsauftrag anders als mit den überkommenen Mitteln und Methoden gerecht werden konnten. Noch durften die Vorgesetzten darauf rechnen, dass mehr als nur eine Minderheit unter den Wehrpflichtigen wirklich jene politisch vorgebildeten und interessierten, jene mündigen Staatsbürger waren, die ihre Gruppenselbstarbeit verantwortlich zu organisieren in der Lage waren. Im Gegenteil: empirische Umfragen bestätigten damals immer wieder neu, dass die Bevölkerung von der Bundeswehr in erster Linie eine Entlastung bei der Erziehung der jungen Männer erwartete, nämlich so, dass diesen beim Bund „die Hammelbeine mal ordentlich lang gezogen" werden sollten.

Folgende Institutionen innerhalb und neben der Bundeswehr haben die Aufgabe, die Konzeption der Inneren Führung, ihre Umsetzung und ihre Weiterentwicklung zu beobachten und eigene Beiträge dazu zu präsentieren:

- Das Zentrum Innere Führung in Koblenz (1956 als Schule der Bundeswehr für Innere Führung gegründet und 1981 umbenannt) bietet hauptsächlich Lehrgänge für Angehörige der Bundeswehr an, aber auch im Rahmen der Öffentlichkeitsarbeit der Bundeswehr für ‚Multiplikatoren' aus der zivilen Gesellschaft.

- Der *Beirat für Innere Führung* (seit 1958) setzt sich aus Persönlichkeiten des öffentlichen Lebens zusammen und hat die Aufgabe, den Verteidigungsminister in allen Fragen der Inneren Führung durch Abgabe von Stellungnahmen zu beraten zu grundsätzlichen, aber auch zu Einzelfragen zu beraten. Seit März 2006 amtiert der 12. Beirat für Innere Führung (vgl. Jöbgen 2007, 70ff.).

- Der Wehrbeauftragte des Deutschen Bundestages (siehe Kap. 8.7).

## 8.6 Zentrale Dienstvorschrift

Die erste „Zentrale Dienstvorschrift 10/1 Hilfen für die Innere Führung" wurde im August 1972 erlassen, als sich die Bundeswehr gerade in der von Helmut

Schmidt mit Verve angekurbelten Umbruchphase befand. Ein großer Erfolg war
ihr nicht beschieden. Seit Februar 1993 gibt es eine gründliche Neufassung dieser
für den Truppenalltag formal verbindlichen Dienstvorschrift. Opitz (2001, 24)
beurteilt sie milder als den Text von 1972, meint aber, sie sei inzwischen auch
schon überholt. In der Tat dürfte die Halbwertszeit dieser Dienstvorschrift als
relativ gering zu beurteilen sein. Das hat weniger mit mangelnder Substanz zu
tun, vielmehr mit den zahlreichen organisations-internen und sicherheitspolitischen Veränderungen, mit denen die Bundeswehr seither fertig werden musste.
Opitz bezieht sein Urteil übrigens vor allem auf die Ausführungen zur Wehrpflicht (siehe Kap. 9). Mit einer neuen Fassung der ZDv 10/1 ist jedenfalls in Kürze zu rechnen.

Tatsächlich finden sich im Text von 1993 recht bemerkenswerte Passagen
über das Verhältnis Militär/zivile Gesellschaft und Soldat/Staatsbürger, die davon
zeugen, dass sich die Militärorganisation in Deutschland den sozialen Veränderungen und dem Wertewandel in der Gesellschaft nicht verschließt. Im folgenden
werden einige dieser Passagen etwas ausführlicher zitiert, damit man sich mit
dem sprachlichen und gedanklichen Duktus dieser Zentralen Dienstvorschrift
(ZDv) vertraut machen kann.

„Kapitel 1: Grundlagen
110. In einem demokratischen Staat haben auch die Streitkräfte besondere Verpflichtungen gegenüber dem Bürger. Dazu gehören die Bereitschaft zur Kommunikation
mit dem Bürger über Fragen, die die Sicherheitspolitik und die Streitkräfte betreffen,
die Toleranz gegenüber öffentlicher Kritik und die Offenheit gegenüber gesellschaftlichen Entwicklungen.
    Die Bundeswehr ist im Rahmen ihres Auftrages für gesellschaftliche Entwicklun-
gen offen, akzeptiert den weltanschaulichen und politischen Pluralismus unter ihren
Angehörigen und setzt sich damit auseinander.

Kapitel 2: Ziele und Grundsätze
201. Die Konzeption der Inneren Führung bindet die Streitkräfte bei der Auftragserfüllung an die Werte des Grundgesetzes. Sie hat die Aufgabe, die Spannungen auszugleichen und ertragen zu helfen, die sich aus den individuellen Rechten des freien
Bürgers einerseits und den militärischen Pflichten andererseits ergeben.
202. Ziele der Inneren Führung sind,
- unter Berücksichtigung ethischer Aspekte politische und rechtliche Begründungen
für den soldatischen Dienst zu vermitteln und den Sinn des militärischen Auftrags
einsichtig und verständlich zu machen,

- die Integration der Bundeswehr und des Soldaten in Staat und Gesellschaft zu fördern sowie Verständnis für die Aufgaben der Bundeswehr im Bündnis und in Systemen gegenseitiger kollektiver Sicherheit zu wecken,
- die Bereitschaft des Soldaten zur gewissenhaften Pflichterfüllung, zur Übernahme von Verantwortung und zur Zusammenarbeit zu stärken und die Disziplin und den Zusammenhalt der Truppe zu bewahren,
- die innere Ordnung der Streitkräfte menschenwürdig, an der Rechtsordnung orientiert und in der Auftragserfüllung effizient zu gestalten.
203. Diese Ziele werden im Leitbild des Staatsbürgers in Uniform verdeutlicht, das idealtypisch die Forderungen an den Soldaten der Bundeswehr beschreibt:
- eine freie Persönlichkeit zu sein,
- als verantwortlicher Staatsbürger zu handeln,
- sich für den Auftrag einsatzbereit zu halten.
205. Die Streitkräfte unterliegen dem Primat der Politik. Primat der Politik bedeutet, dass die Streitkräfte von parlamentarisch verantwortlichen Politikern geführt werden, einer besonders ausgestalteten parlamentarischen Kontrolle unterliegen, einer durchlaufenden hierarchischen Ordnung und dem Prinzip von Befehl und Gehorsam unterworfen sind.
212. Die Gestaltung der inneren Ordnung der Streitkräfte vollzieht sich in einem Spannungsfeld konkurrierender Ziele und Prinzipien. So sind gegeneinander abzuwägen:
- die funktionale Effizienz gegenüber den individuellen Rechten oder Ansprüchen der Soldaten,
- die hierarchische Ordnung gegenüber der Beteiligung der Soldaten,
- das Durchsetzen von Disziplin gegenüber der Förderung von Mündigkeit und Eigenverantwortung der Soldaten,
- die ungeteilte Führungsverantwortung des Vorgesetzten gegenüber kooperativem Verhalten mit entsprechender Delegation von Verantwortung.
Die innere Ordnung der Streitkräfte soll auf diesen Zielfeldern Ausgewogenheit anstreben und keinem Ziel einseitig Vorrang einräumen.“

Die Sprache von militärischen Vorschriften ist meist knapp und so gehalten, dass sie Ambivalenzen glattbügelt. Das ist ja auch grundsätzlich sinnvoll, weil das Verhalten der Soldaten vereinheitlicht werden soll, damit Missverständnisse zwischen ihnen während eines Einsatzes vermieden werden können. Deshalb verdient es besonders betont zu werden, wenn eine ZDv wie hier an manchen Stellen genau das Gegenteil tut, nämlich Ambivalenzen hervorhebt. Zwar wird vom Vorgesetzten gefordert, sie behutsam auszugleichen; aber die Spannungen zwischen bestimmten Werten und Zielen werden eben nicht ignoriert oder negativ akzentuiert. Vielmehr wird angestrebt, die Soldaten so zu erziehen, dass sie diese Spannungen auszuhalten und womöglich sogar fruchtbar zu machen lernen.

## 8.7  Der Wehrbeauftragte des Deutschen Bundestages

Als Hilfsorgan des Bundestages mit der Aufgabe, zum Schutz der Grundrechte der Soldaten beizutragen und die Umsetzung der Grundsätze der Inneren Führung in der Bundeswehr zu überwachen, wurde 1956 das Amt des Wehrbeauftragten des Deutschen Bundestages eingerichtet, eine verfassungsrechtliche Novität, übrigens nach schwedischem Vorbild. Die Aufgaben des Wehrbeauftragten sind im „Gesetz über den Wehrbeauftragten des Deutschen Bundestages – WBeauftrG" festgelegt, das seither nur marginal verändert wurde. Der Wehrbeauftragte wird vom Bundestag in geheimer Wahl für die Dauer von fünf Jahren gewählt (§ 13). Wenn ihm Umstände bekannt (gemacht) werden, die auf eine Verletzung der Grundrechte der Soldaten oder der Grundsätze der Inneren Führung schließen lassen, wird er nach pflichtgemäßem Ermessen aufgrund eigener Entscheidung tätig (§ 1). Er kann vom Bundesminister der Verteidigung und allen diesem unterstellten Dienststellen und Personen Auskunft und Akteneinsicht verlangen. Er kann jederzeit alle Truppenteile, Stäbe, Dienststellen und Behörden der Bundeswehr und ihre Einrichtungen besuchen (§ 3). Jeder Soldat hat das Recht, sich einzeln ohne Einhaltung des Dienstweges unmittelbar an den Wehrbeauftragten zu wenden. Wegen einer solchen Anrufung des Wehrbeauftragten darf kein Soldat dienstlich gemaßregelt oder benachteiligt werden (§ 7).

Insbesondere in den frühen Jahren der Bundeswehr war die Einrichtung des Amtes eines Wehrbeauftragten in den Streitkräften umstritten. Bei einer Reihe von Unglücksfällen aufgrund des Versagens von Vorgesetzten und in jener oben angesprochenen Atmosphäre einer organisations-internen Malaise waren die Wehrbeauftragten als „soziales Frühwarn-System" (Vogt 1972, 331) für unerwünschte politische Entwicklungen im Heer gefordert.

> „Das ‚Iller-Unglück' und der Skandal um ‚Nagold' machten in der Früh- und Aufbauphase der Bundeswehr deutlich, dass der einzelne Soldat weiterhin Gefahren eines Missbrauchs der Befehlsgewalt durch die Vorgesetzten ausgesetzt war. Der Wehrbeauftragte Heye beschwor genau dies mit seiner skandalträchtigen Publikation in der ‚Quick' gegenüber dem neuen deutschen Militär herauf. Die Bundeswehr entwickele sich zum ‚Staat im Staate' hieß nichts anderes, als dass die Soldaten sich von der Gesellschaft und der Politik abzuschotten und eine einseitige militärische Funktions- und Einsatzfähigkeit vorzuziehen drohten. Nicht die Beherrschung des militärischen Handwerks war aber das entscheidende Moment für eine demokratische Integration, sondern die politische Geisteshaltung war für die fugenlose Einordnung der Streitkräfte in den Staat verantwortlich" (Schlaffer 2006a, 319f.).

Einige der Amtsinhaber haben aufgrund ihrer Persönlichkeit dem Amt ein spezifisches Profil aufprägen können, z. B. die Wehrbeauftragten Hellmuth Heye (1961-1964) oder Karl Wilhelm Berkhan (1975-1985). Von 1995 bis 2000 amtierte zum ersten Mal eine Wehrbeauftragte, Claire Marienfeld. Der derzeitige Amtsinhaber seit April 2005 ist Reinhold Robbe.

Einmal im Jahr legt der Wehrbeauftragte dem Deutschen Bundestag einen Jahresbericht vor. Die gesammelten Jahresberichte von 1959 bis heute stellen eine wahre Fundgrube für jeden dar, der sich mit dem ‚Innenleben' der Bundeswehr und dem dabei entstehenden ‚Knirschen' befassen möchte. Sämtliche Berichte sind übrigens als Bundestags-Drucksache veröffentlicht worden.[2] Freilich muss man in Rechnung stellen, dass sich alle vom Wehrbeauftragten aufgegriffenen Sachverhalte auf der eher ‚dunklen Seite' des Bundeswehr-Alltags befinden und mithin nur *einen* seiner Aspekte repräsentieren. Aber, um ein aktuelles Beispiel aufzugreifen, wer vor dem Hintergrund der diesbezüglichen Erfahrungen in den US-Streitkräften seit ihrer Öffnung für Soldatinnen der Vermutung nachgehen möchte, ob es auch in der Bundeswehr ‚sexual harassment' (sexuelle Belästigungen) gibt, wird die Berichte des Wehrbeauftragten zu Rate ziehen.

Im Berichtsjahr 2006 machten Probleme der Menschenführung und Personalangelegenheiten zwei Drittel der Eingaben an den Wehrbeauftragten aus. Das ist ein deutlicher Hinweis darauf, dass sich der organisations-interne Stress verstärkt hat. In früheren Berichten, z. B. dem von 2002, sah das anders aus, da war der Anteil der Eingaben zum Komplex Unterkünfte / Verpflegung / Bekleidung / Betreuung erheblich umfangreicher. Von den Einzelfällen, die der Wehrbeauftragte in seinem Jahresbericht 2006 anführt, sollen zwei zitiert werden, weil sich hier ein alter ‚Kommissgeist' meldet, der einer Armee nie gut getan hat, aber in der Bundeswehr keinen Platz haben darf.

---

[2] Die Berichte des Wehrbeauftragten der letzten Jahre können unter <http://www.bundes tag.de/wehrbeauftragter/index.html> eingesehen werden.

*Übersicht 1:*    Aufschlüsselung der im Jahr 2006 bearbeiteten Vorgänge

| Inhalt | Anzahl | v.H. |
|---|---|---|
| Menschenführung/Wehrrecht/Soldatische Ordnung | 2.057[1] | 35,9 |
| Personalangelegenheiten der Berufs- u. Zeitsoldaten | 1.662[2] | 29,0 |
| Personelle Fragen der Wehrpflichtigen (außer Wehrübende) | 487 | 8,5 |
| Reservistenangelegenheiten/Wehrübungen | 232 | 4,1 |
| Heilfürsorge | 241 | 4,2 |
| Unterkünfte/Verpflegung/Bekleidung/Betreuung | 329 | 5,7 |
| Besoldung und besoldungsrechtliche Nebengebiete | 451 | 7,9 |
| Soziales/Versorgung | 268[3] | 4,7 |
| Gesamtzahl | 5.727[4] | 100,0 |

[1] Verfassungsrechtliche Grundsätze; Schutz von Grundrechten, Leitbild des Staatsbürgers in Uniform, Integration der Bundeswehr in Staat und Gesellschaft, Rechte und Pflichten der Soldaten, Befehl und Gehorsam, Führungsstil und Führungsverhalten, Beschwerde und Petitionsrecht, Soldatenbeteiligungsrecht, militärische Ausbildung, Sport, militärische Sicherheit, Traditionspflege, Militärseelsorge, Anerkennung als Kriegsdienstverweigerer, Disziplinarangelegenheiten, fristlose Entlassung, Nachdienen, vorläufige Festnahme, Maßnahmen nach dem Gesetz über die Anwendung des unmittelbaren Zwanges, Gnadenrecht, Dienstzeitbelastung u. Ä.
[2] Laufbahnfragen, Versetzungen und Kommandierungen, Beurteilungen, Urlaub/Dienstbefreiung u. Ä.
[3] Berufsförderung, Sozialversicherungsangelegenheiten, Schul -und Studienfürsorge, Unterhaltssicherung, Wohnungsfürsorge u. Ä.
[4] In der Gesamtzahl sind 430 Eingaben von Soldaten, die im Ausland stationiert sind, enthalten.
Quelle: Deutscher Bundestag 2007, Drucksache 16/4700 S. 58.

*Beispiel Umgangston*

„Ein Feldwebel eines Luftwaffenausbildungsregiments beschimpfte einen ihm unterstellten Soldaten im Dienst als ‚Wichser, Idiot, Hurensohn und Schwuchtel'" (Deutscher Bundestag 2007, Drucksache 16/4700 , 18).

„Ein Kommandeur im Einsatzland erschien verspätet zu einer Silvesterfeier und fand keinen reservierten Sitzplatz vor. Daraufhin beschimpfte er den Projektoffizier in lautem und aggressivem Ton u. a. mit den Worten ‚Was soll diese Scheiße hier…wo ist mein Platz und wer hat diese Scheiße erlaubt?' Später ließ er die Feier vorzeitig beenden und ergänzte vor zwei Feldwebeldienstgraden: ‚Mit so einem Scheiß-Kontingent mache ich keine Feier mehr.'"
(Deutscher Bundestag 2007, Drucksache 16/4700, 19).

*Beispiel Verstoß gegen die sexuelle Selbstbestimmung*
„Ein weiblicher Stabsunteroffizier wurde Objekt einer Wette zwischen vier männlichen Soldaten ihrer Einheit, bei des es darum ging, wer es schaffen würde, mit ihr Geschlechtsverkehr zu haben. Einer der Soldaten versuchte, sie dazu zu überreden, indem er ihr eine Beteiligung an dem ,finanziellen Gewinn' versprach." (Bundestag 2007, Drucksache 16/4700, 34.).

„In einem weiteren Fall berichtete ein weiblicher Stabsunteroffizier von inakzeptablen, sexuell anzüglichen Vorfällen bei einer Aufnahmefeier neuer Unteroffiziere. Im Verlauf der Feier und in Anwesenheit weiblicher und männlicher Untergebener wurde ein so genanntes ,Gurkenspiel' durchgeführt, bei dem Soldaten einer Zivilistin ohne Zuhilfenahme der Hände Gurkenscheiben aus dem Dekolletee ,fischten'" (Bundestag 2007, Drucksache 16/4700, 34).

Ausführlich zu kommentieren braucht man diese Beispiele wohl nicht. Im ersten Fall sticht das Argument, die Soldatensprache sei eben rau und man dürfe nicht so pingelig sein, schon allein deshalb nicht, weil Soldaten, wenn sie auf solche Weise verbal gedemütigt werden, eine Vorstellung vom Soldatenberuf entwickeln, die sich ihnen tief einprägt und die später nur schwer oder womöglich überhaupt nicht mehr zu korrigieren sein wird. Im zweiten Fall muss bedenklich stimmen, dass der Kommandeur so rasch die Contenance verliert, was einen herben Vertrauensverlust zur Folge hat. In der Bundeswehr sind Fälle von *sexual harassment* offenbar nicht so häufig, wie anfangs, auch im Blick auf Erfahrungen in anderen Streitkräften, befürchtet wurde. Sie sind auch zum Glück nicht so spektakulär wie in einigen anderen Streitkräften, wo es zu *gang rape* und ähnlichen Vorfällen gekommen ist. Um es dazu gar nicht erst kommen zu lassen, sind strikte Regeln nötig und die rigorose Überwachung ihrer Einhaltung.

In Großorganisationen wie der Bundeswehr darf ein Verhalten, wie es in diesen beiden Beispielen an den Tag gelegt wurde, nicht geduldet werden, weil es sich sonst zum Schaden ihres Zusammenhalts und ihrer Effizienz ganz rasch verbreiten kann. Das Eingreifen des Wehrbeauftragten ist nicht nur im jeweiligen Einzelfall wichtig, sondern kann darüber hinaus unheilvolle Entwicklungen im Keim ersticken.

## 8.8 Erneuerter Rahmen für die Innere Führung

Gegen Ende der 1980er Jahre, in der Übergangsphase von der alten, auf den Ost-West-Konflikt bezogenen Bundeswehr zu den neuen Streitkräften mit einem

unformulierten und erweiterten Aufgabenspektrum planten die im „Aufgaben-
verbund Innere Führung" zusammengefassten Dienststellen der Bundeswehr ein
Projekt zur Erneuerung der Inneren Führung und zu ihrer Anpassung an die
neuen, damals in ihrer ganzen Dramatik noch gar nicht überschaubaren Rahmenbedingungen. 1989 lag dieses Projekt als Entwurf mit der Kurzbezeichnung
„Kursbuch 2000" vor; in den Folgejahren arbeitete eine Projektgruppe des Zent-
rums Innere Führung an diesem Entwurf weiter. Die wichtigsten Forschungsfra-
gen wurden in ein „Grundlagenprogramm Innere Führung" integriert. In erster
Linie sollte dieses Programm vom Zentrum Innere Führung und von der Führungsakademie der Bundeswehr in Hamburg durchgeführt werden. Jedoch er-
füllten sich die damit verbundenen Erwartungen nicht, es stockte Mitte der
1990er Jahre, und der damit verbundene Elan versandete fürs erste (Reeb/Többi-
cke 2003, 127).

Erst ein paar Jahre später lebte er langsam wieder auf, dieses Mal nicht zu-
letzt auch dank des Engagements des Deutschen Bundeswehr-Verbandes, des
Interessenverbandes der Soldaten. Die mit diesem Verband eng verbundene Karl-
Theodor-Molinari-Stiftung gibt seit 1998 im Nomos-Verlag eine Schriftenreihe
„Forum Innere Führung" heraus, die Tagungsbeiträge, aber auch Monographien
publiziert, in denen die neuen Herausforderungen an die Innere Führung und
Versuche zu ihrer Weiterentwicklung zur Sprache gebracht bzw. der Öffentlich-
keit vorgestellt werden.

Diese neuen Herausforderungen sind im Laufe 1990er Jahre und dann noch
einmal schubartig nach dem 11. September 2001 immer deutlicher sichtbar geworden. Wenn die Streitkräfte vordringlich neuartige Aufträge zu erfüllen haben,
wenn Einsatzarten, Einsatzorte, die lokalen Umstände der jeweiligen Einsätze
eine breite Variation aufweisen, wenn von den Soldaten neue Fertigkeiten verlangt werden und wenn all dies zur Folge hat, dass die Militärorganisation sich
tiefreichend verändert, dann liegt es auf der Hand, dass auch die Innere Führung
sich verändern muss. Die Herausgeber des Bandes „Innere Führung 2000",
Hoffmann und Prüfert (2001, 7), haben einen ersten und schon recht umfangreichen Katalog der Herausforderungen an die Innere Führung zusammengestellt.
Ihr Ausgangspunkt ist dabei die (in Kap. 13 näher beschriebene) Neuausrichtung
der Bundeswehr, wie sie das Bundeskabinett am 14. Juli 2000 beschlossen hat:

> „Eckpfeiler dieser Neuausrichtung bleibt die Konzeption der Inneren Führung mit
> dem Leitbild des Staatsbürgers in Uniform. Die Einbindung des Soldaten als Staats-
> bürger in die Gesellschaft, die Grundrechte und die Anwendung rechtsstaatlicher
> Prinzipien sowie das Menschenbild und die Werteordnung des Grundgesetzes blei-
> ben Richtschnur für die Gestaltung der deutschen Streitkräfte.

Damit steht die Innere Führung erneut vor einer Bewährungsprobe, gilt es doch, eine Fülle aktueller Probleme gleichzeitig zu bewältigen:

- Die Einnahme (sic!) der neuen Bundeswehr-Struktur muss sozial verträglich durchgeführt werden.
- Knappe Haushaltsmittel zwingen zu Einsparungen, durch die Motivation und Dienstklima negativ beeinflusst werden.
- Die ungenügende Bewerberlage gefährdet die Qualität des Führernachwuchses.
- Technische Neuerungen machen direkten Zugriff von oben nach unten möglich und gefährden die Auftragstaktik.
- Die Nutzung moderner Kommunikations- und Informationssysteme verringert die sozialen Beziehungen.
- Die Fülle der Aufgaben birgt die Gefahr der Überlastung des Vorgesetzten.
- Die Öffnung der Streitkräfte für Frauen hat Auswirkungen auf das Selbstverständnis der Soldaten und bedarf der Beachtung bei Ausbildung und Integration.
- Die allgemeinen Veränderungen in der Gesellschaft betreffen auch die Streitkräfte und beeinflussen Denken und Verhalten der Soldaten."

Der in dieser Passage verwendete Begriff der *Auftragstaktik* hat eine besondere (positive, zuweilen verklärte) Bedeutung in der deutschen militärischen Kultur und muss deshalb an dieser Stelle erläutert werden, nicht zuletzt auch deshalb, weil er ein Element der professionellen Tradition darstellt, das eine vergleichsweise solide Brücke zwischen der Vergangenheit und der Gegenwart darstellt. Mit Auftragstaktik bezeichnet man, kurz gesagt, ein Führungskonzept, das dem Untergebenen eine gewisse Optionsbreite bei der Ausführung eines Befehls lässt oder sogar aufgibt. Der Gegensatz dazu heißt *Befehlstaktik*, dabei werden die Befehle haarklein in allen Details erteilt, und ein Abweichen davon gilt bereits als Ungehorsam. Auftragstaktik ist nur bei „mitdenkendem Gehorsam" möglich, bei Verantwortungsbewusstsein aller Beteiligten und bei gegenseitigem Vertrauen zwischen Vorgesetzten und Untergebenen – alles Dinge, die auch zum Kernbestand der Inneren Führung gehören.

Der neue Rahmen für die Innere Führung ist sehr viel weiter gespannt als der alte. Denn die Bundeswehr agiert seit dem Ende des Ost-West-Konflikts mehr und mehr an Orten, die außerhalb, oft sogar sehr weit außerhalb des eigenen Territoriums oder des Territoriums der Verbündeten liegen (Kambodscha, Somalia, Ost-Timor, Bosnien-Herzegowina und Kosovo, Kuwait, Kongo, Afghanistan, um nur sie zu nennen). Sie muss in Friedensmissionen sehr viele unterschiedliche Tätigkeiten ausüben, neben genuin militärischen auch polizeiliche oder solche, die der Konsolidierung des zivilen Lebens dienen. All dies geschieht in der Regel in enger Kooperation mit Streitkräften anderer Länder, mit Ordnungskräften vor Ort und mit Angehörigen humanitärer Organisationen. Es versteht sich von selbst, dass Innere Führung auf diese Weise eine ganz neue, eine demonstrative Dimension gewinnt, denn es gilt ja auch, die Ziele der Friedensmission nicht nur mithilfe der militärischen Gewalt, sondern in viel stärkerem Maße mithilfe der Glaubwürdigkeit von Hilfs- und Unterstützungskomponenten solcher Missionen zu erreichen.

Diesen erweiterten Rahmen wird man nicht angemessen ausfüllen können, wenn man die Innere Führung auf ihre „führungsphilosophischen" oder „ethischen" Aspekte reduziert, so wichtig diese auch sein mögen. Vor allem wird es darauf ankommen, ohne dass der Anspruch erhoben wird, die Innere Führung in andere Länder zu exportieren, die Kompatibilität von Streitkräften und demokratischen Gesellschaftsstrukturen als oberstes Erfolgskriterium für Innere Führung auch in multinationalen Kontexten nicht aus dem Auge zu verlieren.

## 9    Die Wehrpflicht und ihre Alternativen

Für viele Jugendliche war und ist die Bundeswehr allein schon und hauptsächlich wegen der auf die jungen Männer zukommenden Verpflichtung, entweder ‚beim Bund' zu dienen oder einen Zivildienst abzuleisten, ein ‚heißes' Thema. Es gibt freilich auch die Möglichkeit, dieser Alternative zu entkommen, zum Beispiel wenn man bei der Musterung durch die Wehrersatzämter aus gesundheitlichen Gründen als für den Dienst in der Bundeswehr gar nicht oder nur eingeschränkt geeignet eingestuft wird. Dass die Geschichte der Wehrpflicht zu allen Zeiten und in allen Gesellschaften auch immer ein Kapitel mit Methoden und Tricks umfasst, sich ihr zu entziehen, sei nur am Rande erwähnt. Thomas Mann hat in seinem Roman „Bekenntnisse des Hochstaplers Felix Krull" den erfolgreichen Täuschungsversuch einer Musterungskommission beschrieben. Zur Nachahmung wird das aber nicht empfohlen.

### 9.1  Allgemeines zur Wehrpflicht

Die allgemeine Wehrpflicht ist ein insbesondere im Zeitalter der identitätspolitisch formatierten Nationalstaaten, also grob gesagt seit der Französischen Revolution, beliebtes und verbreitetes *Rekrutierungssystem* (im Bundeswehr-Sprachgebrauch: *Wehrform*) für Streitkräfte (gewesen). Manchmal lohnt es sich, will man alle Dimensionen eines bestimmten Begriffs erfassen, seine Definition mithilfe seines Gegenbegriffs einzukreisen. Der auf der Hand liegende Gegenbegriff zur Wehrpflicht ist der freiwillige Dienst als Soldat in Streitkräften. Wer der Wehrpflicht unterliegt, der ‚muss' (ob er will oder nicht), wer freiwillig Soldat wird, der hat sich dies selbst ausgesucht.

Es sei denn, mit der Freiwilligkeit ist es bei der Rekrutierung nicht weit her. Wenn wir an die Kindersoldaten in Afrika denken, kommt uns der Begriff der Freiwilligkeit nicht in den Sinn. Außerdem wissen wir aus früheren historischen Epochen, wie einzelne oder ganze Gruppen (zum Beispiel aus einer besiegten Ethnie) zum Militärdienst gezwungen wurden und nur höchst widerwillig und unter permanentem Zwang Soldaten blieben. Viele der Landsknechte und Söldner in den frühneuzeitlichen Heeren Europas waren alles andere als freiwillige Soldaten. Aus der Ära des Absolutismus ist die Geschichte vom ‚Soldatenhandel' des Landgrafen Friedrich II von Hessen-Kassel überliefert und von der Nachwelt (z. B. bereits von Friedrich Schiller in seinem Drama „Kabale und Liebe") mit heftiger Kritik bedacht worden. Gegen 108.000 Pfund jährlich lieferte Hessen zwischen 1776 und 1784 insgesamt 17.000 einheimische Soldaten, die in den amerikanischen Kolonien für Englands Krone zu kämpfen hatten. Für manche mag das ein besonders übler Zwang gewesen sein; indes weisen einige Historiker heute auch darauf hin, „dass für die Offiziere und einen kleinen Teil der Soldaten der Einsatz in dem fernen Lande und die zu bestehenden Abenteuer einen eigentümlichen Reiz gegenüber der Monotonie des Kasernenbetriebs und des heimatlichen Dorflebens ausübte" (Philippi/Wolff 1979, 21). Aber das sind individuelle Motive.

Bei der Wehrpflicht seit dem Ende des 18. Jahrhunderts, als sie programmatisch in einen nationalen Rahmen gestellt wurde, handelt es sich um ein ideologisches Kollektiv-Phänomen. Die Wehrpflicht für junge Männer verwandelt sich von einem Zwang zu einem ‚Dienst an der Nation'. Er ist idealtypisch von Nationalgefühl und Patriotismus durchdrungen und wird im übrigen auch bewusst als Mittel zur Bildung und Vertiefung nationaler Identität eingesetzt. Die Streitkräfte als „Schule der Nation", das bedeutete ja in erster Linie das Einpflanzen nationaler Wertvorstellungen und von Nationalstolz in die Köpfe der Wehrpflichtigen. Die Individuen, die diese ‚Schule' durchlaufen mussten, empfanden beides, die militärische Ausbildung und die nationalpolitische Erziehung, allerdings häufig auch als Repression.

Insofern sich der moderne Nationalstaat im Verlauf des 19. und 20. Jahrhunderts immer weiter demokratisierte, kann man mit Recht, wie es der erste Bundespräsident der Bundesrepublik Deutschland, Theodor Heuss getan hat, von der Wehrpflicht als einem „legitimen Kind der Demokratie" sprechen. Wir dürfen uns jedoch nicht täuschen lassen – auch nicht-demokratische, ja gerade totalitär angelegte Staatsgebilde haben im 20. Jahrhundert ihren Bürgern die Wehrpflicht auferlegt und sie für ganz andere als demokratie-konforme Ziele benutzt.

Es gibt noch einen anderen wichtigen Grund, warum die Wehrpflicht im 19. Jahrhundert so rasch zum bevorzugten Rekrutierungssystem von Streitkräften wurde, und der hat mit der Entwicklung des Kriegsbildes zu tun. Die Kabinettskriege der zahlenmäßig kleinen Stehenden Heere im Absolutismus waren so angelegt, dass sie das Erwerbsleben und den Handel möglichst wenig stören sollten. Im 19. Jahrhundert wuchs die Zahl der Soldaten schlagartig an; das Spektrum und die Vernichtungskapazität der eingesetzten Waffen erweiterten sich dramatisch. Es kam zu einer ‚Industrialisierung' des Krieges. Die zivile Gesellschaft wurde immer mehr in die Vorgänge der Kriegsvorbereitung hineingezogen. Im 20. Jahrhundert wurde dieses Kriegsbild des drei-dimensionalen Massenkrieges weiter perfektioniert. Krieg wurde mehr und mehr auch zu einem Krieg zwischen ganzen Gesellschaften (vgl. Kap. 4). Für solche Kriege brauchte man quasi unendlich viele Soldaten. Um das Ziel der „Nation in Waffen" zu verwirklichen, war die Wehrpflicht (mit langen Ausbildungszeiten) besser geeignet als alle anderen Rekrutierungssysteme. Denn sie versorgte die Streitkräfte der bevölkerungsreichen Staaten mit genügend aktiven Soldaten und erweiterte zugleich das Arsenal der Reservisten. Für den Ernstfall konnten dann diese ebenfalls kurzfristig oder je nach Bedarf einberufen werden. Diese Erweiterungsmöglichkeit durch Reservisten heißt im militärischen Sprachgebrauch *Aufwuchsfähigkeit.*

Auch in gegenwärtigen Debatten über die Gestalt der Bundeswehr taucht dieser Begriff sporadisch auf. Das letzte Drittel des 20. Jahrhunderts sah den Niedergang der Massenarmeen. Andere Kriegsbilder stehen heute im Vordergrund von Ausbildung und militärstrategischen Debatten. Es spricht also einiges dafür, dass aus der Perspektive militärischer Funktionsnotwendigkeiten betrachtet, die Wehrpflicht heute eher als anachronistisch anzusehen ist, jedenfalls in Nordamerika und Europa.

## 9.2  Die Bundeswehr als (unechte) Wehrpflichtarmee

Wir werden sehen, dass dies durchaus bestritten wird. Überhaupt wollen wir einmal festhalten, dass die Debatte über die Wehrpflicht in erster Linie eine gesellschaftliche und erst in zweiter Linie eine militärische Debatte sein muss, wenn man sich an die Vorgaben eines der Demokratie angemessenen zivil-militärischen Verhältnisses halten will. Freilich haben die funktional-militärischen Argumente ein erhebliches Gewicht. In Deutschland sieht der Streit um die Wehrpflicht aber ganz verzwickt aus, weil verschiedene funktionale und sehr prinzipielle Argumente neben- und gegeneinander ins Feld geschickt werden, so dass die Chance groß ist, aneinander vorbeizureden. Vielleicht ist dieser Nachteil aber auch ein Vorteil, jedenfalls für all diejenigen, die möglichst alles so lassen wollen, wie es ist. (Insofern spiegelt sich in der Wehrpflicht-Debatte der allgemein gepflegte Unwille zu institutionellen Reformen.)

Eigentlich ist die Bundeswehr schon lange keine richtige Wehrpflicht-Armee. Der schweizer Militärsoziologe Karl W. Haltiner unterscheidet drei Typen von Wehrpflichtmodellen, die sich nach dem Anteil von Wehrpflichtigen in den Streitkräften unterscheiden. Für den Zeitraum von den 1970er Jahren bis zur Gegenwart erfüllen in Europa nur die Streitkräfte Finnlands, Griechenlands, der Türkei und der Schweiz die Kriterien einer ,echten' Wehrpflicht-Armee (*„Hard Core Conscript Forces"*), denn mehr als zwei Drittel ihrer Soldaten sind Wehrpflichtige. Jene Streitkräfte, in denen zwischen 50 und 60% aller Soldaten Wehrpflichtige sind, heißen bei ihm *„Soft Core Conscript Forces"*, was man vielleicht mit ,Gerade noch' Wehrpflicht-Armee übersetzen könnte. Zu dieser Gruppe zählten in den vergangenen Jahrzehnten Schweden, Norwegen, Österreich, Italien, Portugal und Spanien. Die drei zuletzt genannten Länder haben inzwischen die Wehrpflicht abgeschafft. Bei den anderen drei ist der Prozentsatz der Wehrpflichtigen auf weniger als die Hälfte gesunken. Streitkräfte, die mehrheitlich aus Freiwilligen bestehen, obwohl sie für die Rekrutierung ihres Personals auf die gesetzlich verankerte allgemeine Wehrpflicht zurückgreifen können, nennt Haltiner Pseudowehrpflicht-Armeen. In diese Kategorie fallen neben den dänischen auch die deutschen Streitkräfte. Belgien, die Niederlande und Frankreich gehörten auch dazu, haben aber mittlerweile die Wehrpflicht abgeschafft (Haltiner 2003b).

Ein internationaler Vergleich kommt also zu dem deutlichen Ergebnis, dass infolge der Veränderungen des Anforderungsprofils für Soldaten und wegen der zu dem Verteidigungs- und Abschreckungsauftrag neu hinzugekommenen und immer wichtiger werdenden Aufgaben moderner Streitkräfte die Wehrpflicht nicht so recht passt und zu einer Art Auslaufmodell geworden ist. In den nächsten Jahren, diese Prognose fällt nicht schwer, wird sich auch in den Ländern, welche die Wehrpflicht beibehalten möchten, der Trend zur Reduzierung des Wehrpflichtigen-Anteils in ihren Streitkräften durchsetzen (Werkner 2006). Damit rückt das Ende der Wehrpflicht auch dort näher.

*Übersicht 2:*    Der lange Abschied der Wehrpflicht in den NATO-Staaten

| Land | Freiwilligen-/Wehrpflichtarmee (in chronologischer Reihenfolge) |
|---|---|
| Kanada | Freiwilligenarmee |
| Luxemburg | Freiwilligenarmee |
| Großbritannien | Freiwilligenarmee seit 1964 |
| Vereinigte Staaten von Amerika | Freiwilligenarmee seit 1973 |
| Belgien | Freiwilligenarmee seit 1994 |
| Niederlande | Freiwilligenarmee seit 1996 |
| Frankreich | Freiwilligenarmee seit 2002 |
| Spanien | Freiwilligenarmee seit 2002 |
| Slowenien | Freiwilligenarmee seit 2004 |
| Portugal | Freiwilligenarmee seit 2004 |
| Ungarn | Freiwilligenarmee seit 2004 |
| Italien | Freiwilligenarmee seit 2005 |
| Dänemark | Freiwilligenarmee seit 2005 bei geltender Wehrpflicht |
| Tschechische Republik | Freiwilligenarmee seit 2005 |
| Slowakei | Freiwilligenarmee seit 2006 |
| Lettland | Freiwilligenarmee seit 2007 |
| Rumänien | Freiwilligenarmee seit 2007 |
| Bulgarien | Freiwilligenarmee ab 2008 |
| Polen | Wehrpflicht (3-10 Monate); Freiwilligenarmee ab 2012 |
|  |  |
| Deutschland | Wehrpflicht (9 Monate) |
| Estland | Wehrpflicht (8 bis 11 Monate) |
| Norwegen | Wehrpflicht (12 Monate) |
| Litauen | Wehrpflicht (12 Monate) |
| Türkei | Wehrpflicht (6 bis 15 Monate) |
| Griechenland | Wehrpflicht (12 bis 16 Monate) |

(Quelle: Eigene Internet-Recherche, Januar 2007)

## 9.3 Der aktuelle deutsche Diskurs über die Wehrpflicht

Als Ausgangspunkt der jüngsten Sequenz dieses Diskurses kann man das Ergebnis der Beratungen in der Kommission „Gemeinsame Sicherheit und Zukunft der Bundeswehr", nach ihrem Vorsitzenden auch ‚Weizsäcker-Kommission' genannt, nehmen. Diese Kommission wurde von der sozialdemokratisch-grünen Koalition einberufen, die seit dem Herbst 1998 die Regierung stellte. Ihr Auftrag bestand darin, die sicherheitspolitischen Risiken und Interessen Deutschlands zu untersuchen und Empfehlungen zu formulieren, wie die Bundeswehr künftig ihre Aufgaben im Rahmen einer umfassenden Sicherheits- und Verteidigungspolitik wahrnehmen könne. Kernaufgabe war, Vorschläge für die Grundstrukturen einer runderneuerten Bundeswehr zu entwerfen. Die Empfehlung der Kommission hinsichtlich der Wehrform für die Bundeswehr lautet so:

> „Die Kommission hat die Vorteile und die Nachteile von Freiwilligen- und Wehrpflicht-Streitkräften eingehend erörtert. Ihre Empfehlung zur Wehrform beruht auf Prüfungen der staatsbürgerlichen, verfassungsrechtlichen und sicherheitspolitischen Voraussetzungen. Eine drastisch verkleinerte Bundeswehr hätte den Übergang auf ein reines Freiwilligensystem nahe gelegt. Die Kommission ist aber der Meinung, dass sich die künftige Bundeswehr nicht ausschließlich auf Freiwillige stützen kann. Angesichts andauernder äußerer Ungewissheiten sollte die Struktur der Streitkräfte flexibel ausgelegt sein und über Aufwuchspotential und Regenerationsfähigkeiten verfügen. Wehrpflichtige werden weiterhin gebraucht – wenn auch in deutlich kleinerer Zahl als bisher" (Gemeinsame Sicherheit 2000, 15).

In der ‚Weizsäcker-Kommission' gab es auch Befürworter einer Abschaffung der Wehrpflicht, aber sie blieben in der Minderheit. Die Emotionen seien, so berichtete Theo Sommer, der Stellvertreter Richard von Weizsäckers im Kommissionsvorsitz war, hoch gegangen. Die Pro- und Contra-Argumentationslinien lassen sich folgendermaßen zusammenfassen:

> „Weil sich die sicherheitspolitische Lage grundsätzlich geändert habe und eine unmittelbare Bedrohung des Territoriums nicht in Sicht sei, sei die Wehrpflicht nicht nur nicht länger notwendig, sondern den zwangsverpflichteten jungen Männern auch nicht mehr zuzumuten. Der Trend geht zudem in fast allen NATO-Staaten zu schlagkräftigen, hochmobilen, kleinen Berufsarmeen... Deutschland solle sich in dieser Frage nicht isolieren. Mit einer Berufsarmee ginge zudem eine Professionalisierung der Streitkräfte einher, die dann für Einsätze im Spektrum der Krisenbewältigung besser geeignet seien. Dieser neue Soldatentyp sei nicht im Rahmen einer kurzen Ausbildungszeit auf seine Aufgaben vorzubereiten, weshalb es nicht zu verantworten wäre, Wehrpflichtige für solche Einsätze heranzuziehen. Vereinzelt wird angeführt, dass eine Freiwilligenarmee billiger sei, wobei die Berechnungsgrundlagen hierfür umstritten sind. Schließlich sei keine Wehrgerechtigkeit mehr gegeben, wenn bei einer reduzierten Armee aufgrund geringerer Personalerfordernis nur noch ein geringer Teil eines Jahrgangs eingezogen werden kann.
>
> Die Befürworter der Wehrpflicht argumentieren anders. Neben grundsätzlichen Erwägungen wie dem Argument der demokratischen Einbettung der Streitkräfte in

die Gesellschaft durch die Heranziehung von Menschen, die sonst möglicherweise
nicht mit der Armee in Kontakt kommen würden (der ‚Bürgersoldat' als Ausdruck einer demokratischen Armee) wird darauf hingewiesen, mit einer Wehrpflichtarmee sei
eine zusätzliche Bremse für ‚out-of-area-Abenteuer' eingezogen, weil eine Berufsarmee möglicherweise eher eingesetzt werden könnte als eine Armee mit Wehrpflichtigen. Die Wehrpflicht sichere zudem die sogenannte Aufwuchsfähigkeit in einer Krise,
die wichtiges Element der internationalen Stabilität sei. Schließlich sei die Wehrpflicht
erforderlich, um qualifizierte Zeit- und Berufssoldaten zu gewinnen. Vereinzelt werden auch sachfremde Argumente wie der Hinweis auf die Notwendigkeit des Zivildienstes als Gegenstück zur Wehrpflicht oder die mögliche Aufweichung durch das
Urteil des Europäischen Gerichtshofes zum Militärdienst von Frauen herangezogen"
(Varwick 2000, 327).

Von allen Argumenten für die Beibehaltung der Wehrpflicht ist der jüngst von
hochgestellten Politikern mit besonderem Nachdruck wiederholte Verweis darauf, dass sich Berufsarmeen leichter als Wehrpflichtarmeen in den Krieg schicken
ließen, allerdings von geradezu atemberaubender Ignoranz. In der deutschen
Geschichte des 20. Jahrhunderts findet sich jedenfalls kein Beleg dafür, weder
1914 noch 1939. Außerdem drückt sich in diesem Argument ein unausgesproche-
nes Misstrauen gegen die demokratischen Sicherungen aus, die nach unserem
Grundgesetz und weiteren Bestimmungen einen leichthändigen Einsatz der Bundeswehr verhindern.

Die ‚Weizsäcker-Kommission' zielte in ihren Beratungen und Empfehlungen
auf eine umfassende Reform der Bundeswehr. In der öffentlichen Reaktion auf
ihren Bericht und auf die kurze Zeit später vom Bundesminister der Verteidigung
Rudolf Scharping publizierten „Eckpfeiler für eine Erneuerung von Grund auf"
(so der Untertitel) mit dem Titel „Die Bundeswehr – sicher ins 21. Jahrhundert"
stand aber die Debatte über die Wehrpflicht im Vordergrund. Die SPD setzte sich
in der sozialdemokratisch-grünen Koalitionsregierung mit ihrem Festhalten an
der Wehrpflicht gegenüber dem Bündnis 90/Die Grünen durch, die die Wehrpflicht abschaffen wollten.

Die Dauer des Grundwehrdienstes in der Bundeswehr wurde im Laufe der
Jahre immer wieder einmal geändert (und entsprechend dazu die Dauer des
Zivildienstes ebenfalls). Zwischen 1956 und 1961 betrug sie 12 Monate, wurde
von 1962 bis 1971 auf 18 Monate verlängert, verkürzte sich dann von 1972 bis
1985 auf 15 Monate. Zwischen 1986 und 1988 wurde sie wieder auf 18 Monate
aufgestockt. Seit Januar 2002 ist die Dienstzeit nur halb so lang, mit den Zwi-
schenstationen 15 Monate (1989-1990), 12 Monate (1990-1995) und 10 Monate
(1996-2001). Diese relativ häufigen Veränderungen sind manchmal auf einen

außenpolitischen ,Klimawandel" zurückzuführen, häufiger auf innenpolitische Druckverhältnisse, aber so gut wie niemals auf militär-immanente Faktoren. Das ist in Grenzen auch legitim; allerdings entwertet es ein wenig alle militärischen Argumente über die „angemessenste Dauer" des Wehrdienstes. Seit Januar 2002 gilt ein Konzept zur Ableistung des neunmonatigen Grundwehrdienstes, das den Wehrpflichtigen die Möglichkeit eröffnet, diese neun Monate in einem Stück oder in Abschnitten (sechs Monate plus sechs Wochen plus sechs Wochen) abzuleisten. Außerdem kann der Wehrdienst auf freiwilliger Basis bis zu 23 Monaten verlängert werden, was mit einem ,Wehrdienstzuschlag' ab dem zehnten Dienstmonat honoriert wird. Wie lange diese Regelung Bestand haben wird, steht in den Sternen.

Das Bundesverfassungsgericht hat wie in früheren Jahren (z. B. Entscheidung vom 13. April 1978) auch jüngst noch einmal in die Debatte über die Wehrpflicht eingegriffen. Es hat nämlich in seiner Entscheidung vom 20. Februar 2002 (bekannt gegeben am 10. April 2002) einen anderslautenden Beschluss des Landgerichts Potsdam als unzulässig verworfen. Es ging dabei um den Einzelfall eines ,Totalverweigerers' (einer Person, die nicht nur den Dienst mit der Waffe, sondern auch den Zivildienst verweigert), der aber vom Landgericht ins Allgemeine gezogen wurde und auf die Frage hinauslief, ob die Wehrpflicht unter den gegebenen sicherheitspolitischen Bedingungen noch grundgesetzkonform sei. Das BVerfG hat auf diese Frage ein nachdrückliches Ja formuliert. Dieser und ähnliche Versuche, vor deutschen Gerichten und auch dem Europäischen Gerichtshof, die Wehrpflicht auszuhebeln, sind ohne Erfolg geblieben. Zwar hat es immer mal wieder in einzelnen Fällen eine Gerichtsentscheidung gegen die Einberufung aufgrund der Einberufungsrichtlinien des Verteidigungsministeriums gegeben (z. B. vom Verwaltungsgericht Köln am 21. April 2004), aber diesen Urteilen stehen entgegengesetzte Urteile anderer Gerichte gegenüber, und rechtskräftig ist keines der direkt oder indirekt gegen die Wehrpflicht gerichteten Urteile geworden.

Bevor wir uns noch einmal den Gründen pro und contra Wehrpflicht zuwenden, ist es sinnvoll, sich etwas eingehender mit dem Recht auf Kriegsdienstverweigerung und dem Zivildienst zu beschäftigen.

## 9.4 Kriegsdienstverweigerung und Pazifismus

Art. 4, Abs. 3 des Grundgesetzes, das ist sozusagen der Fels, auf dem alle Regelungen zur Kriegsdienstverweigerung (KDV) in unserem Lande beruhen: „Niemand darf gegen sein Gewissen zum Kriegsdienst mit der Waffe gezwungen werden." Als diese Regelung in das Grundgesetz aufgenommen wurde, war sie keineswegs unumstritten. Theodor Heuss etwa befürchtete einen „Massenverschleiß des Gewissens", womit er in der Tat die Problematik dieser GG-Formulierung ziemlich genau getroffen hat. Denn die Wahrhaftigkeit einer Gewissensentscheidung lässt sich von außen nicht wirklich nachprüfen. Abgeordnete der CDU/CSU stellten während der zweiten Lesung dieses Artikels im Parlamentarischen Rat den Antrag, ihn ersatzlos zu streichen. Das aber ging nicht durch. Seither hat es in der Bundesrepublik, insbesondere in den 1960er und 1970er Jahren, einen Streit darüber gegeben, ob diese außerordentlich liberale und im Vergleich zu anderen westlichen Demokratien geradezu avantgardistische Regelung sinnvoll, praktikabel, sachangemessen oder im Gegenteil staatsfeindlich und die Verteidigungskraft zersetzend sei.

„Das Nähere regelt ein Bundesgesetz", heißt es nach dem oben zitierten Satz im Grundgesetz. Bevor ein solches erlassen wurde, fügte der Gesetzgeber mit der Grundgesetzänderung vom 19. März 1956 den Artikel 12 (später: 12a) ins Grundgesetz ein. Dort wird im Abs. 2 auf die Kriegsdienstverweigerung Bezug genommen: „Wer aus Gewissensgründen den Kriegsdienst mit der Waffe verweigert, kann zu einem Ersatzdienst verpflichtet werden. Die Dauer des Ersatzdienstes darf die Dauer des Wehrdienstes nicht übersteigen." Im Wehrpflichtgesetz vom 21. Juli 1956 wird im § 25 ausgeführt: „Wer sich aus Gewissensgründen der Beteiligung an jeder Waffenanwendung zwischen den Staaten widersetzt und deshalb den Kriegsdienst mit der Waffe verweigert, hat statt des Wehrdienstes einen zivilen Ersatzdienst außerhalb der Bundeswehr zu leisten." Das 1949 angekündigte Bundesgesetz wurde am 13. Januar 1960 erlassen und heißt *Gesetz über den zivilen Ersatzdienst*. In den folgenden Jahren wurde es einige Male ergänzt und verändert, wobei 1973, man merkt die Handschrift der sozial-liberalen Koalitionsregierung, die Umbenennung von *ziviler Ersatzdienst* in *Zivildienst* erfolgt.

Seit den 1980er Jahren ist das bis dahin auf die Erforschung des Gewissens der Wehrpflichtigen, die den Kriegsdienst verweigern möchten, angelegte Prüf- und Anerkennungsverfahren so ausgestaltet, dass diese Prüfung zu einem rein formalen Akt geschrumpft ist. Bis dahin gab es für die Prüfung der Anträge besondere Kommissionen, die aus Zivilpersonen und Soldaten zusammengesetzt waren. Aber wie sollte die ‚Echtheit' von Gewissensgründen dargelegt und gemessen werden? Das geltende Anerkennungsverfahren macht um diese Frage außer in Ausnahmefällen mit Recht einen Bogen.

Wer den Kriegsdienst verweigert, von dem nimmt man mehr oder weniger automatisch an, dass er ein Pazifist ist. Pazifisten lehnen physische Gewalt und besonders den Krieg grundsätzlich ab. Das Ideal der Gewaltlosigkeit ist sehr alt und hat in vielen Religionen und philosophischen Lehren seinen Niederschlag gefunden. In der Staatenwelt des 19. Jahrhunderts stößt man auf erste Versuche, Pazifismus zur Grundlage einer politischen Bewegung zu machen.

Der organisierte Pazifismus hat sich schon damals *Friedensbewegung* genannt. Friedensbewegungen gehören zu den zahlreichen sozialen Reformbewegungen, welche die Entstehung und Entwicklung der bürgerlichen Gesellschaft bis heute begleitet und beeinflusst haben. In Deutschland hat sich der organisierte Pazifismus etwas später als in der angelsächsischen Welt und in Frankreich konstituiert. Zu seinen prägenden Gestalten zählen vor allem Bertha von Suttner (1843-1914), Alfred H. Fried (1864-1921) und Ludwig Quidde (1858-1941). Nach gesellschaftlicher Ächtung im Kaiserreich und besonders im Ersten Weltkrieg folgte für den deutschen Pazifismus in der Weimarer Republik eine Phase des Aufschwungs und der Anerkennung (wenn auch nur in oppositionellen Kreisen). Dann kam es jedoch bald zu inner-organisatorischen Querelen, die den organisierten Pazifismus nachhaltig schwächten. Im nationalsozialistischen Deutschland wurde der Pazifismus verboten.

Nach dem Zweiten Weltkrieg gründeten sich die pazifistischen Verbände neu, darunter vor allem die *Deutsche Friedensgesellschaft*. 1974 vereinigte sie sich mit der *Internationalen der Kriegsdienstgegner*, dem deutschen Zweig der *War Resisters' International*, zur *Deutschen Friedensgesellschaft – Vereinigte Kriegsdienstgegner* (DFG-VK). Hauptanliegen des organisierten Pazifismus in der Bundesrepublik waren nach 1956 die Organisation und Beratung der Kriegsdienstverweigerer, der politische Kampf gegen Wiederbewaffnung und Bundeswehr (etwa in der maßgeblich von ihnen getragenen *Ostermarsch-Bewegung,* die vor allem in den sechziger Jahren stark war) und die Propagierung von Abrüstung, besonders der atomaren Abrüstung. Große Erfolge konnte der organisierte Pazifismus zuletzt in den frühen 1980er Jahren verbuchen. Im Kampf gegen den ‚Nato-Doppelbeschluss' und gegen die Stationierung von weitreichenden Mittelstrecken-Waffen (*Pershing II* und *Cruise Missiles*) auf dem Territorium der Bundesrepublik konnten massenwirksame Aktionen organisiert werden, und die politische Anziehungskraft der ‚neuen' Friedensbewegung reichte zeitweise bis weit in die Mitte der Gesellschaft. Auch die Partei der Grünen hat eine ihrer Wurzeln in dieser ‚neuen' Friedensbewegung.

## 9.5  Entwicklung der Kriegsdienstverweigerung

In den Anfangsjahren der Bundeswehr war die Zahl der Wehrpflichtigen, die einen Antrag auf Kriegsdienstverweigerung (KDV) stellten, vergleichsweise gering: 1958 wurden 2.447 Anträge eingereicht. Danach gab es zwar zuweilen einen kräftigen Anstieg der Zahl der Antragsteller (5.439 im Jahr 1960); aber danach folgten dann auch wieder Abschwünge (2.777 im Jahr 1964). Kriegsdienstverweigerer galten bis in die zweite Hälfte der 1960er Jahre als Außenseiter, nicht gerade verachtet, aber doch als Menschen, die wegen ihrer religiös fundierten Einstellung zu Gewalt und Krieg in die Nähe von Sektierern gerückt wurden, denen man mit einer Mischung aus Hochachtung und innerer Distanz begegnete. Dass es auch andere als *religiöse* Gewissensgründe gegen die Ableistung des Wehrdienstes gibt, blieb in diesen Jahren so gut wie unbemerkt. Das lag nicht zuletzt auch an der politischen Rahmenbedingung des Kalten Krieges, den man sich als Nullsummen-Spiel vorstellte: Alles, was der eigenen Seite bei ihrer Rüstung gegen die andere Seite vorenthalten wurde, also z. B. auch der individuelle Wehrbeitrag eines Wehrpflichtigen, erschien automatisch als Nutzen der anderen Seite. Dezidiert politische Kritik am Kurs der Bundesrepublik und speziell an ihrer Sicherheitspolitik, in der Regel kam sie ja auch von links, wurde sogleich mit mal mehr, mal weniger Berechtigung unter Kommunismus-Verdacht gestellt.

1967/68 begann ein steiler Anstieg der KDV-Zahlen. Manche Beobachter deuteten das zunächst als ein Phänomen der Drückebergerei. Sie irrten. Zwar gab es auch eine Reihe junge Männer, die sich nach genauer Lektüre des Wehrpflichtgesetzes der Wehrpflicht entzogen, indem sie etwa ihren ständigen Wohnsitz nach Berlin (West) verlegten. Und es ist sicherlich auch richtig, auf das politisch-soziale Meinungsklima in manchen Abiturklassen hinzuweisen, das dafür sorgte, dass der Ableistung der Wehrpflicht ein geringerer Status zugeschrieben wurde als seinen Alternativen. Aber diese Klima entwickelte sich erst langsam. Wer sich um den Wehrdienst herumdrückte, tat das ja meist nicht in der Absicht, stattdessen einen anderen Dienst abzuleisten. Wer einen Antrag auf Kriegsdienstverweigerung stellte, tat dies in aller Regel in dem Bewusstsein, einen Ersatz-, in bald geltender Terminologie einen Zivildienst ableisten zu müssen. Immer wieder seit 1967/68 haben Bundesregierung und Bundeswehr-Führung sowie die staatstragenden Parteien versucht, durch Änderungen der Gesetzeslage den Anstieg der KDV-Zahlen zu bremsen – immer wieder mit durchschlagendem Misserfolg.

*Tabelle 1:*    Zahl der Anträge auf Kriegsdienstverweigerung nach
Kalenderjahren

| Jahr der Antragstellung | Gesamtzahl der Anträge |
|---|---|
| 1958 | 2.447 |
| 1964 | 2.777 |
| 1968 | 11.952 |
| 1971 | 27.657 |
| 1973 | 35.192 |
| 1977 | 69.969 |
| 1981 | 58.051 |
| 1985 | 53.907 |
| 1989 | 77.398 |
| 1990 | 74.309 |
| 1991 | 150.722 |
| 1992 | 133.856 |
| 1993 | 130.041 |
| 1995 | 160.495 |
| 1997 | 155.239 |
| 1999 | 174.198 |
| 2000 | 172.089 |
| 2001 | 182.420 |
| 2002 | 189.644 |
| 2003 | 170.726 |
| 2004 | 154.163 |
| 2005 | 139.536 |

Quelle: Bundesamt für den Zivildienst

Der Anstieg der Antragszahlen in den Jahren 1977 und 1991 erscheint auf den ersten Blick ungewöhnlich. Im ersten Fall erklärt sich dies daher, dass für einen Zeitraum von etwa einem halben Jahr eine Neuregelung des KDV-Anerkennungsverfahren („Postkartenregelung") galt, die eine Anerkennung durch den Wegfall der mündlichen Gewissensprüfung deutlich erleichterte. Diese Neuregelung wurde jedoch noch im Dezember desselben Jahres durch eine BVerfG-Entscheidung erst einmal wieder gestoppt. Im zweiten Fall, 1991, geht der Anstieg darauf zurück, dass nunmehr solche Anträge auch aus den neuen Bundesländern kamen.

Bis 2002 entwickelte sich die Zahl der Kriegsdienstverweigerer so, dass bald die Hälfte eines Jahrgangs diesen Weg wählte. Der Rückgang der Zahlen danach hat weniger mit einem Anstieg der Wehrfreude unter den jungen Männern zu tun, ist vielmehr eine Konsequenz der Planung des Verteidigungsministeriums, in welcher seither die Zahl der für die Bundeswehr als tauglich eingestuften Männer reduziert wurde. Folglich melden sich weniger Gemusterte als Kriegsdienstverweigerer. Die Nicht-Gemusterten melden sich nicht, weil auf sie weder der Wehrdienst noch der Zivildienst zukommt. Es ist allgemein eine reizvolle, aber gar nicht so leichte Aufgabe, den Zusammenhang zwischen der Entwicklung der Antragszahlen und bestimmten politischen oder militärischen Vorgängen in den betreffenden Jahren zu untersuchen.

## 9.6 Zivildienst

Als die Zahl der Anträge auf KDV dramatisch zu steigen begann, war eine der Konsequenzen, die die Bundesregierung ziehen musste, auch die Zahl der Zivildienst-Plätze zu erhöhen. Denn wer den Dienst in der Bundeswehr aus Gewissensgründen verweigerte, sollte dafür nicht auch noch damit ‚belohnt' werden, dass er nicht ‚ersatzweise' zum Zivildienst herangezogen wurde. Die folgende Tabelle zeigt den Anstieg der Zahl von Zivildienstleistenden. Diese Zahl blieb immer kleiner als die Zahl der KDV-Anträge. Die Differenz ist aber nicht gleich der Zahl anerkannter Kriegsdienstverweigerer, die keinen Zivildienst ableisten. Man muss z. B. die Zahl der nicht anerkannten Anträge auf KDV abziehen und noch ein paar andere Abzüge vornehmen.

*Tabelle 2:*      Entwicklung Kriegsdienstverweigerung / Zivildienstplätze

| Jahr | Dienststellen | Plätze | Zivildienst-leistende | Anträge auf KDV | Dauer des Zivil dienstes (Monate) |
|------|---------------|--------|----------------------|-----------------|------------------------------------|
| 1961 | 300 | 1.000 | 574 | 3.804 | 15 |
| 1971 | 3.978 | 7.956 | 6.149 | 27.657 | 18 |
| 1975 | 6.145 | 24.214 | 15.105 | 32.565 | 16 |
| 1980 | 11.190 | 47.099 | 31.872 | 54.193 | 20 |
| 1985 | 15.129 | 69.066 | 47.351 | 53.907 | 15 |
| 1990 | 22.439 | 120.735 | 89.051 | 74.309 | 15 |
| 1995 | 35.142 | 171.819 | 130.080 | 160.493 | 15 |
| 2000 | 39.885 | 190.222 | 119.445 | 172.089 | 15 |
| 2002 | 40.547 | 188.619 | 111.681 | 189.644 | 10 |
| 2003 | 40.452 | 159.067 | 103.948 | 170.726 | 10 |
| 2004 | 39.817 | 150.793 | 82.046 | 154.163 | 9 (seit Oktober) |
| 2005 | 39.817 | 144.054 | 68.392 | 139.536 | 9 |

Quelle: Bundesamt für den Zivildienst

In den späten 1960er und 1970er Jahren galt der Zivildienst in den Augen vieler eher konservativ gestimmter Beobachter als ein Hort politischer Opposition und staatskritischer Grundeinstellungen. Dieses Image mag für einen Teil der Zivildienstleistenden jener Jahre seine Berechtigung gehabt haben. Wichtiger als politische Opposition aber war einer steigenden Zahl von Zivildienstleistenden die Pflege eines betont anderen Lebensstils, was bei der Bundeswehr nicht möglich war. Häufig genug leisteten die ‚Zivis' harte und härteste Arbeit, z. B. in Krankenhäusern oder bei der Betreuung von Schwerstbehinderten. Sehr rasch eroberten sich die Zivildienstleistenden ein eigenes soziales Profil. Sie wurden als soziale Figur genauso zu einer zentralen Erscheinung der politischen Kultur Deutschlands wie die Wehrpflichtigen. Der Anstieg des sozialen Prestiges und des Ansehens der Zivildienstleistenden, den man in den 1980er Jahren konstatieren konnte, vollzog sich im übrigen nicht auf Kosten der Wehrpflichtigen. Die mit der Materie bestens vertraute Ines-Jacqueline Werkner formuliert das so:

„Aber nicht nur die Wehrpflicht, auch der Zivildienst ist inzwischen zu einem Teil der politischen Kultur Deutschlands geworden. Auf politisch-militärischen Traditionen und der Norm des Antimilitarismus beruhend, ist er fester Bestandteil des politischen Systems und besitzt eine sehr starke verfassungsrechtliche Stellung. Auch wenn der Zivildienst nicht losgelöst vom Wehrdienst betrachtet werden kann, gilt er dennoch nicht mehr nur als Ausnahme von der Regel, sondern hat sich in der Bundesrepublik – anders als in den übrigen europäischen Staaten – als anerkannter und wichtiger Gesellschaftsdienst etabliert" (Werkner 2004, 171f.).

Hier ist allerdings hinter dem Rücken der Akteure ein beträchtliches soziales Problem entstanden. Zwar werden in der öffentlichen Wahrnehmung Wehr- und Zivildienst ähnlich positiv beurteilt. Unter dem Gesichtspunkt der Funktionalität jedoch scheint sich eine Umkehrung der Prioritäten vollzogen zu haben. Der Zivildienst in seinen vielfältigen Facetten ist für das alltägliche Funktionieren der zivilen Gesellschaft offenbar sehr wichtig, an manchen Ecken geradezu unverzichtbar geworden – jedenfalls viel wichtiger, als es seit längerem die Wehrpflicht für das Funktionieren und für die Aufgabenerfüllung der Bundeswehr ist. Über diese Behauptung mag man streiten. Träfe sie indes zu, dann müsste der gesamte politische und verfassungsrechtliche Begründungszusammenhang für die Wehrpflicht und sein nachrangiges Substitut, den Zivildienst als Ersatzdienst, neu formuliert werden.

## 9.7  Wehrpflicht auf Zeit

„In der Gesellschaft ist die Wehrpflicht kein umstrittenes Thema. Stabil weisen die Umfragen der letzten Jahre eine große gesellschaftliche Zustimmung zu dieser Wehrform aus. Ein Druck aus der Gesellschaft, hier zu handeln, besteht nicht. Die große Zustimmung, die die Wehrpflicht in Deutschland hat, rührt daher, dass die Wehrdienstverweigerung hierzulande so liberal praktiziert wird, dass die Gegner des Wehrdienstes keinen Wehrdienst leisten müssen. De facto dienen in der Bundeswehr nur jene jungen Männer als Grundwehrdienstleistende, denen dieser Dienst gleichgültig ist oder die dafür eintreten. Wir haben also in diesem Sinne eine ‚Freiwilligenarmee'... Trotzdem zwingt diese Debatte, die von kleinen, nicht zuständigen Gruppen in der Gesellschaft immer wieder losgetreten wird, die Befürworter des Wehrdienstes, diesen immer wieder neu zu begründen" (Clement 2003, 46).

Die einzelnen Aussagen in dieser Passage aus der Feder eines der führenden mit Angelegenheiten der Bundeswehr beschäftigten deutschen Journalisten stimmen, jedenfalls bis zu dem Auslassungszeichen. Der Hinweis auf die durch ‚nicht zuständige Gruppen' der Gesellschaft und Bundeswehr aufgezwungenen Debatte über den politischen und den militärischen Sinn sowie die verfassungsrechtliche Legitimation der Wehrpflicht ist allerdings grob und verwunderlich – wohl auch Ausdruck einer gewissen Unsicherheit in Bezug auf die Zukunft der Wehrpflicht. Denn in einer Demokratie gibt es keine ‚nichtzuständigen Gruppen', wenn Fragen von gesamt-gesellschaftlichem Interesse auf der Tagesordnung stehen. Im übrigen weiß man auch gar nicht recht, wer hier gemeint sein könnte – der Opposition im Bundestag kann man jedenfalls die politische Zuständigkeit nicht absprechen.

*Alle* Bundesregierungen nach 1990 haben bekräftigt, an der Wehrpflicht festhalten zu wollen. Die jüngste Version dieser Absicht findet sich im „Weißbuch 2006":

„Die allgemeine Wehrpflicht sichert die Verankerung der Bundeswehr in der Gesellschaft. Die Bundesregierung und der Koalitionsvertrag vom 11. November 2005 bekennen sich zur allgemeinen Wehrpflicht und zum Zivildienst als Ersatzdienst für den Wehrdienst" (Weißbuch 2006, 83).

Wenn sich der Schutz Deutschlands aber nicht mehr nur auf das Territorium Deutschlands sowie das der NATO- und EU-Verbündeten beschränkt und weil für andere als diese herkömmlichen Aufgaben der Streitkräfte ausschließlich Freiwillige eingesetzt werden, weil auch die Befähigung zur Rekonstitution (= Aufwuchsfähigkeit und personelle Ergänzung) nicht unbedingt an die Wehrpflicht gebunden ist, ebenso wenig wie die Unterstützung bei Naturkatastrophen und Unglücksfällen, müssen es andere Gründe sein, die Druck ausüben, damit an der Wehrpflicht trotz aller Veränderungen in Bundeswehr und Gesellschaft festgehalten wird. Dieser Druck ist allerdings beträchtlich. Er geht in gleich starkem Maße von der Bundeswehr und jenen Bereichen der Gesellschaft aus, in denen auf den Zivildienst zurückzugreifen man gewohnt ist. Darüber gibt es zuweilen eine kurz aufbrandende Debatte, die aber genauso rasch wieder einschläft, wie sie aufgelodert ist. Ein mehrheitsfähiges politisches Interesse an einer Veränderung des gegenwärtigen Zustandes lässt sich nicht erkennen, übrigens auch nicht unter den direkt Betroffenen.

Es lassen sich drei Ebenen aufzählen, auf denen die Problematik der gegenwärtigen Konstellation besonders deutlich in Erscheinung tritt. Sie sind eng miteinander verknüpft. Die Fragen nach der Rechtmäßigkeit, Angemessenheit und den militärischen wie zivil-gesellschaftlichen Implikationen der Inanspruchnahme von Solidardiensten lassen sich angemessen nur gemeinsam beantworten.

### 1. Ebene: Dienstgerechtigkeit in der Demokratie

Teils aus politischer Tradition der Nationalstaatsbildung heraus, teils wegen der Entwicklung von Massenheeren im 19. Jahrhundert galt die allgemeine Wehrpflicht für Männer über viele Generationen hinweg als politisch-soziale Normalität. Der Staat, das wurde allgemein akzeptiert, durfte diesen Solidarbeitrag einfordern, weil sein Bestand und seine gesellschaftliche Ordnung auf diese Weise gleichermaßen kostengünstig und militärisch effizient geschützt werden konnten. Die Wehrpflicht ist der einzige Solidardienst, der staatlicherseits eingefordert werden darf (abgesehen von den Steuern und anderen Abgaben, aber dabei geht es nicht ‚um Leib und Leben'). Bei der Wehrpflicht geht es aber in der Tat um Leib und Leben, denn im militärischen Eid oder Gelöbnis verpflichtet sich der zwangsrekrutierte Soldat *de facto*, notfalls sein Leben für die Gemeinschaft einzusetzen. Daran ändert auch der Sachverhalt nichts, dass zu den Auslandseinsätzen der Bundeswehr nur Freiwillige herangezogen werden, das heißt Soldaten, die entweder freiwillig länger dienen (Berufssoldaten) oder Wehrpflichtige mit einer zusätzlichen Wehrdienstdauer (von mindestens einem Monat und maximal vierzehn Monaten) und Reservisten, die sich für die betreffenden Einsätze freiwillig zur Verfügung stellen. Der Zivildienst war immer und bleibt auch, verfassungsrechtlich gesehen, ein Ersatzdienst, abzuleisten von denjenigen Wehrpflichtigen, die einen Antrag auf Kriegsdienstverweigerung stellen, der vom Staat auch positiv beschieden wird. Staat und Gesellschaft kommen nur in den Genuss der Arbeitsleistungen von Zividienstleistenden, wenn und solange es anerkannte Kriegsdienstverweigerer gibt. Hier stellt sich ein interessantes Gerechtigkeitsproblem. In der Vergangenheit war es selbstverständlich, dass die Wehrpflicht eine rein männliche Angelegenheit war. Aber lässt sich dieses Gender-Ungleichgewicht heute noch so ohne weiteres begründen? Außerdem ist ja der Kreis der jungen Männer, die zur Bundeswehr eingezogen werden können, gerade wieder verkleinert worden.

„Nachdem schon in den vergangenen Jahren wegen sinkender Zahl von Dienststellen die Tauglichkeitskriterien der Bundeswehr verschärft worden waren, hat das Verteidigungsministerium nun neue Gründe zur dauerhaften Freistellung vom Wehrdienst festgelegt. So sollen Verheiratete künftig nicht mehr eingezogen werden, ebenso wenig wie Männer über 23 Jahre. Ausgenommen werden künftig generell diejenigen, die mit der Tauglichkeitsstufe drei (,eingeschränkt tauglich') gemustert wurden; somit werden Männer in fünf von sieben Tauglichkeitsstufen nicht mehr zum Wehrdienst gezogen. Vereinzelt sollen bei der T3-Freistellung aber Ausnahmen gemacht werden, etwa wenn für eine spezielle Verwendung, als Koch oder als Computerfachmann, kein Wehrpflichtiger der Tauglichkeitsstufen eins und zwei zur Verfügung steht. Freigestellt werden vom 1. Juli (2003) an zudem junge Leute, die nach dem Abitur oder der Fachhochschulausbildung einen Ausbildungsvertrag abschließen" (Frankfurter Allgemeine Zeitung, 15. April 2003).

Von Wehr- oder Dienstgerechtigkeit kann eigentlich schon lange keine Rede mehr sein. Allerdings erwächst daraus, solange die Situation von den Betroffenen mehr oder weniger grummelnd hingenommen wird, kein Veränderungsdruck.

Grundsätzlich jedoch steht die Gesellschaft vor dem Problem, die Lasten, als welche die Solidardienste sich für die Dienstleistenden darstellen, fair zu verteilen. Modellhaft vereinfacht, gibt es für eine faire Dienstreform drei Optionen:

- Entweder schafft man die Solidardienste ganz ab, was für die Bundeswehr ein anderes Rekrutierungs-System und für die Gesellschaft das Ende des Zivildienstes mit all seinen Implikationen, zum Beispiel für das Pflegesystem oder viele Vereine und Verbände bedeuten würde. Die sozialen Implikationen wögen schwer.

- Oder man führt eine wirklich allgemeine Dienstpflicht ein, von der es dann so gut wie keine Ausnahme gäbe. Dies ist aber sowohl aus rechtlichen wie aus praktischen Gründen kaum zu machen.

- Oder man baut die schon vorhandenen und durchaus genutzten Ansätze für ein *freiwilliges* Solidarjahr weiter aus und überlässt es den Jugendlichen, ob sie von dieser Möglichkeit Gebrauch machen wollen oder nicht. Eine gewisse Steuerung, etwa über Anreize, wäre dabei nicht ausgeschlossen.

Die dritte Option, sie erscheint am sympathischsten, kann aber nur dann durchgesetzt werden, wenn sie von politischen Gruppen oder Parteien aufgegriffen und öffentlich propagiert wird. Es stimmt ein wenig melancholisch, dass die sozialpolitische Innovationsfähigkeit der Politiker trotz mehr als nur sporadisch signalisierter Bereitschaft vieler Jugendlicher zu einem entsprechenden Engagement so dicht bei Null angesiedelt zu sein scheint. Ab und zu gibt es da einen, bislang meistens folgenlos bleibenden Vorstoß. Ein Beispiel:

> „Wir brauchen einen neuen Aufbruch für Gemeinsinn. Wer nicht zum Wehr- oder Zivildienst einberufen wird, engagiert sich ein Jahr für andere Menschen. Im Ausland, in der Entwicklungshilfe. Im Inland in Vereinen, im Sport, in Kultur- und Umweltgruppen oder in der Nachbarschaftshilfe und in der Kinder- und Jugendbetreuung. Viele neue Aufgaben könnten wir durch einen solchen Gemeinschaftsdienst endlich anpacken: Die Öffnungszeiten in Kindertagesstätten und Horten könnten so gestaltet werden, dass vor allem auch Frauen eine echte Chance auf Berufstätigkeit haben; die Hausaufgabenhilfe und Freizeitangebote in Ganztagsschulen könnten gesichert werden; Familien mit Behinderten oder Pflegebedürftigen könnten entlastet und älteren Menschen im Stadtteil könnte geholfen werden" (Gabriel, Die ZEIT, 24. Juli 2003).

Sigmar Gabriel machte diesen Vorschlag, als er nicht mehr Ministerpräsident in Niedersachsen und noch nicht Bundesminister für Umwelt, Naturschutz und Reaktorsicherheit war. Für seine Partei sollte er damals als „Pop-Beauftragter" wirken. Nun ja. Für Politiker zwischen zwei gewichtigen Ämtern bietet es sich zuweilen an, Versuchsballons zu starten. Sein Vorschlag „Ein Jahr für Deutschland" wird zwar mit einer Reihe wenig überzeugender Argumente für die Wehrpflicht eingeleitet und in seinem ‚visionären' Teil nicht weiter spezifiziert, der Teufel steckt da im Detail. Aber alles, was eine öffentliche Debatte in Gang zu bringen helfen könnte, ist begrüßenswert.


*2. Ebene: Nachwuchsbedarf der Streitkräfte*


Berufsarmeen haben größere Nachwuchsprobleme als Wehrpflichtarmeen. Das war schon immer so, weshalb in früheren Jahrhunderten oft genug brutale Rekrutierungsmethoden angewendet wurden. Das scheidet heute zum Glück ganz und gar aus. Die Wehrpflicht ist ein probates, zugegeben: auch ein (für die Gesellschaft, nicht für die Streitkräfte) aufwendiges Mittel, um Nachwuchswerbung zu betreiben. Der Grundwehrdienst in der Bundeswehr beträgt gegenwärtig neun Monate; es gibt Diskussionen darüber, ihn noch weiter zu verkürzen. Angesichts der immer schwieriger gewordenen Aufgaben der Soldaten in internationalen Friedensmissionen machen solche Wehrdienstzeiten unter rein militärischen Gesichtspunkten kaum Sinn. Aber das brauchen sie auch nicht. Denn der Hauptgrund für die Beibehaltung der verkürzten Wehrpflicht besteht daran, denjenigen, die ein Mindestmaß an Affinität zu Militär und Soldatenberuf haben (was sich u. a. schon darin ausdrückt, dass sie keinen KDV-Antrag stellen), die Möglichkeit eines verlängerten Praktikums bei der Bundeswehr zu geben. Am Ende dieses Praktikums können sowohl die Wehrpflichtigen selbst als auch ihre Vorgesetzten, jeweils aus ihrer Perspektive, darüber entscheiden, ob eine Weiterverpflichtung in Frage kommt. Fiele die Wehrpflicht fort, müsste die Bundeswehr ihren Nachwuchs auf dem Arbeitsmarkt rekrutieren. Das ist, wie alle Erfahrungen auch in Ländern wie den Vereinigten Staaten von Amerika lehren, umständlich und teuer. Die Rekrutierungskosten würden direkt der Bundeswehr zugerechnet und ließen sich nicht wie bei der Wehrpflicht auf die Gesellschaft insgesamt umschlagen (König 2000). Entsprechend würde auch die Personalführung der Bundeswehr erheblich schwieriger werden.

Dies vor allem ist der Grund, warum die Bundeswehr-Führung auf die Beibehaltung der Wehrpflicht drängt. Ein zweifellos gewichtiger Grund.

### 3. Ebene: Unersetzbarkeit des Zivildienstes

Der überwiegende Teil der Zivildienstleistenden, nämlich 50%, verrichtet Pflege- und Betreuungsdienste; ca. 13% arbeiten bei mobilen Hilfsdiensten; ca. 8% bei Rettungsdiensten und ca. 6% in der individuellen Betreuung. Alle Prognosen sagen voraus, dass diese Bereiche in den nächsten Jahren kontinuierlich ausgeweitet werden. Denn es wird immer mehr alte und pflegebedürftige Menschen geben und immer weniger familien-interne Ressourcen zur Abdeckung dieses Bedarfs. Zugleich steigen die allgemeinen Kosten für das Gesundheitssystem und insbesondere auch die Pflegekosten. Zivildienstleistende sind im Pflegesektor der Gesellschaft mit die angenehmsten Kräfte – physisch und meist auch psychisch belastungsfähig und dazu noch, wovon die Wohlfahrtsverbände ein verschämtes Lied singen könnten, kostengünstig. Was immer die gesamtwirtschaftliche Modelle hinauf- und herunterrechnenden Wirtschaftswissenschaftler auch sagen mögen, es sieht ganz danach aus, als wollte sich die Gesellschaft die Abschaffung des Zivildienstes finanziell nicht zumuten.

Dies vor allem ist der Grund, warum die Sozialpolitiker der großen Parteien und die Lobbyisten der Wohlfahrtsverbände an der Wehrpflicht festhalten. Denn ohne Wehrpflicht gäbe es keinen Zivildienst.

Freilich: Man könnte diese Zusammenhänge auch ändern. Militärische Nachwuchswerbung und die Leistungen des Zivildienstes ließen sich anders organisieren. Dabei brauchte auf die für den inneren Zusammenhalt des Gemeinwesens in der Tat wichtigen Solidardienste der jungen Frauen und Männer keineswegs verzichtet zu werden. Sie würden, weil auf freiwilligem Entschluss beruhend, qualitativ höherwertig sein. Wie viele sich freiwillig für einen solchen Dienst melden würden, darüber kann man nur spekulieren. Aber es zeugt von sozialem und politischem Kleinmut, wenn man von vornherein unterstellt, dass es nur ganz wenige wären.

Was den gegenwärtigen Zustand betrifft, so lässt sich gegen ihn nur einwenden, dass er einer festen Legitimations-Grundlage entbehrt. Aber das ist wie mit des Kaisers neuen Kleidern – solange man sie sehen will, fällt ihr Fehlen nicht weiter auf.

# 4. Teil
# Militär, Strategie und Sicherheitspolitik

So schwierig es auch ist, man hat sich in einer demokratischen Gesellschaft als Staatsbürger darum zu kümmern, welchen Zwecken die Streitkräfte des eigenen Staates dienen sollen, welche Ziele seine Sicherheitspolitik mit welchen Mitteln anstrebt und welche Rolle die militärischen Mittel dabei spielen. Das ist eine normative Vorgabe, die sich einfach daraus ergibt, dass die in diesem Themenfeld getroffenen politischen Entscheidungen von sehr großer Wichtigkeit für die Entwicklung, manchmal sogar für das Überleben des Gemeinwesens sind oder sein können. Die entscheidenden Sachfragen, um die es hier geht, lassen sich gar nicht so einfach formulieren, geschweige denn sinnvolle Antworten darauf. Da ist die Versuchung groß, die gesamte Materie links liegen zu lassen oder, gegenteilige Schlussfolgerung, sich flugs zu einem sicherheitspolitischen und Strategieexperten mausern zu wollen. An den Stammtischen der Nation, rechten wie linken, findet man viele solche Experten in der Mauser. Die dort gepflegten Diskurse werden aber, vorsichtig ausgedrückt, der Komplexität des Themas nicht immer gerecht.

Die Geschichte der Bundeswehr zerfällt hier in zwei deutlich und scharf voneinander unterschiedene Abschnitte. Bis 1990 war sie Kriegsabschreckungs-Armee, was nirgends deutlicher zum Ausdruck kommt als in dem Ausspruch „Der Ernstfall ist der Frieden". Bundeswehr und NATO entwickelten sich in diesen Jahrzehnten unter dem Banner der Nuklearstrategie, der alle militärischen Vorschriften und Aufträge untergeordnet waren. Ihr gilt unsere Aufmerksamkeit im folgenden Kapitel. Nach 1990 wurde die Bundeswehr schrittweise zur einsatzfähigen Deeskalations-Armee umgebaut, ein Prozess, der noch nicht ganz zu Ende gebracht wurde. Was es damit auf sich hat, soll im elften Kapitel untersucht werden. Im anschließenden zwölften Kapitel wird es um den Aufbau gemeinsamer sicherheitspolitischer Perspektiven und militärischer Organisationsstrukturen in der Europäischen Union gehen.

## 10 Nukleare Abschreckung im Ost-West-Konflikt

Seit es Nuklearwaffen (allgemein auch Atombomben genannt) gibt, wirken sie abschreckend – wer einen Staat, der über solche Waffen verfügt, anzugreifen gedenkt, kann eine „nukleare Reaktion" nicht ausschließen. Dieses Risiko schreckt potentielle Angreifer ab. Militärische Abschreckung hat es in der Geschichte immer wieder gegeben. Sie ging von besonders wirkungsmächtigen Waffen aus. Weil Nuklearwaffen besonders wirkungsmächtig sind, ist die von ihnen ausgehende Abschreckung besonders groß.

Man muss hier allerdings unterscheiden zwischen dem allgemeinen Phänomen der militärischen Abschreckung, einschließlich der mit nuklearen Waffen, und dem Sonderfall der nuklearen Abschreckung im Ost-West-Konflikt. Dieser Sonderfall von nuklearer Abschreckung ist heute genau wie der Ost-West-Konflikt selbst Teil der Vergangenheit. Es ist auch nicht damit zu rechnen, dass sich eine solche Konstellation mit anderen Akteuren neu herstellen ließe.

Um die Entwicklung der „gegenseitigen Abschreckung" der Hauptprotagonisten im Ost-West-Konflikt nach 1945 und den dadurch mitverursachten Auf- und Ausbau der riesigen Militär-Apparate auf der nördlichen Erdhälfte zu verstehen, muss man zwei Perspektiven überblenden:

- die *politische* Perspektive, in der Konflikt-Art(en) und Konflikt-Intensität deutlich werden,
- und die *militärische* Perspektive, aus der heraus erkennbar wird, welche Rolle Streitkräften im Ost-West-Konflikt und dann auch in den von diesem überschatteten anderen Konflikten (z. B. im Zusammenhang mit der Entkolonialisierung) zufiel – ihrer Ausrüstung, Bewaffnung und ihren taktischen, operativen und strategischen Einsatzgrundsätzen.

## 10.1 Politische Perspektive

Obwohl seine die Struktur des internationalen Systems und die Weltpolitik bestimmende Bedeutung erst nach 1945 richtig sichtbar wurde, gab es den Ost-West-Konflikt bereits seit der Russischen Revolution und den ersten Versuchen der sowjetischen Führung, nicht nur das eigene Land revolutionär umzugestalten, sondern auch der bestehenden Staatenwelt eine inhaltlich wie strukturell andere Weltordnung überzustülpen (siehe auch Kap. 5.1). In den ersten Jahrzehnten ihrer Existenz war die mit einer weltrevolutionären Programmatik angetretene UdSSR politisch und wirtschaftlich noch schwach, weshalb sie diese Programmatik auch bald abschwächen musste. Als Faschismus und Nationalsozialismus in Europa, aber auch in einer asiatischen Variante (Japan) immer mächtiger wurden, kam es in der internationalen Politik zu einer eigentümlichen Dreiecks-Konstellation. Das nationalsozialistische Deutschland drängte zum Krieg. Die UdSSR und Nazi-Deutschland verfolgten ganz unterschiedliche, einander widersprechende politische Ziele, aber sie besaßen auch Gemeinsamkeiten, erstens die Gegnerschaft zu den bürgerlichen Demokratien, zweitens ähnelten sich die brutalen totalitären Herrschaftspraktiken. Dies beides ermöglichte ihnen zu Beginn des Krieges den Abschluss eines Bündnisses, bei dem jeder der beiden Führer, Stalin und Hitler, ihre Hintergedanken hatten. Der Hitler-Stalin-Pakt hielt auch nur bis Juni 1941, als der deutsche Angriff auf die UdSSR zu rollen begann. Danach wurde die UdSSR zu einem Teil der 1945 siegreichen Anti-Hitler-Koalition. Aber ihre politischen Ziele und Vorstellungen standen auch im Gegensatz zu denen der Westmächte. Die kooperativere Phase des Ost-West-Konflikts endete bald nach 1945 und ging mit dramatischer Geschwindigkeit über in die Phase des Kalten Krieges.

Kennzeichnung des Ost-West-Konflikts nach 1945 (I):
„Es geht dabei, erstmals im Rahmen wirklich globaler Weltpolitik, um das Verhältnis zwischen den beiden ungleichartigen, ungleichgewichtigen und auf eine neuartige Weise miteinander verfeindeten Weltführungsmächten USA und UdSSR mit ihren jeweiligen Verbündeten. Neuartig an dieser ‚Konkurrenz‘ ist vieles. So sind nicht nur Staaten daran beteiligt, sondern auch gesellschaftliche Gruppen, deren Zielvorstellungen zwar nicht selten gesellschafts-verändernde Konzepte national einfärben, sich aber doch auch auf die staatliche Bipolarität der Führungsmächte einlassen müssen. ...Ferner übersteigt... der Ost-West-Konflikt die Ebene herkömmlicher Machtpolitik durch deren – oft widersprüchliche – Verknüpfung mit Ideologien, die auf einem universellen Anspruch beharren" (von Bredow 1987, 543f.).

Die Schärfe des Ost-West-Konflikts seit 1946/47 war beträchtlich. Genau das soll ja auch mit dem Ausdruck Kalter Krieg betont werden. Der in dieser Auseinandersetzung errichtete Eiserne Vorhang (seine Entsprechung in Asien ist unter leichter Verzerrung der Metapher Bambus-Vorhang genannt worden) teilte Europa in zwei Sphären („Blöcke" oder „Lager"), teilte ebenso Deutschland und dazu noch in einem Extra-Arrangement Berlin.

Die Geschichte des Ost-West-Konflikts nach 1945 ist nicht nur eine des Kalten Krieges. Der Ost-West-Konflikt ging in den 1960er Jahren, die nichtmilitärische Lösung der hoch-brisanten Kuba-Raketen-Krise vom Herbst 1962 war hierfür ein wichtiges Ereignis, langsam von der Phase des Kalten Krieges in eine Phase der Entspannung über. Unter dem Vorzeichen der Ost-West-Entspannung wurden die Austragungsformen des Ost-West-Konflikts kooperativer. Aber man darf nicht annehmen, dass dieser Konflikt selbst dadurch zu verblassen begann.

Die ideologische Auseinandersetzung wurde fortgesetzt, und die Langzeit-Ziele, die hüben wie drüben angestrebt wurden, schlossen nach wie vor einander aus. Die Ost-West-Entspannung schleppte sich nach einigen Aufschwüngen auf den Gebieten der Rüstungskontrolle, der begrenzten wirtschaftlichen Kooperation und der ‚menschlichen Erleichterungen' in den 1960er und frühen 1970er Jahren nur mühselig voran. Das lag aber nicht zuletzt auch daran, dass die vielen Asymmetrien dieses Konfliktes nun auf eine Entscheidung drängten – die ökonomische, legitimatorische und technologische Überlegenheit des Westens bei der Anpassung an neue Herausforderung führte zum Zusammenbruch der sowjetsozialistischen Alternative zur bürgerlichen Gesellschaft. 1989/90 sah das Ende des Ost-West-Konflikts. Kurz darauf wurde die Russische Revolution von 1917 in ihrem Ursprungsland zurückgenommen.

## 10.2 Militärische Perspektiven

Das Ende des Ost-West-Konflikts kam nicht über Nacht. Aber kaum jemand war, als es schließlich kam, darauf gefasst. Ein Hauptgrund für diesen Mangel an Voraussicht der Experten (Politiker und Diplomaten, Geheimdienste, Zeithistoriker und Sozialwissenschaftler, Fachjournalisten) liegt darin, dass die meisten von ihnen ihr Hauptaugenmerk auf das militärische Gleichgewicht zwischen Ost und West gelegt hatten und daher geneigt waren, die beträchtliche militärische Stärke von UdSSR und Warschauer Pakt als Garantie für deren Stabilität zu nehmen. Ohne angemessene Berücksichtigung seiner militärischen Dimension bleiben alle Definitionen des Ost-West-Konflikts in der Tat verfehlt. Deshalb muss die obige Passage ergänzt werden.

Kennzeichnung des Ost-West-Konflikts nach 1945 (II):
„Schließlich ist die gesamte Konfliktkonstellation überschattet von der Dynamik einer militärischen Konfrontation, die sich in rüstungs-technologischen Perfektionierungen der Zerstörungspotentiale beider Seiten ausdrückt. Hier stoßen wir auf eine dramatische Eigentümlichkeit des Ost-West-Konflikts: Das Risiko, das aus jeder direkten militärischen Ost-West-Konfrontation für den Bestand der Akteure erwächst, ist so plausibel und so hoch (symbolisiert in der militärstrategischen Formel von der Mutual Assured Destruction), dass sich die Fortsetzung des politischen Konflikts als ‚heißer Krieg' verbietet, vorausgesetzt, die Akteure kalkulieren rational" (von Bredow 1987, 544).

Der Ost-West-Konflikt nach 1945 ist der erste Konflikt in der Geschichte, in welchem die Gegner über Waffensysteme verfügen, die ihrer strategischen Logik entsprechend nach einem Einsatz keinen wirklichen Gewinner zurückgelassen hätten. Genauer gesagt begann diese Phase des *Gleichgewichts des Schreckens* ungefähr zu Anfang der 1960er Jahre, nach einer Vorlaufphase, in welcher die UdSSR den rüstungs-technologischen Vorsprung der USA auf dem Gebiet der Nuklearrüstung (Entwicklung von Bomben und von Trägersystemen für diese Sprengkörper) teilweise egalisieren konnte.

Auf der sicherheitspolitischen Ebene hat dieses (in sich durchaus labile) *nukleare Patt* die Akteure im Ost-West-Konflikt dazu gebracht, die Risiken eines ungewollt (z. B. wegen eines technischen oder menschlichen Versagens) ausbrechenden Nuklearkrieges gemeinsam unter Kontrolle zu bringen. *Rüstungskontrolle* und bald auch *Entspannung* brachten den Ost-West-Konflikt nach der Kuba-Raketen-Krise von 1962 langsam weg von dem Abgrund eines nuklearen Schlagabtausches. Weil der Begriff der Rüstungskontrolle (*arms control*) im deutschen Sprachgebrauch etwas missverständlich klingt, hat Wolf Graf von Baudissin (nicht nur der wichtigste Promoter der Inneren Führung, sondern auch ein kundiger Experte für Nuklearstrategie) als Übersetzung den eindeutigeren Terminus „kooperative Rüstungssteuerung" vorgeschlagen.

Auf der militärischen Ebene lassen sich die Konsequenzen dieser Entwicklung nicht so rasch aufzählen. Denn der Ausbau nuklearer Kapazitäten in Ost und West bedeutete zwar durchaus eine diplomatische ‚Zähmung' des Ost-West-Konflikts. Jedoch darf man sich darunter nicht eine Abkehr der Protagonisten von einer ‚Politik mit militärischen Mitteln' vorstellen. Im Gegenteil: Streitkräfte, Rüstungsbudgets und rüstungstechnologische Neuerungen, der ‚Rüstungswettlauf' und die politisch motivierte ‚Militärhilfe' an dritte Staaten oder an Parteiungen in bürgerkriegsähnlichen Auseinandersetzungen haben im Ost-West-Konflikt stets eine herausgehobene Bedeutung gehabt. Da unterscheiden sich die Jahre der Ost-West-Entspannung nicht von denen des Kalten Krieges.

Tatsächlich sah das Bild des bipolaren Nuklearkrieges so schreckenerregend aus, dass viele Menschen nach 1945 gegen politische Kalküle mit Nuklearwaffen immer wieder protestiert haben. Sie hatten dabei nicht den (durchaus prekären und nicht ohne Risiko ins Spiel zu bringenden) Zähmungs-Aspekt des Rüstungswettlaufs im Blick, sondern sahen nur, dass trotz der nicht nur moralischen, sondern auch politisch-pragmatischen ‚Undenkbarkeit' eines Nuklearkrieges die Instrumente zur Führung genau eines solchen Krieges immer weiter und unter Einsatz enormer Ressourcen perfektioniert wurden. Dies erschien ihnen als gefährlicher Widerspruch.

Es war aber gar kein Widerspruch. Oder vielmehr: in der Nuklearstrategie des Ost-West-Konflikts (aber eben auch *nur* in dieser Konstellation) kommt eine einzigartige, durchaus nicht unzwiespältige, jedoch durch den Verlauf der Ereignisse („durch das Leben selbst", wie man in Moskau zu sagen pflegte) gerechtfertigte Konzeption des friedlichen Wandels zum Ausdruck. Dies klingt nun allerdings derart fremdartig, dass es vermutlich des gesamten restlichen Kapitels bedarf, um dieses Urteil plausibel zu machen.

## 10.3 Auffächerung des Kriegsbildes

Bei den ursprünglichen Planungen für den Aufbau der Bundeswehr und noch bis in die 1960er Jahre hinein hat man ein Phänomen beobachten können, mit dem nicht nur Militärplaner und -strategen ihre Mühe haben, sondern das sich in ähnlicher Form in allen Organisationen finden lässt. Nennen wir es das *Rekapitulations-Phänomen*. Es besteht, kurz gesagt darin, dass bei der inhaltlichen Vorbereitung auf künftige Aufgaben die Vergangenheit als Modell dient. Die militärische Version dieses Phänomens lautet dann etwas boshaft: Die Generäle wollen immer die Schlachten des letzten Krieges gewinnen. Im Fall der Bundeswehr-Planungen bezieht sich das auf ein Kriegsbild, wie es die letzten Etappen des Krieges zwischen dem Dritten Reich und der UdSSR, des ‚Russlandfeldzugs' kennzeichnete. Zwar sollte die Bundeswehr, damit das nicht missverstanden wird, keinen zweiten und dieses Mal siegreichen ‚Russlandfeldzug' beginnen können. Aber ein Krieg in Europa, so dachten sich viele in den frühen 1950er Jahren, würde nicht wesentlich anders aussehen als der Krieg zehn Jahre zuvor. Das sowjetische militärstrategische Denken war übrigens ebenfalls stark vom Rekapitulations-Phänomen beeinflusst.

Indes haben sich nach 1945 so tiefreichende militärtechnologische und in deren Konsequenz auch militärstrategische Veränderungen angekündigt und vollzogen, dass beide, die sowjetischen wie die westdeutschen (entsprechend auch: NATO-) Planer von Szenarien für einen europäischen Ost-West-Krieg im luftleeren Raum agierten. Die *erste* grundlegende militärtechnologische Veränderung mit enormen Auswirkungen auf das Kriegsbild ist schon häufig genannt worden: die Nuklearisierung des Krieges. Damit ist gemeint: die Verfügbarkeit von Massenvernichtungswaffen mit potentiell globaler Reichweite, über die Jahre hin stetig verbesserter Zielgenauigkeit und einer Zerstörungskraft, für die es keine Präzedenzfälle gibt.

Die *zweite* Veränderung, ihre Wurzeln reichen weit in die Kriegsgeschichte zurück, beruht nicht auf technischen Erfindungen, ist vielmehr die Folge des planetarischen Zivilisationsprozesse, der soziale Zusammenhänge wie Kommunikation, Transport, Versorgung immer weiter ausdifferenziert hat. Hier ergab sich seit den 1940er Jahren ein Ansatzpunkt für die Guerilla-Kriegführung nationaler Befreiungsbewegungen und anderer Gruppen. Ein Unterfall dieser Kriegsführungs-Konzeption ist auch der grenzüberschreitende Terrorismus der 1970er Jahre. Er überdauerte auch das Ende des Ost-West-Konflikts.

Nach 1945 hat sich das Kriegsbild weit aufgefächert. Für die nächsten Jahrzehnte des Ost-West-Konflikts können wir unterscheiden:

- Den *konventionellen Krieg* (auf dem Land, zur See, in der Luft), bei dem Streitkräfte gegeneinander stehen und eine militärische Entscheidung über Sieg und Niederlage in der Schlacht gesucht wird, oft unter Einbeziehung der Zivilbevölkerung. Das opferreichste Beispiel dieser Art Krieg war der Zweite Weltkrieg. Aber auch nach 1945 hat es zahlreiche konventionelle Kriege gegeben, z. B. die arabisch-israelischen Kriege (vor der *Intifada*) oder den Iran-Irak-Krieg. Konventionelle Kriege sind also keineswegs obsolet.
- Den *Nuklearkrieg*, in dessen (fiktivem) Verlauf beide Seiten Nuklearwaffen einsetzen. Auf einen solchen Krieg haben sich die Militärbündnisse im Kalten Krieg und auch während der Ost-West-Entspannung in dem Bewusstsein vorbereitet, dass er nicht eintreten, nicht begonnen werden darf, weil er nur Verlierer hinterlassen würde. Das Kriegsbild des Nuklearkriegs im Ost-West-Konflikt ist hauptsächlich ein Mittel symbolischer Politik gewesen.
- Den *Guerillakrieg*, auch Partisanen- oder Kleinkrieg genannt; er wurde als Form wirkungs-maximierender Gewaltanwendung ‚schwacher' Einheimischer gegen ‚starke' Fremdherrscher entwickelt. In der Entkolonialisierungs-Periode in Asien und Nordafrika und später unter etwas anderen Bedingungen auch in Lateinamerika wurde er erfolgreich praktiziert. Viele Kennzeichen der „neuen Kriege" (Münkler 2002) kann man als Fortentwicklungen des Guerillakrieges ansehen.

## 10.4 Nuklearstrategie

Abschreckung, das wurde schon gesagt, ist ein sehr altes Konzept für die Nutzbarmachung militärischer Instrumente zwecks Durchsetzung politischer Interessen – in der Regel, aber nicht notwendigerweise ein politisch eher defensives und vorsichtiges Konzept. Wenn ein Staat seiner Außenwelt überzeugend signalisieren kann, er sei militärisch stark genug, um jeden Angreifer besiegen oder ihm zumindest inakzeptabel hohen Schaden zufügen zu können, dann werden die potentiellen Angreifer von einem Angriff abgeschreckt. Eines der damit verbundenen Probleme ist allerdings, dass die militärische Stärke, die Staat A aus Gründen glaubwürdiger Abschreckung aufbaut, von Staat B womöglich als Aggressionspotential wahrgenommen wird, so dass Staat B seinerseits stärker aufrüstet. Eine Rüstungsspirale beginnt sich zu drehen, ein Rüstungswettlauf setzt ein – der klassische Fall eines „Sicherheitsdilemmas".

Dieses Dilemma verschärft sich erheblich im Sonderfall der nuklearen Abschreckung. Sie hat sich im Ost-West-Konflikt entwickelt und ist in den späten 1950er oder den frühen 1960er Jahren zur Konfiguration einer wechselseitigen oder gegenseitigen nuklearen Abschreckung geronnen, ein Sonderfall des Sonderfalls. Mit dem Ende des Ost-West-Konflikts ist diese spezielle Konfiguration weggefallen, während es Abschreckung und nukleare Abschreckung selbstverständlich auch heute noch gibt.

Die amerikanische und, wegen des Standes ihrer Nuklearrüstung fast immer etwas nachhinkend, die sowjetische Nuklearstrategie haben sich unterschiedlich, jedoch letztlich so entwickelt, dass sie von den gleichen Axiomen ausgingen. Die USA hatten im August 1945 zwei Atombomben in Japan mit jeweils verheerender Wirkung für die Städte Hiroshima und Nagasaki eingesetzt. Bei diesen Angriffen erschien die neue Waffe als hoch-effiziente Verdichtung der im Zweiten Weltkrieg vielfach durchgeführten strategischen Bombenangriffe auf die Zivilbevölkerung des Gegners – statt einer ganzen Bomberflotte mit einer großen Zahl von Brand- und anderer Bomben brauchte man jetzt im Prinzip nur ein einziges Flugzeug mit einer einzigen Bombe, um eine Stadt in Schutt und Asche zu legen. Zwar sprachen einige Physiker und Strategen damals davon, nunmehr sei die *absolute Waffe* erfunden worden, die alle herkömmlichen Muster von Krieg und auch Politik revolutionieren würde. Aber erst langsam setzte sich die Erkenntnis durch, dass die Zerstörungskraft von Nuklearwaffen in eine andere Vernichtungs-Kategorie gehörte.

Nach 1945 behielten die USA für ein paar Jahre ihr ‚atomares Monopol'. Aber die UdSSR setzte alles daran, ihrerseits in den Besitz von Nuklearwaffen zu gelangen. Im August 1949 war es so weit; die Führung der UdSSR konnte die erste ‚erfolgreiche' Testexplosion einer sowjetischen Atombombe verkünden. Von diesen ersten, auf dem Prinzip der Kernspaltung (*fission*) beruhenden Atombomben gab es dann einen enormen Qualitätssprung hin zu der 1952 bzw. 1954 von den USA und der UdSSR zum ersten Mal getesteten *Wasserstoffbombe*, die ihre Sprengkraft durch das Prinzip der Kernverschmelzung (*fusion*) erhält. Ab Mitte der 1950er Jahre verlagerte sich der nukleare Rüstungswettlauf auf die Vergrößerung und Verkleinerung der verschiedenen Wirkungen (Druck, Hitze, Strahlung) der nuklearen Sprengmittel, auf die Trägersysteme (Flugzeuge, Raketen, Untersee-Boote u.a.m.) und später dann auf deren Kontroll- und Lenkmechanismen. Nur in Klammern sei erwähnt, dass schon bald nach 1945 auch andere Mächte nach dem Besitz von Nuklearwaffen strebten; Großbritannien, später Frankreich und dann die Volksrepublik China gelang es als erste, die Mitgliedschaft im exklusiven ‚Klub der Atommächte' zu erwerben. In den Jahren des Ost-West-Konflikts waren es jedoch so gut wie ausschließlich die beiden Weltführungsmächte USA und UdSSR, die für den qualitativen und quantitativen Ausbau der Nuklearwaffen sorgten. Die Geschichte des nuklearen Wettrüstens bietet eine gleichermaßen spannende wie gruselige Lektüre (vgl. z. B. die Aufsätze in: Salewski 1998).

Die Geschichte der Nuklearstrategie steht dem nicht nach (vgl. Freedman 1993). Sie wurde in der Hauptsache von zwei Faktoren bestimmt: *erstens* den geopolitischen Gegebenheiten und *zweitens* den rüstungstechnologischen Neuerungen bei den Massenvernichtungswaffen, dies allerdings häufig mit einer gewissen zeitlichen Verzögerung. Solche Neuerungen gab es nach 1945 viele und in dichter Reihenfolge.

Was den ersten Faktor betrifft, so genügt ein Blick auf die Weltkarte, um sich klar machen zu können, dass es ein beträchtliches Problem für den transatlantischen Westen in seiner Konfrontation mit der UdSSR gab, nämlich die geographische Trennung durch den Nordatlantik. Die UdSSR und ihr ‚strategisches Vorfeld' bilden eine geographische Einheit, wohingegen Westeuropa von den USA durch den Atlantik getrennt ist. Das sowjetische Übergewicht an Truppen für den konventionellen Krieg hatte nur für Westeuropa einen unmittelbaren Bedrohungscharakter. Wenn andererseits die NATO dieses regionale konventionelle Übergewicht der des Warschauer Paktes mittels (hauptsächlich) amerikanischer Nuklearwaffen neutralisierte, konnte dies aus sowjetischer Perspektive als eine Bedrohung des eigenen Lagers interpretiert werden. Die östliche und die westliche Sichtweise von europäischer Sicherheit im Ost-West-Konflikt unterschieden sich wegen dieser Frage grundsätzlich. In Westeuropa (mit der halben Ausnahme Frankreichs, das nuklearstrategisch seit den 1960er Jahren eine etwas aparte Rolle spielte) strebte man über nukleare Garantien seitens der USA oder zeitweise sogar über eine Art nuklearen Multilateralismus im Bündnis die möglichst feste *Ankoppelung* der USA an den eigenen Kontinent an. Hingegen gehörte es kontinuierlich zu den Zielen der UdSSR, Westeuropa sicherheitspolitisch und militärstrategisch von den USA *abzukoppeln*.

Die An/Abkoppelungsproblematik spiegelt sich in den nuklearstrategischen Doktrinen, die aber eben auch durch die Entwicklung der nuklearen Rüstungstechnologie gekennzeichnet ist. Dies soll hier, weil die Militärstrategie nicht unser Thema ist, nur an einem, allerdings einem besonders wichtigen Beispiel demonstriert werden. Seit Januar 1954 war die offizielle Nuklearstrategie der USA die einer „Massiven Vergeltung" (*massive retaliation*). Jedweder sowjetischen und rotchinesischen Drohung (den Bürgerkrieg in China hatten 1949 Mao Tse-tung und seine kommunistischen Truppen gewonnen) wollten die USA mit dem Einsatz von Nuklearwaffen begegnen. Ein solcher massiver Einsatz von Nuklearwaffen konnte allenfalls dann als glaubwürdige Gegendrohung verstanden werden, so lange die Gegner ihrerseits über keine oder nur ganz wenige und vor allem auch kaum manövrierfähige Nuklearwaffen verfügten. Die Strategie der Massiven Vergeltung beruhte also auf der Vorstellung vom amerikanischen *de-facto*-Monopol an Kernwaffen und weitreichenden Trägermitteln, beruhte auf der eigenen ‚nuklearen Unverwundbarkeit'. Die UdSSR konzentrierte alle Anstrengungen auf die Überwindung dieses Monopols. Sie stockte ihre Arsenale an Wasserstoffbomben rasch auf und arbeitete an der Entwicklung von Trägersystemen, wobei ihr 1957 mit der Lancierung des ersten künstlichen Erdumlaufkörpers ein auch weltöffentlich als solcher wahrgenommener Durchbruch gelang. In den USA löste dies den ‚Sputnik-Schock' aus. Denn mit dieser technologischen Großtat konnte die UdSSR ihre wissenschaftliche Leistungsfähigkeit in Konkurrenz zu den USA unter Beweis stellen. Und es war auch absehbar, dass die Strategie der Massiven Vergeltung ihre Glaubwürdigkeit einbüßen würde, denn jetzt würden auch die USA ‚nuklear verwundbar' werden.

Der Sinn nuklearer Abschreckung mittels der Doktrin von der Massiven Vergeltung ist eindeutig: Jede Aggression soll verhindert werden, weil die Kosten für den Aggressor klar und deutlich zu hoch sind – und er nichts in der Hand hat, um diese Kosten zu verringern. Was aber, wenn er doch etwas in der Hand hat, etwa eigene Nuklearwaffen und Trägersysteme, mit denen er selbst massiv angreifen oder vergelten kann? Dann muss sich die Abschreckungsdoktrin verändern, weil ein großer Eskalationsschritt (*jede* Aggression wird massiv nuklear beantwortet) unglaubwürdig geworden ist. Denn den großen Nuklearkrieg zu beginnen wegen irgendeiner relativ geringfügigen Aggression, welcher Politiker würde das ernsthaft verantworten wollen und können? Genau festlegen durfte man diese Schwelle auch nicht, denn alle Ziele und Interessen unterhalb der Garantie, Vergeltungswaffen einzusetzen, würden den Gegner zu aggressiven Handlungen geradezu einladen. Also würde die amerikanische Strategie der Massiven Vergeltung im Grunde den politischen und strategischen Handlungsspielraum einer nunmehr selbst nuklear und mit weitreichenden Trägermitteln gerüsteten UdSSR erweitern.

Deshalb wurde sie Anfang der 1960er Jahre nach einem längeren Diskussionsprozess abgelöst durch die nuklearstrategische Doktrin der „Flexiblen Reaktion" (*flexible response*). In der NATO wurde sie erst 1967 offiziell eingeführt. Sie postuliert eine der Art und dem Ausmaß der Aggression angemessene Reaktionsart: die vor allem auch mit nicht-nuklearen Mitteln durchgeführte, also hauptsächlich konventionelle *Direktverteidigung,* die *vorbedachte (nukleare) Eskalation* und die *allgemeine nukleare Reaktion.* Es handelt sich, verkürzt ausgedrückt, um eine Nuklearstrategie, nach der die NATO abgestuft auf Aggressionen zu reagieren in die Lage versetzt werden sollte, und zwar so, dass die Gefahr einer ungebremsten und durch nichts aufzuhaltenden Aufschaukelung eines militärischen Ost-West-Konflikts bis hin zu einem allgemeinen nuklearen Schlagabtausch vermieden werden konnte.

Mit der Einführung dieser Nuklearstrategie begannen sich allerdings auch gleich die oben kurz beschriebenen geographischen Differenzen zwischen den USA und Westeuropa stärker bemerkbar zu machen. Dies vor allem auch deswegen, weil für Westeuropa die Frage der Verteidigung des eigenen Territoriums gegen einen möglichen Angriff aus dem Osten sehr viel brisanter war als für die USA. Denn glaubwürdige Verteidigungsfähigkeit gehörte nach der Doktrin der Flexiblen Reaktion jetzt zum Kern einer als Kontinuum gedachten Abschreckung, an der konventionell ausgerüstete Streitkräfte, nukleare Kurz- und Mittelstreckenwaffen und weitreichende (‚strategische') Nuklearwaffen gleichermaßen beteiligt waren.

## 10.5 Abschreckung und Verteidigung

Abschreckung heißt, die Sicherheitspolitik so zu gestalten und die eigenen Streitkräfte deutlich erkennbar so aufzubauen, dass jeder potentielle Angreifer wegen des untragbaren oder zumindest unkalkulierbaren Risikos, das ein Angriff für ihn bedeuten würde, ihn gar nicht erst beginnt. Nukleare Abschreckung als Sonderfall von allgemeiner Abschreckung bedeutet *erstens* die enorme Erhöhung des Risikos für jeden potentiellen Angreifer. Sie bedeutete *zweitens* in der bipolaren Konstellation des Ost-West-Konflikts für die beiden Weltführungsmächte USA und UdSSR relative Sicherheit vor einem Nuklearkrieg. Warum? Weil beide Mächte seit den frühen sechziger Jahren (ein präzises Datum lässt sich da nicht ausfindig machen) über Nuklearwaffen verfügten, die sie auch noch *nach* einem

Nuklearangriff des Gegners einsetzen konnten. Diese „gesicherte Zweitschlags-kapazität" (*assured destruction capability*) machte einen nuklearen Überfall (Erst-schlag) uninteressant. „Wer zuerst schießt, stirbt als zweiter", hieß damals ein Slogan. Auf die stabilisierende und kriegsverhindernde Wirkung des nuklearen Gleichgewichts konnte man sich allerdings niemals ganz und gar verlassen, denn diese basierte ja auf der Rationalität der entscheidenden Akteure. Jedoch hat diese Rationalität bis zum Ende der Konflikt-Konstellation gehalten.

Zugleich muss man auch eine Reihe von Faktoren in den Blick nehmen, die diese Stabilität immer wieder unterhöhlten. Der Wettlauf um rüstungstechnolo-gische Innovationen hatte zwar mehrere Motive. Nicht das unwichtigste darunter bestand in der Absicht, die eigene relative Sicherheit entscheidend zu vergrößern, und zwar dadurch, dass man Mittel und Wege suchte, die gesicherte Zweit-schlagskapazität der anderen Seite außer Kraft zu setzen. Dies hätten z. B. Anti-Raketen-Raketen tun können, deren Entwicklung und Aufstellung jedoch durch den ABM-Vertrag zwischen den USA und der UdSSR von 1972 verhindert wur-den. Das war damals eine kluge politische Entscheidung.

Zwischen diesen beiden Mächten konnte sich eine Balance der gesicherten Zweitschlagskapazität ausbilden, die im Grunde keines weiteren militärischen Beiwerks bedurfte. Für Westeuropa konnte das aber keineswegs so gelten, denn hier machte dieses Beiwerk (Panzer, Jagdflugzeuge, Artillerie usw.) gewisserma-ßen die Substanz aus. Denn europäische Sicherheit, gleichviel ob in sowjetischer oder westeuropäischer Interpretation, war nie auf nukleare Abschreckung allein abzustützen, sondern musste auch immer eine glaubwürdige Antwort auf die Frage parat haben, was denn geschehen würde, wenn es doch zu konventionellen Kriegshandlungen auf europäischem Territorium kommen sollte.

Hier stoßen wir auf ein scheinbar unlösbares konzeptionelles Problem. Denn wenn Sicherheit in Europa nur über Vorkehrungen zur territorialen Verteidigung gegen einen Angriff zu erhöhen ist, also mit Vorbereitungen (über Ausbildungs-vorschriften, Einsatzpläne und Manöver) auf einen modernen konventionellen Krieg samt vorbedachter Eskalation in den Gebrauch von Nuklearwaffen auf dem Gefechtsfeld oder zur Demonstration eigener Entschlossenheit anderswo, dann lockert sich damit automatisch der feste strategische Zusammenhang zwi-schen Westeuropa und den USA, für die es solche Verteidigungs-Notwendig-keiten nicht gibt. Das westeuropäische Interesse besteht also darin, die USA und ihre strategischen Nuklearwaffen so rasch wie möglich in den Konflikt zu invol-vieren, weil das die Abschreckung insgesamt stärkt. Das amerikanische Interesse besteht demgegenüber darin, den Konflikt möglichst regional auf Europa be-grenzt zu halten und allenfalls mit ihren dort stationierten Truppen involviert zu werden. Aus diesem zunächst einmal nur theoretischen Interessenkonflikt heraus verstärkte sich der Realitätsgehalt einer Denkmöglichkeit, die den Westeuropäern wenig geheuer war, nämlich die Option eines regional auf Europa „begrenzten" Krieges (*limited war*) unterhalb der gegenseitigen strategischen Abschreckung von USA und UdSSR.

Für Westeuropa schien es also die verhängnisvolle Alternative zu geben: *entweder* mehr Verteidigung, was aber die strategische Abschreckung seitens der USA weiter wegrückte; *oder* Aufbau einer eigenen strategischen Abschreckung. Dazu entschloss sich gegen Ende der 1960er Jahre Frankreich mit seiner *force de frappe*. Aber diese blieb, mit einer ins Nationalistische gewendeten und letztlich nicht sehr überzeugenden Version der Strategie einer Massiven Vergeltung, ein französischer Sonderweg.

Für die westeuropäische Sicherheitspolitik kam es stattdessen darauf an, Verteidigungs-Optionen, so gut es möglich war, in die Abschreckung zu integrieren. Das konnte nur so gehen, dass sich die NATO in Europa für bestimmte militärische Optionen des Warschauer Paktes gerade auch unterhalb der nuklearen Schwelle ein entsprechendes Verteidigungs-Dispositiv zulegte, das erstens allein für sich genommen und zweitens in der Aussicht auf vorbedachte, begrenzte, die Nuklearschwelle überschreitende Eskalationen wirkungsmächtig genug war, um die politischen und Militärführer des Warschauer Paktes davon abzubringen, solche Optionen zu realisieren. Seit der zweiten Hälfte der sechziger Jahre wurde dieses Verteidigungsprogramm der NATO durch ein Entspannungsangebot an den Warschauer Pakt (das schließlich zu der *Konferenz über Sicherheit und Zusammenarbeit in Europa* (KSZE) führte) diplomatisch nicht ungeschickt ergänzt.

## 10.6 Dilemma einer Bündnis-Armee

Die Bundeswehr, die Vorgeschichte ihrer Gründung macht das überdeutlich, wurde als ‚Bündnis-Armee' geschaffen. Denn erstens misstrauten damals alle anderen Staaten im Umfeld der Bundesrepublik, vielleicht mit Ausnahme der USA, einer strikt national ausgerichteten deutschen Armee noch so nachhaltig, dass es ohne deren Einbeziehung in NATO und Westeuropäische Union (WEU) gar keine Chance für die Wiederbewaffnung gegeben hätte. Zweitens stimmten aber alle Sicherheitspolitiker und Militärstrategen des Westens im Prinzip darin überein, dass ein Krieg in Europa (immer gedacht als Folge einer sowjetischen Aggression) nur über eine enge und engste Verknüpfung des westlichen Abschreckungspotentials zu verhindern sei.

Der Auftrag der Bundeswehr in seiner sicherheitspolitischen und seiner militärischen Dimension ist aus dieser Einsicht heraus formuliert worden.

Sicherheitspolitische Dimension:

- Im Frieden trägt die Bundeswehr als Teil der westlichen Abschreckung zur Kriegsverhinderung bei.
- In Krisenzeiten und im Spannungsfall (vgl. Kap. 7.5) soll die Demonstration der militärischen Einsatzbereitschaft der Bundeswehr die Handlungsfreiheit von Bundesregierung und Bundestag sichern.
- Nach einem Angriff auf das Territorium der Bundesrepublik Deutschland soll die Bundeswehr, gemeinsam mit den Verbündeten, die Unversehrtheit des eigenen Gebietes wahren oder, falls der Angriff bereits eigenes Territorium überrollt hat, wiederherstellen.

Dies übersetzt in die militärische Dimension lässt sich so formulieren:

- Im Frieden wirkt die Abschreckung dann am besten, wenn die Bundeswehr sich als professionell effiziente, gut bewaffnete und ausgerüstete, schlagkräftige Streitmacht präsentieren kann.
- Nach einem Angriff auf das eigene Territorium soll die Bundeswehr mit den hier stationierten oder herangeführten Streitkräften der Verbündeten dem Angreifer so grenznah wie möglich entgegentreten (Vorneverteidigung); sie soll das eigene Staatsgebiet kämpfend verteidigen und den eingedrungenen Gegner wieder zurückwerfen.

Dieser Auftrag wurde dann in Spezialaufträge für die Teilstreitkräfte Heer, Luftwaffe und Marine kleingeschrieben (ausführlich dargelegt u.a. im Weißbuch 1985, 72-93).

Ganz offensichtlich hatte der Auftrag der Bundeswehr in der Ära des Ost-West-Konflikts also einen Abschreckungs- und einen Verteidigungs-Aspekt. Lassen wir den ersteren einmal auf sich beruhen – der zweite mit Begriffen wie *Unversehrtheit des eigenen Territoriums, Vorneverteidigung, kämpfend verteidigen* wirft doch eine Reihe von Fragen auf. Denn jeder, der während des Ost-West-Konflikts nach 1945 über einen Krieg in Europa nachdachte, musste sich doch sagen, dass solch ein Krieg hier in jedem Fall mindestens erhebliche, vermutlich aber katastrophal schwere Schäden anrichten würde. Ganz besonders traf das für die umkämpften Gebiete zu. In Manövern und Planspielen, die auf einer einigermaßen realistischen Lageentwicklung beruhten, wurde dies auch Mal um Mal deutlich. Die oben angesprochenen Differenzen bei den militärstrategischen Prioritäten zwischen Westeuropa und den USA galten in zugespitztem Maße für die Bundesrepublik als dem direkt an der Frontlinie in Europa-Mitte liegenden Territorium. Im Rückblick auf die 35 Jahre Bundeswehr im Ost-West-Konflikt ist man gezwungen festzustellen, dass die sicherheitspolitische und militärstrategische Partnerschaft zwischen den USA und der BRD eigentlich fast immer von Interessen- und Perzeptions-Unterschieden überschattet war, die nur mühevoll und zumeist (ist ja auch logisch) mittels Anpassung der Deutschen an die amerikanischen Vorstellungen geglättet werden konnten. Das führte zuweilen zu kuriosen Konstellationen. Eine davon, Mitte der sechziger Jahre, beschreibt Christoph Bluth folgendermaßen:

„The Germans were arguing in favour of a nuclear threshold that should not be too high, and yet in the work on the guidelines they supported a strict distinction between conventional and nuclear warfare. The Americans, on the other hand, while supporting a high nuclear threshold, opposed such a strict distinction and were developing war-fighting concepts for the employment of precision-guided, low-yield nuclear weapons that would blur the distinction between nuclear and conventional warfare.

The Germans were seeking a clear commitment to nuclear escalation. They were not so much interested in limited nuclear war-fighting options but rather in nuclear deterrence supported by the commitment to rapid escalation to the strategic level in case of a major conflict in Central Europe...The latter sought to avoid any commitment to nuclear escalation and demanded that the Allies should raise the level of their conventional capabilities" (Bluth 2002, 74f.).

Die euphemistische Sprache bei der Formulierung des Verteidigungsauftrags der Bundeswehr unterstreicht mehr die Schwierigkeiten einer glaubwürdigen Abschreckung für Westeuropa, als dass sie diese auflöst. Aber die westdeutschen Sicherheitspolitiker und die Generäle der Bundeswehr waren entschlossen, zwischen Abschreckung und Verteidigung nicht nur keinen Widerspruch zu sehen, sondern eine möglichst effiziente Vorbereitung auf die Verteidigung auch als den bestmöglichen eigenen Beitrag zur Optimierung der Abschreckung zu definieren. Diese Einstellung nährte sich zu Teilen von Wunschdenken. Andererseits gab es weit und breit keine akzeptable und vor allem keine sichere Alternative, es sei denn, man betrachtete die Parole des von der UdSSR ferngesteuerten Weltfriedensrates als eine solche: Sie hieß bekanntlich „Lieber rot, als tot".

## 10.7 Nuklearstrategie-Kritik

Ende der 1970er, Anfang der 1980er Jahre haben sich wichtige Parameter des Ost-West-Konflikts verschoben. Nicht so gut sichtbar war die im Osten bis in die Wurzeln der sowjetsozialistischen Regime reichende Lähmung jedweder ökonomischen, sozialen und kulturellen Erneuerungsfähigkeiten. Oberhalb dieses in den gesellschaftlichen Tiefenstrukturen sich vollziehenden Vorgangs änderte sich aber auch einiges, z. B. stärkte die wichtige KSZE-Schlussakte von Helsinki (1975) die Menschenrechtsgruppen im östlichen Lager. Auch das nukleare Gleichgewicht zwischen Ost und West begann, Zeichen von Labilität erkennen zu lassen. Dies machte sich auf zwei Ebenen bemerkbar.

Zum einen begannen die USA mit Erfindungen auf dem Gebiet der Information, Kommunikation und Führungskontrolle ($C^3I$), ihren rüstungstechnologischen Vorsprung in einem scheinbar nicht sehr spektakulären, tatsächlich jedoch entscheidenden Bereich des Rüstungswettlaufs auszubauen. Zum anderen schien es der UdSSR mit der Einführung weitreichender (‚eurostrategischer') Mittelstreckenraketen gelingen zu können, den ohnehin schon heiklen Abschreckungs-Zusammenhang zwischen Westeuropa und den USA weiter zu stören und vielleicht sogar aufzulösen. Mit dem Rüstungskontrollabkommen SALT I und dem ABM-Vertrag war 1972 eine Art strategische Parität zwischen den USA und der UdSSR festgezurrt worden. Das erhöhte die Sicherheit dieser beiden Länder voreinander; für Westeuropa bedeutete das jedoch nach den Regeln der Abschreckungs-Logik nichts Gutes. Denn die Überlegenheit des Warschauer Paktes an Streitkräften, die für konventionelle Kriegsführung ausgerüstet waren, wurde nun auch noch durch taktische und eurostrategische Nuklearwaffen verstärkt. Während also die wechselseitige interkontinentale gegenseitige Abschreckung funktionierte, hebelte auf dem europäischen Kontinent die sowjetische konventionelle und nukleare Überlegenheit die westliche Abschreckungsfähigkeit aus (immer vorausgesetzt, man dachte in den Kategorien der Abschreckungs-Logik). Bundeskanzler Helmut Schmidt prangerte im Oktober 1977 diesen Sachverhalt in einer berühmt gewordenen Rede vor dem Londoner Internationalen Institut für Strategische Studien (IISS) an und forderte Gegenmaßnahmen.

Die Antwort der NATO auf diese Entwicklung war mehrfach unterteilt. So wurde im Dezember 1979 der NATO-Doppelbeschluss gefasst, der darauf hinauslief, eigene eurostrategische Waffensysteme einzuführen, falls die UdSSR ihre auf Westeuropa gerichteten Mittelstreckenraketen vom Typ SS 20 (sowie ein paar andere) nicht abbauen würde. Unter diese Kategorie von Waffen fielen nuklear bestückte Raketen, die zwar nicht strategische Reichweite besaßen, aber von einem Ort in Westeuropa aus Ziele in der UdSSR erreichen und zerstören konnten. Die USA experimentierte außerdem mit Konzeptionen einer Kriegsführungsstrategie in Europa, was den europäischen NATO-Mitgliedern verständlicherweise nicht besonders gefiel.

Damit hatten auch die Gegner der Abschreckungs-Doktrinen und der NATO- Strategie einen griffigen Ansatzpunkt für ihre Kritik geliefert bekommen. Sie konnten auf die erhöhte Gefahr eines Nuklearkriegs in Europa verweisen. Und es war nun relativ leicht geworden, auf eine tatsächliche oder vorgebliche Zwei-Klassen-Sicherheit und auf die sicherheitspolitischen Interessenunterschiede zwischen den USA und Westeuropa bezüglich eines Ost-West-Krieges aufmerksam zu machen.

Die auf diese Weise verbreitete Glaubwürdigkeits-Lücke der westlichen Abschreckung führte zu zum Teil heftigen Auseinandersetzungen in der *strategic community* und zwischen Verteidigern und scharfen Kritiker der nuklearen Abschreckung. Diese fachliche und sicherheitspolitische Kontroverse wurde in vielen westlichen Ländern von Friedensbewegungen aufgegriffen, denen es mit ihren Parolen gelang, weit mehr als nur die traditionellen Pazifisten und Anhänger anti-westlicher Positionen zu mobilisieren. Die frühen 1980er Jahre sahen in vielen Orten Europas Demonstrationen gegen die westliche Sicherheitspolitik, an denen Hunderttausende teilnahmen. In der Bundesrepublik Deutschland wurde der Widerstand einer Mehrheit von Funktionären und einfachen Mitgliedern der SPD gegen Helmut Schmidts Sicherheitspolitik zu einem von zwei Stolpersteinen, die 1982 seine Abwahl als Bundeskanzler bewirkten.

Hierzulande breitete sich damals zeitweise eine erstaunlich intensive Furcht vor einem angeblich unmittelbar bevorstehenden Atomkrieg aus. Eine Welle von Büchern und Artikeln schürten diese Furcht, und manch ein Professor, von dem bis dahin nur wenige gehört hatten, konnte sich für einige Zeit einen Namen als Tribun des Friedens machen. Neben viel Einseitigkeiten und latenten Antiamerikanismen (damals schon!) gab es aber auch eine Menge ernsthafter Kritik an der Abschreckung, für die etwa Namen wie Horst Afheldt oder C. F. von Weizsäcker stehen.

Im Rückblick auf die damaligen Kontroversen wird klar, dass die Grundfigur der Ost-West-Abschreckung, das Gleichgewicht des Schreckens, in den westlichen Gesellschaften ihre Akzeptanz zu verlieren begonnen hatte. Nicht so sehr die UdSSR, häufiger schon die USA, meist jedoch die als hypertroph, viel zu kostspielig, unmoralisch und hoch-riskant kritisierte Nuklearrüstung überhaupt wurde als Ursache der Misere identifiziert. Als die NATO dann 1984 mit der Einführung von Raketen des Typs *Pershing II* und von *Cruise Missiles* (das sind

unbemannte nicht-ballistische Flugkörper) begann, weil die UdSSR nicht auf das
Rüstungskontroll-Angebot des Doppelbeschlusses eingegangen war, hatte sich
der Protest schon etwas abgenützt. Wenige Jahre später kam es nach Verhandlungen zwischen Gorbatschow und Reagan zur sogenannten doppelten Null-Lö-
sung. Aber da war der Ost-West-Konflikt schon seinem Ende nahe.

## 10.8 Nuklearstrategie als symbolische Sicherheitspolitik

Die Nuklearstrategie im Ost-West-Konflikt und ihre vielfältigen Veränderungen
und Verästelungen lassen sich besser verstehen, wenn man sie als symbolische
Politik auffasst. Der Unterschied zwischen direktem und symbolischem politischem Handeln besteht darin, dass die Aktions/Reaktions-Abläufe ersterer eindeutig zielorientiert sind, so dass ihre Zweck/Mittel-Relation unmittelbar erkennbar und leicht nachvollziehbar ist. Bei symbolischer Politik sind die Aktions/Re-
aktions-Abläufe hingegen indirekt zielorientiert, so dass ihre Zweck/Mittel-Rela-
tion verborgen bleibt, manchmal auch verborgen bleiben soll.

Symbolische Politik umfasst also politische Handlungen, die bestimmte Ziele zu erreichen vorgeben, aber entweder andere Ziele anstreben oder zu kraftlos
sind, um wirklich in die Nähe des proklamierten Ziels zu gelangen. Symbolische
Politik gibt es in zwei Versionen – als Politik über die Bande oder als Politik im
Konjunktiv. Diese Fassung des Begriffs der symbolischen Politik ist weiter als die
in der Politikwissenschaft übliche; aber mir erscheint sie angemessen, um das
Charakteristische von Phänomenen wie Wahlkämpfen / Sonntagsreden, Entwick-
lungshilfe (Version 1) oder eben auch der Nuklearstrategie im Ost-West-Konflikt
(Version 2) in den Blick zu bekommen. Dieses Charakteristische besteht nun
wohlgemerkt nicht unbedingt in etwas moralisch Anrüchigem, in einer betrügeri-
schen Absicht des politisch Handelnden. Betrug ist in der Politik allerdings nie
ausgeschlossen, aber dort insgesamt auch nicht häufiger als in anderen Lebensbe-
reichen anzutreffen.

Warum war zwar nicht die gesamte Sicherheitspolitik der Protagonisten des
Ost-West-Konflikts, wohl aber die Nuklearstrategie symbolische Politik? Die
entscheidenden Akteure in Washington und Moskau verfolgten ihre Nuklearplä-
ne nicht, weil sie einen Atomkrieg beginnen wollten. Das Wettrüsten war zwar
auch militärisch motiviert; aber in erster Linie ging es um vorzeigbare ‚Erfolge‘
und ‚Fortschritte‘ zur Demonstration (nach innen und nach außen) der Leistungsfähigkeit der eigenen Gesellschaft. Freilich gab es hier auch wirtschaftliche Motive, was sich aber von selbst versteht und nicht mit der umständlichen Konstruk-

tion eines ‚militärisch-industriellen Komplexes' begründet werden muss. Die europäischen Grenzen zwischen Ost und West, die am Ende des Zweiten Weltkriegs festgelegt worden waren, standen nicht wirklich zur Disposition, so lange der Ost-West-Konflikt die internationale Politik bestimmte.

Die Nuklearkriegsszenarien und die darauf aufbauenden militärischen Einsatzprioritäten (gegen die Truppen oder gegen die Städte des Gegners, die Eskalationsleiter hinauf und herunter) waren sehr ernsthafte Spiele, aber Spiele waren es. Der nie abreißende Fluss von Bedrohungsanalysen, von Alarmrufen über neu entdeckte Aggressionsabsichten der anderen Seite fungierte als Teil einer Abgrenzungspolitik, durch die das jeweilige gesellschaftliche Integrationspotential erhöht wurde. Die Gefahr eines Nuklearkrieges im Ost-West-Konflikt blieb grundsätzlich fiktiv. Die Regierungen der Nuklearstaaten waren sich immer über das enorme Eigenrisiko eines Nukleareinsatzes im Klaren. In potentiell oder aktuell kritischen Situationen wirkten sie trotz aller Gegensätzlichkeiten gemeinsam allen Tendenzen zur Eskalation in einen wirklichen Nuklearkrieg entgegen.

Diese Interpretation der Nuklearstrategie im Ost-West-Konflikt soll nicht als deren Apologie oder als Verharmlosung missverstanden werden. Es gab nämlich auch eine Menge Kosten, die damit verbunden waren. Dies ist zum einen ganz wörtlich zu nehmen – die Ressourcen, die hier eingesetzt wurden, waren unvorstellbar hoch. Außerdem gab es niemals eine Garantie dafür, dass die in den Spielregeln gegenseitiger nuklearer Abschreckung unterstellte Rationalität der Akteure und Funktionssicherheit der technischen Systeme nicht doch irgendwann durchlöchert würde. Insofern stimmt der Satz zwar, die Nuklearkriegsgefahr sei jederzeit fiktiv gewesen; aber sie hätte doch auch jederzeit aus der Fiktion ausbrechen können. Dass sie es bis zum Ende des Ost-West-Konflikts nicht tat, war vielleicht nur Zufall und Glück.

## 11   Sicherheitspolitik am Beginn des 21. Jahrhunderts

### 11.1 Strukturveränderungen

Die Sicherheitspolitik jedes Staates in diesem enger definierten Sinne muss sich heute mit Bedingungen und Herausforderungen auseinandersetzen, die teils herkömmlicher Natur, teils aber auch neu sind. Zweifellos bedeutete das Ende des Ost-West-Konflikts 1989/90 einen tiefen Einschnitt in der Entwicklung internationaler Sicherheitsbeziehungen. Das ziemlich plötzliche Verschwinden der vorher schon blasser gewordenen weltpolitischen Bipolarität hat aber auch das

Blickfeld für längerfristig angelegte Strukturveränderungen freigemacht. Bipolarität nennt man die Rivalität zweier Großmächte im internationalen System, wohingegen man von *Multipolarität* spricht, wenn mehre als zwei große Mächte um die Weltführung konkurrieren. Mit den Begriffen *Globalisierung* und *Staatsabschwächung* lassen sich die längerfristigen Strukturveränderungen knapp umschreiben. Jede dieser drei Entwicklungen hat weitreichende Auswirkungen auf die Gestaltung staatlicher Sicherheitspolitik in Gegenwart und Zukunft.

Mit dem *Ende des Ost-West-Konflikts* durch den Zusammenbruch des sogenannten „sozialistischen Weltsystems" unter Führung der Sowjetunion hat sich auch die wechselseitige Bedrohungsperzeption der Militärbündnisse NATO und Warschauer Pakt so gut wie verflüchtigt. In dieser Konfrontation standen sich nicht nur hochgerüstete Massenarmeen gegenüber, sondern auch nukleare Arsenale von unvorstellbarer Vernichtungskapazität (man errechnete einen mehrfachen *overkill* des gesamten Planeten, das heißt rein rechnerisch reichten die Atomwaffen aus, um die Erde mehrfach zu zersprengen). Die auf immer zielgenaueren ballistischen Raketen mit Reichweiten von 10.000 km und mehr aufgesetzten nuklearen Sprengköpfe ließen, einmal abgeschossen, keine Möglichkeit der erfolgreichen Abwehr.

Ungefähr seit Mitte der 1960er Jahre verfügten beide Weltführungsmächte über solche Waffen, die sie auch noch nach einem nuklearen *Erstschlag* des Gegners abschießen konnten. Dem nuklearen Angreifer brachte also ein Überraschungsangriff keinen Nutzen. Es hat sich gezeigt, dass dieses nukleare Patt möglicherweise vorhandene militärische Aggressivität erfolgreich zähmen konnte. Auch wenn dies nicht gering zu schätzen ist, war es dennoch ein überaus gefährliches Zähmungsinstrument, denn es gab niemals die Garantie, dass die Abschreckung nicht auch irgendwann versagen könnte.

Diese auf gegenseitiger Abschreckung beruhende Konfrontation gibt es nicht mehr. Und ebenso haben jene indirekten militärischen Auseinandersetzungen zwischen Ost und West aufgehört, mit denen die beiden Weltführungsmächte USA und Sowjetunion oder ihre Verbündeten in Afrika oder Asien regionale und lokale Konflikte mittels finanzieller und Militär-Hilfe zu Stellvertreter-Kriegen machten.

Der in der Fachliteratur und auch bei Straßendemonstrationen umstrittene Begriff der *Globalisierung* besagt zunächst nicht mehr und nicht weniger, als dass immer mehr Menschen auf der Erde in ihren privaten, beruflichen und politischen Lebensverhältnissen miteinander vernetzt sind, ob sie es immer wahrhaben wollen oder nicht. Möglich wurde dies wegen der rasanten Entwicklung der Kommunikations- und der Verkehrstechnologie, die zu einer beispiellosen Erhöhung der globalen Mobilität von Informationen, Menschen und Sachen (Gütern) geführt hat und weiter führen wird. Besonders deutlich tritt dies gegenwärtig auf den internationalen Finanzmärkten zutage.

Ein Merkmal der Globalisierung sind ihre ungleichmäßigen Auswirkungen auf zentrale und Randregionen. Ein zweites und besonders sicherheits-relevantes Merkmal ist die bedenkliche Zunahme von Risiken und Gefahren. Bestimmte Umweltschäden (etwa die Abholzung der Regenwälder), Finanzkrisen (etwa die Zahlungsunfähigkeit eines Staates) oder gewalttätige Konflikte und Bürgerkriege lassen keine lokale oder regionale Eindämmung mehr zu. All das hat unmittelbare und mittelbare Wirkungen weltweit.

*Staatsabschwächung* besagt, dass im internationalen System der Gegenwart die Staaten zwar noch eine herausgehobene Rolle spielen, vor allem die großen, stabilen und mächtigen, etwa die USA. Jedoch hat sich die Zahl der eher handlungsschwachen Staaten, besonders in Afrika, aber auch auf anderen Kontinenten, permanent vergrößert. Zugleich ist die Zahl von grenzüberschreitend tätig werdenden nicht-staatlichen Handlungseinheiten („Akteure" in der Sprache der Sozialwissenschaftler) stark angestiegen.

Solche nicht-staatlichen Akteure, die in ihrer Summe die Handlungsmacht der Staaten einengen, sind zum Beispiel:

- Internationale Organisationen wie die UNO oder die OSZE,
- internationale Regime (Fachbegriff für dauerhafte Kooperation von Staaten auf genau definierten Problemfeldern) wie das Abkommen über die Nonproliferation (Nichtweitervergabe) von Nuklearwaffen,
- transnationale Konzerne mit riesigen Umsätzen, die oft das Budgets kleinerer Staaten übertreffen wie die großen Ölkonzerne,
- Nichtregierungsorganisationen (NGOs) mit menschenrechtlichen oder ökologischen Zielen wie *Amnesty International* oder *Greenpeace*,
- aber auch international agierende kriminelle Banden wie die südamerikanischen Drogenkartelle.

Je nach Perspektive und Mentalität der Beobachter werden ganz unterschiedliche Schlussfolgerungen aus diesen drei Strukturveränderungen des internationalen Systems gezogen. Einerseits besteht Hoffnung auf eine weitere Ausbreitung von Demokratie und – entsprechend dem Vorbild der Beziehungen zwischen demokratischen Ländern im Westen – auf einen Rückgang von Gewalt und Krieg (siehe Kap.1.8). Andererseits wird befürchtet, dass wegen der nachlassenden Ordnungskraft von Staaten Gewalt und Kriege häufiger werden. Diese Gefahr besteht vor allem für Zonen mit schwachen Staaten, das heißt solchen ohne inneren Zusammenhalt und ohne eine handlungsfähige Regierung. In bestimmten Regionen der Erde könnten so dauerhafte Zonen der Instabilität entstehen, Brutstätten interner, aber auch nach außen ausstrahlender Gewalt.

## 11.2 Neue Bedrohungen

Die äußere Sicherheit von Staaten war niemals ausschließlich eine militärische Angelegenheit. Die Regierungen nutzten immer auch andere Instrumente, um Bedrohungen abzuwehren oder gar nicht erst entstehen zu lassen. Insofern ist die neuerdings öfter hervorgehobene Bedeutung von weichen im Gegensatz zu harten Macht-Mitteln eines Staates nur die Bekräftigung einer alt-bekannten Einsicht.

Weiche Macht (*soft power*) beruht auf einer hohen Zufriedenheits- und Zustimmungsrate der Gesellschaft mit bzw. zu ihrer politischen Führung, ferner auf dem internationalen Ansehen des Staates, auf der Glaubwürdigkeit und Attraktivität seiner Politik, seiner Kultur und darin besonders, in letzter Zeit immer wichtiger werdend, seines Bildungs- und Wissenschaftssystems. Harte Macht (*hard power*) eines Staates wird gebildet aus dem Reichtum an natürlichen Ressourcen, der Wirtschaftskraft und vor allem auch den Streitkräften.

Einerseits ist nun über jene drei oben geschilderten Veränderungen der Aspekt der weichen Macht in der internationalen Politik wichtiger geworden, insbesondere für Demokratien. Andererseits geht damit keineswegs ein Bedeutungsverlust harter Macht einher. Die Mixtur beider Sorten von Macht und ihr Anteil an staatlicher Sicherheitspolitik haben sich allerdings verändert. Nicht zuletzt liegt das auch daran, dass sich die Wahrnehmung dessen, was – mit leicht unterschiedlicher Bedeutung – als Bedrohungen, Risiken oder Gefahren für die Sicherheit eines Staates angesehen wird, in den letzten zehn Jahren gewandelt hat.

Man sollte dabei zweierlei im Auge behalten: *Erstens* gibt es nicht nur einen einzigen Bedrohungskatalog, sondern viele, je nach geographischer Lage, geopolitischer Konstellation und geostrategischen Perspektiven eines Staates. Die Regierung der USA definiert die Bedrohungen ihres Landes anders als etwa die Regierungen in der Europäischen Union die Bedrohungen Europas definieren. Und bei Ländern wie Indonesien, Uganda oder Kolumbien sieht es wieder anders aus. Allerdings haben sich über die Globalisierung auch gewisse Übereinstimmungen in den Bedrohungs-Wahrnehmungen ergeben. Vor allem hat die Globalisierung die unterschiedlichen Bedrohungen miteinander verknüpft, so dass im Grunde jedes einzelne Land, gleichviel wo es liegt und wie hoch es auf der Rangskala der Staaten angesiedelt ist, seine eigene Sicherheit in globalen Horizonten definieren muss. *Zweitens* sind Bedrohungskataloge nicht etwa Prognosen künftiger Konflikte. Sie umfassen denkbare negative politische Entwicklungen bewusst übertreibend in Form von Konflikt-Szenarien (*worst-case-scenarios*), die ein Staat und seine Regierung mittels vorbeugender Konflikt-Diplomatie am besten gar nicht erst Wirklichkeit werden lassen sollten. Aber sie müssen sich darauf vorbereiten, um nicht böse Überraschungen zu erleben.

Der Perspektiven- oder Paradigmenwechsel in der Sicherheits- und Verteidigungspolitik ist durchaus dramatisch, eine Antwort auf Veränderungen der globalen und makro-regionalen Sicherheitslage. Terminologisch kann man diesen Wechsel daran erkennen, dass in den meisten Dokumenten zur Sicherheitspolitik heute mit einem *erweiterten* oder *umfassenden Sicherheitsbegriff* gearbeitet wird.

> „Nicht in erster Linie militärische, sondern gesellschaftliche, ökonomische, ökologische und kulturelle Bedingungen, die nur in multinationalem Zusammenwirken beeinflusst werden können, bestimmen die künftige sicherheitspolitische Entwicklung. Sicherheit kann daher weder rein national noch allein durch Streitkräfte gewährleistet werden. Erforderlich ist vielmehr ein umfassender Ansatz, der nur in vernetzten sicherheitspolitischen Strukturen sowie im Bewusstsein eines umfassenden gesamtstaatlichen und globalen Sicherheitsverständnisses zu entwickeln ist" (Weißbuch 2006, 29).

Entsprechend umfassender, d. h. aber auch in gewissem Sinne vager wird das definiert, was die angestrebte Sicherheit unterminiert. In der überlieferten Perspektive zwischenstaatlicher Politik wurden als *Bedrohungen* der Sicherheit eines Staates in der Regel den eigenen Interessen entgegengesetzte Interessen und Handlungen anderer Staaten wahrgenommen. Heute erweitern die Regierungen die Bedrohungskataloge früherer Jahre um die Aufzählung von *Risiken* und *Gefahren* (für die Sicherheit des eigenen Staates und der eigenen Gesellschaftsordnung). Unter den Begriff Bedrohung fallen dann gezielte Programme und Aktionen eines Akteurs, die einen anderen Akteur schädigen sollen. Demgegenüber sind Risiken ihm selbst und anderen potentiell Schaden zufügende Nebenwirkungen von nicht auf solchen Schaden ausgerichteten Handlungen eines Akteurs. Und Gefahren sind problematische Ungewissheiten, die weitgehend unabhängig von den Akteuren entstehen. Die Trennschärfe zwischen Risiken und Gefahren ist nicht besonders hoch. Aber dennoch lohnt es sich, beide Begriffe nicht in eins zu setzen. Auf diese Weise können auch Pandemien oder Seuchen als „ernsthafte Gefahr für Stabilität und Frieden" (Weißbuch 2006, 27) erkannt und zu Themen staatlicher Sicherheitspolitik gemacht werden.

In einer umfassenden Sicherheitsperspektive kommt der Prävention eine große Bedeutung zu. Dies hat die Bundesregierung in ihrem Aktionsplan „Zivile Krisenprävention, Konfliktlösung und Friedenskonsolidierung" vom 12. Mai 2004 zu operationalisieren versucht (Bundesregierung 2004). Im April 2006 hat sie einen umfangreichen Bericht über die Umsetzung dieses Aktionsplans vorgelegt (Bundesregierung 2006). Man findet in den beiden Dokumenten viele interessante Ideen und Projekte, aber die Weite des Horizonts für eine umfassenden Sicherheitsbegriff erkennt man in erster Linie daran, dass man ihn aus den Augen verliert.

Für die Streitkräfte ist es freilich trotz dieser Erweiterung zunächst eine Reihe von Bedrohungen, auf die sie sich einzurichten haben. Die *„Europäische Sicherheitsstrategie"*, die der Europäische Rat im Dezember 2003 angenommen hat, zählt als Hauptbedrohungen auf:

- Terrorismus;
- Verbreitung von Massenvernichtungswaffen;
- regionale Konflikte (gemeint sind solche außerhalb der eigenen Region);
- das Scheitern von Staaten;
- organisierte Kriminalität.

> „Bei einer Summierung dieser verschiedenen Elemente – extrem gewaltbereite Terroristen, Verfügbarkeit von Massenvernichtungswaffen, organisierte Kriminalität, Schwächung staatlicher Systeme und Privatisierung von Gewalt – ist es durchaus vorstellbar, dass Europa einer sehr ernsten Bedrohung ausgesetzt sein könnte" (European Council 2003, 5).

Die Bundesregierung hat in ihren eigenen sicherheitspolitischen Grundüberlegungen diesen Bedrohungskatalog im Prinzip übernommen. Im „Weißbuch 2006" des Bundesministeriums der Verteidigung wird, graphisch besonders hervorgehoben, ein Ausspruch von Außenminister Frank-Walter Steinmeier zitiert, der auf der 42. Münchner Konferenz zur Sicherheitspolitik am 5. Februar 2006 gesagt hat: „Neben der Proliferation von Massenvernichtungswaffen stellt der global agierende Terrorismus die ernsteste Bedrohung unserer Sicherheit dar" (Weißbuch 2006, 26)

Diese Bedrohungsvorstellungen unterscheiden sich grundsätzlich von den auf Abschreckung und Verteidigung gegenüber einem potentiellen Gegner aus dem Osten basierenden strategischen Leitvorstellungen aus der Zeit vor 1990.

## 11.3 Neue Aufgaben für die Streitkräfte

Und sie scheinen damit ebenso grundsätzlich darauf zu verweisen, dass den überlieferten Zwecken von Streitkräften, so wie sie im gesamten 19. und 20. Jahrhundert als selbstverständlich galten, jetzt nur noch eine nachgeordnete Rolle beigemessen wird: Instrument zur *direkten* Durchsetzung nationaler Interessen zu sein, defensiv im Sinne der Verteidigung des eigenen Territoriums; offensiv im Sinne einer Ausdehnung des nationalen Machtbereichs über die eigenen Grenzen hinaus, zum Beispiel beim Gewinn von Kolonien oder der Sicherung von Einflusszonen. Entsprechend waren die Soldaten auf ihre Nation eingeschworen, deren Wohlergehen sie als obersten Wert anerkannten. Der Tod von Soldaten galt als prinzipiell sinnvolles Opfer für die eigene Nation.

Hier haben sich vier entscheidende Dinge verschoben.

- „Größere Angriffe gegen Mitgliedstaaten sind nunmehr unwahrscheinlich geworden", heißt es in der eben erwähnten ‚Europäischen Sicherheitsstrategie'. Wenn das richtig ist, dann gibt es keinen Anlass mehr, Streitkräfte hauptsächlich zum Zwecke der Verteidigung gegen solche größeren Angriffe auszubilden und auszurüsten.
- Noch deutlicher als schon in der zweiten Hälfte des 20. Jahrhunderts gibt es in der von Globalisierung und dem Funktionsverlust von Staatsgrenzen gekennzeichneten Sicherheitslage keine klare Unterscheidung mehr zwischen innerer und äußerer Sicherheit und folglich eine Vermischung der Aufgaben von Polizei und Militär.
- Das Einsatzspektrum von Streitkräften umfasst auch und keineswegs nur am Rande Krisen-Reaktions-Operationen, die direkt wenig oder nichts mit dem Schutz des eigenen Territoriums zu tun haben. Sie sind in erster Linie ein Beitrag zur internationalen Ordnungspolitik, in der Regel nicht mit der Perspektive, militärisch zu siegen (darum geht es in der überlieferten Kriegs-Definition), sondern die Konflikte zu de-eskalieren und die Voraussetzungen für einen friedlichen Wiederaufbau zu schaffen.
- Solche Interventionen finden nicht als nationale Einsätze statt, sondern in multinationalem Rahmen, weil sie nur so ihre Legitimation erhalten. Nach dem geltenden Völkerrecht, das die nationale Verteidigung erlaubt, werden Interventionen nur dann legal, wenn ihnen ein Beschluss des Sicherheitsrates der Vereinten Nationen (in Ausnahmefällen auch ihrer Generalversammlung) zu Grunde liegt. Nicht einzelne Staaten, sondern nur die *internationale Gemeinschaft* dürfen hier grünes Licht geben. Dies ist, nebenbei gesagt, ein

leicht euphemistischer Begriff, aber ohne ihn kommt man in diesem Diskurs nicht aus.

Schon die Militärorganisationen selbst haben sich in den letzten Jahren nicht ganz leicht damit getan, ihre Strukturen und ihr kollektives Selbstverständnis auf diesen Paradigmenwechsel einzustellen. Es ist zu vermuten, dass die Öffentlichkeit auch ihre Schwierigkeiten damit hat, obwohl das eine Vermutung bleiben muss, denn die Probe aufs Exempel steht noch aus.

## 11.4 Ursachen neuer Kriege

Wendet man den Blick von den Streitkräften zu den Kriegsursachen, ergibt sich ein sehr unübersichtliches Bild. Die Arbeitsgemeinschaft Kriegsursachenforschung, die seit 1993 Jahresberichte zum weltweiten Kriegsgeschehen vorlegt, verzeichnet seit 1945 insgesamt 226 Kriege. Dabei geht sie von einer für Messungen und Vergleiche gut brauchbaren, wenn auch nicht überall gut anwendbaren Kriegsdefinition aus:

> (Als Krieg definiert die AKUF) „einen gewaltsamen Massenkonflikt, der alle folgenden Merkmale aufweist: (a) an den Kämpfen sind zwei oder mehr bewaffnete Streitkräfte beteiligt, bei denen es sich mindestens auf einer Seite um reguläre Streitkräfte (Militär, paramilitärische Verbände, Polizeieinheiten) der Regierung handelt; (b) auf beiden Seiten muss ein Mindestmaß an zentral gelenkter Organisation der Kriegführenden und des Kampfes gegeben sein, selbst wenn dies nicht mehr bedeutet als organisierte bewaffnete Verteidigung oder planmäßige Überfälle (Guerillaoperationen, Partisanenkrieg usw.); (c) die bewaffneten Operationen ereignen sich mit einer gewissen Kontinuität und nicht nur als gelegentliche spontane Zusammenstöße, d. h. beide Seiten operieren nach einer planmäßigen Strategie, gleichgültig ob die Kämpfe auf dem Gebiet einer oder mehrerer Gesellschaften stattfinden und wie lange sie dauern" (AKUF 2002, 10).

In absehbarer Zukunft wird organisierte Gewalt häufig aus dem Streben von ethnisch, sozial oder sonstwie sich definierenden Gruppen entstehen, politisch unabhängig zu werden oder sogar Eigenstaatlichkeit zu erlangen. Die angegriffenen Staatsführungen werden sich dagegen zur Wehr zu setzen versuchen. In schwachen und instabilen Staaten können auf diese Weise Langzeitkonflikte schwelen, die an der Schwelle zwischen bewaffnetem Konflikt und Krieg (in der

Terminologie der Arbeitsgemeinschaft Kriegsursachenforschung) angesiedelt sind und sub-staatliche Zersplitterungs-Prozesse in Gang halten. Konflikte zwischen Gruppen mit unterschiedlichen kulturellen Werten und Religionen werden sich in bestimmten Teilen der Welt häufig zu bewaffneten Konflikten und Kriegen ausweiten. Politisch-religiöser Fundamentalismus kann solche Konflikte selbst in weitab gelegene Länder exportieren. Auch dies gehört zu den Folgen der Globalisierung.

Drückender werdende Knappheit lebenswichtiger Ressourcen wie zum Beispiel Rohöl oder Wasser kann das scheinbar überholte Muster zwischenstaatlicher Kriege um bestimmten Grund und Boden neu beleben.

Hunger und Elend ganzer Gesellschaften, als Folge von Naturkatastrophen, beschleunigtem Bevölkerungswachstum oder der verantwortungslosen Politik von Staatsführungen kann zu regionalen Unruhen führen, die sich rasch ausbreiten. Die dadurch ausgelösten Migrationswellen bringen auch die Nachbarstaaten in wirtschaftliche Schwierigkeiten. Es findet ein Export von Instabilität statt.

Das technische Wissen und die Bestandteile, die benötigt werden, um Massenvernichtungswaffen zu bauen, sind auf einem globalen schwarzen Markt ohne große Schwierigkeiten zu erwerben. Solche Waffen in der Verfügungsgewalt von verantwortungslosen Staatsführern oder im Besitz von Kriminellen stellen ein großes Bedrohungspotenzial dar. Denn sie sind schwer zu entdecken und einfach an beliebige Orte zu transportieren.

Bei konventionellen Waffen gibt es einen regen internationalen Handel, teils legal, teils illegal. Er trägt dazu bei, dass überall dort, wo Konflikte gewalttätig zu werden drohen, die Mittel zur gewalttätigen Eskalation rasch und umstandslos in die Reichweite der Konfliktparteien kommen. Wer bezahlen kann, bekommt Waffen geliefert. Wer nicht bezahlen kann, bekommt sie zuweilen von Sympathisanten gespendet.

Internationale Bandenkriminalität und politisch oder sonstwie motivierter internationaler Terrorismus können die innere Sicherheit von Staaten erheblich gefährden. Da die Drahtzieher außer Landes residieren und Staatsgrenzen ihre eigenen Aktivitäten kaum, wohl aber die der Regierungen beeinträchtigt, kann hier nicht mehr zwischen innerer und äußerer Sicherheit unterschieden werden.

Sicherheitspolitik muss künftig nicht nur auf diese Bedrohungen und Gefahren reagieren, sondern dazu noch in Rechnung stellen, dass sich auch die Art und Weise der Kriegsführung verändern wird. Die Rüstungstechnologie entwickelt sich auf allen Ebenen weiter, bei den hochtechnischen Großsystemen ebenso wie bei den Kleinwaffen. In vielen Konflikten der Zukunft werden nicht nur staatliche Streitkräfte mit völkerrechtlich eindeutig als Kombattanten ausgewiesenen

Soldaten, vielmehr Banden, Söldner und Techno-Partisanen kämpfen. Es wird eine Verschmelzung von konventioneller und Guerilla-Kriegsführung stattfinden. Fachleute sprechen in diesem Zusammenhang von „Neuen Kriegen" und von „asymmetrischer Kriegsführung" (Münkler 2002, Münkler 2006).

Die von manchen Experten als revolutionär gekennzeichnete Entwicklung der elektronischen Informations- und Führungssysteme und die damit verbundene Technisierung des von Führung und Einsatz im Krieg (*revolution in military affairs*) hat keineswegs einen „klinisch sauberen" Krieg zur Folge. *Information warfare* und *Cyberwar* – hier wird das Internet in seiner Bedeutung für wirtschaftliche Prozesse und die Aufrechterhaltung der staatlichen Infrastruktur gewissermaßen als Schlachtfeld genutzt – signalisieren vor allem auch eine erhöhte Anfälligkeit der Infrastruktur hoch- oder postmoderner Gesellschaften für inszenierte Störungen.

Der Schlüsselbegriff, der diesen Bedrohungskatalog zusammenfasst, lautet: drastisch erhöhte Verletzlichkeit der zivilen Gesellschaft einschließlich und trotz ihrer Streitkräfte. Herkömmliche Konzepte und Instrumente der Sicherheitspolitik allein bieten keinen wirksamen Schutz.

## 11.5 Rüstung und Rüstungskontrolle

Maßnahmen der (Auf-)Rüstung und der Rüstungskontrolle kann man noch am ehesten als Teil der herkömmlichen Sicherheitspolitik mit militärischen Mitteln bezeichnen. Sie sind zwei Seiten eines Prozesses. Es geht darum, zwei Ziele miteinander zu verknüpfen: Das eigene Rüstungspotenzial soll die Sicherheit erhöhen, zugleich soll ein irrationaler und unwirtschaftlicher Rüstungswettlauf verhindert werden.

Das Rüstungsprojekt, das die sicherheitspolitische Debatte und die Entwicklung der Sicherheitspolitik nicht nur in den USA, sondern in vielen anderen Ländern, auch in Europa, in den nächsten zehn Jahren nachhaltig beeinflussen wird, ist der Aufbau einer zentralen strategischen Flugkörperabwehr, der *National Missile Defense* (NMD). Dieses Projekt bekam im Juli 1999 gesetzlichen Rang (*National Missile Defense Act*) und wird von den US-Regierungen deshalb so nachdrücklich verfolgt, weil sie den Angriff mit einer auf einen Flugkörper montierten Massenvernichtungswaffe als besonders schwerwiegende potenzielle Bedrohung ihres Landes ansehen. Ob sich Amerika mit einem solchen Waffensystem gegen den Angriff eines Staates mit unverantwortlicher Führung – in der amerikanischen Terminologie Schurkenstaat genannt – oder den Angriff einer international agierenden Terrororganisation wirksam schützen kann, ist umstritten. Sollte das Projekt technisch und finanziell machbar sein, hätten die USA ihren rüstungstechnologischen Vorsprung einmal mehr vergrößert. Auf jeden Fall hat es sich rasch weiterentwickelt – seit 2002 spricht man im Pentagon nicht mehr von *National Missile Defense*, sondern allgemeiner von der *Ballistic Missile Defense*. Einzelne Komponenten sollen in anderen Ländern, etwa in Polen und der Tschechischen Republik, aufgebaut werden. Nach der derzeit gültigen Sprachregelung der *Missile Defense Agency* im Pentagon umfasst *Ballistic Missile Defense* folgendes:

> „All active and passive measures designed to detect, identify, track, and defeat attacking ballistic missiles (and entities) in both strategic and theater tactical roles, during any portion of their flight trajectory (boost, post-boost, midcourse, or terminal) or to nullify or reduce the effectiveness of such attack *(www.nda.mil/ndalink/pdf/glossary.pdf –* Zugriff am 24. 3. 2007)

Dass ein solchermaßen angestrebter und vielleicht sogar auch erreichter technologischer Vorsprung keine Garantie für Unangreifbarkeit darstellt, das war auch schon vor dem 11. September 2001 bekannt. Die Terror-Angriffe auf New York und Washington haben aber unübersehbar vor Augen geführt, dass auch die am höchsten gerüstete Macht auf der Erde unschwer zum Opfer von Angriffen werden kann. Dies ist allerdings kein Argument gegen die nationale Raketen-Abwehr, nur eines gegen damit verbundene Illusionen.

Außerdem bedeutet der Ausbau eines solchen Abwehr-Systems das Ende des ABM-Vertrages von 1972. Dieser Vertrag war Teil des SALT I-Abkommens zwischen den USA und der Sowjetunion. Es ging darin um die Begrenzung der Zahlen von weitreichenden Nuklearraketen. Zugleich wurde bis auf geringe Ausnahmen der Bau von Anti-Raketen-Raketen verboten. Damals trug das zur nuklearstrategischen Ost-West-Stabilität bei. Mit dem Ende des Ost-West-Konflikts ist dieses Abkommen faktisch obsolet geworden. Die USA versuchen deshalb auch, durch den weiteren Ausbau der Rüstungskontroll-Regime über Nuklearraketen und die Nichtweitervergabe von Nuklearwaffen (*Non-Proliferation Treaty* NPT) die Möglichkeit eines Nuklearwaffen-Einsatzes zu verringern. Das bedeutet aber unter anderem, dass jene Mächte, die wie Russland und China ihren Nuklearwaffenbesitz vor allem auch als Statussymbol ihres weltpolitischen Rangs betrachten, diesen von der amerikanischen Rüstungspolitik tendenziell entwertet sehen. Deshalb lehnen sie die NMD/BMD-Pläne der USA strikt ab.

Auf einem anderen Feld der Rüstung scheint es mit der ‚kooperativen Rüstungssteuerung' der großen Mächte gegenwärtig und in der Zukunft immer schlechter zu laufen. Der Weltraum sollte, so sahen es Rüstungskontrollabkommen in der Zeit der Ost-West-Entspannung vor, entmilitarisiert bleiben. So ganz hat das nie funktioniert, denn selbstverständlich darf man die vielen Spionage-Satelliten in ihren Erdumlaufbahnen nicht einfach als Instrumente zur Überwachung von Rüstungseinschränkungen ansehen, sondern muss sie auch, wenigstens teilweise, als Elemente zur Optimierung der militärstrategischen Positionen ihrer Besitzer einordnen. Bekannt ist ja außerdem, dass Satelliten häufig eine beträchtliche wirtschaftliche Bedeutung haben. Wer sie abzuschießen in der Lage ist, kann ihren Besitzern großen Schaden zufügen.

## 11.6 Kooperative Sicherheit

Keine Sicherheitspolitik, wenn sie erfolgreich sein will, kann sich heute und in Zukunft allein auf die unilaterale, das heißt nur auf die Eigeninteressen eines Staates hin ausgerichtete Rüstung verlassen. Auch bi- oder multilaterale Rüstungskontroll-Abkommen, wie wir sie aus den Entspannungsjahren des Ost-West-Konflikts kennen, haben eher nur einen Scherben-Aufräum-Charakter. Vor dem Hintergrund der Globalisierung und der Intensitätssteigerung regionaler Konflikte in bestimmten Zonen des Planeten drängt sich ein anderer sicherheitspolitischer Ansatz auf, nämlich der der „Kooperativen Sicherheit".

Gemeint ist damit eine Sicherheitspolitik, die auf der Kooperation der Staatengemeinschaft und vieler nicht-staatlicher Akteure bei der Prävention (Vorbeugung) und Deeskalation von Konflikten beruht. Dem liegt der Gedanke zugrunde, dass Kriege und gewaltsame Konflikte, vor allem wenn es dabei zu ethnischen Säuberungen und Völkermord kommt, nicht nur aus moralischen Gründen, sondern auch wegen ihrer indirekten Auswirkungen in anderen Teilen der Welt völlig intolerabel sind.

Ein nach wie vor wichtiges Dokument, in welchem diese Konzeption dargestellt wurde, welche sich für die Sicherheitspolitik der Staaten in den Vereinten Nationen ergeben, ist die „Agenda für den Frieden" des damalige Generalsekretärs der UNO Boutros-Ghali aus dem Jahr 1992. Hier geht es um vorbeugende, notfalls auch robust in Kriegshandlungen eingreifende und nach einem Ende der Kampfhandlungen die lokale politische Ordnung stützende Sicherheitspolitik, in welcher Streitkräfte und zivile humanitäre Organisationen gemeinsam und in Absprache miteinander handeln (Text in: Boutros-Ghali 2000).

Außerdem sind die Streitkräfte bei solchen Krisen-Reaktions-Operationen grundsätzlich aus Truppenteilen mehrerer Nationen zusammengesetzt. Denn nur auf diese Weise wird die Quelle der Legitimation für ein solches Eingreifen sichtbar: Es geht den intervenierenden Streitkräften eben gerade nicht um einen Sieg auf dem Schlachtfeld aus nationalem Interesse heraus. Vielmehr soll die Gewalt eingedämmt und beendet werden. Die Konfliktparteien vor Ort sollen in die Lage versetzt werden, ihre Zukunft friedlich miteinander zu gestalten. Das bedarf freilich häufig, wie man etwa an den Konflikten im ehemaligen Jugoslawien ablesen kann, einer langjährigen politisch-militärisch-polizeilichen Supervision durch die internationale Staatengemeinschaft sowie beträchtlicher Finanzmittel zum Wiederaufbau. Und es bedarf zuweilen vorher eines sehr robusten Kampfeinsatzes, um überhaupt erst einmal die Chance zu eröffnen, dass die Konfliktparteien ein einigermaßen friedliches Miteinander als politisches Ziel akzeptieren. Dafür scheinen häufig gar keine Aussichten zu bestehen; andererseits gibt es keine sinnvolle Alternative zu solchen Versuchen.

Für diese Art Sicherheitspolitik braucht es die Kraft klarsichtiger und vorausschauender Analyse. Denn je früher Akteure von außen bei Konflikt-Eskalationen mit der Legitimation der internationalen Gemeinschaft eingreifen, desto wirksamer kann der Eskalations-Prozess angehalten oder vielleicht sogar rückgängig gemacht werden. Freilich braucht es handlungsfähige internationale Organisationen, welche die benötigten personellen und finanziellen Mittel ohne großen Zeitverlust mobilisieren können. Daran hapert es noch, wie die Erfahrungen mit Friedensmissionen der Vereinten Nationen aus dem vergangenen Jahrzehnt belegen.

Eine der unabdingbaren Grundvoraussetzungen jeder multinationalen und auf die Ordnung und Stabilität des gesamten internationalen Systems bezogenen Sicherheitspolitik ist aber, dass die führenden Staaten der Staatengemeinschaft ihre Beiträge zum Gemeinwohl der internationalen Ordnung als in ihrem eigenen langfristigen Interesse liegend erkennen.

## 11.7 Multinationale Dimension

Entscheidendes Kennzeichen künftiger Sicherheitspolitik ist ihre Multi-Dimensionalität. Denn sie umfasst diplomatische, polizeiliche, militärische und nicht zuletzt auch wirtschaftliche Elemente. Sie wird einmal von den Staaten in herkömmlicher Weise unilateral, das heißt primär und kurzfristig auf die eigene nationale Sicherheit definiert. Daraus ergeben sich dann, je nach geostrategischer Konstellation und finanziellen sowie technologischen Möglichkeiten, nationale Entscheidungen über die Größenordnung und das Profil der Streitkräfte, über Bündnisse und vielleicht auch über internationale Rüstungskontroll-Regime oder

Konventionen zur Eindämmung bestimmter Bedrohungen, wie sie etwa von internationalen Terror-Netzwerken ausgehen.

Diesen zuletzt aufgezählten sicherheitspolitischen Bestrebungen sollte aber besser schon eine multilateral, d. h. im Blick auf eine ganze Makro-Region (wie z. B. Europa oder die Nordatlantik-Region) oder sogar auf den gesamten Planeten hin angelegte und gemeinsam akzeptierte Definition von Sicherheit zu Grunde liegen. Es ist dieser weitere Rahmen, der rasant an Bedeutung gewinnt.

Es kann, muss aber nicht zwischen diesen beiden unterschiedlichen Perspektiven zu Friktionen und Widersprüchen kommen. Eine kluge Politik wird alles daran setzen, sie miteinander in Einklang zu bringen.

Leicht ist das nicht, muss doch gerade auch die Sicherheitspolitik in demokratischen Gesellschaften generell und bei Einzelentscheidungen immer wieder neu legitimiert werden und öffentliche Akzeptanz finden. Die Öffentlichkeit kümmert sich jedoch in der Regel nur dann um Sicherheitspolitik, wenn akute Probleme auftauchen, seien es die Entsetzen auslösenden Medienberichte und Bilder von einem Krieg oder das plötzliche Ansteigen der Zahlen von Flüchtlingen und Menschen, die um politisches Asyl nachsuchen.

Je rascher sich die Einsicht bei Regierenden und in der Öffentlichkeit durchsetzt, dass die erfolgreichste und im Übrigen auch kostengünstigste Sicherheitspolitik multilateral, langfristig und so angelegt sein muss, dass ihre militärische Komponente lediglich zur Abstützung der zivilen Komponenten eingesetzt wird, desto besser für die Stabilität der internationalen Ordnung. Dies aber liegt im Interesse aller auf friedliche Beziehungen innerhalb dieser Ordnung angewiesenen Staaten und vor allem auch derjenigen Menschen, die in der Gefahr stehen, bei der Eskalation von Konflikten zu ihren Opfern zu werden.

## 12   Soldaten und Streitkräfte am Beginn des 21. Jahrhunderts

Nachdem im vorigen Kapitel einige wichtige Veränderungen der sicherheitspolitischen Konstellation, des Kriegsbildes und des Gefüges militärischer Bedrohungen und Gefahren seit dem Ende des Ost-West-Konflikts abgehandelt worden sind, geht es nun darum zu erkunden, wie sich diese Rahmenbedingungen auf die Organisation der Streitkräfte und auf den Soldatenberuf auswirken. Die an verschiedenen Stellen des Textes aufgetauchten Hinweise auf und Illustrationen für solche die Organisation der Streitkräfte, das Selbstverständnis der Soldaten, das zivil-militärische Verhältnis betreffenden Veränderungen, die seit dem Ende des Ost-West-Konflikts an die politische Oberfläche drängen, sollen jetzt systematisch aufgegriffen und analysiert werden. Auch wenn Deutschland und die Bundeswehr dabei im Mittelpunkt stehen, ist doch unabweisbar, dass für solch ein Vorhaben die Beschränkung auf einen nationalstaatlichen Untersuchungsrahmen weniger denn je in Frage kommt. Vielmehr muss man inzwischen den Blick immer wieder auf europäische Vorgänge lenken. Denn trotz aller Unklarheiten über die Formulierung und die Perspektiven einer Europäischen Sicherheits- und Verteidigungspolitik (ESVP) als Komponente der Gemeinsamen Außen- und Sicherheitspolitik (GASP) der Europäischen Union werden die einzelstaatlichen Interessen, Ziele und Konzepte auf diesem Politikfeld zukünftig hier zusammenlaufen.

Die makro-regionale Entwicklung von Militär- und Sicherheitspolitik ist aber ihrerseits nicht unabhängig von Entwicklungen auf anderen Kontinenten zu sehen. Das war schon im Ost-West-Konflikt so – die Sicherheit Westeuropas war auf die NATO gestellt, und diese war in starkem Maße abhängig von den Vereinigten Staaten. Die fortschreitende Globalisierung hat eine ‚globale Sicherheitslandschaft' (siehe Kap. 1.7) hervorgebracht, die nunmehr den eigentlichen Rahmen für die Militär- und Sicherheitspolitik, für die Streitkräfte-Organisation und die Rüstungspolitik (ausnahmslos) *aller* Akteure abgibt.

## 12.1 Kriegsfreie Gesellschaften und postmoderne Streitkräfte

Der Ausdruck ‚globale Sicherheitslandschaft' ist eine Metapher. Generell soll man es sich in den Sozialwissenschaften zur Regel machen, Metaphern aus der Natur (die Biologie und die Physik, seltener die Chemie bieten da ein umfangreiches Reservoir) zu vermeiden. Die Ausnahme in diesem Fall kann damit begründet werden, dass der Begriff die Vielfältigkeit und die innere Einheit der relevanten Sicherheits-Phänomene in ihrem wechselseitigen Bezug heraushebt, und das ist hilfreich. Denn man darf keines von beiden aus dem Auge verlieren: die enorme Ausdifferenzierung der Mittel und Methoden organisierter Gewalt einerseits (Vielfältigkeit) und andererseits die endgültige Verflüchtigung der Möglichkeit, einzelne Gesellschaften oder Territorien könnten sich aus den laufenden Konflikten auch nur für einige Zeit erfolgreich heraushalten (innere Einheit).

Diese Bemerkung soll hier als kleines Warnschild vor der Betrachtung einer im Prinzip sinnvollen, aber eben hauptsächlich westliche Gesellschaften betreffenden Typologie dienen. Von dem amerikanischen Militärsoziologen Charles C. Moskos gibt es eine erst insgesamt auf moderne Gesellschaften bezogene, später dann auf die Streitkräfte der Vereinigten Staaten (gewissermaßen als Rollenmodell) zugeschnittene Dreier-Typologie zum Verhältnis Zivilgesellschaft/Streitkräfte/Krieg, die sehr instruktiv ist. Spätestens seit Comte, der sie auch von älteren Vorbildern übernahm, lieben Soziologen Dreier-Schemata, die nicht nur eine rein typologische Gegenüberstellung sein wollen, sondern auch eine historische Entwicklungslinieherausarbeiten sollen. Bei Comte hieß das etwas pompös „Drei-Stadien-Gesetz".

*Übersicht 3:*      Streitkräfte in drei Epochen: Die USA

| Forces Variable | Modern (Pre-Cold War) 1900-1945 | Late Modern (Cold War) 1945-1990 | Postmodern (Post-Cold War) Since 1990 |
|---|---|---|---|
| Perceived Threat | Enemy invasion | Nuclear war | Subnational (e.g., ethnic violence, terrorism) |
| Force Structure | Mass army, conscription | Large professional army | Small professional army |
| Major Mission Definition | Defense of homeland | Support of alliance | New missions (e.g., peacekeeping, humanitarian) |
| Dominant Military Professional | Combat leader | Manager or technician | Soldier-statesman; soldier-scholar |
| Public attitude toward Military | Supportive | Ambivalent | Indifferent |
| Media Relations | Incorporated | Manipulated | Courted |
| Civilian Employees | Minor component | Medium component | Major component |
| Women's Role | Separate corps or excluded | Partial integration | Full integration |
| Spouse and Military | Integral part | Partial involvement | Removed |
| Homosexuals in Military | Punished | Discharged | Accepted |
| Conscientious Objection | Limited or prohibited | Routinely permitted | Subsumed under civilian service |

Quelle: Moskos et al. 2000, 15

In der früheren Version dieser Typologie (Moskos 1990, 111) ging es vor allem auch um die Illustration der These, dass die Wahrscheinlichkeit von Kriegen einen gestalterischen Einfluss auf die Beziehungen zwischen Gesellschaften und ihren Streitkräften hat. In der jüngsten Version hat er den Brennpunkt seiner Typologie auf die Vereinigten Staaten konzentriert; sie hat dadurch aber an Aussagekraft auch für andere westliche Gesellschaften einschließlich der Bundesrepublik Deutschland nichts Entscheidendes eingebüßt.

Wie immer bei solchen Typologien gibt es auch hier im Detail einiges zu kritisieren oder zumindest mit einem Fragezeichen zu versehen. Die drei Adjektive *modern*, *late modern* und *postmodern* sind nicht sehr glücklich gewählt, vor allem *late modern* bleibt ganz unspezifisch. Aber die drei entsprechenden Adjektive in der früheren Version, nämlich *kriegsbereit*, *kriegsabschreckend* und *kriegsfrei*, konnten noch weniger überzeugen. Man sollte sich vor allem davor hüten, die drei Epochen wirklich trennscharf voneinander abzugrenzen. Denn selbstverständlich genießt die *homeland security* in den USA nach wie vor oberste moralische und politische Priorität, und andere militärische Aufträge werden nach wie vor daran gemessen, ob und wie sie mit diesem grundlegenden Auftrag kompatibel sind. Seit der internationale Terrorismus in den USA als Bedrohung der eigenen Sicherheit ganz ernst genommen wird, also seit dem 11. September 2001, hat dies auch wieder neue Plausibilität gewonnen.

Dennoch erfassen die Unterscheidungen von Moskos viele wichtige Veränderungen im Verhältnis Zivilgesellschaft/Streitkräfte, gerade auch, was Abweichungen im Blick auf die Bundeswehr betrifft. Man kann hier nämlich feststellen, dass sich die verschiedenen Stadien in eine viel kleinere Zeiteinheit zusammenpressen. Die Gründungsüberlegungen und die ersten Aufbaupläne für die Bundeswehr waren noch weitgehend von der Vorstellung eingefärbt, man benötige Streitkräfte für eine *kriegsbereite* Gesellschaft. Die Frage nach der Kriegs- oder, politisch korrekter, nach der Verteidigungsbereitschaft der Gesellschaft wurde im militär- und sicherheitspolitischen Diskurs der Bundesrepublik damals oft mit einem etwas bangen Unterton gestellt. Die Gesellschaft habe sich, das wurde als selbstverständlich angenommen auf einen konventionellen Krieg mit Angriff, Verteidigung, Kampf und Schlachten vorzubereiten. Aus heutiger Sicht erscheint das anachronistisch. Aber damals war es das Wahrscheinlichste, jedenfalls für die Militärplaner mit ihrem Erfahrungshorizont aus dem Zweiten Weltkrieg. Im westlichen Europa bis zum Ende des Ost-West-Konflikts haben alle Kriegs-Szenarien mit der Möglichkeit einer Invasion durch die Rote Armee und den Warschauer Pakt gerechnet, weshalb hier also die beiden ersten Stadien der Moskos'schen Typologie sich weitgehend überschneiden.

Großes Interesse kann aus deutscher und europäischer Sicht aber vor allem das dritte Stadium beanspruchen. Hier gibt es beachtliche Übereinstimmungen bei der Entwicklung in den USA und in Europa. Für Deutschland hat etwa Bernhard Fleckenstein nach einer Überprüfung der einzelnen Punkte in Moskos' Typologie festgestellt:

> „In general, the model...applies well to the German experience. The variables of a postmodern military are applicable to the Bundeswehr, with certain exceptions due to national peculiarities. In particular, the model's expectations concerning conscription, the role of women in the forces, and the place of homosexual servicemen are not borne out. Because the military forces of democratic societies tend to reflect the societies they defend, changes in these areas will come from German society as a whole rather than from within the Bundeswehr" (Fleckenstein 2000, 99).

Die Angelegenheit mit der Wehrpflicht zieht sich in Deutschland tatsächlich immer weiter hin, wenn auch aus anderen Gründen (siehe Kap. 9). Frauen dürfen inzwischen überall in der Bundeswehr Dienst tun. Und was den dritten Punkt betrifft, so muss man darauf hinweisen, dass auch in den USA die Akzeptanz von Homosexualität in den Streitkräften sich noch nicht richtig durchgesetzt hat. Eine Politik des *„We don't ask, you don't tell"* wird in den USA quasi offiziell betrieben und vermutlich erst in einigen Jahren in unbeschränkte Akzeptanz übergehen. Auch in der Bundeswehr wird nicht nachgefragt und wird Homosexualität, wenn sie nicht demonstrativ hervorgekehrt wird, geduldet. Sexualität sei grundsätzlich Privatangelegenheit, heißt es in einem vom damaligen Generalinspekteur Kujat im Januar 2001 erlassenen *Verhaltenskatalog zum Umgang mit Sexualität und zu Toleranz gegenüber Homosexuellen*. Das ist eine sympathische Einstellung; aber das gewünschte tolerante Verhalten ist damit noch nicht garantiert.

## 12.2 Vergleichs-Untersuchungen

Gegen Ende der 1990er Jahre hat es eine Reihe von internationalen militärsoziologischen Forschungsprojekten gegeben, deren Promotoren es sich zum Ziel machten, vergleichende Bestandsaufnahmen der Streitkräfte-Entwicklung sowie der Veränderungen im Verhältnis Gesellschaft/Streitkräfte in ausgewählten Ländern nach dem Ende des Ost-West-Konflikts zu erstellen. Ziel solcher Unternehmungen war in der Regel herauszufinden, ob es gemeinsame Entwicklungs-Tendenzen gibt, wenn ja, welche, und wo nationale Besonderheiten sich solchen Tendenzen aus welchen Gründen widersetzten.

Drei der wichtigsten dieser Projekte sind:

- Untersuchungen einer Forschungsgruppe am „L'Observatoire du change-ment social en Europe" in Poitiers, deren Ergebnisse in dem Band „Les ar-mées en Europe" vorliegen, herausgegeben von Bernard Boëne und Chris-topher Dandeker (1998), im folgenden „Boëne/Dandeker-Studie" genannt.
- Der schon erwähnte Sammelband, den Charles Moskos, John Allen Williams und David R. Segal (2000) herausgegeben haben und dessen Grundlage die oben wiedergegebene Übersicht 3 ist, im folgenden „Moskos-Studie" ge-nannt.
- Schließlich ein am George C. Marshall European Center for Security Studies verankertes Projekt von Jürgen Kuhlmann und Jean Callaghan über „Milita-ry and Society in 21st Century Europe" (2000), im folgenden „Kuhlmann/ Callaghan-Studie" genannt.

Alle drei Projekte, die übrigens auch personell eng miteinander verklammert waren (die Militärsoziologie ist ein kleines Fach), bilanzieren die Veränderungen der Organisation von Streitkräften und im zivil-militärischen Verhältnis vor dem Hintergrund der Strukturveränderung des internationalen Systems nach 1990, und sie konzentrieren sich auf demokratische Gesellschaften, unter Einschluss ehemals sowjetkommunistischer Länder in Mittel- und Osteuropa.

Die Boëne-Dandeker-Studie präsentiert keine nationalen Fallstudien; die Autoren haben ihr Material um systematische Fragestellungen (Niedergang der Massenarmee; postnationale Streitkräfte; die Rolle von Informationstechnologien; militärischer Neo-Professionalismus) angeordnet. Davon unterscheidet sich der Aufbau der beiden anderen Studien – in der Moskos-Studie werden Untersu-chungen zu den Streitkräften in Großbritannien, Frankreich, Deutschland, den Niederlanden, Dänemark, Italien, Kanada, Israel, Australien und Neuseeland, der Schweiz und Südafrika vorgestellt. Es geht dabei immer darum, die Umrisse des in Übersicht 3 vorgestellten und anhand der USA gewonnenen Modells auf die Verhältnisse in diesen Ländern zu projizieren und dabei herauszubekommen, wie beides zusammenpasst. Die Kuhlmann/Callaghan-Studie schließlich erwei-tert das Blickfeld nach Osten. Die hier (nach einer sehr sorgfältig erarbeiteten Zusammenstellung von Leitfragen und Variablen) untersuchten Fälle umfassen die Tschechische Republik, Ungarn, Rumänien, Bulgarien, Russland, Deutsch-land, Frankreich, Italien und die Niederlande. Auch wenn die theoretischen Prä-missen und die Fragerichtungen in diesen drei Studien voneinander abweichen, so ergänzen sie sich doch sehr gut und bieten jedenfalls keine Ansatzpunkte für wechselseitige Widersprüche.

Eine Querschnitt-Betrachtung der Ergebnisse dieser wichtigen und auch noch in den nächsten Jahren aktuellen Studien kommt zu gemischten Befunden. Einerseits nämlich gibt es erstaunliche Konvergenzen zwischen den Streitkräften verschiedener Länder. Andererseits haben Elemente der überlieferten politischen und militärischen Kulturen der einzelnen Nationalstaaten ihre Bedeutung keineswegs eingebüßt. Diese einerseits/andererseits-Mischung tendiert jedoch in demokratischen Gesellschaften letztendlich dazu, wechselseitige Angleichung zu erreichen. Im Falle der ostmitteleuropäischen Staaten ist das ja auch kein Wunder. In diesen *Transformationsgesellschaften* wird ziemlich massiv für die Übernahme westlicher Muster für das politische System (Demokratie), das ökonomische System (Marktwirtschaft) und eben auch für das zivil-militärische Verhältnis (demokratische Kontrolle der Streitkräfte) geworben. Große Schritte bei der gesellschaftlichen Transformation in diese Richtung werden auch von der Mehrheit der Bevölkerung gewünscht. Außerdem waren nachweisbare Erfolge bei solchen Übernahmen westlicher Standards auch eine der Voraussetzungen für die Aufnahme dieser Länder in westliche Gemeinschaften wie Europäische Union und NATO.

Mit der Ausnahme von Russland, wo auch heute noch so etwas wie das klassische Gefühl nationaler Bedrohung (durch unbotmäßige Ethnien im Innern und durch Nachbarn jenseits der Staatsgrenze) relativ weit verbreitet ist, hat sich die Wahrnehmung von Bedrohungen, Gefahren und Risiken in den Ländern Europas seit dem Ende des Ost-West-Konflikts auf ähnliche Weise verändert. Ein wachsender Teil davon wird inzwischen so eingeschätzt, dass man sich gegen sie mit militärischen Mitteln nicht hinreichend schützen kann. Selbst dort, wo es sich wie beim internationalen Terrorismus (den es ja bereits lange vor dem 11. September 2001 als potentiell wirkungsmächtige Bedrohung gab) oder bei der Proliferation von Massenvernichtungswaffen um militärisch bedeutsame Phänomene handelt, kann ihnen nur einigermaßen aussichtsreich begegnet werden, wenn eine entsprechende Politik zivile und militärische Elemente flexibel zu verknüpfen weiß. In manchen postkommunistischen Ländern Europas gibt es eine gewisse Furcht vor einem erneuten imperialen Ausgreifen Russlands, die aber durch vertrauensbildende Maßnahmen und Programme wie *Partnership for Peace* (PfP) gemildert wurde.

Die Notwendigkeit von Streitkräften für die Landesverteidigung wird überall abgeschwächt. Streitkräfte werden unterhalten, um einen Beitrag zur globalen und regionalen Stabilität zu leisten und um als politische Demonstration der eigenen außenpolitischen Handlungsfähigkeit und Souveränität eingesetzt zu werden. Eine Analyse der Entscheidungen bestimmter Regierungen, sich am Irak-Krieg 2003 zu beteiligen oder nicht, wäre unter diesem zuletzt genannten Gesichtspunkt bestimmt recht aufschlussreich. Alle europäischen Länder haben damit begonnen, Schnelle Eingreiftruppen aufzustellen, um sie ggf. für multinationale Friedensmissionen anbieten zu können. Sie sind alle ohne Ausnahme an der weiteren inter- und multinationalen Vernetzung ihrer Streitkräfte interessiert.

## 12.3 Kontinuität und Wandel militärischer Kulturen

Das Selbstverständnis der Streitkräfte und die militärische Kultur variieren allerdings nicht unbeträchtlich von Land zu Land. Ein pragmatischer Professionalismus im westlichen Europa steht einem sich politischer Kontrolle nur ungern öffnenden, aus einer gewissen Verzweiflung heraus eher radikalen Professionalismus in Ländern wie Bulgarien, Rumänien und Russland gegenüber. Aber auch in Westeuropa stoßen wir auf Unterschiede. In Ländern wie Deutschland, den Niederlanden oder Dänemark sind die Streitkräfte nicht nur oberflächlich in die zivile Gesellschaft integriert, was z. B. die Mitgliedschaft der Soldaten in Gewerkschaften oder weitreichende Möglichkeiten der politischen Betätigung erlaubt. In Ländern wie Italien oder Frankreich wird demgegenüber das organisatorische Eigenleben der Streitkräfte stärker gepflegt.

In allen europäischen Gesellschaften werden das jeweilige soldatische Selbstverständnis und das zivil-militärische Verhältnis nachdrücklich vom Gewicht der Geschichte mitgestaltet. Dieses Gewicht stellt sich freilich nur in *Deutschland* als eine Last dar. In *Frankreich* z. B. sieht das ganz anders aus. Hier spielten die Streitkräfte eine wichtige Rolle bei der Modernisierung der nationalen Identität und der republikanischen Institutionen. Nur in den Jahren nach der Niederlage und der Teilung des Landes (territorial und ideologisch) im Zweiten Weltkrieg sowie den Jahrzehnten der Kolonialkriege gegen nationale Befreiungsbewegungen fielen Schatten auf das ansonsten gesellschaftlich ungebrochen hohe Ansehen der französischen Streitkräfte in der Gesellschaft. Die Streitkräfte in *Italien* haben bis zum Ersten Weltkrieg für die nationale Einheit eine große und mit Fortschritt assoziierte Bedeutung gehabt. Danach sah es weniger brillant aus: die Erfahrungen im Faschismus und im Zweiten Weltkrieg und schließlich die tiefreichenden politischen Zwistigkeiten in der Nachkriegszeit bewirkten ein öffentliches Desinteresse an den Streitkräften. Dies hat sich seit 1990 nur wenig verändert. In den *Niederlanden* begann vor ungefähr dreißig Jahren ein Prozess der Neubewertung der eigenen kolonialen Vergangenheit und damit auch der Rolle, welche die Streitkräfte dabei gespielt hatten. Damit ging eine aus traditioneller militärischer Sicht dramatische Liberalisierung der organisations-internen Verhaltensregeln einher. Dies und der starke Widerhall der anti-nuklearen Friedensbewegung der frühen 1980er Jahre in der niederländischen Gesellschaft bewirkten eine Art sozialer Marginalisierung der Streitkräfte. Die Beteiligung an Friedensmissionen im früheren Jugoslawien wertete das kollektive Selbstwertgefühl der Soldaten wieder auf. Aber wegen des Massakers in Srebrenica (Juli 1995), das vor den Augen der niederländischen Soldaten ablief und gegen die sie etwas zu unternehmen sich nicht in der Lage sahen, sowie wegen der vielen offenen Fragen nach diesen Vorfällen sind diese ,Aufschwünge' inzwischen wieder vorbei.

In Frankreich, Italien und den Niederlanden ist die allgemeine Wehrpflicht seit kurzem abgeschafft worden, in der Regel mit dem Hinweis darauf, dass die neuen Aufgaben der Streitkräfte eine stärkere Professionalisierung der Soldaten voraussetzen. Dieser unabweisbare binnen-organisatorische Imperativ ist aber nur ein Aspekt dieser Veränderung. Ein anderer berührt das zivil-militärische Verhältnis. Dass dieses im Falle einer Berufsarmee seine demokratische Grundfärbung nicht zwangsläufig einbüßt, dafür steht auch das Beispiel *Großbritannien*, das seit 1960 über eine Berufsarmee verfügt. Die britischen Streitkräfte zehren noch heute, ähnlich übrigens wie die zivile Gesellschaft insgesamt, von der Vergangenheit: erfolgreiche Kolonialkriege; zwar unglaublich opferreiche, aber doch letztlich erfolgreiche Teilnahme am Ersten Weltkrieg; der Sieg über das nationalsozialistische Deutschland in einer alle Reserven des Landes mobilisierenden Anstrengung. Die Bilanz nach dem Zweiten Weltkrieg fällt hingegen viel düsterer aus: Rückzug aus den Kolonien nach oftmals blutigem Guerilla-Krieg; Suez-Krise 1957. Aber man erinnere sich an die nationale Begeisterung, die der Falkland-Krieges 1982 auslöste und die insbesondere einige deutsche Beobachter verwunderte (manch einen darunter auch mit ein wenig Neid erfüllte), oder an die im Vergleich zu anderen europäischen Staaten zeitweise beträchtlich höheren Zustimmungsraten in der britischen Öffentlichkeit zu der Beteiligung Großbritanniens an den Irak-Kriegen 1991 und 2003 (vgl. die Zahlen in Lewis 2004 mit Verweis auf den ,rally round the flag-effect', als der Krieg begonnen hatte). Die besonderen sicherheitspolitischen und militärischen Beziehungen zwischen Großbritannien und den USA haben sich 2003 erneut manifestiert. Allerdings wurde diese Geschichte bald zu einem Trauerspiel für die britische Regierung und vor allem auch für Premierminister Tony Blair. Aber wenn es, wie in diesem Fall, zu öffentlichen Kontroversen kommt, wird die Regierung kritisiert, während die Streitkräfte von solcher Kritik weitgehend ausgespart bleiben.

Wenn wir diese fünf Länder (Deutschland, Großbritannien, Frankreich, Italien, Niederlande) mit ihren sehr unterschiedlichen militärischen Traditionen und Kulturen als Beispiele für Veränderungen der Streitkräfte und des Selbstverständnisses ihrer Soldaten nehmen, so fallen trotz aller Differenzen doch die Gemeinsamkeiten besonders auf:

- Überall sind es die militärischen Aufträge jenseits der klassischen Landesverteidigung, die nun im Vordergrund stehen.
- Überall hat es nach 1990 nicht unbeträchtliche Kürzungen des Militärhaushalts gegeben, oftmals zwischen 20 und 35%.
- Überall geht der Trend dahin, die Zahl der Freiwilligen, der Spezialisten in den Streitkräften zu erhöhen.
- Gar nicht selten werden auch viele Funktionen, die früher von Soldaten wahrgenommen worden sind, inzwischen von Zivilisten außerhalb der Streitkräfte übernommen (*outsourcing*).
- Überall findet man inzwischen in den Streitkräften auch langsam ansteigende Zahlen weiblicher Soldaten.
- Die politische Kontrolle der Streitkräfte ist durch all diese Prozesse nicht erschwert worden. Wohl aber hat sich die soziale Distanz zwischen den Streitkräften und der zivilen Gesellschaft vergrößert, trotz der Intensivierung zivil-militärischer Zusammenarbeit auf einigen Spezialfeldern.

## 12.4 Security Sector Reform

Die Aufgabe, die Organisation der Streitkräfte und das zivil-militärische Verhältnis in den postkommunistischen Ländern neu zu ordnen, um beides demokratiekompatibel zu machen, bildet den Ausgangspunkt (und nach wie vor die Hauptaktivität) innerhalb eines neuen und umfassenden Reformansatzes, der in den letzten Jahren konzipiert worden ist und noch immer weiter ausgebaut wird. Dieser umfassende Ansatz heißt *security sector reform* (SSR).

Inzwischen ist die Notwendigkeit einer solchen nicht nur auf Einzelbereiche beschränkten, sondern den gesamten Sicherheitssektor in Staat und Gesellschaft einbeziehenden Reformprozesses auch für andere Länder unabweisbar geworden, wenn sie sich wirklich demokratisieren wollen. Aber weil die Formen und Akzente demokratische Kontrolle sich verändern müssen, wenn sich die Aufgaben der Streitkräfte verlagern, ist *security sector reform* auch eine Herausforderung für die etablierten demokratischen Gesellschaften des Westens. Denn die Heraus-

forderungen an die ‚Sicherheits-Produzenten' haben sich ja seit dem Ende des
Ost-West-Konflikts erheblich verändert (auf diese Prämisse kommt man immer
wieder zurück, deshalb wird sie auch so häufig wiederholt). Die bis dahin ganz
gut funktionierende Trennung der ‚inneren' von der ‚äußeren Sicherheit' mit der
entsprechenden Organisations- und Zuständigkeitsstruktur ist immer löchriger
geworden.

> „The security sector reform agenda therefore encompasses – but is far broader than –
> the traditional civil-military relations approach to addressing security problems. Secu-
> rity sector reform has potentially wide-ranging implications for how state security es-
> tablishments are organized and, by extension, for how international security and de-
> velopment assistance is delivered. These implications are just starting to be under-
> stood and translated into policy and are eliciting mixed reactions from both the inter-
> national actors that provide security assistance and the recipients of aid" (Hendrick-
> son/Karkoszka 2002, 175f.).

Eine allgemein geltende Definition des Sicherheitssektors eines Staats und einer
Gesellschaft gibt es nicht. Das liegt nicht zuletzt auch daran, dass die Reformper-
spektiven in Afrika, den post-kommunistischen Ländern und den westlichen
Demokratien völlig unterschiedlich ausfallen. Auf jeden Fall ist aber hervorzuheben, dass es hier um eine umfassende Perspektive geht und nicht nur um einzelne Organisationen. Nach Hendrickson und Karkoszka (2002, 179) fallen in den
Sicherheitssektor im weitesten Sinne:

> „Forces authorized to use force: armed forces; police; paramilitary forces; presidential
> guards; intelligence services (including both military and civilian agencies); secret ser-
> vices; coast guards; border guards; customs authorities; and reserve and local security
> units (civil defence forces, national guards, militias, etc.).
>   Security management and oversight bodies: presidential and prime ministerial of-
> fices; national security advisory bodies; legislature und legislative select committees;
> ministries of defence, internal affairs, foreign affairs; customary and traditional au-
> thorities; financial management bodies (finance ministries, budget offices, financial
> audit and planning units); and civil society organizations (civilian review boards, pub-
> lic complaints commission, etc.).
>
> Justice and law enforcements institutions…
> Non-statutory security forces: liberation armies; guerrilla armies; private bodyguard
> units: private security companies, and political party militias."

Die Reform des Sicherheitssektors (der englischsprachige Begriff *security sector*
*reform* scheint sich auch im Deutschen einzubürgern) ist ein normatives Unter-

fangen – es geht nicht um technische Effizienzsteigerung, sondern um Demokratie-Kompatibilität. Die ist in den neu eingerichteten Demokratien der früher kommunistischen Staaten nicht zuletzt deshalb so wichtig, weil ihr Fehlen den Prozess der Demokratisierung sogleich wieder empfindlich stören würde. Im Blick auf die postkommunistischen Streitkräfte sind also besonders wichtig: deren politische Kontrolle durch die Legislative; hohe Priorität für den Schutz der Menschenrechte (sowohl organisationsintern als auch bei den Einsätzen), Erhöhung der Transparenz; Anerkennung nationaler und internationaler Rechtsnormen.

Da viele postkommunistischen Länder im östlichen Europa nach und nach in die NATO und in die Europäische Union aufgenommen wurden, ist mit der Reform des Sicherheitssektors in diesen Ländern auch ein Angleichungs- und Integrationsprozess der Sicherheitsstrukturen beabsichtigt. Um dies in die Wege zu leiten, gibt es eine Reihe von Institutionen und Programmen, die bei entsprechenden Veränderungsvorhaben in Ostmitteleuropa Hilfestellung leisten, zum Beispiel das *Geneva Centre for the Democratic Control of Armed Forces* (DCAF) in der Schweiz. Dass dessen englisches Akronym wie koffeinfreier Kaffee klingt, hat keinerlei Bedeutung.

## 12.5 Private Konkurrenz

Unübersehbar ist inzwischen der Trend zu einer Entstaatlichung der organisierten Gewalt. Dieses Phänomen hat mehrere Ebenen, und es zeigt sich in den Zonen schwacher Staatlichkeit auf der Erde auf andere Weise als in der OECD-Welt. Ein wenig plakativ, aber treffend spricht Georg-Maria Meyer (2002, 81) von der „Rückkehr der Söldner". Herfried Münkler betont, es sei für die neuen Kriege charakteristisch, dass der Staat sein Monopol der Kriegsgewalt verloren hat.

> „Wenn er in ihnen überhaupt noch in Erscheinung tritt, dann nur in einer Reihe mit privaten Kriegsunternehmern, die sich teilweise aus ideologischen Gründen, vor allem aber um des Raubens und Plünderns willen den Kriegführenden zugesellt haben ... Die paramilitärischen Verbände, die Truppen der Warlords, lokale Milizen und Söldnereinheiten werden nicht von funktionsfähigen Staaten ausgerüstet und besoldet, die durch Steuern einen Teil des gesellschaftlichen Mehrprodukts für diese Zwecke abschöpfen, sondern müssen sich in der Regel selbst versorgen. Das hat zu einem unmittelbaren Anstieg der Gewalt besonders gegen Zivilisten geführt" (Münkler 2002, 33f.).

Insbesondere in Afrika, aber auch in Asien (siehe u. a. den Krieg in Afghanistan) bestimmen die Privatarmeen einzelner lokaler und regionaler Machthaber (*warlords*) das Bild der Privatisierung der Gewalt. Besonders prekär in diesem Zusammenhang ist die große Zahl von Kindersoldaten, die dabei zum Einsatz kommen. Ein Komplementärphänomen in den Metropolen der westlichen Welt ist die Gründung von privaten Sicherheitsfirmen (*Private Military and Security Companies*, abgekürzt PMSCs). Eine ausgezeichnete Übersicht über die Entwicklung solcher Firmen bietet ein von Thomas Jäger und Gerhard Kümmel (2007) herausgegebener Sammelband.

> „Besonders bekannt wurde Executive Outcomes, die von einem ehemaligen südafrikanischen Offizier mit Kriegserfahrungen im Kampf gegen die angolanische Regierung gegründet wurde. Ironischerweise führte genau diese Firma später Kampfaufträge für Angola gegen oppositionelle Rebellen aus. Moderne Söldnerfirmen bieten nicht nur Kämpfer, sondern auch Ausbildung, Logistik, Waffen und Schutzmaßnahmen an. Zur Rechtfertigung ihrer Tätigkeit beteuern diese Firmen, dass sie nur im Auftrag legitimer Regierungen handeln, und weisen die Bezeichnung ‚Söldner' weit von sich. Die englische Firma Sandline wirbt damit, UN-Beobachtungs- und Friedensmissionen billiger und besser ausführen zu können als staatliche Militärbehörden.
>
> Im Zuge zunehmender Spezialisierung und Technologisierung der Kriegführung könnte es sein, dass privatwirtschaftlich organisierte Sicherheitsfirmen in Zukunft Teilbereiche bislang staatlich verantworteter Sicherheit übernehmen" (Herberg-Rothe 2003, 68f.).

Im letzten Abschnitt dieser Passage formuliert Herberg-Rothe sehr vorsichtig, was nicht nur zu vermuten, sondern bereits Realität ist und in den nächsten Jahren immer häufiger anzutreffen sein wird. Das Argument der Firma *Sandline* bezüglich von UNO-Missionen ist unter rein finanziellen Gesichtspunkten auch gar nicht einfach von der Hand zu weisen. Nicht nur Staaten werden versucht sein, bestimmte militärische Aufgaben nicht mehr von ihren eigenen Streitkräften, sondern durch private Firmen erledigen zu lassen, weil ihre Regierungen auf diese Weise keine Fragen nach dem Sinn des Opfertodes von Soldaten der Streitkräfte zu gewärtigen haben. Soldaten opfern sich für die eigene Nation; Militärangestellte privater Sicherheitsfirmen gehen das Risiko, verwundet oder getötet zu werden, hoch versichert auf eigene Kosten ein. Vor allem aber private Auftraggeber, zum Beispiel große Unternehmen in Afrika, die Rohstoff-Vorkommen ausbeuten, werden sich weniger und weniger auf staatlichen Schutz verlassen und mit privaten Sicherheitsfirmen zusammenarbeiten.

*Übersicht 4:*    Private Soldaten

| Typus | Klassischer Söldner | Söldner-Rebell | Ideologischer Söldner | Military Professional | Technischer Söldner |
|---|---|---|---|---|---|
| **Fähigkeit** | Persönliche Kampfkraft | Persönliche Kampfkraft | Persönliche Kampfkraft | Komplexes militärisches Wissen | Technisches Know-how |
| **Motivation** | Abenteuerlust; Geld | Lebens-unterhalt | Ideologie, Glauben | Geld | Geld |
| **Einsatzart** | Jede Art gewaltsamen Konflikts | Bürgerkrieg | Krieg; Bürgerkrieg | Jede Art gewaltsamen Konflikts | Jede Art gewaltsamen Konflikts |
| **Verhaltens-Kodex** | Keiner | Keiner | Glauben/ Ideologie | Professionelle Standards | Professionelle Standards |

(Quelle: Meyer 2002, 85)

Wie die meisten Typologien in den Sozialwissenschaften weist auch diese einen etwas holzschnittartigen Charakter auf. Aber Typologien sind Hilfsmittel beim systematischen Nachdenken über komplexe Sachverhalte und können deshalb auch jederzeit umgeändert und besseren Einsichten angepasst werden. Die Typologie von Meyer erscheint mir vor allem deshalb gut brauchbar, weil sie die Verschiedenartigkeit der nachgefragten/angebotenen Fähigkeiten und der Motivation von Söldnern hervorhebt.

Die Privatisierung von Sicherheitsaufgaben ist im übrigen, was in diesem Zusammenhang leicht übersehen wird, in den westlichen Ländern während der letzten Jahre vor allem aus zwei Gründen eine Wachstums-Branche:

- Immer häufiger übernehmen private Sicherheitsfirmen Aufgaben der inneren Sicherheit (Gebäudeschutz, Personenschutz, Überwachung öffentlicher Räume usw.).
- Fast alle Streitkräfte westlicher Staaten verfolgen seit mehreren Jahren das Ziel, eine Reihe von Aufgaben, die vorher von Soldaten erledigt wurden, durch private Firmen ausführen zu lassen. Dieses Konzept nennt man *outsourcing*; es wurde nach dem Vorbild der Privatwirtschaft eingeführt und soll zu Einsparungen verhelfen. Es ist wichtig festzuhalten, dass sich das *outsourcing* der Streitkräfte keineswegs auf ,zivile' Bereiche in der Militärorganisation beschränkt (also etwa das Kantinenwesen oder den Fuhrpark), sondern sich nicht selten auf genuin militärische Aufgaben erstreckt.

## 12.6 Reformwellen und Reformtrends in Europa

Im Rückblick auf die knapp anderthalb Jahrzehnte nach dem Ende des Ost-West-Konflikts fällt deutlich ins Auge, dass kein einziger Staat es versäumt hat, als Konsequenz der veränderten internationalen Rahmenbedingungen (in den post-kommunistischen Ländern hatten sich auch die innenpolitischen Rahmenbedingungen gründlich verändert) die Streitkräfte zu reformieren. Die sicherheitspolitischen Perspektiven, die Aufgaben der Streitkräfte, ihre allianzpolitische Einbindung, ihr Umfang, ihre Ausstattung und Bewaffnung, all das blieb nicht so wie vorher.

Haltiner und Klein (2002) unterscheiden drei verschiedene Reformwellen seit 1990:

- Die *Abbauwelle* 1990 bis 1995: Alle Regierungen, insbesondere freilich deren Finanzminister, benutzten das Ende des Ost-West-Konflikts als Anlass zur Durchsetzung einer möglichst rasch zu vollziehenden Verkleinerung des Umfangs der Streitkräfte. Sie reagierten damit auch auf einen doppelten Druck, nämlich einmal den steigenden Kostendruck bei den Staatsausgaben und zweitens den politischen Druck aus der Öffentlichkeit ihrer Länder, vor allem von linken Gruppierungen, die auf den Streitkräfteabbau drängten, um auf diese Weise eine, wie es damals oft hieß, *Friedensdividende* buchen zu können. Ein NATO-Staat nutzte diese Abbauwelle, um auch gleich die Wehrpflicht abzuschaffen (Belgien 1992). Bis auf die Staaten auf dem Territorium des ehemaligen Jugoslawien wurde dieser lineare Abbau auch in den postkommunistischen Transformationsstaaten forciert.
- Die *Internationalisierungs- und Professionalisierungswelle* 1996 bis 2001: In der ersten Hälfte der 1990er Jahre wurden Veränderungen bei den Streitkräften meist nur rhetorisch auf bestimmte sicherheitspolitische und militärstrategische Ziele bezogen. Das blieb unbefriedigend. Es folgte deshalb eine Sequenz, in welcher die Streitkräfte konzeptionell auf ein erweitertes Aufgabenspektrum umgestellt wurden. In Europa setzte sich der Gedanke durch, dass die postkommunistischen Staaten Ostmitteleuropas Kandidaten für die Mitgliedschaft in einer ihre sicherheitspolitischen Aufgaben verändernden NATO werden und Russland und einige andere Staaten der ehemaligen UdSSR, sofern sie es wünschen, eng mit der NATO kooperieren sollen. Die Streitkräfte Europas standen unter einem wachsenden Anpassungsdruck, ihre Fähigkeiten zur Interoperabilität hinsichtlich Einsatz- und Führungs-

doktrinen zu verbessern. Interoperabilität ist der Fachausdruck für das funktionelle Zusammenwirken von Streitkräften unterschiedlicher Nationen.

- Die *Modularisierungs- und Flexibilisierungswelle* seit 2000/2001: In dieser Reformwelle, die gerade erst richtig angelaufen ist, geht es um den Auf- und Ausbau von gemischtnationalen Schnellen Eingreiftruppen, ansatzweise auch schon um eine wirkungsvolle internationale Arbeitsteilung bei gemeinsamen Einsätzen. Dafür ist ein neuer Schub an Investitionen in Rüstung nötig, dessen Durchsetzung wegen schwacher Konjunkturlage und sinkenden Steuereinnahmen in vielen Staaten große Schwierigkeiten bereitet und in der Regel mit einer weiteren Verschlankung der Streitkräfte einhergeht.

Haltiner und Klein, die zu den am besten informierten europäischen Militärsoziologen zählen, sehen diese Reformwellen als Komponenten eines langfristig wirksamen Reformtrends. Ihre wichtigsten Aussagen dazu lassen sich folgendermaßen zusammenfassen:

Was den Weg zum Entwurf eines gedanklichen Konzepts für den gründlichen Umbau der Streitkräfte betrifft, so kann man seit Mitte der 1990er Jahre einen „Trend zu Expertenkommissionen" konstatieren. Das ist, ganz allgemein gesprochen, ein probates Mittel, um Sachverstand auf verschiedenen Gebieten relativ rasch und ohne großen Aufwand zu kumulieren. Innerhalb der Bürokratien dauern solche Kumulationsprozesse meist sehr viel länger. Dass solche Kommissionen (wie in Deutschland die „Weizsäcker-Kommission") nicht selten Vorschläge und Konzepte erarbeiten, die weit über das hinausgreifen, was von den Regierungen bei ihrer Einsetzung erwartet wurde, ist zugleich ein Vor- und ein Nachteil. Wegen der Öffentlichkeit der Kommissions-Ergebnisse ergibt sich im günstigen Falle sogar eine politische Debatte. Andererseits lieben es Regierungen und Bürokratien nicht, mit weitreichenden Umbau-Konzepten konfrontiert zu werden, die nicht aus dem Bauch der zu reformierenden Organisation selbst kommen. Aber von dort kommen sie nur ganz ausnahmsweise. Am Schicksal der Empfehlungen der Weizsäcker-Kommission in Deutschland kann man ablesen, wie gewonnene Zeit wieder verloren gehen kann.

Streitkräfte mit großem Umfang, die klassischen Massenheere der beiden ersten Drittel des 20. Jahrhunderts, sind zu einem Auslaufmodell geworden. Die Wehrpflicht ist die Rekrutierungsform von Massenheeren. Gleichviel, ob die Wehrpflicht formal abgeschafft oder mit einer Reihe von Tricks formal aufrechterhalten wird, letztlich spielt sie keine wichtige Rolle mehr für europäische Streitkräfte des beginnenden 21. Jahrhunderts.

Aus dem veränderten Aufgabenspektrum der Streitkräfte, zusammengefasst in dem Slogan ‚Von der Landesverteidigung zur *out of area*-Friedensmission' ergibt sich eine für Soldaten nicht ganz einfach zu bewältigende Herausforderung – ihre Tätigkeit in solchen Missionen gleicht sich in manchen, wenn auch keineswegs in allen Aspekten der Tätigkeit von Polizeien an. Schon Morris Janowitz (1964) hat am Ende seines klassischen militärsoziologischen Porträts des modernen Soldaten die Heraufkunft eines *„constabulary concept"* für die Streitkräfte prognostiziert. Es geht nicht darum, dass Soldaten Polizisten werden (und umgekehrt). Aber die beiden Funktionsbereiche und -weisen überschneiden sich jetzt und in der Zukunft weitaus mehr, als dies in der Vergangenheit der Fall war, eine Konsequenz des schon mehrfach angesprochenen Sachverhalts, dass sich auch die früher einigermaßen leicht voneinander getrennt zu haltenden Bereiche der ‚äußeren' und der ‚inneren' Sicherheit einer Gesellschaft heute ein gutes Stück überlagern. Das hat beträchtliche Konsequenzen für die Ausbildung und für das professionelle Selbstverständnis der Soldaten.

Aus ganz anderen Gründen wird die inzwischen überall in Europa akzeptierte und praktizierte Öffnung der Streitkräfte für Frauen das Bild und das Selbstbild der Streitkräfte weiter verändern (Seifert 1996). Akzeptiert und praktiziert ist dieser Vorgang nicht zuletzt deshalb, weil die Gesetzeslage das vorschreibt. Bis zur völligen Gleichheit der Geschlechter im Militär ist es freilich noch ein längerer Weg.

Der Trend zur militärischen Multinationalität sowohl in bestimmten Missionen als auch beim Aufbau von Schnellen Eingreiftruppen hat in den letzten Jahren eine neue Dynamik bekommen, obwohl die Implementierung solcher Multinationalität den Beteiligten oft große Schwierigkeiten bereitet. Dennoch scheinen die politischen Imperative zur militärischen Multinationalität so stark zu wirken, dass sie in Zukunft noch weiter anwachsen wird.

Militärische Mittelrationalisierung durch transnationale Arbeitsteilung gilt als ein weiterer Trend in der Entwicklung von Streitkräften in Europa. „Moderne Armeen werden kleiner, flexibler, mobiler, technisch fortgeschrittener, im internen Verbund der Systeme vernetzter. Moderne Militärtechnologien ermöglichen höhere Leistungskraft mit weniger Personal." (Haltiner, Klein 2002, 18) Hier stößt man auf interessante Parallelen zur Entwicklung der zivilen Wirtschaft.

Die folgende Übersicht fasst die verschiedenen Trends in europäischen Streitkräften zusammen und bezieht bereits einige der Konsequenzen für die künftige Organisation der Streitkräfte mit ein. Wenn in diesem Kapitel vornehmlich von europäischen Streitkräften die Rede war, so heißt das selbstverständlich nicht, es gäbe hier einen europäischen Sonderweg zu beobachten. Oder nur insoweit, als die amerikanische Entwicklung inzwischen in mancher Beziehung soweit vorangeschritten ist, dass sich die Europäer nur indirekt auf sie berufen können. Aber auch in anderen Ländern der OECD-Welt, Australien und Neuseeland beispielsweise, lassen sich die hier genannten Trends deutlich erkennen.

*Übersicht 5:*    Europas Streitkräfte im Umbruch

| Zielebene | - Leistungs- statt bedrohungsbezogene Militärkonzeptionen<br>- Multinationalisierung und Befähigung zur Interoperabilität<br>- Primär internationale Aufgaben mit stärkeren polizeilichen Komponenten |
|---|---|
| Strukturebene | - hohe Präsenz bei Kernelementen der Streitkräfte, geringe bei Reserven (Zweikomponentenstruktur)<br>- Ersetzung von Wehrpflichtigen durch längerdienende Freiwillige und Berufssoldaten<br>- Erhöhung des Anteils weiblicher Soldaten<br>- Steigender Bedarf von Allround-Qualitäten<br>- Neukonzipierung der Offiziersausbildung: von der geschlossenen Militärakademie zur zivil-militärischen Verbundausbildung<br>- Remilitarisierung des kombattanten Kerns der Streitkräfte, Zivilisierung und *outsourcing* der Unterstützungskräfte<br>- Technik ersetzt Personal<br>- Marktwirtschaftliche Effizienzkriterien bei organisatorischen, logistischen und beschaffungsbezogenen Neuerungen<br>- Flexibilisierung durch modulare Grundstrukturen<br>- Abflachung der Hierarchien und Rückbau der traditionellen Großverbandsstrukturen (Korps und Divisionen). |

Quelle: Haltiner, Klein, 2002, 22 (etwas verändert)

# 5. Teil
# Transformationen der Bundeswehr

Seit ein paar Jahren ist in westlichen Streitkräften häufig von Transformation die Rede, womit im Grunde nichts anderes gemeint ist als ein „Prozess permanenter Anpassung" an die neuen sicherheitspolitischen, gesellschaftlichen, technologischen Bedingungen (Weißbuch 2006, 102). Ursprünglich für amerikanische Streitkräfte entwickelt, hat der Begriff der Transformation wegen seiner fremdwörtlichen Griffigkeit, um es einmal so auszudrücken, rasch auch hierzulande Karriere gemacht. Eins von insgesamt acht Kapiteln des Weißbuchs 2006 ist der Transformation gewidmet. Dort wird definiert: „Transformation ist die vorausschauende Gestaltung eines fortlaufenden Prozesses zur Anpassung an die sich permanent verändernden Rahmenbedingungen, mit dem Ziel, die Wirksamkeit der Bundeswehr im Einsatz zu erhöhen" (Weißbuch 2006, 103). Wie umfassend dieser Ansatz sein will, geht aus einem an gleicher Stelle abgebildeten Schaubild hervor, das die Begriffe Mentalität, Gesellschaft, Organisation und Technik als Wirkfaktoren auf die Sicherheitspolitik projiziert, ein nicht sehr anschauliches, aber doch immerhin die weitgesteckten Ambitionen ausdrückendes Schaubild, die mit diesem Konzept verbunden sind. Nicht zufällig heißt es leicht stirnrunzelnd zu Beginn eines Textes zur Transformation auf den Internet-Seiten der Bundeswehr: „Wenn es um Transformation geht, scheint es schnell theoretisch zu werden."[3]

Theoretisch soll es in den folgenden Kapiteln eigentlich nicht werden. Vielmehr geht es um eine Beschreibung der verschiedenen Reformen der Bundeswehr nach 1990 (Kap. 13), um die Auslandseinsätze der Bundeswehr und einige ihrer problematischen Aspekte unter sozialwissenschaftlicher Perspektive (Kap. 14) und schließlich um den nicht unbedingt besonders gut sichtbaren Wandel im Verhältnis zwischen Bundeswehr und Öffentlichkeit und um die Rolle der Medien in diesem Wandlungsprozess (Kap. 15). Die Veränderungen, die nach 1990 über die Bundeswehr hereingebrochen sind, waren in ihrer Summe so dramatisch, dass man ihnen mit dem Begriff der Transformation, der ja bereits so etwas wie verschärfte und auf Permanenz gestellte Reform bedeutet, noch nicht einmal

---

[3] *Transformation – Neue Wege der Streitkräfte*, <www.bundeswehr.de/portal/a/bwde/kcxml/ 04_Sj9Spykssy0xPLMnMz0vM0Y_QjzKLd4x3DzUDSYGYpp6mpEQhiVMzNDNDyIGUufr kZ-bqh-UkqrvrR-gX5AbGlHu6KgIAGWr3GU!/delta/base64xml/L3dJdyEvd0ZNQUFzQU MvNElVRS82X0FfR1BK>, Zugriff 12.03.2007.

ganz gerecht wird. Deshalb benutze ich es in der Überschrift für diesen Teil im Plural.

## 13  Reform-Kaskaden

Das Ende des Ost-West-Konflikts bedeutete eine Strukturveränderung des gesamten internationalen Systems. Erst dadurch wurde die Vereinigung Deutschlands möglich. Einige der weiteren sicherheitspolitischen Konsequenzen dieser dramatischen Veränderung sind schon näher in den Blick genommen worden, z. B. die Übernahme der Nationalen Volksarmee der DDR in die Bundeswehr (siehe Kap. 6.4). In diesem Kapitel geht es um die Veränderungen der organisatorischen Gestalt der Bundeswehr und ihre Neufassung als Deeskalations-Streitkräfte.

> „Die Bundeswehr war immer als Armee im Bündnis angelegt und daher nie als eine Streitmacht konzipiert, die auf eigenständige, national geführte Operationen zur Projektion militärischer Macht über das eigene Staatsgebiet hinaus ausgerichtet ist. Zu keinem Zeitpunkt repräsentierte sie eine Universalarmee. Selbst für die Verteidigung Deutschlands bestand und besteht die Notwendigkeit, gemeinsam mit den Bündnispartnern zu operieren. In ihrer Ausbildung und Gliederung war sie jedoch darauf ausgerichtet, Deutschland gegen einen Überraschungsangriff der panzerstarken Streitkräfte des Warschauer Paktes zu verteidigen. Dies musste geändert werden, denn die neue Lage erlaubt es nun, längere Warn- und Vorbereitungszeiten für die Verteidigung zu nutzen, ermöglicht es auch, Kräfte zur Verstärkung von Bündnispartnern einzusetzen, und erfordert es, die Bundeswehr nicht mehr einseitig auf ein Risiko, sondern auf eine Bandbreite von Risiken auszurichten" (Naumann 1994, 170).

Aus dieser Passage des von 1991 bis 1996 amtierenden Generalinspekteurs der Bundeswehr (in den Folgejahren war er Vorsitzender des Militärausschusses der NATO in Brüssel) lassen sich einige der wichtigsten Akzente herauslesen, welche die anhaltende Debatte über den Auftrag der Bundeswehr im Wandel kennzeichnen. Das in Kapitel 7.6 abgehandelte Seitenstück zu dieser Debatte, die verfassungsrechtliche Auseinandersetzung über die sogenannten *out-of-area*-Einsätze der Bundeswehr, können wir hier vernachlässigen. Wir konzentrieren uns hier ganz auf die sicherheitspolitische und die militärische Ebene. Drei Aspekte bedürfen dabei besonderer Aufmerksamkeit:

- die Neu-Definition der Bedrohungslage für die eigene Sicherheit;

- das Spannungsverhältnis zwischen einem nationalen, einem europäisch ausgerichteten, einem transatlantischen und einem globalen Sicherheits-Diskurs;
- das trotz aller Versuche, es zu verdrängen, immer wieder sichtbar werdende Spannungsverhältnis zwischen verschiedenen Komponenten des neu formulierten Auftrags der Bundeswehr.

## 13.1 Neue Auftragslage für die Bundeswehr

Unmittelbar nach der Vereinigung standen zunächst die Probleme, die sich mit der Übernahme der NVA stellten, im Vordergrund aller Überlegungen. Ferner mussten die Vorgaben für die Reduzierung des Umfangs der Bundeswehr erfüllt werden, die in dem Zwei-plus-Vier-Vertrag ausgehandelt worden war: Bis Ende 1994 sollte die Obergrenze des Personalbestands der Bundeswehr im Frieden auf 370.000 Soldaten zurückgefahren werden. In der öffentlichen Wahrnehmung der internationalen Situation vermischten sich eine gewisse Euphorie wegen des Wegfalls von nuklearer Drohkonstellation und der inner-europäischen Demarkationslinie mit Irritationen über die Fortdauer und Intensivierung militärischer Konflikte anderswo, zumal auf dem Balkan. Im April 1994 veröffentlichte das Bundesministerium der Verteidigung dann das „Weißbuch 1994". Die in diesem Weißbuch 1994 vorgenommene Lageanalyse beschreibt die veränderten sicherheitspolitischen Rahmenbedingungen und die sich daraus ergebenden Konsequenzen für die deutsche Sicherheitspolitik aus damaliger Sicht mit folgenden Worten:

„202. Die Gefahr einer großangelegten und existenzbedrohenden Aggression ist überwunden. Deutschlands territoriale Integrität und die seiner Verbündeten ist militärisch auf absehbare Zeit nicht existentiell bedroht. Dagegen wird die Lage in anderen europäischen Regionen von Krieg, Unmenschlichkeit und Unterdrückung geprägt. Zugleich wächst die Bedeutung globaler Risiken und Fehlentwicklungen, die den Frieden in der Völkergemeinschaft und die Lebensgrundlagen der gesamten Menschheit gefährden...
214. Risikoanalysen über künftige Entwicklungen müssen von einem weiten Sicherheitsbegriff ausgehen. Sie dürfen sich nicht auf Europa beschränken, sondern müssen die Interdependenz von regionalen und globalen Entwicklungen berücksichtigen. Sie müssen gesellschaftliche, ökonomische und ökologische Tendenzen einbeziehen und in Beziehung setzen zur Sicherheit Deutschlands und seiner Verbündeten...

254. Militärische Konflikte, die Deutschlands Existenz gefährden können, sind unwahrscheinlich geworden, vor allem solange sich Deutschland im Verbund mit der
Nordatlantischen Allianz die Fähigkeit zu seinem Schutz bewahrt. Im zukünftigen
strategischen Umfeld sind militärische Risiken nur noch Teil eines breiten Spektrums
sicherheitspolitischer Einflussgrößen.

Vor diesem Hintergrund gilt es, Risiken schon am Ort ihres Entstehens und vor ihrer Eskalation zu einem akuten Konflikt mit einer vorbeugenden Politik aufzufangen.
Sicherheitsvorsorge muss als erweiterte Schutzfunktion verstanden werden. Die Fähigkeit zur Verteidigung bleibt auch in diesem sicherheitspolitischen Konzept das
Fundament der Sicherheit Deutschlands und der Nordatlantischen Allianz. Konfliktverhütung und Krisenbewältigung im erweiterten geographischen Umfeld unter einem völkerrechtlich legitimierenden Mandat müssen aber im Vordergrund der Sicherheitsvorsorge stehen" (Weißbuch 1994, 23, 26 und 39).

Diese Passagen enthalten im Grunde schon alle Ingredienzien der sicherheitspolitischen und Bundeswehr-Entwicklung des nächsten Jahrzehnts, einschließlich der
konzeptionelle Widersprüche zulassenden Dehnung des Reform-Harmonie-Be-
dürfnisses.

Dieses Bedürfnis drückt sich schon in der Aufgabenstellung für die Bundeswehr aus, die der damalige Bundesverteidigungsminister Volker Rühe (CDU)
aus dieser Lagebeurteilung ableitete. In einem „Ressortkonzept" genannten internen Papier des Ministeriums vom März 1995 heißt es:

„ (Die Streitkräfte müssen in der Lage sein:)
- Deutschland als Teil des Bündnisgebietes gemeinsam mit den Verbündeten zu
   verteidigen,
- im Bündnisgebiet Beistand zu leisten, wenn dies zur kollektiven Verteidigung
   oder im Rahmen der Krisenbewältigung durch NATO oder WEU nötig ist,
- an der internationalen Krisenbewältigung und Konfliktverhinderung teilzu-
   nehmen
- und in Katastrophenfällen zu helfen und die Menschen aus Notlagen zu retten.
Landes- und Bündnisverteidigung in einer entscheidend verbesserten Sicherheitslage
und die angemessene und wirkungsvolle Teilnahme an internationaler Krisenbewältigung sind die beiden Hauptfunktionen der Streitkräfte" (Ressortkonzept 1995, 2f.).

Es ist aufschlussreich, in den bisher und im Anschluss aufgeführten Ausschnitten
aus den Dokumenten des Verteidigungsministeriums insbesondere auch das
semantische Schicksal der Verteidigungs-Mission der Bundeswehr zu verfolgen.
Die CDU/CSU/FDP-Koalition, die bis zum Herbst 1998 die Regierung stellte,
arbeitete von 1990 an darauf hin, andere als die herkömmlichen Verteidigungs-
Aufgaben in den Vordergrund zu rücken – von Abschreckung etwa wurde so gut

wie nicht mehr gesprochen. Allerdings sollten diese Aufgaben auch wieder nicht abgewertet werden. Dem lag die Vorstellung zugrunde, dass schnelle und weiterreichende Umformulierungen des Auftrags der Bundeswehr die Soldaten und die Öffentlichkeit womöglich überfordern könnten. Man kann sich heute nur noch mühevoll in die Sicherheits- und militärischen Diskurse dieser Jahre, insbesondere während der ersten Hälfte der 1990er Jahre, versetzen. Deutschland hatte durch die Vereinigung machtpolitisch gewonnen. Jedoch wurden ein Teil dieser Gewinne von den Schwierigkeiten des Vereinigungsprozesses wieder aufgesogen. Wichtiger noch: Um die Befürchtungen der Nachbarstaaten vor einem wieder erstarkten und dadurch vielleicht wieder zu außenpolitischen Abenteuern angeregten Deutschland zu zerstreuen, betonten die Repräsentanten der deutschen Politik ein ums andere Mal die Kontinuität der außenpolitischen Zurückhaltung. Das gefiel auch der eigenen Bevölkerung, die von all den sicherheitspolitischen Veränderungen im Umfeld Deutschlands zwar Kenntnis nahm (vor allem anhand des Zerfalls von Jugoslawien), sich aber gegen die Folgerung sträubte, auf diese Veränderungen müssten Sicherheitspolitik und Bundeswehr mit drastischen Anpassungen reagieren.

## 13.2 Bestandsaufnahme 1999

Würde eine SDP-Grünen-Koalition hier anders verfahren? Der Wind unter den Flügeln der Reformer kam damals von der „großen" Politik. Die rot-grüne Bundesregierung sah sich bei ihrem Regierungsantritt einer ungewöhnlichen sicherheitspolitischen Herausforderung gegenüber.

Der ethnische Konflikt zwischen Serben und Albanern in der jugoslawischen Provinz Kosovo war in den Jahren 1997 und 1998 immer weiter eskaliert. Es kam zu Massakern von serbischen Polizisten und anderen Kämpfern an den Kosovo-Albanern. Eine von Kosovo-Albanern gegründete „Befreiungsarmee des Kosovo" (UÇK) setzte sich ihrerseits mit Gewalt zur Wehr. Internationale Vermittlungen, die Friedensverhandlungen von Rambouillet, scheiterten in der Hauptsache an der Intransigenz der Belgrader Regierung unter Milošević. Da der Sicherheitsrat der Vereinten Nationen wegen der Haltungen Russlands und Chinas keine Beschlüsse zum Eingreifen fassen konnte, fasste die NATO den Entschluss, ethnische Säuberungen großen Stils durch die Serben an den Kosovo-Albanern mit militärischen Mitteln zu verhindern. Am 24. März 1999 begannen die Luftangriffe der NATO auf Jugoslawien. Die deutsche Luftwaffe war an diesen Aktionen beteiligt. Zum ersten Mal nahm die Bundesrepublik Deutschland an einem Krieg

teil. Die Luftangriffe wurden am 10. Juni ausgesetzt und am 21. Juni 1999 von der
NATO für beendet erklärt. Von diesem Tag an ist eine internationale Friedens-
truppe (KFOR) im Kosovo präsent, auch ein deutsches Kontingent zählt dazu
(Reinhardt 2001). Der Kosovo-Krieg und die Gründe für und gegen die deutsche
Beteiligung daran bestimmten 1999 nachdrücklich die sicherheitspolitische De-
batte. Und weil die überwiegende Mehrheit der Öffentlichkeit der deutschen
Beteiligung an diesem völkerrechtlich nicht unproblematischen Krieg zustimmte,
konnte sich der Verteidigungsminister in diesen Monaten von einer Welle des
Zutrauens getragen fühlen. Dieser Schwung beflügelte auch den Reformwillen an
der Spitze des Ministeriums.

Im Mai 1999 legte der sozialdemokratische Bundesverteidigungsminister
Rudolf Scharping eine „Bestandsaufnahme" der Sicherheitspolitik und Bundeswehr vor. Damit signalisierte er, dass er sich der Reform-Schwierigkeiten durchaus bewusst war, sie aber in ähnlich forscher Weise angehen wollte, wie es seinerzeit Helmut Schmidt als Verteidigungsminister im Kabinett Willy Brandts
vorgemacht hatte. Zum Auftrag der Bundeswehr findet sich in der „Bestandsaufnahme" u.a. folgendes:

> „Organisation und Strukturen der Bundeswehr sind weitgehend auf die Landesver-
> teidigung im Bündnis auf deutschem Territorium ausgerichtet. Die neuen sicherheits-
> politischen und geostrategischen Bedingungen haben jedoch zunehmend den Charak-
> ter der Landes- und Bündnisverteidigung verändert. Landesverteidigung ist zum
> unwahrscheinlichsten Einsatzfall geworden.
> Bündnisverteidigung wird im Regelfall außerhalb Deutschlands durchgeführt
> werden und kann sich auch aus Einsätzen im erweiterten Aufgabenspektrum ergeben.
> Im Kontext der Landes- und Bündnisverteidigung gewinnt die Aufgabe der Krisen-
> bewältigung deutlich an Profil und Bedeutung. Regionale Krisen und ihre Beherr-
> schung werden künftig entscheidend das Wesen der Landes- und Bündnisverteidi-
> gung bestimmen.
> Landes- und Bündnisverteidigung bleibt gleichwohl wesentliche Aufgabe der
> Streitkräfte. Ihre Ausgestaltung unterliegt jedoch weiterem Anpassungsbedarf" (Bun-
> desministerium der Verteidigung 1999, 25).

Wenn aber Landesverteidigung, einschließlich der Verteidigung des Territoriums
der Bündnispartner in NATO und WEU zum „unwahrscheinlichsten Einsatzfall"
geworden ist, fragt es sich, warum beides „gleichwohl wesentliche Aufgabe der
Streitkräfte" bleiben muss. Drei Erklärungen bieten sich dafür an, eine eher
freundliche, eine eher unfreundliche und schließlich eine pragmatisch-finanzielle.

- Erstere läuft auf eine grundsätzlich begrüßenswerte institutionelle Vorsicht hinaus: Man ist sich bei der Beurteilung der langfristigen Lageentwicklung nicht sicher, ob die wahrgenommene Veränderung nicht doch auch wieder rückgängig gemacht wird, ob also nicht vielleicht doch in ein paar Jahren politische und militärische Entwicklungen zu konstatieren sein werden, die einen Angriff auf das eigene Territorium oder das von Bündnispartnern wieder wahrscheinlicher werden lassen. Bevor man also eine Option aufgibt, in diesem Fall die klassische konventionelle Verteidigungs-Option, müsste man unwiderlegbar davon überzeugt sein, dass man sie nicht braucht. Fehlt diese Überzeugung, ist es nur ein Gebot der Klugheit, diese Option eben nicht aufzuheben.

- Die zweite Erklärung ist kaltschnäuziger und unterstellt einen beträchtlichen binnen-organisatorischen und extra-organisatorischen Widerstand gegen eine Reform, in deren Verlauf eine ganze Serie von tradierten Grundsätzen und Budget-Verteilungs-Strukturen nachdrücklich umformuliert bzw. umgeformt werden müssen. Für solch einen Widerstand (intern z. B. im Heer, extern z. B. in den Fraktionen des Bundestages) hat es einige Indizien gegeben.

- Die dritte Erklärung verweist auf einige wesentliche Schwierigkeiten für die Bewältigung der Neuausrichtung der Bundeswehr, nämlich finanzielle Engpässe als Folge des geringen Wirtschaftswachstums und der vergleichsweise hohen Arbeitslosigkeit in Deutschland sowie nicht eingehaltene Finanzierungszusagen von Bundeskanzler Schröder beim Amtsantritt seines Parteifreundes Scharping. In seiner Zwei-Jahres-Bilanz als Verteidigungsminister vom 24. Oktober 2000 schreibt Scharping unverblümt: „Die Bundeswehr, seit Jahren unterfinanziert, hat lange Zeit von der Substanz gelebt. Gegenüber wichtigen Verbündeten ist Deutschland damit weit zurückgefallen" (Bundesministerium der Verteidigung 2000a, 17).

Keine dieser drei Erklärungen kann für sich alleine stehen; alle drei zusammen enthalten aber die Gründe für die Lücke zwischen Reformwillen und Reformfortschritten, die sich gerade in der Amtszeit Scharping auftat. Allerdings ist es nur fair hinzuzufügen, dass in dieser relativ kurzen Ära zwar nicht so viel und so rasch, aber doch einiges an der Bundeswehr reformiert wurde.

## 13.3 Weizsäcker-Kommission und Eckpfeiler-Papier

Der neue Verteidigungsminister ließ es nämlich nicht bei dieser ersten Bestandsaufnahme bewenden, sondern beauftragte auch eine hochrangig besetzte
Kommission *„Gemeinsame Sicherheit und Zukunft der Bundeswehr"* (Weizsäcker-
Kommission) damit, bei der Anpassung der Bundeswehr an die neue internationale Lage konzeptionelle Hilfestellung zu leisten. Ja, eigentlich sollte es schon gar
nicht mehr um eine zaghafte „Anpassung" gehen, vielmehr um eine „Erneuerung
von Grund auf". Das Tempo und die Reichweite der ins Auge gefassten Reformen lassen schon an den damals in der Bundeswehr noch nicht gebräuchlichen
Begriff der Transformation denken. Der Minister hatte, als er die Kommission
einsetzte, folgende Reformziele im Sinn:

> „Die wichtigsten Ziele einer umfassenden Reform sind:
> -    die Bundeswehr nach Umfang, Struktur, Bewaffnung und Ausrüstung auf die
>      im Rahmen ihres Auftrags wahrscheinlichste Aufgabe vorzubereiten: Teilnahme
>      an Einsätzen der Krisenvorsorge und Krisenbewältigung – zum Zwecke der
>      Landes- und Bündnisverteidigung und in der Erfüllung internationaler Ver-
>      pflichtungen,
> -    die Streitkräfte zu wirksamer Zusammenarbeit mit den Partnern in NATO, EU,
>      VN und OSZE zu befähigen und die Sicherheits-, Verteidigungs- und Rüstungs-
>      beschaffungspolitik soweit wie möglich zu europäisieren" (Gemeinsame Sicher-
>      heit 2000, 14).

Der im Mai 2000 von der Weizsäcker-Kommission vorgelegte Bericht spiegelt die
Veränderungen in der sicherheitspolitischen Landschaft wider, die sich im Jahr
zuvor durch Bündnis-Beschlüsse ergeben hatten, und formulierte sie in Reform-
maßnahmen für die Bundeswehr um. Europäisierung taucht hier als Begriff auf –
ganz offensichtlich hat sich damit eine Option in den Vordergrund geschoben,
die in den Jahren zuvor zwar auch schon immer mehr Konturen gewonnen hat,
aber jetzt einen Konkretisierungsschub erlebte.
    Die wichtigsten dieser Veränderungen bildeten das weiterentwickelte Stra-
tegie-Konzept der NATO vom April 1999, die WEU-Erklärung von Bremen im
Mai 1999, die Kölner Erklärung des Europäischen Rates über die Verstärkung der
Gemeinsamen Europäischen Sicherheits- und Verteidigungspolitik vom Juni 1999
und schließlich die Beschlüsse des Europäischen Rates vom Dezember 1999 in
Helsinki über die bis spätestens 2003 zu erfolgende Aufstellung einer Schnellen
Eingreiftruppe der Europäischen Union, die aus 50.000 bis 60.000 Soldaten beste-
hen, binnen 60 Tagen in ein Krisengebiet verlegt werden und dort in jeder Bezie-

hung unabhängig von NATO und Vereinigten Staaten militärisch operieren können soll. Um die in diesen (Verpflichtungs-)Erklärungen implizit und explizit angesprochenen militärischen Fähigkeiten entwickeln zu können, brauchte es in der Tat einer Erneuerung der Bundeswehr. Die Weizsäcker-Kommission empfahl der Bundesregierung einen umfangreichen Katalog von Maßnahmen, darunter etwa die Umgliederung der Streitkräfte, um sie einsatzfähiger zu machen, die Reduzierung der Friedensstärke auf 240.000 Soldaten, die Förderung der Multinationalisierung der Einsatzkräfte, die Modernisierung der Ausrüstung, die Privatisierung von Dienstleistungen und die gleichberechtigte Zulassung von Frauen in den Streitkräften. Als „wahrscheinlichste Aufgabe" der Bundeswehr bezeichnete die Kommission die „Teilnahme an Einsätzen der Krisenvorsorge und Krisenbewältigung". Die reformerische Aufbruchstimmung, die mit der Einsetzung der Weizsäcker-Kommission verbunden war, spiegelt sich deutlich in der benutzten Terminologie. „Erneuerung von Grund auf" und nur noch im Nachsatz locker angeknüpfte Bindung der „wahrscheinlichsten Aufgabe" der Bundeswehr an den Zweck der Landes- und Bündnisverteidigung, das sind Hinweise auf einen beträchtlichen Umgestaltungswillen.

Dieses Kommissions-Ergebnis wurde vom Minister, unter dem doppelten Druck eher reform-skeptischer Kräfte in seinem Ministerium (der Generalinspekteur zählte allerdings nicht dazu) und der um ihre Wahlerfolge in verschiedenen Landtagswahlen bangenden SPD-Parteiführung, zwar nur ein wenig verwässert, aber gerade dort, wo es am wenigsten passte. Rudolf Scharping veröffentlichte kurz nach Kenntnisnahme der Empfehlungen und Vorschläge der Weizsäcker-Kommission das sogenannte „Eckpfeiler"-Papier, in dem die Kommissions-Vorschläge mit Überlegungen aus dem eigenen Hause vermischt, d. h. in bestimmten Punkten abgeschliffen wurden. So liest man in diesem Dokument über die Aufgaben der Bundeswehr:

> „In erster Linie bestimmen Landesverteidigung und kollektive Verteidigung Umfang und Struktur der Bundeswehr.
> Ein Angriff auf das Bündnis als Ganzes wäre eine existenzielle Bedrohung Deutschlands. Die Landesverteidigung im Bündnis bleibt daher als Ausdruck staatlicher Souveränität und gemeinsame Versicherung gegen derzeit unwahrscheinliche, aber nicht auszuschließende negative Entwicklungen der sicherheitspolitischen Lage die grundlegende konstitutive Aufgabe der Streitkräfte. Sie fordert den Einsatz der gesamten Streitkräfte und damit den Aufwuchs auf einen Umfang, der nur über die Allgemeine Wehrpflicht sichergestellt werden kann" (Bundesministerium der Verteidigung 2000b, 9).

Diese Formulierungen bedeuten einen großen Schritt zurück. Denn mit einem Mal bekommt die nach wie vor als „unwahrscheinlich" gekennzeichnete Konstellation eines Angriffs auf das Bündnis bei der strukturellen Grundausrichtung der Bundeswehr offensichtlich doch Priorität. Was genau mit der Formulierung „Angriff auf das Bündnis als Ganzes" gemeint ist, bleibt im Dunkeln. Jedenfalls lässt sie sich nicht recht in ein Kriegsbild umsetzen – sind gleichzeitige Angriffe auf das Territorium mehrerer NATO- und/oder EU-Mitgliedsstaaten gemeint oder ein politischer Druck auf den Bündniszusammenhalt? Warum außerdem an dieser Stelle die Wehrpflicht ins Spiel kommt, kann man auch nur erraten. Von der Systematik her gesehen, hat ihre Erwähnung an dieser Stelle nichts zu suchen. Vielleicht hatte aber die seinerzeitige Diskussion um die Wehrpflicht den Minister so nervös gemacht, dass er, um sie nicht zur Disposition stellen zu müssen, sie in das Fundament seiner Lagebeurteilung und des Aufgabenkatalogs der Bundeswehr gleichsam einmauerte.

## 13.4 Strukturelle Zweiteilung der Bundeswehr

Die Notwendigkeit zur Neufassung der Bundeswehr ist schon bald nach der Vereinigung Deutschlands und den Veränderungen der europäischen und internationalen Sicherheitslandschaft, die das Ende des Ost-West-Konflikts bewirkt hatte, unabweisbar geworden. Es war unter Fachleuten im Grunde ebenfalls unbestritten, dass diese Neufassung darauf hinauslaufen muss, die Bundeswehr, die bis dahin eine Kriegsverhinderungs-Streitmacht mit einem Landesverteidigung und Abschreckung integrierenden Auftrag gewesen war, nunmehr zu einer international einsatzfähigen Deeskalations-Streitmacht weiterzuentwickeln.

Der etwas sperrige Begriff der Deeskalations-Streitmacht soll besagen, dass das breite Spektrum der Einsatz-Optionen, es reicht vom herkömmlichen *peacekeeping* bis hin zu Einsätzen der Friedenserzwingung und humanitären Intervention, immer auf Gewaltverringerung angelegt ist und sich insofern grundsätzlich von den nationalen Kriegsführungs-Optionen der Vergangenheit unterscheidet. Weil dieses Charakteristikum des neuen Auftrags an dem Begriff der Deeskalation sichtbar zu machen ist, erhält er hier den Vorzug vor anderen (Krisenbewältigung, Konfliktverhütung, Konfliktverhinderung, usw.), die etwas schnittiger klingen, aber auch unbestimmter sind. Dieses Charakteristikum wird im übrigen auch von manchen Breitseit-Kritikern der deutschen Sicherheitspolitik und der Bundeswehr nur allzu gerne programmatisch verkannt, wenn sie in der Entwick-

lung seit 1990 nur eine Rückkehr zu großdeutscher Gewaltpolitik sehen wollen
(vgl. z. B. Grässlin 1997). Nichts könnte falscher sein.
Wenn das Ziel der Neufassung so gut wie unumgänglich ist, bleibt die Frage
nach ihrer Planung und Implementierung. Es sei noch einmal daran erinnert,
dass die Bundeswehr zu Beginn der 1990er Jahre unter enormem organisatori-
schem Stress stand. Nach dem Aufwuchs um die Soldaten der NVA, der Neuver-
teilung über Garnisonen in den alten und den neuen Bundesländern und dem
gleichzeitigen Abbau der Truppenstärke drangen die Bündnispartner und die
Bundesregierung auf einen baldigen Beginn der Neufassung.
Der erste Ansatz lief auf eine organisatorische Zweiteilung der Bundeswehr
hinaus. Die veränderten sicherheitspolitischen Rahmenbedingungen, wurde im
„Weißbuch 1994" erläutert, erforderten eine Veränderung der Struktur der Bundeswehr. Drei Streitkräftekategorien wurden eingeführt:

- die Krisenreaktionskräfte (KRK) – sie sollen international als Beitrag zu
  Friedensmissionen eingesetzt werden können und zeichnen sich durch einen
  hohen Präsenzgrad aus, durch ihre auftrags-angemessene Bewaffnung und
  durch eine entsprechende Ausbildung;
- die Hauptverteidigungskräfte (HVK) – sie umfassen alle präsenten und
  aufwuchsfähigen (= gekaderten) Kräfte, die in der Landes- und Bündnisverteidigung eingesetzt werden;
- die Militärische Grundorganisation (MGO) – das sind die Teile der Streitkräfte, die zur Führung, logistischen Unterstützung, Durchführung von
  Ausbildungs- und Versorgungs- und ähnlichen Aufgaben benötigt werden.

Die Hauptverteidigungskräfte sollten also den Auftrag erfüllen, für den die Bundeswehr ursprünglich geschaffen wurde und der seit 1990 größtenteils hinfällig
geworden war. Weil nun dieser Auftrag, auch im Selbstverständnis vieler längerdienender Freiwilliger und Berufssoldaten, eine besonders hohe politische und
verfassungsrechtliche Legitimation aufwies, andererseits jedoch nicht sehr drän-
gend zu sein schien, wurden die Hauptverteidigungskräfte rhetorisch gestrei-
chelt, aber gleichzeitig war man im Ministerium schon entschlossen, hier zu kür-
zen, zu kadern und die Finanzmittel zu strecken. Das ist der Sinn, der hinter
Begriffen wie „aufwuchsfähig" und hinter der Betonung der Bedeutung von
Reservisten steckt. Auf der anderen Seite besitzt dieser Teil des Bundeswehr-Auf-
trags den höchsten Zustimmungsgrad in der Bevölkerung. Was ja auch logisch
ist: Die Bundeswehr soll Deutschland verteidigen. Alles, was sie noch machen
kann, kommt erst danach. Und dass die Bundeswehr unter Umständen für die

Sicherheit Deutschland auch „am Hindukusch" einstehen muss, für eine solche
Denkfigur gab es 1994/95 zwar schon gute Gründe, aber noch keine öffentliche
Plausibilität. Die erhöhte sich erst nach den Attacken der Al-Quaida auf das
World Trade Center in New York und das Pentagon in Washington am 11. Sep-
tember 2001, dann allerdings auch gleich auf dramatische Weise.
      Mitte 1995 umfassten die Krisenreaktionskräfte rund 53.600 Soldaten (37.000
im Heer, 12.300 in der Luftwaffe, 4.300 in der Marine). Obwohl die Bundeswehr-
Führung sich der Problematik dieser Aufteilung in eine „Zwei-Klassen-Armee",
wie es schon bald vorwurfsvoll hieß, bewusst war und über einen HVK / KRK-
Austausch die organisatorische Einheit der Streitkräfte hervorheben wollte, hat
sich dieser erste Ansatz zur Neufassung der Bundeswehr nicht lange gehalten.

### 13.5 Verdreifachung der Einsatzkräfte

In der zweiten Hälfte der 1990er Jahre konkretisierten sich die Pläne weiter, die
NATO zu reformieren und innerhalb der Europäischen Union zu einer eigen-
ständigeren Sicherheitspolitik zu gelangen. Der Komparativ wird als Ausdruck
von noch nicht erreichter Eigenständigkeit benutzt. In diesem Zusammenhang
gab es weitere Zusagen deutscher Regierungen, Truppen für multilaterale Friedensmissionen und ähnliche Einsätze zur Verfügung zu stellen. Dafür kamen
selbstverständlich nur solche Truppen in Frage, die in einem multinationalen
Rahmen auf hohem technischem Niveau operieren können, also Krisenreaktionskräfte (und nicht Hauptverteidigungskräfte). Die Summe dieser Zusagen über-
stieg die Zahl der zur Verfügung stehenden KRK. Deshalb wurde zwischen dem
Mai 1999 und dem Juni 2000 der Beschluss gefasst, die Aufteilung HVK/KRK
wieder aufzuheben. In den „Eckpfeiler"-Papier von Minister Scharping von Mitte
2000 werden angestrebter Umfang und Zusammensetzung der Streitkräfte so
umschrieben:

> „Die der NATO und der EU verbindlich zugesagten Streitkräfte müssen ohne Rück-
> griff auf Mobilmachung und Aufwuchs in der Lage sein, eine große Operation mit bis
> zu 55.000 Soldaten aller Teilstreitkräfte über einen Zeitraum von bis zu einem Jahr
> oder zwei mittlere Operationen mit jeweils bis zu 10.000 Soldaten über mehrere Jahre
> sowie jeweils parallel dazu mehrere kleine Operationen durchzuführen.
>       Die Durchhaltefähigkeit bei einem 30monatigen Einsatzrhythmus erfordert für je-
> de Operation die Bereitstellung von bis zu fünf Kontingenten.
>       Daraus ergibt sich ein Bedarf von 150.000 Soldaten in Einsatzkräften, von denen
> 80.000 nach sehr kurzer oder kurzer Vorbereitungszeit verfügbar und einsatzbereit

sind, sowie 70.000 in abgestufter Verfügbarkeit zu deren Verstärkung und/oder Ablösung.
 Die Einsatzkräfte werden durch 105.000 Soldaten der Militärischen Grundorganisation ergänzt...Der Präsenzumfang der Streitkräfte beträgt künftig 255.000 Soldaten" (Bundesministerium der Verteidigung 2000b, 25f.).

## 13.6 Verteidigungspolitische Richtlinien vom Mai 2003

Der Reformprozess der Bundeswehr schien mit der Amtsübernahme Scharpings 1998 kräftig auf Touren zu kommen. Indes verhedderte sich der Minister bald in den zahlreichen Fallstricken, die sowohl im Kabinett als auch im eigenen Hause ausgelegt wurden. Scharping machte ein paar größere Schritte in Richtung auf Veränderung. Aber es ist kein Zufall, dass vieles von dem, was zwischen 1998 und 2002 begonnen wurde, erst unter Scharpings Nachfolger Peter Struck (Amtszeit: Juli 2002 – November 2005) öffentlich wahrgenommen wurde.

Die sicherheitspolitische Debatte wurde Anfang Mai 2003 durch die von dem neuen Minister erlassenen „Verteidigungspolitischen Richtlinien" angeregt. Sie scheinen ebenfalls von einem Erneuerungs-Impetus durchdrungen zu sein, wenngleich es kabinetts-intern nicht ganz ohne Knirschen abging. Denn eigentlich beziehen sich diese Richtlinien nicht nur auf die Verteidigungs-, vielmehr auf die Sicherheitspolitik. Um sie so zu nennen, hätte aber das Auswärtige Amt sich beteiligen müssen. Das Auswärtige Amt war zu diesem Zeitpunkt jedoch zu solchen ressort-übergreifenden Richtlinien nicht aufgelegt. Die Kernaussagen der „Verteidigungspolitischen Richtlinien" lauten:

„9. Das sicherheitspolitische Umfeld Deutschlands ist durch veränderte Risiken und neue Chancen gekennzeichnet. Eine Gefährdung deutschen Territoriums durch konventionelle Streitkräfte gibt es derzeit und auf absehbare Zeit nicht. Das Einsatzspektrum der Bundeswehr hat sich grundlegend gewandelt.
10. ...Für die Bundeswehr stehen Einsätze der Konfliktverhütung und Krisenbewältigung sowie zur Unterstützung von Bündnispartnern, auch über das Bündnisgebiet hinaus, im Vordergrund.
12. Die herkömmliche Landesverteidigung gegen einen konventionellen Angriff als allein strukturbestimmende Aufgabe der Bundeswehr entspricht nicht mehr den aktuellen sicherheitspolitischen Erfordernissen. Die für diesen Zweck bereitgehaltenen Fähigkeiten werden nicht länger benötigt. Der Wiederaufbau der Befähigung zur Landesverteidigung gegen einen Angriff mit konventionellen Streitkräften innerhalb eines überschaubaren längeren Zeitrahmens – Rekonstitution – muss jedoch gewährleistet sein" (Bundesministerium der Verteidigung 2003).

Auch wenn die Unentschiedenheit, welche die weiter oben zitierten Texte aus dem Ministerium kennzeichnet, hier eindeutigeren Aussagen Platz gemacht hat – so ganz trauten die Verantwortlichen für die „Verteidigungspolitischen Richtlinien 2003" den veränderten Lagebedingungen nicht, trotz der Auflösung des Warschauer Paktes, der NATO-Osterweiterung, des Wirkens der OSZE sowie der Integration Russlands in NATO-Partnerschaftsprogramme. Allerdings soll die Verteidigung des eigenen Territoriums gegen einen konventionell vorgetragenen Angriff weitestgehend virtualisiert werden. Jetzt wird die Priorität also doch wieder eindeutig auf die neuen Aufgaben der Bundeswehr gelegt.

## 13.7 Neu-Konzeption der Bundeswehr 2004

Aus den knappen Überlegungen zur sicherheitspolitischen Lage in den „Verteidigungspolitischen Richtlinien" entstand in kurzer Zeit ein umfassender Entwurf für eine Neukonzeption der Bundeswehr, schon im Vorhinein von gut informierten Journalisten mit viel Lob bedacht. So schrieb etwa Constanze Stelzenmüller, dieser Plan sei „überfällig, notwendig und richtig, ja er könnte die Rettung einer Bundeswehr sein, die anderthalb Jahrzehnte Reformmurks an den Rand des Ruins gebracht haben" (Die Zeit vom 8. 1. 2004). Der negative Schlussteil dieses Satzes ist allerdings zu grob – die Reform-Kaskaden bewirkten zwar nicht immer das, was aus heutiger Sicht schon zu früheren Zeitpunkten nötig gewesen wäre, aber sie tendierten doch alle in dieselbe Richtung, mal geschickter, mal etwas tapsig.

Die reform-bezogenen Formulierungen in der im August 2004 erlassenen Neukonzeption fallen eindeutiger als früher aus:

„Eine Gefährdung deutschen Territoriums durch konventionelle Streitkräfte gibt es heute und auf absehbare Zeit nicht...

Multinationale Sicherheitsvorsorge ist ein grundlegendes Prinzip deutscher Sicherheits- und Verteidigungspolitik...

Die Bundeswehr benötigt nach Einsatzbereitschaft und Fähigkeiten konsequent differenzierte Streitkräfte. Sie müssen schnell, wirksam, durchsetzungsfähig und durchhaltefähig gemeinsam mit Streitkräften anderer Nationen eingesetzt werden können. Dazu ist ein Fähigkeitsprofil erforderlich, das sechs miteinander verzahnte Fähigkeitskategorien umfasst: Führungsfähigkeit, Nachrichtengewinnung und Aufklärung, Mobilität, Wirksamkeit im Einsatz, Unterstützung und Durchhaltefähigkeit, Überlebensfähigkeit und Schutz. Der Ausbau vorhandener Fähigkeiten muss sowohl dem streitkräftegemeinsamen Ansatz der Bundeswehr als auch der multinationalen Einbindung Rechnung tragen.

Angesichts knapper Ressourcen kann auf Teilfähigkeiten verzichtet werden, wenn sichergestellt ist, dass diese durch Verbündete oder Partner bereitgestellt oder übernommen werden" (Bundesministerium der Verteidigung 2004, 6, 8, 16).

In dem Dokument werden dann die Konsequenzen dieses „streitkräftegemeinsamen Ansatzes" für die einzelnen Teilstreitkräfte aufgeführt. In ihr Lob auf diesen Plan mischt Constanze Stelzenmüller (Die Zeit vom 8. 1. 2004) aber doch auch einen kräftigen Wermuts-Tropfen: „Wäre etwas daran auszusetzen, dann bloß dies: Er ist an entscheidenden Punkten nicht radikal genug." Das wird dem Generalinspekteur, General Schneiderhan, als dem Hauptverantwortlichen für den fachlichen Inhalt des Plans, gar nicht geschmeckt haben.

Immerhin, dieser Rahmen ist im großen und ganzen bis zum heutigen Tag (April 2007) gültig geblieben. Im Weißbuch 2006 werden die Veränderungen der Auftragslage und deren Konsequenzen für die Strukturen und den Umfang der Bundeswehr nun schon im geschäftsmäßigem Ton angesprochen.

„Der Aufbau neuer, zukunftsfähiger Elemente und der Abbau nicht mehr benötigter Strukturen dienen der konsequenten Einsatzorientierung der Bundeswehr. Die herkömmliche Landesverteidigung gegen einen konventionellen Angriff als strukturbestimmende Aufgabe entspricht nicht länger den aktuellen sicherheitspolitischen Erfordernissen. Die große Anzahl der noch bestehenden nichtaktiven Truppenteile wird bis 2010 deutlich verringert.

Die Streitkräfte werden in drei Kräftekategorien gegliedert: Eingreif-, Stabilisierungs- und Unterstützungskräfte. Diese werden jeweils aufgabenorientiert ausgebildet, ausgerüstet und eingesetzt. Diese Kräftekategorien bilden die konzeptionelle Basis für die Gestaltung der Grundstrukturen in den militärischen Organisationsbereichen der Streitkräfte.

Für die Eingreifkräfte werden 35.000, für die Stabilisierungskräfte 70.000 und für die Unterstützungskräfte 147.500 Soldatinnen und Soldaten vorgesehen. Der künftige Grundumfang der Bundeswehr liegt nach derzeitiger Planung somit bei 252.500 aktiven Soldatinnen und Soldaten. Darin enthalten werden insgesamt 2.500 Stellen für Reservistinnen und Reservisten bereitgestellt. Sie ergänzen das Personal in den aktiven Einheiten und Verbänden. Ab 2010 sind für die zivilen Mitarbeiterinnen und Mitarbeiter 75.000 Stellen vorgesehen" (Weißbuch 2006, 93).

In den Jahren der Reform-Diskussion haben sich die Planungen bezüglich des Umfangs der Bundeswehr von der „Zwei-plus-Vier"-Obergrenze von 370.000 Soldaten immer weiter nach unten bewegt. Das war vernünftig, weil man Kapazitäten dort abbauen konnte, wo sie nicht mehr gebraucht wurden. Insgesamt gesehen, war auch das Tempo dieses Abbaus sinnvoll, wenn auch die Erwartungen aus dem internationalen Umfeld auf raschere Maßnahmen drängten. Aber jede Organisation besteht aus vielen Individuen, die sich unabhängig von ihrer Identifikation mit den Zielen der Organisation doch auch einen persönlichen und familiären Lebenshorizont aufgebaut haben, den man nicht oder nur bei Strafe wachsender inner-organisatorischer Unzufriedenheit bei solchen Planungen vollständig ignorieren darf. Auch die zahlreichen Standort-Schließungen haben es ja mit sich gebracht, dass die wirtschaftlichen und sozialen Perspektiven vieler Menschen, übrigens keineswegs nur der Soldaten selbst und ihrer Familien, düsterer wurden.

## 13.8 Desiderat: Nationale Sicherheitsstrategie

In ihrer behutsamen Kritik an dem Weißbuch 2006 hat eine Arbeitsgruppe der Bertelsmann-Stiftung den Vorschlag gemacht, die konzeptionellen und strukturellen Überlegungen zur Bundeswehr und zur Sicherheitspolitik in eine nationale Sicherheitsstrategie einmünden zu lassen.

> „Eine solche Strategie würde Elemente des Weißbuchs aufgreifen und sich innerhalb des von der Europäischen Sicherheitsstrategie gesetzten Rahmens bewegen. Was eine nationale Strategie erreichen müsste, wäre eine klarere Definition der deutschen Interessen, eine umfassendere Analyse der geopolitischen Konstellationen und globalen sicherheitspolitischen Herausforderungen und Bedrohungen sowie die Ableitung von operativen Handlungsschwerpunkten, auf die sich Deutschland im Zusammenspiel mit seinen europäischen, amerikanischen und globalen Partnern konzentrieren müsste" (Bertelsmann-Stiftung, 2006, 15)

Dieser Vorschlag leuchtet ein. Allerdings gibt es hier ein Problem, das sich nicht einfach durch einen regierungsamtlichen Beschluss, ab nächstem Jahr eine nationale Sicherheitsstrategie vorzulegen, auflösen lässt. Denn ein solches Dokument müsste aus einem Mehrebenen-Diskurs erwachsen, an dem die militärischen und zivilen Sicherheits-Fachleute, die Politiker, und die politisch interessierte Öffentlichkeit auf unterschiedlichen Ebenen beteiligt sind. Wie so etwas möglich ist, zeigte der damalige kanadische Außenminister Bill Graham Anfang 2003, als er mit dem *Dialogue on Foreign Policy* für eine breitere Mitgestaltung der Außenpolitik in Form von Online-Foren und Konsultationen mit zivilgesellschaftlichen Gruppen warb (DFAIT 2003). Ein solcher Diskurs wird zwar immer wieder gefordert, aber es gibt ihn in Deutschland nur in Ansätzen. In der *Zeit* (vom 27. 7.

2006) meinte Matthias Geis kritisch: „Ob Kosovo, Kongo oder Nahost: Die Auslandseinsätze der Bundeswehr gehorchen weniger einer Strategie als vielmehr den Zwängen von UN, USA und CNN." Im *Economist* (vom 29. 7. 2006) konnte man lesen: „Germany needs a proper discussion of how to decide where troops should go. It should get involved earlier, so that it can influence decisions about operations. But Germans do not seem ready for this." Und in einem längeren Artikel in der *Frankfurter Allgemeinen Sonntagszeitung* (vom 13. 8. 2006) kam Nikolaus Busse zu dem betrüblichen Ergebnis: „Unsere Politiker suchen noch immer gute Gründe für Auslandseinsätze. Den Bürgern aber wäre es lieb, wenn wir alle Schweizer wären".

Man könnte die Liste mit solchen kritischen Stimmen ohne weiteres verlängern. Nun ist es einfacher, eine Leerstelle zu identifizieren, als sie auszufüllen. Das soll an dieser Stelle auch gar nicht versucht werden. Im anschließenden Kapitel müssen wir aber darauf zurückkommen.

## 14 Die Auslandseinsätze der Bundeswehr

In der politisch geglätteten Sprache des „Weißbuch 2006" wird anstelle des Begriffs *Auslandseinsätze* lieber ein milderer Ausdruck verwendet: *Beteiligung an internationalen Friedensmissionen*. Der multinationale Charakter dieser Einsätze wird dabei betont. Außerdem kommt der uneigennützige Aspekt dieser Einsätze dadurch besser zur Geltung. Das hat eine gewisse Berechtigung, denn wenn von Auslandseinsätzen der Bundeswehr die Rede ist, denkt man zunächst und fast ausschließlich an militärische Aktionen im Zusammenhang mit Krisen und Konflikten, wobei es um die Eindämmung der Gewalt, die Überwachung von Waffenstillständen und Friedensabkommen oder um Anleitung und Hilfe beim Wiederaufbau einer friedlichen Ordnung geht. Diese Art Auslandseinsätze jenseits der Landes- und Bündnisverteidigung hat es bis 1990 nicht gegeben. Als dann nach der Vereinigung Deutschlands die Bundesregierung solchen Einsätzen zuzustimmen begann, kam es zu politischen und verfassungsrechtlichen Kontroversen, die erst mit der Entscheidung des Bundesverfassungsgerichts vom 12. Juli 1994, dann aber auch abrupt, aufhörten (siehe Kap. 7.6).

„Die Veränderungen der sicherheitspolitischen Lage, die gewachsene Verantwortung Deutschlands, seine internationalen Verpflichtungen in den Vereinten Nationen, der Nordatlantischen Allianz und der Europäischen Union haben dazu geführt, dass Deutschland in den vergangenen 15 Jahren zu einem der größten Truppensteller für internationale Friedensmissionen geworden ist. Die Bundeswehr ist heute weltweit im Einsatz" (Weißbuch 2006, 96).

## 14.1 Auslandseinsätze vor und nach 1990

Es hat aber bereits vorher Auslandseinsätze der Bundeswehr gegeben – das waren humanitäre Hilfsaktionen bei Naturkatastrophen oder technischen Unfällen. Seit 1960 hat die Bundeswehr über 130 solcher Hilfsaktionen in mehr als 50 Ländern der Welt durchgeführt. Sie waren zum Glück niemals politisch oder rechtlich umstritten. Den Soldaten der Bundeswehr, die sich ja auch bei solchen Vorfällen innerhalb Deutschlands (Sturmflut in Hamburg, Februar 1962; Hochwasser der Oder im Juli 1997; Hochwasser an Elbe und Donau im August 2002, um nur diese drei spektakulären Ereignisse aufzuführen) als wirksame Helfer bewährt haben, kommt hier unbestreitbar ein großes Verdienst zu. Das soll man nicht gering schätzen; jedoch handelt es sich bei solchen humanitären Aktionen lediglich um ein Nebenprodukt.

Auslandseinsätze neuer Art umfassen eine Reihe verschiedenartiger militärischer Operationen. Gemeinsam ist ihnen folgendes:

- Es handelt sich um Einsätze, die von einem Organ der internationalen Gemeinschaft formell legitimiert sein müssen, im Regelfall also von den Vereinten Nationen oder einer ihrer Regionalorganisationen.

- Zweck dieser Einsätze ist die Wiederherstellung oder Stabilisierung des Friedens vor Ort. Es geht nicht um Sieg oder Niederlage, sondern um den Schutz der Menschen, um die Überwindung von Störungen lokaler, regionaler oder globaler Ordnungsstrukturen.

- Um ganz deutlich zu machen, dass nicht die nationalen Interessen der intervenierenden Staaten im Vordergrund stehen, werden solche Einsätze in aller Regel von gemischt-nationalen Truppen vorgenommen.

Unterhalb dieser Gemeinsamkeiten gibt es viele Variationen, von der Entsendung unbewaffneter Militärbeobachter über das traditionelle *peacekeeping* zur Überwachung von Waffenstillstandsabkommen, bei dem der Waffengebrauch der Soldaten nur dem Eigenschutz dient, und das sogenannte robuste *peacekeeping*, bei dem der eigene Auftrag notfalls auch mit der Waffe durchgesetzt wird, bis zur Anwendung organisierter Gewalt zwecks Beendigung eines Konflikts von außen (vgl. Sigloch 2006). Bei letzterem wird meistens so vorgegangen, dass die Vereinten Nationen (ihr Sicherheitsrat) durch eine entsprechende Resolution ihre Mitgliedsstaaten oder regionale Sicherheitsorganisationen zur Bildung einer Friedenserzwingungs-Allianz ermächtigen (Beispiel: Bosnien-Herzegowina). Um das gleich an dieser Stelle anzuführen: Der NATO-Einsatz in Serbien und im Kosovo von 1999 und der Krieg einer Gruppe von Staaten unter amerikanischer Führung gegen das Regime Saddam Husseins im Irak im Frühjahr 2003 fallen nicht in diese Kategorie international legitimierter Friedensmissionen. Sie waren möglicherweise, darüber wird bekanntlich gestritten, von der Sache her gerechtfertigt (nämlich wegen der Gefahr einer großräumigen ‚ethnischen Säuberung' im Kosovo und wegen der Politik des Irak, sich der Kontrolle seiner Waffenarsenale mit allen Tricks zu entziehen). Das ändert aber nichts daran, dass sie nicht über dieselbe völkerrechtliche Legitimation wie ‚normale' Friedensmissionen (Hoffmann 1993) verfügen. Die Bundesregierung entschloss sich im ersten Fall, die Bundeswehr an den kriegerischen Maßnahmen zu beteiligen; im zweiten Fall lehnte sie eine Beteiligung nachdrücklich ab.

Die folgende Übersicht kann einen Eindruck von der Vielfältigkeit der Aufgaben vermitteln, die die Soldaten der Bundeswehr bei ihren Auslandseinsätzen zu bewältigen haben. Manche dieser Einsätze haben eine sehr lange Dauer, nur manche blieben wie der Einsatz 2006 im Kongo auf wenige Monate beschränkt. Die in Klammern angegebene Zahl der beteiligten Soldaten ist in den meisten Fällen die jeweilige Höchstzahl – es liegt auf der Hand, dass sich je nach Konfliktentwicklung und nach der ‚Konkurrenz' anderer Einsätze diese Zahl häufig verändert.

*Übersicht 6:*    Auslandseinsätze der Bundeswehr seit 1992/93 (in chronologischer Reihenfolge)

| |
|---|
| *Kambodscha* (UNTAC) 1992/93: Deutsches Feldhospital in Phnom Penh; |
| *Somalia* (UNOSOM) 1992/94: Logistische Unterstützung von UN-Truppen mit 1.800 Soldaten; Hilfsflüge mit Transall zur Versorgung der Bevölkerung; |
| *Bosnien* 1992/96: Luftbrücke mit Transall nach Sarajewo mit Versorgungsgütern für die Bevölkerung; |
| *Adria* 1992/96: Einsatz von zwei Zerstörern/Fregatten und drei Seefernaufklärern zur Überwachung des Handels- und Waffenembargo gegen Jugoslawien; |
| *Balkan* 1993/95: Luftraumüberwachung; |
| *Ruanda* (UNAMIR) 1994: Humanitäre Hilfe zur Abwendung einer Hungerkatastrophe; |
| *Abchasien/Georgien* (UNOMIG) seit 1994: Überwachung des Waffenstillstands und sanitätsdienstliche Versorgung des UN-Kontingents; |

*Kroatien* 1995: Schutz und Unterstützung Schneller NATO-Einsatzverband, Unterstützung UNPROFOR (1.700 Soldaten);

*Bosnien* 1995/96: Unterstützung von IFOR; Überwachung von Seetransporten in der Adria (3.600 Soldaten);

*Bosnien* seit 20. 12. 1996: Beteiligung an SFOR mit 2.200 Soldaten;

*Albanien* 1997: Evakuierung von Deutschen und anderen Staatsbürgern aus bedrohlicher Situation mit Hubschraubern;

*Sudan* 1998: Hilfsflüge mit Transall zur Versorgung der Bevölkerung;

*Eritrea* 1998: Evakuierung Deutscher und anderer Staatsbürger mit Transall;

*Mazedonien* 1999: Beteiligung an der Schutztruppe für die OSZE-Beobachter im Kosovo; Luftüberwachung durch Drohnenbatterie;

*Albanien/Mazedonien* 1999: Humanitäre Flüchtlingshilfe;

*Jugoslawien* 1999: Beteiligung am Luftkrieg der NATO (Operation ‚Allied Force') zur Abwendung einer humanitären Katastrophe im Kosovo (Einsatz von 14 Tornados);

*Kosovo* seit Juni 1999: Beteiligung an der KFOR-Friedenstruppe (zeitweise 5.200, inzwischen ca. 3.000 Soldaten);

*Ost-Timor* 1999/2000: Beteiligung an der internationalen Friedenstruppe INTERFET mit Sanitätskontingent;

*Mazedonien* 2001/02: Beteiligung an der NATO-Operation ‚Essential Harvest' zur Umsetzung des Friedensabkommens zwischen den Bevölkerungsgruppen (500 Soldaten); Beteiligung an der Nachfolgemission ‚Amber Fox' mit 520 Soldaten;

*Ostafrika* seit 2002: Beteiligung an den Anti-Terror-Operationen ‚Enduring Freedom' und ‚Active Endeavour' (diese im Mittelmeer), einer Koalition von ca. 70 Staaten unter Führung der USA (zeitweise 3.900 Soldaten);

*Afghanistan* seit 2002: Beteiligung an der internationalen Schutztruppe ISAF in Kabul (inzwischen 2.800 Soldaten);

*Bosnien* und *Herzegowina*: Seit Dezember 2004 Beteiligung an EUFOR (Nachfolgemission von IFOR seit 1995 und SFOR seit 1996 (850 Soldaten);

EUFOR RD *Kongo*: Überwachung und Sicherung demokratischer Wahlen, Juni bis Dezember 2006 (740 Soldaten);

*Libanon*: Beteiligung an UNIFIL mit bis zu 2.400 Soldaten, seit Ende 2006

(Zusammenstellung nach ISP-Informationen zur Sicherheitspolitik, Sonderheft November 2006: Auslandseinsätze der Bundeswehr)

## 14.2 Politische und Rechtliche Grundlagen

In seiner Entscheidung vom 12. Juli 1994 betonte das Bundesverfassungsgericht die Rolle des Deutschen Bundestages im Entscheidungsprozess über Auslandseinsätze. Die Bundesregierung ist verpflichtet, die Zustimmung des Bundestages zu solchen Einsätzen einzuholen, und zwar grundsätzlich *vor* ihrem Beginn. Wegen dieser Bestimmung kann man die Bundeswehr mit einigem Recht als „Parlamentsarmee" bezeichnen. In demokratischen Staaten ist das Mitspracheund Entscheidungsrecht der jeweiligen Parlamente immer beträchtlich, schließlich gehört die parlamentarische Kontrolle ganz oben auf die Liste mit unverzichtbaren Elementen einer Demokratie. Aber nicht überall gibt es einen so gewichtigen Parlamentsvorbehalt für den Einsatz von Streitkräften.

In Deutschland ist dieser vom Verfassungsgericht mit besonderem Nachdruck betonte Parlamentsvorbehalt zu einer gesetzlichen Regelung für bewaffnete Bundeswehreinsätze ausgebaut worden, das sogenannte Parlamentsbeteiligungsgesetz (ParlBetG). Es trat am 24. März 2004 in Kraft und besagt in § 1, Abs. 2 klipp und klar: „Der Einsatz bewaffneter deutscher Streitkräfte außerhalb des Geltungsbereichs des Grundgesetzes bedarf der Zustimmung des Bundestages." Außerdem regelt dieses Gesetz das Verfahren, nach dem von der Bundesregierung die Zustimmung des Bundestages einzuholen ist (vgl. Wiefelspütz 2005).

Am Beispiel der Beteiligung der Bundeswehr an ISAF in Kabul, Feyzabad, Kunduz und Mazar-E Sharif sowie in dem usbekischen Termez und an der *Operation Enduring Freedom* kann man aber erkennen, dass es so ganz einfach mit der parlamentarischen Beteiligung auch wieder nicht ist. Das liegt in der Hauptsache an drei Punkten: *Erstens* braucht es zuweilen eine ganz schön lange Anlaufzeit, bis im öffentlichen und parlamentarischen Diskurs genügend Überzeugungskraft für die Zustimmung des Bundestages mobilisiert worden ist. Einer unsoliden Eilfertigkeit der Entscheidung ist damit vorgebeugt, das ist richtig. Indes geht es manchmal auch wirklich um Eile, und die erschwert das gesetzlich festgelegte Verfahren. *Zweitens* ist die Definition des Begriffs Einsatz nicht ganz klar. Wenn also die Ziele einer Mission wie ISAF genau festgelegt sind, gehört dann alles, was im Rahmen von ISAF abläuft, zu einem einzigen Einsatz? Ist also die NATO-Anforderung an die Adresse Deutschlands, sich mit Aufklärungsflugzeugen und womöglich auch mit Bodentruppen an den Kämpfen gegen die Taliban im Süden Afghanistans zu beteiligen, von der früheren Bundestags-Zustimmung zur ISAF-Beteiligung, aber nur in Kabul und im nördlichen Teil des Landes, gedeckt? Hier müssen die Politiker sehr genau darauf achten, dass das Legitimationspolster für Auslandseinsätze nicht löchrig wird. Als es im Januar 2007 in der CDU/CSU

Überlegungen gab, der Bundestag solle doch lieber für eine ganze Legislaturperiode pauschal die Ermächtigung zu Bundeswehreinsätzen in integrierten Verbänden der NATO und der EU vornehmen können statt in Einzelfällen zu entscheiden, wurde das zu Recht nicht nur in Oppositionskreisen kritisiert (vgl. FAZ vom 25. 1. 2007). *Drittens* gibt es seit der Ära Scharping einen teils verständlichen und notwendigen, teils aber auch die politische Kontrolle des Parlaments über Gebühr vermeidenden Einsatz von Spezialkräften der Division Spezielle Operationen. Diese Division wurde 2001 für den Einsatz gegen irreguläre Kräfte gebildet. Zu den Truppen in dieser (Heeres-) Division gehören neben zwei Luftlandebrigaden („Spezialisierte Kräfte") auch eine Reihe von Einheiten für Kampf- und Führungsunterstützung und Aufklärung („Spezialkräfte"). Diese sind unter einem Kommando Spezialkräfte (KSK) zusammengefasst. Seit Dezember 2001 sind KSK-Kräfte in nicht genau bekannter Zahl (meist unter 100 Soldaten) an den Kämpfen in Afghanistan beteiligt, aber Genaueres weiß auch der Bundestag nicht.

> „Der Einsatz der Spezialstreitkräfte der Bundeswehr und insbesondere des KSK stellt die deutsche Sicherheits- und Verteidigungspolitik vor ein Dilemma, in dem sich die westlichen Demokratien inzwischen generell befinden. Die veränderten sicherheitspolitischen Rahmenbedingungen im Kampf gegen den internationalen Terrorismus erfordern – wie in Afghanistan – einen verstärkten Einsatz von Spezialkräften. Nur diese sind meist in der Lage, gegen einen Gegner zu operieren, der sich nicht an konventionelle Streitkräftestrukturen und Einsatztaktiken hält, sondern zu asymmetrischen Mitteln der Kriegführung greift. Folglich messen auch Deutschlands wichtigste Verbündete den Spezialstreitkräften immer mehr Bedeutung zu.
>
> Mit dem vermehrten Rückgriff auf diese Kräfte steigt jedoch die öffentliche Aufmerksamkeit und…das Risiko politischer Krisen um den Einsatz der Spezialeinheiten. Naturgemäß agieren diese verdeckt…Damit sind sie jedoch der Öffentlichkeit und teilweise auch der politischen Kontrolle entzogen. Damit einher geht fast zwangsläufig eine Mystifizierung der Spezialstreitkräfte, die Gerüchten, Mutmaßungen und Verdächtigungen Vorschub leistet…In Deutschland ist diese Entwicklung nun an den Punkt gelangt, an dem das Problem der parlamentarischen Kontrolle über diese Kräfte gelöst werden muss" (Noetzel/Schreer 2006, 2f.).

Hier hat man es mit Zielkonflikten zu tun, die behutsam aufgelöst werden müssen. Aber aufgelöst müssen sie werden.

## 14.3 Organisatorische Schwierigkeiten

Eine ganz anders gemünzte und relativ scharfe Kritik an der Vorbereitung der Bundeswehr auf ihre Auslandseinsätze stammt aus der Feder eines ehemaligen Chefs des Heeresamtes der Bundeswehr, Jürgen Reichardt. Er hat das Heer und die verschiedenen, rasch aufeinander folgenden „Heeresmodelle" im Visier, denen er speziell für die Auslandsverwendung deutscher Soldaten kein gutes Zeugnis ausstellt:

> „Wenn militärischen Planern die Mittel fehlen, bleibt oft nur der Ausweg, sich von den grundsätzlich erforderlichen Fähigkeiten moderner Streitkräfte zu lösen und die ‚Prioritäten' an den ‚Wahrscheinlichkeiten' zu orientieren. Das ist der Bundeswehr mehrfach widerfahren – mit der Konsequenz, dass sich diese ‚Wahrscheinlichkeiten' nach jedem unerwarteten Ereignis änderten, worauf die ‚Prioritäten' neu zu bestimmen waren.
>
> Erst wurde einem Blauhelm-Einsatz eilig zusammengestellter ‚Krisenreaktionskräfte' in Somalia hinterhergeplant, die unter dem Schutz (nie eingetroffener) indischer Infanterie stehen sollten. Dann, nach einem bescheidenen UN-Einsatz von Sanitätern in Bosnien (UNPROFOR), der erste NATO-Einsatz außerhalb des klassischen Bündnisgebiets auf dem Balkan (IFOR/SFOR). Danach Einrücken in das Kosovo (KFOR). Schließlich Mazedonien. Nun Afghanistan. Stets andere völkerrechtliche Grundlagen. Jedesmal andere geographische, klimatische Bedingungen, immer andere Ansprüche an Führung, Ausrüstung, Ausbildung. Und jedesmal just bevor die jeweils vorgesehene neue Struktur die Voraussetzungen für den neuen Einsatz schaffen sollte" (Reichardt 2002).

Hier hat sich ein Militärplaner (wie leider üblich: erst nach der Pensionierung) seinen Grimm von der Seele geschrieben. Das ist ganz aufschlussreich, zeigt es doch, dass der von vielen ungeduldigen Beobachtern als langsam vorankommend eingeschätzte Umstellungsprozess der Bundeswehr aus der Binnensicht als viel zu rasch empfunden wird. Der gewichtigste Kritikpunkt Reichardts bezieht sich allerdings auf die „fehlenden Mittel".

Es ist relativ schwierig, generelle Aussagen über die Auslandseinsätze aus der Perspektive der daran beteiligten Soldaten zu machen. In dem Sammelband, den Peter Goebel (2000) herausgegeben hat, kann man in den Beiträgen von Soldaten (vom Dienstrang eines Oberstleutnants aufwärts), die an solchen Einsätzen teilgenommen haben, nachlesen, dass sie unter ganz unterschiedlichen Handlungsbedingungen ihren Auftrag zu erfüllen hatten. Würde man diese Berichte von solchen aus der Feder von Soldaten niedrigerer Dienstränge ergänzen, würde das Bild noch unübersichtlicher. Eine interne Studie über die Beurteilung ihrer

Auslandseinsätze durch die Soldaten, erstellt im Auftrag des Verteidigungsministeriums, wirft ein paar Schatten über das sehr helle Bild, das in der Öffentlichkeit zumeist von den Auslandseinsätzen der Bundeswehr gezeichnet wird. Die
Zeitschrift „Sicherheit & Frieden" (2002, 235f.) berichtet ausschnittsweise darüber.
Danach haben diese Einsätze einen großen negativen Einfluss auf die partner-
schaftliche oder familiäre Situation der Soldaten. Bis zu 50% der Befragten geben
an, durch den Einsatz in Beziehungsprobleme geraten zu sein. Als Ursache dafür
wird die lange Einsatzzeit (sechs Monate im Gegensatz zu früher vier Monaten)
angesehen. Außerdem kommen nur rund 15% der Soldaten zu dem Schluss, ihr
Einsatz würde die Situation im Einsatzgebiet verbessern. Dies gilt vor allem für
den Balkan. „Wenn wir hier weggehen, schießen die gleich wieder aufeinander."
Ungefähr die Hälfte der Befragten hat angegeben, dass sich ihre Meinung über
die für sie verantwortlichen Vorgesetzten während der Einsatzzeit verschlechtert
hat, vor allem die über höhere Vorgesetzte.

Über die Gründe und Motive, die hinter diesen Antworten stecken, sollte
man sich in der Bundeswehr-Führung wohl ausgiebig Gedanken machen. Eines
wird jedenfalls ganz klar: In den allermeisten Fällen sind solche Einsätze für die
Soldaten schwierig und mit vielen Strapazen verbunden. Sie sind auch, nicht
immer und überall, aber an bestimmten Orten, gefährlich. Der bisher gefährlichs-
te Auslandseinsatz der Bundeswehr ist ihre Beteiligung an der „International
Security Assistance Force (ISAF)" in Afghanistan. Dort ist es auch zu gezielten
Angriffen auf Soldaten der Bundeswehr gekommen, von denen einige ihr Leben
eingebüßt haben.

Sehr eindringlich haben Harald Haas und Franz Kernic (1998) die ganz alltäglichen Schwierigkeiten geschildert, denen sich Soldaten bei UN-Friedensmis-
sionen häufig ausgesetzt sehen. Sie haben das österreichische Kontingent von
UNDOF, der UNO-Peacekeeping-Mission auf den Golanhöhen untersucht. In
methodischer Hinsicht beruhen ihre Untersuchungen auf den Ergebnissen mehrerer empirischer Erhebungen sowie auf einer systematischen eineinhalbjährigen
(!!) teilnehmenden Beobachtung. Diese Studie ist außerordentlich interessant und
auch für Soldaten anderer Nationen bei Auslandseinsätzen relevant. An dieser
Stelle seien nur ein paar der Schwierigkeiten, die sie analysiert haben, aufgezählt:
der Faktor Stress im Einsatz; Begegnung mit fremden Kulturen; Sexualität; Alko-
hol und Drogen; Freizeitgestaltung; Kriminalität; soziales Zusammenleben.

## 14.4 Zwei Tabuthemen: Sexualität und Tod

Viele dieser Probleme sind öffentlich, aber leider auch organisations-intern mit einer Art Tabu belegt. Besonders genierlich erscheint dabei das Thema Sexualität zu sein. Als dieses Thema im Sommer 2003 ausnahmsweise in einer Radiosendung des WDR in Koproduktion mit dem SWR und dem Saarländischen Rundfunk aufgegriffen wurde, schrieb die FAZ aus diesem Anlass:

> „Offiziell ist das Thema für die Bundeswehr keines. Der Körper des Soldaten hat sich der täglichen Disziplin zu fügen. Bedürfnisse, die er darüber hinaus haben mag, gelten als Privatsache. Der Betrieb sei ‚sexuell neutral abzuwickeln', heißt es in der zentralen Dienstvorschrift. Bei Einsätzen im Ausland, welche die Soldaten für sechs Monate aus einer etwaigen Partnerschaft herausreißen und von der Außenwelt abschneiden, bekommt der schlichte Satz ein anderes Gewicht. ‚Haben Sie auch schon auf sexuelle Kiemenatmung umgestellt?' schreibt ein Truppenpsychologe provozierend in der Zeitschrift für das deutsche Kosovo-Kontingent. Neben der langen Trennung von Freundin oder Familie und der Lagersituation ohne jede Intimsphäre nennen die meisten Soldaten die fehlende Möglichkeit, Sexualität auszuleben, als größte Belastung bei Auslandseinsätzen... Eine Lösung für dieses Problem ist nicht in Sicht. Jedenfalls keine offizielle" (FAZ vom 4. 7. 2003).

Inoffizielle gibt es schon, aber darüber wird von allen Beteiligten am liebsten geschwiegen. Dieser kleine Exkurs sollte nur darauf aufmerksam machen, dass man sich vor den Mythen des „join the army and see the world" und einem friedensmissionarischen Idealismus zu hüten hat, wenn man über Peacekeeping-Einsätze, ihre Notwendigkeit und ihre Schwierigkeiten nachdenkt.

Das Thema Sexualität ist in den Einsätzen der Streitkräfte in seinen verschiedenen individuellen und sozialen Facetten eigentlich immer präsent, wird aber nach außen am liebsten verschwiegen. Das andere Tabu-Thema, der Tod während eines Einsatzes, ist bisher in der Bundeswehr ein die meiste Zeit nur virtuell präsentes Thema gewesen. Nach Auskunft der Bundesregierung sind im Jahr 2006 insgesamt 2.256 Soldaten im Auslandseinsatz verletzt worden, die meisten davon im Kosovo und in Afghanistan. Nur ein kleiner Anteil der Verletzungen hat eine einsatzspezifische Ursache, wie sich der Parlamentarische Staatssekretär Schmidt ausdrückte (FAZ vom 21. 2. 2007). Auch von den 64 Soldaten, die bei Auslandseinsätzen der Bundeswehr ums Leben kamen (Stand: Juni 2006), starben die meisten als Folge von Verkehrsunfällen, krankheitsbedingt oder aus anderen Gründen; nur die wenigsten von ihnen fielen im Kampf. Wenn wir einen Seitenblick auf die Erfahrungen der amerikanischen und britischen Truppen im

Irak seit 2003 werfen, wird der Unterschied deutlich. Aber die US-Streitkräfte (und die anderer Staaten, auch in Europa) verfügen hier über ganz andere Erfahrungen als die Bundeswehr.

Seit 1945 haben deutsche Soldaten für viele Jahrzehnte keine Erfahrungen mit dem Tod auf dem Schlachtfeld zu machen brauchen. Das ist ein Privileg. Und diese Erfahrung von der Nicht-Erfahrung des soldatischen Todes hat sich in die kollektive Vorstellung von den Aufgaben der Bundeswehr eingeprägt, auch in die Vorstellungen darüber, wie Auslandseinsätze deutscher Soldaten am besten verlaufen sollten, nämlich möglichst ohne das Risiko, in einem solchen Einsatz getötet zu werden. Jede Debatte über einen Einsatz der Bundeswehr und über die Art ihrer Beteiligung an multinationalen Missionen wird deshalb auch den Gesichtspunkt ihrer Gefährlichkeit für das Leben der beteiligten Soldaten aufgreifen. Das ist auch völlig in Ordnung so, denn die Nichtbeachtung dieses Aspekts bedeutete eine Fahrlässigkeit.

Ein wenig problematischer wird es schon, wenn bestimmte militärische Optionen deshalb ausgegrenzt werden. Das war etwa beim Kosovo-Krieg 1999 der Fall, als sich die NATO einfach darauf beschränkte, diesen Krieg aus der Luft gewinnen zu wollen. Sie schloss nämlich die Option eines Eingreifens zu Lande dezidiert aus und engte damit ihren militärischen Handlungsspielraum von vornherein ein. Der militärische Erfolg enthob die NATO und ihre Mitgliedsstaaten der Notwendigkeit, später noch einmal über diesen Beschluss kritisch nachzudenken. Noch problematischer stellt sich Ende 2006, Anfang 2007 die Lage in Afghanistan dar. Der Aufforderung der NATO an die deutsche Regierung, die Bundeswehr solle sich nicht nur im vergleichsweise ruhigen Norden Afghanistans, sondern auch im Süden des Landes aktiv engagieren, einem Landesteil, in dem die Kämpfe mit den Aufständischen in den Monaten davor permanent heißer wurden, wurde mit allen möglichen Gegenargumenten zu begegnen versucht. Das eigentliche Motiv, das die Bundesregierung zögern ließ, blieb aber zwischen den Zeilen – die Furcht davor, dass auch deutsche Soldaten in größerer Zahl in diesen Kämpfen getötet werden könnten, was dann zu einer bitteren Kritik seitens der Öffentlichkeit an der Bundesregierung führen könnte. Denn die Behauptung, am Hindukusch werde die Sicherheit Deutschlands verteidigt, ist in der Öffentlichkeit niemals richtig akzeptiert worden. Sie ist auch nicht groß in die Kritik geraten, weil zu wenig auf dem Spiel zu stehen schien. Aber mit zehn, zwanzig, dreißig in Afghanistan getöteten Bundeswehr-Soldaten würde vermutlich eine Rückzugs-Debatte in Deutschland einsetzen. Für eine solche Debatte scheint aber die Bundesregierung ganz und gar nicht gut gerüstet. Der seit 2005 amtierende Verteidigungsminister Jung (CDU) verfolgt mit einer gewissen Eile den Plan, in Berlin ein Ehrenmal zu errichten, das an Bundeswehrangehörige erinnern soll, die im Dienst ums Leben gekommen sind (FAZ vom 6. 2. 2007). Ein solches „zentrales Ehrenmal" wäre nicht eigentlich ein „Kriegerdenkmal", wie man sie in fast allen Ortschaften Deutschlands findet, denn es würde nicht (nur) an im Krieg gefallene Soldaten erinnern, sondern an alle Soldaten und zivilen Mitarbeiter der Bundeswehr, die seit deren Gründung im Dienst ums Leben kamen, ungefähr 2.600 Personen nach heutigem Stand. Es wäre ein eher organisationsbezogenes, gewissermaßen internes und weniger ein die Gesellschaft mit einbeziehendes Denkmal. Das könnte man gegen ein solches Konzept einwenden, und auch, dass es, was ein wenig (ver)störend wirkt, wenn man länger darüber nachzudenken beginnt, gewissermaßen einen antizipatorischen Charakter hat.

## 14.5 Oberflächliche öffentliche Akzeptanz

Weil Auslandseinsätze der Bundeswehr seit Mitte der 1990er Jahre trotz der paar Vorläufer eigentlich etwas ganz Neues für die deutsche Öffentlichkeit waren, hätte man annehmen können, dass diese zunächst einmal skeptisch oder gar ablehnend reagieren und sich erst im Lauf der Jahre an dieses neue sicherheitspolitische Instrument gewöhnen würde. Diese Annahme trifft aber nicht zu. In der öffentlichen Diskussion über Auslandseinsätze werden häufig Umfragedaten zitiert, die insgesamt einen hohen bis sehr hohen Zustimmungsgrad der Bevölkerung zu solchen Einsätzen der Bundeswehr (wie überhaupt mehr oder weniger zu allem, was die Bundeswehr macht) ausdrückt. Das entlastet die Parlamentarier bei ihrem Abwägen, ob die Bundeswehr sich an dem einen oder anderen Einsatz beteiligen soll. In dem „Meinungsbild zur sicherheitspolitischen Lage in der Bundesrepublik Deutschland", erhoben Anfang des Jahres 2001, wurde nach der Zustimmung/Ablehnung eines repräsentativen Querschnitts der Bevölkerung zu verschiedenen Aufgaben der Bundeswehr gefragt. Dabei bekommt die Landesverteidigung mit 93% die höchste Zustimmungsrate. Es folgen die Beteiligung an friedensichernden Maßnahmen mit 78% Zustimmung, die Verteidigung des NATO-Gebietes mit 67% Zustimmung und die Beteiligung an friedenschaffenden Maßnahmen mit 62% Zustimmung (Demoskopisches Meinungsbild, 1/2002, 27 f.). In einer anderen EMNID-Umfrage, veröffentlicht im Juni 2002 in der Zeitschrift „chrismon" wurde ein repräsentativer Querschnitt der Deutschen gefragt „Gibt es Ihrer Meinung nach eine Rechtfertigung für den Einsatz militärischer Gewalt?" 15% der Befragten (zwei Drittel davon Frauen) verneinten die Frage.

68% hielten militärische Gewalt nur im Falle der Landesverteidigung für gerechtfertigt. 45% gaben an, militärische Gewalt sei zum Sturz eines Unrechtregimes
gerechtfertigt; 44% hielten sie für gerechtfertigt, um internationale Stabilität herzustellen und (immerhin noch? nur noch?) 31% wollten sie als gerechtfertigt
anerkennen, wenn nationale Interessen im Ausland auf dem Spiel stehen.

Man könnte an dieser Stelle noch andere, übrigens immer je nach Fragestellung leicht variierende Umfragedaten aus den späten 1990er und den ersten Jahren des neuen Jahrzehnts anführen. Das Gesamtbild änderte sich dadurch aber
nicht: Auslandseinsätze der Bundeswehr werden nicht so positiv bewertet wie
die Landesverteidigung, aber auch sie stoßen auf öffentliche Zustimmung. Allerdings, wie es scheint, mit langsam sinkender Tendenz. Jedenfalls ist Thomas
Bulmahn in seiner Auswertung der repräsentativen Bevölkerungsumfrage 2005
des Sozialwissenschaftlichen Instituts der Bundeswehr auf eine gestuft skeptische
Einstellung der Bevölkerung gestoßen.

> „Die Frage nach dem außenpolitischen Engagement Deutschlands wird von den Ein-
> kommensschichten, Bildungsniveaus und Wählergruppen in Deutschland ganz unter-
> schiedlich beantwortet. Vergleichsweise wenig Unterstützer findet man bei den gering
> Verdienenden (24%), den weniger Gebildeten (Personen mit Hauptschulabschluss:
> 26%) und den Anhängern der Linkspartei (25%).
> Überdurchschnittlich oft befürwortet wird eine aktive Außenpolitik von den besser
> Verdienenden (44%), den besser Gebildeten (Personen mit Hochschulreife: 53%) und
> den Anhängern der Grünen (52%)" (Bulmahn 2006, 3).

Eine aktive Außenpolitik wird von einer großen Zahl Befragter offenbar als (zu)
teuer angesehen, denn sie argumentieren häufig, Deutschland solle sich erst einmal um seine eigenen (sozialen) Probleme kümmern, bevor sich seine Politik auf
andere Gesellschaften und Konflikte bezieht. Nun ist der Begriff der aktiven
Außenpolitik noch ziemlich unbestimmt, was die dabei verwendeten Mittel betrifft. Konzentriert sich die Frage auf militärische Mittel einer solchen Außenpolitik, sinkt die Zustimmungsrate noch einmal.

*Tabelle 3:* Geringe Akzeptanz von militärischer Macht und Gewalt

| „Bitte sagen Sie mir, ob Sie den folgenden Aussagen zustimmen oder nicht zustimmen." (Angaben in%) | Stimme zu | Stimme nicht zu |
|---|---|---|
| „Unter bestimmten Umständen ist Krieg notwendig, um Gerechtigkeit zu erlangen." | 34 | 62 |
| „Der beste Weg, Frieden zu sichern, ist durch Militärische Stärke." | 35 | 61 |
| „Konflikte innerhalb eines Staates oder zwischen Staaten lassen sich immer mit friedlichen Mitteln lösen." | 68 | 27 |
| Wirtschaftliche Macht ist für die Beeinflussung des Weltgeschehens wichtiger als militärische Macht." | 81 | 13 |

Quelle: SOWI-Bevölkerungsumfrage 2005

Direkt auf die Beteiligung der Bundeswehr an Auslandseinsätzen angesprochen, spricht sich 2005 eine große Mehrheit (95%) für die Beteiligung an den humanitären Hilfsaktionen nach dem Tsunami in Südostasien aus, eine immer noch große Mehrheit (75%) für die Teilnahme an der KFOR im Kosovo und 64% für die ISAF-Beteiligung in Afghanistan. Aber wenn man hier die Antwort-Kategorien etwas genauer in Augenschein nimmt, wird deutlich, dass diejenigen, die sich als starke Befürworter zu erkennen geben, steil absinkt. Die Teilnahme an den Anti-Terror-Maßnahmen im Mittelmeer und am Horn von Afrika werden nur noch von 14 bzw. 15% der Befragten stark befürwortet.

Wie sich die oben angesprochene Lebensgefährlichkeit mancher Einsätze auf deren öffentliche Wahrnehmung und Akzeptanz auswirken wird, lässt sich nicht genau sagen. Aber es steht zu vermuten, dass letztere drastisch sinken wird, wenn die Zahl der Opfer aus den Reihen der eigenen Soldaten während eines solchen Einsatzes einen bestimmten Schwellenwert übersteigt. Nach der Interpretation von Elmar Wiesendahl muss die Zustimmungsrate zu Auslandseinsätzen jedenfalls relativiert werden:

> „Was die Bevölkerung mehrheitlich nur akzeptiert, ist eine um ihre kriegerische Kampfeinsatzkomponente gebrachte Kriseninterventionsarmee ‚light', die bei humanitären Hilfs- und Katastropheneinsätze konfliktschlichtend dabei ist und mit dem Helfersyndrom der Deutschen konform geht" (Wiesendahl 2002, 115).

Meinem Eindruck nach ist diese Interpretation zwar etwas überzogen – die Verwendung des Begriffs Helfersyndrom für eine ganze Nation finde ich problematisch –, aber man sollte sich auch nicht irgendwelchen Illusionen über die politische Überlegungskraft der bei solchen Erhebungen Befragten machen. Ich würde z. B. darauf wetten, dass eine übergroße Mehrheit derjenigen, die sich für friedensichernde und friedenschaffende Einsätze der Bundeswehr ausgesprochen haben, beträchtliche Schwierigkeiten hätte, den Unterschied zwischen diesen beiden Kategorien korrekt zu referieren. Und die Zustimmungsrate für die Landesverteidigung ist vielleicht auch deshalb so hoch, weil diese weitestgehend zu einem Abstraktum geworden ist. Ob das den Befragten bewusst war oder nicht, ist dabei egal – es handelt sich um eine Gratisantwort.

## 14.6 Politische Prioritätensetzung

Einer der kompetentesten Journalisten für den Bereich der Sicherheitspolitik in Deutschland, Lothar Rühl, ist in seinen zahlreichen Artikeln in der *Neuen Zürcher Zeitung* und der *Frankfurter Allgemeinen Zeitung* seit vielen Jahren nicht müde geworden, auf Widersprüchliches in der militärpolitischen Ausrichtung von NATO und EU und ganz besonders auch von Deutschland hinzuweisen. Ganze Gebirge von Euphemismen hat er manchmal mit einem einzigen Satz untertunnelt. Zum Beispiel mit diesem: „Die Übernahme der Verantwortung für die militärische Sicherheit in ganz Afghanistan durch die NATO hat jenseits der juristischen Feinheiten alle beteiligten Verbündeten faktisch zu Kriegsparteien gemacht" (FAZ vom 30. Oktober 2006). Die „juristischen Feinheiten" sind dadurch nicht als überflüssig oder gar als schädlich gekennzeichnet. Aber wenn sie dazu missbraucht werden, um die Einsicht in die Lage zu verschleiern, dann ist es doppelt nötig, zu einer kühlen politischen Analyse zu gelangen, ohne Beschwichtigung und Beschönigung.

Nicht jede multinationale Mission zur Friedensüberwachung oder Krisen-Deeskalation macht das eigene Land zur „Kriegspartei". Aber anders als eine Zeitlang angenommen, erweist sich die Mehrzahl der humanitären oder auf die Wiederherstellung der internationalen Sicherheit ausgerichteten Einsätze als langwierig und teuer. Da die Zahl der Krisenherde auf der Welt, die solche Einsätze der internationalen Staatengemeinschaft eigentlich erforderlich machen, die Möglichkeiten der in Frage kommenden Staaten übersteigt, sehen wir uns mit der misslichen Lage konfrontiert, nicht nur die tatsächlich erfolgenden Einsätze, sondern ebenso das Ausbleiben solcher Einsätze, das Nichtstun begründen zu müssen. An dem Verdrängen dieser Misslichkeit beteiligen sich fast alle, die Medien, die Politiker, die Öffentlichkeit. Darunter haben in erster Linie die Menschen zu leiden, die es in solchen Krisenherden ohne Hilfe von außen aushalten müssen, man denke etwa an den Völkermord in Darfur, der sich seit längerem abspielt, ohne dass es zu einer wirksamen humanitären Intervention kommt. Ein formaler Ausweg aus diesem politisch-moralischen Dilemma bietet sich mit dem Verweis auf internationale Arbeitsteilung an. Deutschland muss zwar wie jeder andere Staat heute auch, seine eigene Sicherheit global definieren, aber es kann nicht an jedem Fleck der Erde, wo eine humanitäre Intervention nötig wäre, eingreifen. Also konzentriert man sich auf einen Ausschnitt von Problemen. Allerdings lassen sich überzeugende Kriterien für eine internationale Arbeitsteilung gar nicht so einfach ausfindig machen. So hat zum Beispiel das Kriterium der territorialen Nachbarschaft eine gewisse Plausibilität; in einer globalisierten Sicherheitslandschaft funktioniert es aber nicht mehr so richtig. In Bezug auf Darfur (und Somalia, Ruanda, Kongo usw.) zu sagen: das sollen doch die Afrikaner selbst regeln, heißt nichts anderes als den drangsalierten Menschen dort die Hilfe zu verweigern.

Ein anderes wichtiges Kriterium für die Entscheidung über die Teilnahme eigener Streitkräfte an humanitären oder auf die Krisen-Deeskalation bezogenen Einsätzen ist das eigene nationale Interesse. Dieses spielt bei solchen Entscheidungen immer eine gewichtige Rolle – allerdings gibt es da ein Problem. In den Worten Lothar Rühls: „Die Bestimmung ‚nationaler deutscher Interessen' als politische Voraussetzung für ein militärisches Engagement ist in einer akuten Krise schwierig und trägt als Leitsatzkatalog nicht weit" (FAZ vom 3. 1. 2007). Das ist vor allem auch deshalb richtig, wenn man bedenkt, dass es sich bei solchem militärischen Engagement um multinationale Einsätze handelt. Man kann zwar unterstellen, dass jeder einzelne staatliche Akteur seine Entscheidung zur Beteiligung an solchen Einsätzen im Lichte der jeweils eigenen nationalen Interessen vorbereitet. Die beziehen sich aber nicht nur auf den Einsatz selbst, sondern z. B. auch auf Fragen der Bündnis-Solidarität oder der demonstrativen Unterstützung der Menschenrechte zwecks politischer Überzeugung innenpolitischer Kritiker der Regierung. Kurz: bei den in Frage stehenden Entscheidungen wird es fast immer auf Paketlösungen mit manifesten und latenten Entscheidungskomponenten und Kompromissen hinauslaufen. Deutschland verteidigt seine Sicherheit also auch deshalb am Hindukusch, um den etwas saloppen Slogan des früheren Verteidigungsministers Struck aufzugreifen, weil es sich am Irak-Krieg der Vereinigten Staaten und deren „Koalition der Willigen" nicht beteiligt hat, aber dennoch demonstrieren will, dass es deswegen den sicherheitspolitischen Zusammenhalt des Westens nicht mutwillig zu lockern vorhat. Bei multinationalen Interventions-Entscheidungen spielen also zuweilen auch Bündnis-Überlegungen eine wichtige Rolle. „Deutschland konnte 2001 und seither die militärische Teilnahme am ‚Krieg gegen den Terror' ebenso wenig verweigern oder von politischen Bedingungen abhängig machen wie 1999 die militärische Beteiligung und die politische Mitverantwortung im Kosovo-Krieg" (Rühl, in FAZ vom 3. 1. 2007).

Der derzeitige Direktor der Stiftung Wissenschaft und Politik, Volker Perthes, hat vier Gruppen von Kriterien unterschieden, die bei der Entscheidung über eine deutsche Beteiligung an Kriseninterventionen mit eigenen Truppen bedacht werden sollten:

> „Die erste Gruppe betrifft das völkerrechtliche Mandat eines solchen Einsatzes…Die zweite Fragengruppe bezieht sich auf die Erfolgsaussichten und die Risiken eines Einsatzes…Der dritte Kriterienkomplex bezieht sich auf die möglichen Dynamiken einer Krise…Die vierte Gruppe von Kriterien bezieht sich auf die Interessen und Ziele Deutschlands als europäischer und internationaler Akteur" (FAZ vom 14. 2.. 2007).

Perthes verbindet diese Überlegungen mit der Vorstellung, Deutschland und die Europäische Union hätten weder die Ambitionen noch die Fähigkeiten, eine Rolle als globale Ordnungsmacht zu spielen. Was die Ambitionen betrifft, da bin ich mir nicht so sicher. Die Fähigkeiten, die man dazu braucht, sind gewiss entwicklungsfähig. Aber ob es sinnvoll und angemessen ist, dieses Defizit gewissermaßen normativ festzuschreiben, das ist doch mehr als fraglich.

Die internationale Ordnung und die Menschen brauchen zu ihrem Schutz Entwicklungs- und Lebensbedingungen, die weitgehend ohne Gewalt auskommen. Der Einsatz von Streitkräften, um Sicherheitsgefährdungen und eskalierende Gewalt in instabilen oder nur mittels Repression (falsch) stabilisierten Zonen zu bekämpfen bzw. zu de-eskalieren, kann die Voraussetzungen für eine „Friedenskonsolidierung" schaffen, aber kaum mehr. Insofern stimmt der allerdings meist viel undifferenzierter verwendete Slogan „Krieg ist keine Lösung". Allerdings kann der Aufbau oder Wiederaufbau haltbarer sozialer und politischer Strukturen erst beginnen, wenn die lokale Gewalt einigermaßen gezähmt ist. Insofern ist der Militäreinsatz eine häufig notwendige, aber nie eine hinreichende Bedingung für den Erfolg einer erfolgreichen Krisenentschärfung. Wer sich zu einem solchen Einsatz entschließt, muss in Rechnung stellen, dass dieser unvollständig bleibt und seine Ziele nicht erreicht, wenn es danach nicht zu langwierigen und kostspieligen Aufbauprozessen kommt.

Bei Entscheidungen über die Teilnahme an multinationalen Militäreinsätzen muss von Anfang an mitbedacht werden, dass der schwierigere Teil des Engagements nicht-militärischer Natur ist und unter Umständen sehr viel Zeit benötigt. Die eigenen Werte und materiellen Interessen, Bündnisinteressen, die Wahrnehmung des Konflikts durch die nationale und die Welt-Öffentlichkeit, all dies spielt in die Entscheidung über einen Militäreinsatz hinein. Dabei wird zu häufig nur auf die manifesten Gewaltakte geblickt, die es zu unterbinden gilt. Was danach auf die intervenierenden Mächte zukommt, muss aber eigentlich schon vor der Intervention bedacht werden. Wenn das unterbleibt, landen die intervenierenden Mächte einen Pyrrhus-Sieg und manövrieren sich in eine Sackgasse. Dafür haben wir gegenwärtig nicht wenige Beispiele.

## 14.7 Einsatzregeln für die Streitkräfte

Mit diesem Monitum wird nicht auf die Formulierung einer ‚Exit-Strategie' gepocht, die benötigt man auch, vielmehr geht es um langfristig angelegte Konfliktmilderungen. Das Wort Lösung kommt einem in diesem Zusammenhang schon fast zu pathetisch vor. Für die Streitkräfte ergibt sich in dieser Perspektive eine Reihe von Einsatzregeln (nach Rühl in FAZ vom 3. 1. 2007):

- Der Militäreinsatz darf nicht zu knapp geplant werden, personell und zeitlich müssen Sicherheitsmargen bestehen, damit es nicht zu einem frühzeitigen Abbruch der Aktion kommt. Denn ein solcher verschlimmert die Situation nur.
- Zum Schutz der Truppe im Krisengebiet braucht es schwere Waffen, die so disloziert werden müssen, dass sie im Notfall rasch eingesetzt werden können.
- Der gesamte logistische Rückhalt der kämpfenden Truppe muss so organisiert sein, dass jederzeit auf Reservekapazitäten zugegriffen werden kann.
- Im weiteren Einsatzgebiet braucht es zuverlässige Partner für rückwärtige Basen.
- Von Anfang an muss im Einsatzgebiet überzeugend deutlich gemacht werden, dass die Intervention nicht eine Art postkolonialer Kolonialkrieg ist, sondern dass es um die Überwindung der lebensbedrohlichen Sicherheitsgefährdungen als ersten Schritt zum (Wieder-) Aufbau sozialer und politischer Strukturen nach den Mustern der indigenen politischen Kultur geht.

## 15   Militär, Öffentlichkeit und Medien

In einer demokratischen Gesellschaft spielt, normativ und empirisch, die politische Öffentlichkeit eine wichtige Rolle. Man kann das auch zuspitzen und so formulieren: Demokratie ohne Öffentlichkeit geht nicht. Zwei Ziele stehen dabei im Vordergrund, einmal die Transparenz politischer Vorgänge und zweitens die Mitwirkung am Zustandekommen politischer Entscheidungen. Beides ist im Verlauf der Demokratisierung bürgerlicher Gesellschaften Stück für Stück mühsam erreicht worden. Auch gab es immer wieder Rückschläge. Transparenz und Mitwirkung werden hier als Annäherungsziele definiert – vollständig lassen sie sich nicht verwirklichen. Es gibt eine Reihe von strukturellen und funktionalen Gründen, die dem entgegenstehen. Darüber wird in demokratie-theoretischen Debatten ausgiebig diskutiert.

In unserem Zusammenhang interessieren insbesondere zwei Aspekte, erstens das Verhältnis Streitkräfte/Öffentlichkeit und zweitens die Rolle der Medien bei der Information der Öffentlichkeit über Militär- und Sicherheitsfragen. In den ersten Jahrzehnten des Bestehens der Bundeswehr blieb das Verhältnis Bundeswehr/Öffentlichkeit nicht frei von Spannungen. Die Öffentlichkeitsarbeit der Bundesregierung in Sachen Militär und Sicherheit und die zumeist nur beim Vorliegen von negativen Nachrichten und ‚Skandalen' über die Bundeswehr berichtenden kritischen Medien verhinderten in ihrem ungewollten Zusammenspiel den Aufwuchs einer lebendigen militär- und sicherheitspolitischen Auseinandersetzung. Diese Problematik verstärkte sich noch in dem die Gesellschaft polarisierenden Streit um die Nachrüstung. Nach 1990 waren die Rahmenbedingungen völlig anders geworden, infolgedessen auch die Aufgaben der Bundeswehr und damit auch ihre Wahrnehmung in der Öffentlichkeit.

### 15.1 Bundeswehr und Öffentlichkeit im Ost-West-Konflikt

Die Streitkräfte haben quasi automatisch eine professionelle Neigung, öffentliche Einsichtnahme in ihr organisatorisches Binnenleben zu beschränken und zu kanalisieren. Das unterscheidet sie nicht von anderen Organisationen, etwa Wirtschaftsbetrieben. Das kräftigste Argument gegen zu viel Transparenz besitzt hier ja auch etliche Plausibilität: Die Aufdeckung militärischer Geheimnisse kann dem Gegner (oder dem ‚potentiellen Gegner' in der Bundeswehr-Terminologie während des Ost-West-Konflikts) nützen, und das soll verhindert werden.

Umgekehrt war es in der Epoche der zwischen-nationalen Kriege in Europa und auch während des Ost-West-Konflikts immer das Bestreben der Staaten, möglichst viel geheime Informationen über die Sicherheitsapparate der Gegenseite zu erhalten. Manchmal hat das sogar, wie der Fall Dreyfus in der französischen Dritten Republik demonstriert, zu heftigen innenpolitischen Polarisierungen geführt. Im Ost-West-Konflikt gehörten sicherheitspolitisch relevante Informationen über Rüstungstechnologien, Bewaffnung, Stationierung von Einheiten und Waffensystemen, strategische und operativ-taktische Neuerungen usw. zu den bevorzugten Daten, auf die Spione aus den einschlägigen Organisationen der Kontrahenten angesetzt wurden. Die Sowjetunion hätte ohne die Informationen von Klaus Fuchs und einiger anderer „Atomspione" den Vorsprung der Vereinigten Staaten beim Bau von Nuklearwaffen nicht so rasch eingeholt. Die vielen Filme (etwa Alfred Hitchcocks: „Der zerrissene Vorhang") und Romane (z. B. von John Le Carré oder Graham Greene) über die Ost-West-Spionage wussten dieses Thema, gleichviel auf welchem künstlerischen Niveau, mit besonderen Spannungs-Reizen auszustatten. Die Jagd nach Informationen über die Streitkräfte anderer Staaten, mit denen es zu einem militärischen Konflikt kommen könnte, gehört zwar nur an den Rand staatlicher Sicherheitspolitik. Aber sie wird dort mit viel Routine betrieben. Und das impliziert ja umgekehrt, dass auch der Schutz vor dem Aufdecken eigener diesbezüglicher Datenbestände ein routiniertes Organisationsverhalten geworden ist.

Dass dieses Verhalten sich tief in das kollektive Selbstverständnis der Angehörigen von Streitkräften eingesenkt hat, ist keine deutsche Besonderheit. Geradezu exorbitant ausgeprägt war es übrigens in den sowjet-sozialistischen Gesellschaften, mit der Konsequenz, dass dort auch heute noch besondere politische Anstrengungen nötig sind, um der Öffentlichkeit ein wenig mehr Einblick in die Organisation der Streitkräfte zu gewähren.

Allerdings ist das Ziel der Transparenz nicht nur abhängig von dem Willen der Streitkräfte, Transparenz zuzulassen. Die Öffentlichkeit ihrerseits muss sie auch einfordern und ihr Interesse an den Streitkräften deutlich machen. In der Bundesrepublik Deutschland war das Verhältnis Streitkräfte/Öffentlichkeit anfangs stark belastet, weil die Öffentlichkeit sich vor allem dann um die Bundeswehr zu kümmern schien, wenn es dort Probleme und ‚Skandale' gab. Dies ging weit über den Grundsatz *„only bad news are good news"* hinaus. Warum das so war, erklärte einer der wenigen deutschen Soziologen, die sich über Jahre hinweg kontinuierlich mit dem Militär beschäftigt haben, Dietmar Schössler, zu Anfang der 1980er Jahre so:

„Während in den USA eine von starken Verbänden, von Wissenschaft und Medien ge-
tragene sicherheitspolitische Öffentlichkeit existiert, kann im Falle der Bundesrepublik
auch nach über 20 Jahren Wiederbewaffnung nur in Ansätzen davon gesprochen
werden. Ein wichtiger, geschichtlicher Grund liegt sicherlich in der Anpassung des
deutschen Bürgertums an den monarchischen Soldatenstaat. ‚Militär'-Politik blieb in
der Kompetenz der Krone und eines nur ihr verantwortlichen sog. Militär-Kabinetts.
Von 1933 bis 1945 sind die Reste dieser bürgerlichen Öffentlichkeit (und der inzwischen hinzugetretenen sozialdemokratischen Publizistik) vernichtet worden.

Nach dem Kriege begann – in einem Klima völliger Desillusion – die Wiederbe-
waffnungsdebatte. Diese erfolgte unter der Aufsicht von Militärregierungen und über
von diesen lizensierte Medien.

Die schließlich auch in diesem Bereich entstehenden Vereinigungen und Verbände
konnten weder geschichtliche Wurzeln aufweisen noch repräsentierten sie die politisch interessierten Schichten der entstehenden Nachkriegsgesellschaft. Vielmehr ermunterte die Bundesregierung im Vorfelde ihrer eigenen Wiederbewaffnungspolitik
Organisationen, die man richtig wohl als ‚Öffentlichkeitsarbeit in Wehrfragen' von der
Zwecksetzung her titulieren darf. So entstand die Sicherheitspolitik der Bundesrepublik in einem gesellschaftlichen Hohlraum, d.h. ohne wesentliche Beteiligung der
wichtigen Interessenverbände und Institutionen" (Schössler 1980, 259f.).

Diese längere Passage ist sehr aufschlussreich. Ihr Autor zieht eine Verbindungs-
linie von der ‚militaristischen' ersten Hälfte des 20. Jahrhunderts zur Epoche der
Demokratie und kann, wie mir scheint, recht überzeugend begründen, dass die
noch „nach über 20 Jahren Wiederbewaffnung" beträchtliche öffentliche Abneigung, sich systematisch mit den Themen Militär und Sicherheit zu beschäftigen,
ihre Wurzeln in der Vergangenheit hat. Nur eben, dass diese Abstinenz jetzt,
nämlich in einer vergleichsweise gut funktionierenden Demokratie, noch weniger
am Platze war als früher.

Außerdem deutet Schössler an, dass die Konzentration der sporadischen
und „zumeist stark vereinfacht" geführten öffentlichen Auseinandersetzungen
über die Bundeswehr und deren interne Probleme und Schwierigkeiten eine Art
Überkompensation jener Anpassung in der Vergangenheit sei. Darüber kann man
streiten. Auf jeden Fall aber stimmt die Beobachtung, dass es in den Jahren des
Ost-West-Konflikts in der Bundesrepublik keine kontinuierliche und Argumente
und Konzepte abwägende kritische Öffentlichkeit für das Sachthema Militär und
Sicherheit gab, oder wenn, dann nur in Ansätzen. Bezogen auf die Sicherheitspolitik kommt Schössler zu dem Schluss, es fehle in der Bundesrepublik an einer
mittleren Ebene zwischen Staat und Bevölkerung, die aus Interessengruppen,
Verbänden und Medienvertretern besteht und die zur Aufgabe hat, wichtige

staatliche Entscheidungen vor ihrem Festzurren kritisch und sachkundig zu beleuchten.

„Die sicherheitspolitische Öffentlichkeit in der Bundesrepublik ist wegen dieser fehlenden Mittelschicht deshalb ein psychologisch und politisch sehr anfälliges Gebilde. Sie ist starken Schwankungen unterworfen, die teilweise sachlich nicht begründet sind, und sie reagiert gewissermaßen hektisch auf von außen kommende Informationen. Nach einiger Zeit klingt diese Wirkung der jeweiligen Information wieder ab und dieselbe Öffentlichkeit ist nunmehr zur Annahme nötigenfalls des Gegenteils bereit" (Schössler 1980, 262).

Er beruft sich bei diesem ziemlich harschen Urteil auf die Ergebnisse einer Umfrage unter sicherheitspolitischen Experten aus den 1970er Jahren. Dass er trotz der Schärfe dieses Urteils nur wenig übertrieben hat, zeigte sich in der nun wirklich nicht anders als hektisch und stark vereinfacht zu bezeichnenden öffentlichen Auseinandersetzung um den NATO-Doppelbeschluss in den frühen 1980er Jahren.

Diese stark polarisierende Auseinandersetzung war gewissermaßen die Quittung dafür, dass vorher politische und gesellschaftliche Akteure in der Bundesrepublik kaum ein wirkliches Interesse am Entstehen einer kritischen Öffentlichkeit auf dem Themenfeld Militär und Sicherheit, Verteidigung und Abschreckung entwickelt hatten. So war es zu einer ungewollten, freilich niemals formal abgeschlossenen, indes faktisch sehr wirkungsvollen Allianz all derjenigen in Staat und Gesellschaft gekommen, die diesen Themenkomplex lieber in kleinen Zirkeln behandelt wissen wollten.

## 15.2 Experten und Gegenexperten

Ein Unterfall dieser allgemeinen Problemlage der, mit Schössler gesprochen, zu schwach ausgebildeten Mittelschicht zwischen Staat und allgemeiner Öffentlichkeit ist die eigentümliche Bruchlinie innerhalb des Teils dieser Mittelschicht, den man die ‚Experten' nennt. Darunter werden jene professionellen Beobachter des Sachgebiets eingeordnet, die in Universitäten, Forschungseinrichtungen oder als spezialisierte Fach-Publizisten arbeiten und von denen ein unabhängiges Urteil erwartet wird. ‚Unabhängig' bezieht sich dabei auf politische Interessen, seien sie materieller oder ideeller Art, und auf einen möglichen Einfluss oder Druck einer Regierung, einer Behörde oder eines anderen Akteurs.

Obwohl solche unabhängigen Experten (beide Worte werden häufig so verwendet, als wären sie untrennbar verbunden) in der Politik und für die Politik (und damit auch für die Öffentlichkeit) in der Tat eine Rolle spielen, sieht diese doch weniger glanzvoll aus, als viele sich das wünschen. Die wissenschaftliche Expertise steht häufig nicht am Anfang der politischen Problemkennzeichnung und -bearbeitung; sie kommt vielmehr in aller Regel erst ziemlich spät zum Zuge, dann nämlich, wenn sich die organisierten Interessen um Argumente zur Durchsetzung ihrer spezifischen Version der Problemlösung zu kümmern beginnen.

Dabei lässt sich gegen die Mobilisierung von Argumenten für die eigenen Interessen nichts einwenden. Auch gegen die institutionalisierte Pflege von Expertenwissen seitens staatlicher Agenturen oder gesellschaftlicher Verbände gibt es keine grundlegenden Bedenken, wenngleich hier die Grenze zwischen Analyse und Öffentlichkeitsarbeit fließend geworden ist.

Anfang der 1970er Jahre, die sozial-liberale Koalitionsregierung unter Kanzler Willy Brandt versprach, „mehr Demokratie" zu wagen, hat es in der Bundesrepublik ein paar Ansätze zu einer Entwicklung gegeben, die auf eine konzeptionell breite Expertenkultur in Sachen Militär, Nuklearstrategie und Sicherheitspolitik hätte hinauslaufen können. Als interessante Begleiterscheinung zum ersten kurzen Frühling der Friedens- und Konfliktforschung gab es damals ein paar solide erarbeitete und mit dem Angebot zur weiteren Diskussion mit Politikern und Soldaten etikettierte Studien zur Kritik der Abschreckungsdoktrin und zu ihrem Umbau. Das Flakschiff dieser Studien war das umfangreiche, von einem Team von Wissenschaftlern unter Leitung von Carl Friedrich von Weizsäcker erarbeitete Buch „Kriegsfolgen und Kriegsverhütung", das 1971 publiziert wurde. Anders als vielen anderen Autoren aus der sich damals meistens dramatisch als Anti-Establishment-Wissenschaft gebenden Friedensforschung gelang es Weizsäcker, mit diesem Buch und mit einer komprimierten Fassung davon („Durch Kriegsverhütung zum Krieg?" 1972) ein größeres Publikum zu erreichen. Weizsäcker selbst, dessen Interessen allerdings weit über Sicherheitspolitik in allgemeine Menschheitsprobleme hinausreichten, und sein Mitarbeiter Horst Afheldt veröffentlichten mit „Wege in der Gefahr" (von Weizsäcker 1976; dieser Titel wurde damals rasch zu einer gängigen Phrase) bzw. „Verteidigung und Frieden" (Afheldt 1976) zwei Folgestudien, die sowohl in der Öffentlichkeit als auch in der Bundeswehr selbst große Beachtung fanden. Weizsäcker war damals der Direktor des *Max-Planck-Instituts zur Erforschung der Lebensbedingungen der wissenschaftlich-technischen Welt*. Der nicht gerade eingängige Name dieses Instituts geht auf die multi-horizontalen Forschungsinteressen von C. F. von Weizsäcker zurück. Eine von Horst Afheldt organisierte und ausgebaute Studiengruppe beschäftigte sich auch in den Folgejahren mit strategiekritischen und sicherheitspolitischen Fragen. Bemerkenswert daran war auch, dass sich eine Reihe von Soldaten der Bundeswehr, zumeist allerdings erst nach ihrer Pensionierung, an den Arbeiten dieser Studiengruppe zu beteiligen begann.

Dann aber kamen der NATO-Doppelbeschluss vom Dezember 1979 und eine polarisierende, hektische, zeitweise sogar hysterische öffentliche Auseinandersetzung über die Gefahr eines unmittelbar bevorstehenden Atomkrieges. Obwohl aus dem Starnberger Max-Planck-Institut und inzwischen auch von anderen ehemaligen Offizieren der Bundeswehr (Jochen Löser, Eckart Afheldt, Christian Krause, Josef Goblirsch u.a.) sowie von einer die Nähe zur SPD suchenden ‚Studiengruppe Alternative Sicherheitspolitik' um Lutz Unterseher auch in diesen Jahren unverdrossen gehaltvolle und die öffentliche Diskussion mit den Offizieren der Bundeswehr suchende Studien vorgelegt wurden, beherrschten andere Argumente das Feld. Der Verlauf einer öffentlichen Anhörung des Verteidigungsausschusses des Deutschen Bundestages zum Thema „Alternative Strategien", immerhin war es Ende 1983/Anfang 1984 dazu gekommen, verlief wie das Hornberger Schießen. Dieter Schuster und Ulrike C. Wasmuht, die dieses Hearing ausgewertet haben, drückten diesen Sachverhalt hintersinnig so aus:

> „Wir verkennen nicht, dass der im allgemeinen voraussehbare Tenor der Ausführungen eines Sachverständigen der bestimmende Grund seiner Benennung durch eine bestimmte Fraktion gewesen ist" (Schuster, Wasmuht 1984, 16).

Man kann es auch gröber sagen: Die Experten, die von den politischen Parteien vorgeschlagen wurden, verblieben so gut wie vollständig innerhalb des Horizontes der sie ins Spiel bringenden Partei. Einzig dann, wenn innerhalb einer Partei mehrere programmatische Strömungen nebeneinander existieren (das war damals in besonders starkem Maße in der SPD der Fall), gab es innerparteilich *nolens volens* zugelassenen Pluralismus von Meinungen und Urteilen verschiedener Experten.

In den öffentlichen Auseinandersetzungen um Militär und Sicherheitspolitik dieser Jahre bildete sich eine zweipolige Experten-Struktur heraus, die Experten und die Gegenexperten, erstere in Regierungsnähe, letztere im Orbit der Friedensbewegung. Das Verhältnis zwischen diesen beiden Gruppen gestaltete sich unterschiedlich, aber eigentlich nie befriedigend. Neben einigen wenigen Ansätzen zu kühlem, aber beidseitig interessiertem Gedankenaustausch, insbesondere in Weiterführung der Bemühungen von Horst Afheldt, gab es kaum eine der Rede werte Kommunikation zwischen Experten und Gegenexperten. Eine Lagermentalität war entstanden. Das ist für eine fruchtbare öffentliche Debatte die schlechtestmögliche Voraussetzung. Nur an wenigen Orten, etwa in der Evangelischen Akademie Loccum, versuchte man, die zerstrittenen Expertengruppen zusammenzubringen.

## 15.3 Die Rolle der Medien

Der Beitrag der Medien, gemeint sind hier immer die modernen Massenmedien, zur öffentlichen Willensbildung in demokratischen Gesellschaften kann schwerlich überschätzt werden. Da stimmen das Urteil der Sozialwissenschaftler und Volkes Stimme ganz und gar überein. Allerdings muss man nach dieser Feststellung sofort zu differenzieren beginnen: Nichts ist nämlich falscher, als „die Medien" quasi als in sich einheitlichen Akteur zu betrachten.

- Erstens unterscheiden sich die Medien mehr als nur oberflächlich in der Art und Weise, ihre Adressaten anzusprechen und ihnen kulturelle oder politische Inhalte zu vermitteln. Diese Erfahrung macht jeder Medienbenutzer jeden Tag. Es ist ein beträchtlicher Unterschied, ob ich mich in Tages- und Wochenzeitungen über politische Vorgänge informiere, mittels Rundfunkbeiträgen, also über das gelesene oder gehörte Wort, oder im Fernsehen, bei dem das Bild einen entscheidenden Anteil an der Vermittlung hat. Mit dem Aufstieg des Fernsehens, so lautet die These vieler Kommunikationswissenschaftler, hat sich die öffentliche Wahrnehmung von Politik entsprechend der Logik dieses Mediums verändert, was nicht ohne Auswirkung auf die öffentliche Präsentation von Politik geblieben ist. Sie ist ‚fernsehgerechter' geworden; das wird auch häufig als „Politainment" beklagt. Im übrigen gibt es bei Printmedien, beim Rundfunk und beim Fernsehen auch erhebliche Unterschiede in der Qualität der Informations-Darbietung.
- Zweitens unterscheiden sich die Medien auch nach ihrem politischen Selbstverständnis. Tages- und Wochenzeitungen bezeichnen sich meist als politisch unabhängig; trotzdem tendieren sie häufig zu einer bestimmten politischen Grundausrichtung. Wer „Die Welt" liest, darf einen eher konservativ eingefärbten Ton in Berichterstattung und Kommentaren erwarten; wer sich in der „taz" informiert, freut sich auf ein eher linkes Bild von den Weltereignissen. Sicher formen diese Medien die Meinungen ihrer Konsumenten, aber zumeist nur von denjenigen, die sie aus einem grundsätzlichen Einverständnis mit ihrem politischen Profil konsumieren. Ein „Welt"-Leser, der

aus irgendeinem Grunde die „taz" zu lesen bekommt, wird vermutlich die
dort vorgeführten Meinungen und Urteile nicht akzeptieren.

- Trotzdem können wir auch immer wieder einen Meinungsintegrations-
Prozess in den Medien über alle Unterschiede hinweg beobachten, wobei
auch heute noch der nationale Rahmen für solche Formierungen wichtig ist.
Wirkungsvoll ist er vor allem bei dramatischen Ereignissen wie zum Beispiel
Kriegen. Die amerikanischen und etwas weniger konform die britischen
Medien haben in ihrer großen Mehrheit ganz anders als deutsche oder fran-
zösische Medien über die Vorgeschichte und den Verlauf des Irak-Krieges
2003 berichtet (und die arabischen wiederum anders als die westlichen). In
Diktaturen werden inhaltliche Gleichschaltungen in den Medien erzwun-
gen. In Demokratien scheinen sie sich bei wichtigen Ereignissen oftmals gewissermaßen von selbst herzustellen – allerdings mit dem entscheidenden
Unterschied, dass hier abweichende Meinungen und dem allgemeinen
Trend der Berichterstattung entgegenstehende Informationen nur zurückgedrängt, aber nicht unterdrückt werden. Durch das Internet hat sich für
viele Menschen ein alternativer Zugang zu Informationen und Meinungen
geöffnet.

- Nationale Meinungsintegrations-Prozesse in den Medien stellen sich in der
Regel freilich nicht von selbst her, sondern sind das Ergebnis von Medienkampagnen. Besonders findige regierungsamtliche Öffentlichkeitsarbeiter,
auch *spin doctors* genannt, ‚Medienzaren' mit bestimmten politischen Absichten, aber auch geschickt agierende gesellschaftliche Gruppen und Nichtregierungsorganisationen können solche Medienkampagnen in Szene setzen.
Sind sie erfolgreich, haben sie damit die mehrheitliche Wahrnehmung eines
politischen Sachverhalts, etwa eines Konflikts, definiert und die öffentliche
Sprachregelung in Bezug auf diesen Sachverhalt festgelegt. Vom Pressespre-
cher der NATO während des Kosovo-Krieges 1999 ist der Ausspruch überliefert: „Die Medienkampagne zu gewinnen, ist genauso wichtig, wie die militärische Kampagne für sich zu entscheiden" (Shea 2000, 214).

Dieser kleine medien-theoretische Exkurs dient hier hauptsächlich als Warnung
vor allzu verallgemeinernden Vorstellungen über die Rolle der Medien, die ja gar
nicht selten, aber meistens mit negativem Vorzeichen, als die eigentlich Verantwortlichen für den Ablauf politischer Vorgänge hingestellt, d. h. denunziert werden.

## 15.4 Medien und Friedensmissionen

Vor 1990 würde sich ein Kapitel mit dieser Überschrift ganz fremd ausgenommen haben, denn der Krieg, um den es ging und den es zu verhüten galt, war der drohende Ost-West-Krieg. Seither hat sich Grundlegendes gewandelt, und die Bundeswehr ist zu einer einsatzfähigen Deeskalations-Streitmacht geworden und schon mehrere Male mit Krieg in Berührung gekommen. Damit hat sich auch die militär- und sicherheitspolitische Kommunikation zwischen Regierung, Parlament und Öffentlichkeit erheblich verändert. Diese Veränderungen lassen sich knapp folgendermaßen zusammenfassen:

- Wie in allen westlichen Gesellschaften hat sich auch in Deutschland die Erfahrungs- und Verständnislücke zwischen ziviler Gesellschaft und Streitkräften verbreitert. Das vorläufige Weiterbestehen der (ja schon längst nicht mehr allgemeinen) Wehrpflicht und die Image-Gewinne der Bundeswehr durch ihre Hilfseinsätze bei Naturkatastrophen bremsen diese Entwicklung ab, aber zum Stillstand kommt sie dadurch nicht. In den westlichen Gesellschaften tendieren die Menschen dazu, den militärischen Schutz, um dessentwillen die Streitkräfte primär unterhalten werden, als nicht mehr besonders vordringlich anzusehen. Das Ausmaß dieser meist gar nicht unfreundlich gemeinten Distanz zu allem Militärischen variiert dabei von Gesellschaft zu Gesellschaft. Mögen auch die allgemeinen Zustimmungsraten zu den Streitkräften hoch sein und bleiben, ihr Vorhandensein wird nicht mehr quasi existentiell mit der eigenen Sicherheit verknüpft.

- Die am meisten gefürchteten Bedrohungen der eigenen Sicherheit in Gegenwart und Zukunft liegen mehr als früher außerhalb des Bereichs, in dem Streitkräfte direkt und in traditioneller Manier, nämlich durch die Androhung und den Einsatz von organisierter Gewalt, erfolgreich sein können. Und selbst, wenn es sich um militärische Bedrohungen handelt – beim internationalen Terrorismus, der Weitergabe von Massenvernichtungswaffen an aggressive und die internationale Ordnung verletzende Akteure sowie bei der durch Staatsversagen frei werdenden lokalen und regionalen Gewalt –, ist die Frage nach einer erfolgreichen Intervention zwecks Unterbindung gar nicht einfach zu beantworten. Dies vor allem auch deshalb nicht, weil hier nicht nur Einzelstaaten für sich handeln können, sondern eine möglichst große Koalition von Staaten prinzipiell für alle (= für die internationale Gemeinschaft) handeln soll.

- An dieser Stelle kommen die Massenmedien ins Spiel. Medien, hat ein intelligenter Zyniker (Jamie Shea) geschrieben, lieben Konflikte und fühlen sich von ihnen angezogen, weil sie eine größere Bedeutung haben als die übrigen Ereignisse des normalen Lebens. In der (notwendig selektiven) Berichterstattung insbesondere des Bildmediums Fernsehen aus aller Welt beanspruchen Eindrücke von Elend und Tod einen besonderen Platz. Sie werden auf dramatische Weise in den Kommunikations-Haushalt der Medienkonsumenten eingespeist. Raum und Zeit haben hier keinerlei oder jedenfalls kaum noch einen Verzögerungs-Effekt.

- Auf diese Weise entsteht ganz unabhängig von den Interessen-Kalkülen der Regierungen in den demokratischen Gesellschaften ein Ansatzpunkt für politischen Druck. Wenn Nichtregierungsorganisationen, unterstützt durch die immer wieder erneuerten Eindrücke von dem Schrecken und dem Elend der Menschen in einem lokalen Krieg, zur Beteiligung an Friedensmissionen aufrufen, fällt es demokratischen Regierungen schon aus Gründen ihrer Wählerresonanz nicht leicht, sich taub zu stellen. Friedensmissionen, obwohl sie im allgemeinen die Erwartungen, die an sie gestellt werden, nicht erfüllen können, haben einen hohen moralischen Stellenwert. Der französische Militärsoziologie Bernard Boëne nennt diese Konstellation die Konvergenz von Idealpolitik und Realpolitik.

- Die Streitkräfte stellen die Spezialisten zur Verfügung, an die man die militärische Komponente humanitärer Intervention delegieren kann. Oft treffen sie am Ort des Kriegsgeschehens erst ein, wenn schon zahlreiche zivile Hilfsorganisationen ihre Arbeit dort aufgenommen

- Im Fall eines einigermaßen erfolgreichen Verlaufs solcher Friedensmissionen werden die Soldaten als Retter, Schützer und Helfer vor Ort und in der Heimat gefeiert. Aber nicht nur ausnahmsweise, sondern gar nicht selten verheddern sich die Friedenstruppen in den mannigfachen, oft gar nicht recht durchschaubaren Schwierigkeiten vor Ort und agieren oder reagieren falsch oder glücklos. In manchen Ländern (Kanada, Niederlande, Österreich) hat solches Fehlverhalten, das durch die Medien bekannt gemacht wurde, zu heftigen Vorwürfen an die Adresse der Streitkräfte und zu drastischen Maßregelungen geführt. Weil Friedensmissionen aber hochkomplex sind, selbst die, bei denen nichts Dramatisches passiert, lassen sich leichtere oder auch folgenschwere Fehler der Friedenssoldaten kaum vermeiden. Sie stehen dabei nicht nur unter der Aufsicht ihrer Vorgesetzten, sondern auch der lokalen und der globalen Medien.

- Die Situation verschlimmert sich noch, wenn es bei der Friedenstruppe zu Verwundeten und Toten kommt. Kann, darf eine Regierung das Leben von Soldaten in einem Konflikt aufs Spiel setzen, an dem sie gar nicht beteiligt ist, bei dem sie lediglich ihre guten Dienste im Sinne einer Deeskalation der Gewalt anbietet? Die amerikanische Regierung hat, als im Oktober 1993 achtzehn amerikanische Soldaten während der Friedensmission UNOSOM II in Somalia von Soldaten Generals Aidid getötet und ihre Leichen zusätzlich – medienwirksam – geschändet wurden, den Rückzug ihres Kontingents angeordnet. Ein anderes Beispiel: die belgische Regierung hat, als zu Beginn des Bürgerkriegs in Ruanda im April 1994 zehn belgische Fallschirmjäger getötet wurden, unverzüglich den Rückzug des gesamten Kontingents von über 450 Soldaten angeordnet.

- In Deutschland hat man mit den ‚Zinksärgen' für Bundeswehr-Soldaten, die in Ausübung ihres Dienstes während einer Friedensmission getötet wurden, noch wenig Erfahrungen. Der Einsatz in Afghanistan (ISAF) hat aber bereits erste Opfer gekostet. Die Bundeswehr beteiligt sich dort an der internationalen Unterstützung der afghanischen Übergangsregierung und bei der Aufrechterhaltung der Sicherheit in der Hauptstadt Kabul sowie beim Wiederaufbau einer nördlichen Provinz. Wieso müssen deutsche Soldaten sterben, wenn sich die verschiedenen Clans in Afghanistan nicht auf eine stabile Regierung einigen können? Diese Frage ist bisher in der öffentlichen Diskussion selten zu hören gewesen. Aber man kann sich leicht vorstellen, dass, sollte sie einmal in den massenwirksamen Medien vorwurfsvoll aufgeworfen werden, die Bundesregierung keinen leichten Stand haben würde, wenn sie ihr Engagement in dem Land verlängern oder gar erweitern wollte.

- Die ‚Aufsicht' der Medien über Friedensmissionen hat zur Verunsicherung der Soldaten beigetragen. Im Kosovo-Krieg hat man von Piloten westlicher Streitkräfte gehört, die sich vor ihrem Einsatz von Juristen beraten ließen.

- Eine organisatorische Konsequenz all dieser Entwicklungen wird sein, dass Friedensmissionen künftig noch medien-gerechter werden. Manche Autoren verwenden in diesem Zusammenhang sogar den Begriff der *Medien-Blauhelme*.

## 15.5 Die Bundeswehr als Dienstleistungs-Unternehmen

In der Öffentlichkeit erfreut sich die Bundeswehr einer hohen Beliebtheit. Alle Umfrage-Daten bestätigen dies, obgleich die Zahlen je nach Fragestellung auch nicht unbeträchtlich schwanken. Es spricht aber einiges für die Vermutung, dass sich diese Beliebtheit nicht so sehr auf die Schutzfunktion der Bundeswehr für Deutschland und sein Territorium sowie seine Staatsbürger in Notfällen auch außerhalb dieses Territoriums gründet. Es scheint vielmehr so zu sein, dass sich die Bundeswehr *stellvertretend für uns alle*, die wir täglich mit dem Elend lokaler Kriege irgendwo auf der Welt graphisch konfrontiert werden, der hehren, mühseligen, gefährlichen, aber auch gut bezahlten Aufgabe widmen soll, diesem Elend ein Ende zu bereiten und Frieden zu stiften.

Die Medien vermitteln dieses Idealbild von den Streitkräften als einer Truppe von Sozialarbeitern mit Waffen nur allzu gerne. Allerdings werden Verstöße gegen dieses Idealbild, selbst wenn sie wie im Fall der „Totenkopf-Affäre" 2006 im deutschen ISAF-Kontingent eher ein Ausdruck von Geschmacklosigkeit als von Unmenschlichkeit sind, von manchen Medien auch kampagnenartig aufgeblasen. Auch das ist ein Zeichen für die Lücke zwischen dem Militärischen und dem Zivilen in den von manchen Beobachtern als post-heroisch bezeichneten westlichen Gesellschaften. Eine Beteiligung an Friedensmissionen illustriert und untermauert zugleich den Anspruch der Bundesrepublik auf eine führende Rolle in der internationalen Gemeinschaft, wie er sich beispielsweise in dem Verlangen ausdrückt, Deutschland solle zu einem Ständigen Mitglied im Sicherheitsrat der Vereinten Nationen werden.

Unversehens ist es so, gesetzt, diese Interpretation ist im wesentlichen korrekt, zu einer Neudefinition des öffentlichen Ortes der Bundeswehr im Gefüge staatlicher Einrichtungen gekommen. Sie wird als ein für Staat und Gesellschaft aus machtpolitischen und aus moralpolitischen Gründen recht nützliches Dienstleistungs-Unternehmen wahrgenommen. Ihren Hauptnutzen erbringen die Streitkräfte als Instrument einer wertbezogenen Außenpolitik und als Beitrag Deutschlands zur Pflege sowie gegebenenfalls Reparatur einer auf Frieden und Gewalt-Verringerung angelegten internationalen Ordnung. Damit sind sie weiter denn je von allen nationalen Mythen entfernt, die das Selbstverständnis früherer deutscher Streitkräfte ausgemacht haben.

## 16 Europäische Sicherheits- und Verteidigungspolitik

In der modernen Staatenwelt haben die Streitkräfte vornehmlich die Aufgabe, die Außen- und Sicherheitspolitik des einzelnen Staates zu optimieren. Der Staat wird in diesem ‚Westfälischen System internationaler Beziehungen' als oberste Handlungseinheit begriffen. Sein gesellschaftliches Gefüge wird zusammengehal-

ten durch eine aus formalen und inhaltlichen Elementen bestehende, langfristig
wirksame (d. h. Generationen überspannende) kollektive (nationale) Identität. Zu
diesen Elementen, ohne die es einen modernen Staat nicht geben kann, gehört die
Trias von (eingegrenztem) Territorium, Volk (oder Gesellschaft) und eine (zumindest dem Anspruch nach legitime) Herrschaftsordnung. Die Identität des
Staates ist seit der Nationalisierung von Staaten, die am Ende des 18. Jahrhundert
begann, in der kollektiven Identität der Staatsbürger reflektiert und äußert sich in
dem Anspruch auf Souveränität und auf permanente Solidarität (z. B. über Steuern oder eben über die Wehrpflicht).

Zu Beginn des 21. Jahrhunderts, so lautet ein gerade in der Politikwissenschaft häufig vorgebrachtes Argument, lösen sich diese Zusammenhänge auf,
nicht von heute auf morgen, aber doch langsam und unablässig. Nun ist die Frage nach der Zukunft des Staates und des Staatensystems ein viel zu weites Feld,
als dass wir uns an dieser Stelle auf sie einlassen könnten. Jedoch haben wir in
den vorangegangenen Kapiteln wiederholt die Beobachtung gemacht, wie sich
der nationale Rahmen für eine der vordringlichsten staatlichen Aufgaben, nämlich die Sicherheitspolitik, zu lockern begonnen hat und wie eine der in den letzten Jahrhunderten auf besonders nachdrückliche Weise mit dem Staat verbundene Organisation, nämlich die Streitkräfte, partiell aus diesem engen Rahmen
herausstrebt:

- Die *Privatisierung* von Sicherheit ist als „innergesellschaftliches und zwischenstaatliches Problem" (Wulf 2002, 144) bezeichnet worden und wird generell eher mit Misstrauen betrachtet, fallen doch mit ihr öffentliche Kon-
  trollmöglichkeiten weg.
- Die *Multinationalisierung* von Sicherheitspolitik, gerade auch ihrer militärischen Komponente, erfreut sich demgegenüber eher einer wohlwollenden
  Beurteilung, weil man sich auf diesem Wege eine Rationalisierung dieser Politik und speziell ein Absenken des Pegels physischer Gewalt im internationalen System verspricht.

## 16.1 Militärischer Multilateralismus

Militärischer Multilateralismus ist an und für sich nichts Neues. Es gab ihn in
vielfältigen Formen, zumeist als Multinationalismus. Beide Begriffe überlappen
sich und werden manchmal auch synonym benutzt. Militärischer Multilateralismus bezeichnet nicht nur die aus mehr als zwei nationalen Komponenten zu-

sammengesetzten Militärorganisationen, sondern darüber hinausgehend auch einen legitimatorischen Bezug auf die internationale Staatengemeinschaft. Zahlreiche Kriege der Vergangenheit, inklusive der Weltkriege, waren solche zwischen Koalitionen von Staaten. Auch hat es immer wieder Militärbündnisse in Friedenszeiten gegeben. Im Ost-West-Konflikt nach dem Ende des Zweiten Weltkriegs formierten sich NATO und Warschauer Pakt in einer Weise, dass für ihre Mitglieder eine rein nationalstaatliche Militärpolitik nur in eingeschränktem Maße möglich war (da gab es allerdings immer sehr deutlich erkennbare Abstufungen.)

Gemeinsame militärische Operationen unter dem Mandat des UNO-Sicherheitsrates oder einer anderen Regionalorganisation müssen von diesen traditionellen multinationalen Koalitionen und Allianzen unterschieden werden. Friedensbewahrende und friedensschaffende humanitäre Interventionen und die Beaufsichtigung der friedlichen Transformation zerfallender oder kollabierter Staaten und Gesellschaften sind multilaterale militärische Operationen, denen nicht einfach die Addition gleichgerichteter nationaler Interessen zugrunde liegt. Obwohl nationale Interessen der beteiligten Akteure dabei auch eine Rolle spielen – welche Regierung kann sich schon eine militärische Intervention erlauben, die *nicht* im nationalen Interesse liegt oder so dargestellt werden kann? -, werden solche Interventionen *in erster Linie* im Interesse der Opfer gewalttätiger lokaler Konflikte und im Interesse der internationalen Ordnung vorgenommen. Solche Operationen sind *per definitionem* multilateral. Ihre Legitimation beruht *erstens* auf einer hinreichend konsistenten Weltmeinung, die fordert, dass etwas gegen die humanitäre Katastrophe geschehen müsse; sie beruht *zweitens* auf dem erfolgreichen Bemühen, eine Koalition der Willigen, der handlungsbreiten Staaten zu bilden, deren Regierungen die Beteiligung ihrer Streitkräfte an der Operation zustimmen. (Deshalb war die Beteiligung der britischen Regierung am Krieg gegen das Regime Saddam Husseins im Irak so wichtig, denn das fehlende oder zumindest überaus löchrige Sicherheitsrats-Mandat durch die Resolution 1441 bot der US-Regierung kaum Schutz gegen den Vorwurf eines unilateralen und nur die eigenen nationalen Interessen verfolgenden Vorgehens.)

Im allgemeinen sind multilaterale Friedensmissionen in den letzten zehn Jahren nicht besonders erfolgreich verlaufen. Die allgemeine Erwartung sofortiger positiver Ergebnisse ist meistens enttäuscht worden. Oft genug waren die intervenierenden Streitkräfte nicht in der Lage, den Frieden wiederherzustellen. Auch wenn es glückte, die lokale Gewalt zu de-eskalieren, folgte daraus noch lange nicht, dass die lokalen Kriegsgegner sich nun auf eine gemeinsame Zukunft ohne Gewalt einzustellen bereit waren. Dies liegt allerdings vor allem an der

Natur der Konflikte, um die es hier geht. Dass die Deeskalation der Gewalt durch eine multilaterale Militäroperation angestrebt und unter Umständen auch erreicht wurde, hat *per se* nichts mit der fortdauernden Gewaltbereitschaft der lokalen Akteure zu tun.

Ist die grundsätzliche Entscheidung zur Entsendung von multinational zusammengesetzten Streitkräften in eine Konfliktregion gefallen, ergeben sich eine Fülle weiterer Schwierigkeiten:

-   Das Mandat muss klar und unmissverständlich definiert sein.
-   Befehlsstrukturen müssen wegen des multilateralen Charakters der Operationen so einfach wie möglich sein.
-   Die Regeln des militärischen Engagements (*rules of engagement*) müssen von den Akteuren in der Konfliktregion akzeptiert werden; gegen widerspenstige Akteure müssen sie durchgesetzt werden.
-   Die Kommunikation mit den politischen Managern der Militäroperation und mit den transnationalen Medien muss fest und transparent organisiert sein.
-   Die Kommunikation und die Kooperation mit den anderen Komponenten der Operation (z. B. Polizeikräften), mit den transnationalen Hilfsorganisationen (NGOs) und den Konfliktparteien müssen gesucht, gepflegt und vertieft werden.

Die Streitkräfte der EU-Mitgliedsstaaten stehen heute vor einer doppelten Herausforderung, denn sie müssen beides, die klassische Multinationalität der westlichen Bündnisse und den militärischen Multilateralismus der Friedenseinsätze, organisatorisch weiterentwickeln.

## 16.2 Die gescheiterte Europäische Verteidigungsgemeinschaft

Die Geschichte der Integration Europas, das heißt die Geschichte der Bildung und Fortentwicklung der Europäischen Union, ist noch nicht an ihrem Endpunkt angelangt. Es vermag niemand anzugeben, wo genau dieser Endpunkt liegen könnte. Blickt man auf die Jahrzehnte seit dem Ende des Zweiten Weltkrieges zurück, so fällt ins Auge, dass die entscheidenden Impulse für die Integration ebenso wie die retardierenden Momente in diesem Prozess ihre Wirkungskraft von ganz unterschiedlichen Ebenen her entfaltet haben. *Eine* Kontinuität gab es jedoch:

„The history of European integration since 1945 is indissociable from the history of attempts to create a relatively autonomous European security and defence identity (ESDI)" (Howorth 1997, 10).

Die Formation der westeuropäischen Komponente eines transatlantischen Militärbündnisses gegen die als Bedrohung empfundene Rote Armee der Sowjetunion stand ganz am Anfang im Zeichen eines geradezu avantgardistischen Multilateralismus. Wie es dazu kam, ist eine spannende Geschichte, die aber eher in einer Analyse der deutsch-französischen Beziehungen dieser Jahre ihren Platz hat. Auf jeden Fall lancierte der damalige französische Ministerpräsident René Pleven am 24. Oktober 1950 den später nach ihm benannten Plan, eine supranationale westeuropäische Streitmacht zu gründen. Er sah vor, dass unter einer einheitlichen politischen und militärischen europäischen Autorität eine Armee „aus Männern der verschiedenen europäischen Nationen" gebildet werden sollte, wobei nicht nur die Stäbe, sondern auch die Truppenteile bis hinunter zu kleinen Einheiten multinational zusammengesetzt sein sollten (Europa-Archiv 1950, 3518).

Diesem französischen Vorpreschen lag als Hauptmotiv die Angst vor einem militärischen Wiedererstarken Deutschlands zugrunde, das auch nach der Teilung mit eigenen Streitkräften sich der Kontrolle der Westmächte entziehen könnte. Dagegen sollten feste organisatorische Sicherheitsvorkehrungen getroffen werden. Die Regierung in Bonn nahm sich fest vor, dieses Misstrauen zu ignorieren, und begrüßte den Pleven-Plan als einen wesentlichen Beitrag zur Integration (West-) Europas. Furchtsamer Avantgardismus konnte jedoch keine solide Grundlage für ein einigermaßen effizientes militärisches Konzept einer Europa-Armee abgeben. Es kam zu langen und hakeligen Verhandlungen der Militärexperten Deutschlands und Frankreichs, Italiens und der Benelux-Staaten. Der Vertrag, den sie auch tatsächlich zustande brachten, wurde zwar von den Regierungsvertretern der sechs Länder am 27. Mai 1952 unterzeichnet. Aber in Kraft trat er nie. Denn die französische Nationalversammlung versagte ihm gut zwei Jahre später endgültig ihre Zustimmung, womit das Projekt gestorben war.

Über die Motive der Beteiligten, ihre Gedanken und Hintergedanken, über die taktischen Winkelzüge der Befürworter und Gegner einer Europäischen Verteidigungsgemeinschaft (EVG), so der Name des Projekts, gibt es inzwischen eine Menge Literatur aus erster und zweiter Hand. Das Thema gehörte in den frühen 1950er Jahren zu den großen politischen Streitpunkten in Europa, und es wurde selbstverständlich auch in die ideologischen Auseinandersetzungen des Kalten Krieges hineingezogen. Im Gegensatz zu den auch heute noch mit Spannung zu verfolgenden politischen Debatten um die EVG zeichneten sich ihre militärischen Aspekte von Anfang an eindeutig durch Praxisferne und sachliche Unangemessenheit aus. Die Konstruktion einer multinationalen und bis hinunter auf die Ebene von Divisionen (im Vertragstext *Grundeinheiten* genannt) integrierten Europa-Armee war damals nicht visionär, sondern ein Hirngespinst. Zum damaligen Zeitpunkt war es, trotz einer durchaus verbreiteten pro-europäischen Stimmung in den Öffentlichkeiten der beteiligten Länder, letztlich unvorstellbar, die beschlossenen Planungen in die Wirklichkeit zu überführen.

## 16.3 Deutsch-französisches Pilotprojekt

Was gestern ein Hirngespenst war, kann heute in veränderten politischen Konstellationen durchaus sinnvoll sein. Eine Generation später und vor dem Hintergrund insgesamt sehr positiver gemeinsamer Erfahrungen mit der deutsch-französischen Zusammenarbeit auf den verschiedensten Gebieten starteten der französische Staatspräsident François Mitterand und Bundeskanzler Helmut Kohl auf ihrem Gipfeltreffen am 13. November 1987 ein ebenso spektakuläres wie zunächst einmal in der Hauptsache symbolisches Projekt, die Aufstellung einer Deutsch-Französischen Brigade (D/F Brigade).

> „Am 3. Oktober 1988 nahm der Aufstellungsstab der D/F Brigade unter Führung des französischen Brigadegenerals Jean-Pierre Sengeisen und seines deutschen Stellvertreters Oberst Günther Wassenberg seine Arbeit auf. Die ersten Offiziere und Unteroffiziere handelten begeistert, hoch motiviert und in dem Bewusstsein, politisches und militärisches Neuland zu betreten. Es galt, Soldaten aus zwei verschiedenen Armeen mit unterschiedlichen Strukturen, gesetzlichen Regelungen, Verwaltungsbestimmungen, Uniformen, Ausrüstung und Traditionen zusammenzuführen und einen kampfkräftigen, einsatzbereiten Großverband aus ihnen zu formen" (Neubauer 1996, 334).

Helmut Neubauer war der Kommandeur der D/F Brigade zwischen 1991 und 1993. Die Begeisterung und die hohe Motivation der Beteiligten wurden ziemlich oft auf harte Proben gestellt. Anders als bei multinational zusammengesetzten Stäben von nationalen Truppenkontingenten geht es bei der D/F Brigade ja wirklich um das, was schon mit der EVG in den 1950er Jahren angestrebt werden sollte, die „Verschmelzung der Mannschaften und der Ausrüstung", um René Pleven zu zitieren. Wie man gleich sehen wird, ist dieser Anspruch vielleicht doch einen Tick zu hoch gegriffen. Dennoch ist die D/F Brigade bis heute in Europa der am weitesten binational verschmolzene Großverband. Er wird es wohl auch für einige Zeit bleiben, denn der Aufwand, der nötig ist, um die in der oben zitierten Passage angedeuteten semantischen, kulturellen und bürokratischen Schwierigkeiten zu überwinden, ist beachtlich. Am 12. Januar 1989 wurde die Brigade schließlich in Dienst gestellt. Das war ein glücklicher Zeitpunkt, denn die sicherheitspolitischen Irritationen und Erschütterungen infolge der sowjetischen Aufrüstung mit weitreichenden Mittelstreckenraketen, des NATO-Doppelbeschlusses und der Aktionen westeuropäischer Friedensbewegungen hatten sich gelegt bzw. waren ausgestanden. Das Ende der Ost-West-Konfrontation lag bereits in der Luft. Das Projekt einer binationalen Brigade konnte sich Zeit lassen bis zu einem ersten Härtetest.

Ab Mitte 1996 konnte man davon sprechen, dass die D/F Brigade ihre Endstationierung erreicht hatte. Die seither ca. 4.600 Soldaten starke Brigade ist in unterschiedlichen Standorten stationiert:

> „Müllheim: Stab, Stabskompanie und Versorgungsbataillon (gemischt), Aufklärungskompanie (französisch), Ausbildungskompanie (französisch); Donaueschingen: 110. Régiment d'Infantérie (französisch) mit 63 Transportpanzern VAB, Jägerbataillon 292 (deutsch) mit 52 Transportpanzern FUCHS; Immendingen: Feldartilleriebataillon 295 (deutsch) mit 24 Artilleriegeschützen FH 155, Panzerpionierkompanie 550 (deutsch), 3. Régiment de Hussards (französisch) mit 36 Radpanzer AMX 10 RC (ab 1996)" (Neubauer 1996, 336f.).

Die D/F Brigade war im Jahr 2000 für sechs Monate im Rahmen von SFOR und KFOR im ehemaligen Jugoslawien eingesetzt. In einem Bericht über die Brigade in der Zeitung *Das Parlament* (vom 11. 11. 2002) wird auch auf die Grenzen der Multinationalität hingewiesen: Bei diesem Auslandseinsatz hatten alle deutschen Soldaten der Brigade auch einen deutschen Vorgesetzten.

## 16.4 Weitere multinationale Verflechtungen der Bundeswehr

In den 1990er Jahren wurde eine ganze Reihe von multinationalen Verklammerungen von europäischen Streitkräften, zuweilen auch mit amerikanischer Beteiligung, vorgenommen, allerdings nicht auf der Ebene von Brigaden, sondern, um beim Beispiel Heer zu bleiben, auf der viel höheren Korps-Ebene. Ähnliches gibt es bei Luftwaffe und Marine. Solche Kombinationen sind aus mehreren Gründen sinnvoll:

- Sie demonstrieren die Gleichgerichtetheit der militärischen Anstrengungen verschiedener Länder und damit ihren sicherheitspolitischen Grundkonsens.
- Ferner bereiten sie die Soldaten in den Stäben auf multinationale und multilaterale Missionen vor.
- Schließlich wird dadurch die Spur in eine zukünftig noch vertiefte Kooperation gelegt, und eine gegenseitige Anpassung nationaler Streitkräfte wird erleichtert.

„Voraussetzung für ein reibungsloses und effektives Zusammenwirken der unterschiedlichen Partner im Bündnis ist die hinreichende Befähigung, sich gegenseitig wirksam unterstützen zu können (Interoperabilität). Dazu sind gemeinsame Verfahren, eine möglichst weitreichende Kompatibilität von Waffensystemen, Ausrüstung und Gerät sowie entsprechend ausgebildetes Personal erforderlich. Die damit entstehenden Möglichkeiten enger Zusammenarbeit verschiedener Streitkräfte ermöglichen eine sinnvolle Aufgabenteilung, gemeinsame Schwerpunktsetzung im Einsatz und den wirtschaftlichen Einsatz knapper werdenden Ressourcen" (Stichwort Multinationalität 1999, 8).

Gegenwärtig werden vier unterschiedliche Modelle multinationaler Verklammerung von Streitkräften praktiziert:

- Ständige oder zeitweise Unterstellung: herkömmliche Form von Zusammenarbeit innerhalb der NATO;
- *Lead-Nation*-Modell: klare Führungsfunktion einer Nation mit komplementärer Bereitstellung von bestimmten Truppenteilen durch andere Nationen;
- *Framework*-Modell: klare Führungsfunktion einer Nation mit komplementärer, aber in Einzelfällen qualitativ wie quantitativ bedeutsamer Gestellung von Truppenteilen anderer Nationen, die aber erst im Falle eines Einsatzes dem Hauptquartier unterstellt werden;
- Vertiefte Integration: feste Zuordnung von Truppenteilen mehrerer Nationen zu einem Verband, dessen Dienstposten quotiert von mehreren Nationen besetzt und dessen Schlüsseldienstposten im Rotationsverfahren von ihnen besetzt werden.

Mit einer einzigen Ausnahme sind inzwischen alle Großverbände des Heeres multinational verklammert. Der bekannteste Großverband, dem auch vergleichsweise die meiste öffentliche Aufmerksamkeit gilt, ist das Eurokorps (siehe nächsten Abschnitt). Außerdem gibt es seit 1995 das Deutsch-Niederländische Korps mit ca. 27.000 deutschen und ca. 13.000 niederländischen Soldaten (vgl. Moelker/

Soeters 2004, 366-378). Im September 1999 wurde das Multinationale Korps Nord-Ost in Dienst gestellt, in dem Truppenteile aus Deutschland, Dänemark und Polen verklammert sind (vgl. Gareis/vom Hagen 2004). Dass polnische Streitkräfte bereits vor der Aufnahme Polens in NATO und EU an einem gemischtnationalen Verband beteiligt waren, wurde von allen Beteiligten als ein bedeutsames politisches Zeichen gewertet. Wer sich übrigens fragt, wie sich Deutsche, Dänen und Polen im Korpsstab wohl verständigen, dürfte nach kurzem Nachdenken von selbst darauf kommen: *English, was denn sonst!*

Eine weitere deutsche Division gehört zum Allied Command Europe Rapid Reaction Corps (ARRC), der Schnellen Eingreiftruppe der NATO, die dem Alliierten Oberbefehlshaber Europa (SACEUR) unmittelbar unterstellt und innerhalb weniger Tage einsatzbereit ist. Bei den beiden deutsch-amerikanischen Korps nehmen einmal die Vereinigten Staaten und einmal Deutschland die Funktion der *Lead Nation* wahr. Multinationale Verklammerungen gibt es beim Heer zusätzlich auch noch (neben der D/F Brigade) unterhalb der Korpsebene und selbstverständlich auch bei der Luftwaffe und Marine.

Ein besonderes Interesse erweckt in der sich mit europäischer und transatlantischer Sicherheitspolitik beschäftigenden Öffentlichkeit seit seiner Indienststellung am 5. November 1993 das Eurokorps (vgl. Klein 2004, 379-385). Das liegt an dem im Namen des Korps schon signalisierten sicherheitspolitischen Programm – es soll europäische Eigenständigkeit auch innerhalb der NATO demonstrieren. Deswegen untersteht es auch nicht der integrierten Kommandostruktur der NATO, kann aber für NATO-Einsätze herangezogen werden. Am Eurokorps, das man als einen allerersten Schritt in Richtung auf eine EU-Armee ansehen möchte, sind Streitkräfte aus Frankreich, Deutschland, den Benelux-Staaten und Spanien beteiligt; auch die D/F Brigade ist ihm unterstellt.

Die folgende Passage aus einem Erfahrungsbericht des ersten Kommandierenden Generals des Eurokorps, Helmut Willmann, zeigt einmal mehr, wie wichtig die symbolische Ebene bei der langfristig geplanten Verklammerung europäischer Streitkräfte und wie präsent nach wie vor die Vergangenheit ist:

„Entscheidender Durchbruch zur Identität des Eurokorps war die Teilnahme an der Parade am 14. Juli 1994 in Paris. Es war ein großartiger und zugleich in die Zukunft weisender Akt, dass der französische Staatspräsident die deutschen Soldaten des Eurokorps unter Führung eines deutschen Generals zusammen mit den Soldaten ihrer Partnerländer zu der Parade eingeladen hatte. Ich selbst konnte meine innere Bewegung nur schwer verbergen, als ich an der Tribüne mit den versammelten Staatsoberhäuptern, begleitet von den Klängen der Europahymne und unter dem Applaus der

französischen Zuschauer, vorbeifuhr. Paris feierte den 50. Jahrestag der Befreiung –
unter Beteiligung deutscher Soldaten!" (Willmann 1995, 720).

Seit 1999 laufen die inzwischen schon ein beträchtliches Stück vorangekommenen
Vorarbeiten zur Integration einer polnischen Panzerkavalleriebrigade in die 7.
Panzerdivision der Bundeswehr (vgl. Marlow 2003, 48ff.)

An diesen Aufstellungen wird eines ganz klar: Die Bundeswehr, 1955/56 als
Bündnisarmee gegründet, hat diesen Charakter nach 1990 beibehalten. Am Anfang hatte die Bundesrepublik keine andere Wahl. Ihre politische und militärische Führung akzeptierte diese Ausrichtung der Bundeswehr und verinnerlichte
sie sogar. Nach der Vereinigung pflegte Deutschland diese Option mit großer
Selbstverständlichkeit weiter. Sie liegt jetzt aus anderen Gründen, aber genauso
eindeutig im nationalen Interesse.

## 16.5 Europäisierung der Sicherheitspolitik

Mittlerweile hat die Europäisierung der Sicherheitspolitik, also die Abstimmung
der nationalen Sicherheitspolitiken der EU-Mitgliedsstaaten (nicht aller, aber
einer unterschiedlich zusammengesetzten Kerngruppe) und der Aufbau gemeinsamer militärischer Strukturen, schon einige Stationen durchlaufen. Die Frage, ob
die Europäische Union damit schon konsequent den Weg zu einer eigenständigen, weltpolitisch handlungsfähigen Sicherheits- und Verteidigungsunion einge-
schlagen hat, lässt sich allerdings noch nicht eindeutig beantworten. Das liegt an
zwei Unsicherheiten: einmal an unterschiedlichen Vorstellungen über den Wort-
sinn von ‚Eigenständigkeit', zum anderen auch an der immer noch und wohl
auch noch längere Zeit anhaltenden Unsicherheit darüber, was überhaupt aus der
EU werden wird/kann/soll (die sogenannte Finalitäts-Frage).

Die erste dieser beiden Unsicherheiten hängt mit dem Schicksal der transatlantischen Beziehungen zusammen. Selbstverständlich wollen die Regierungen in
Washington und den europäischen Hauptstädten diese Beziehungen, die ja weit
mehr als die Sicherheitspolitik umfassen, nicht verschlechtern. Andererseits haben etwa der Irak-Krieg 2003 und seine Vorgeschichte gezeigt, dass es Unterschiede bei Lagebeurteilung und Vorgehensweisen zwischen den transatlantischen Partnern gibt, ebenso zwischen den EU-Mitgliedsstaaten. Alle Experten
sind sich einig darüber, dass ein Ausbau der europäischen Sicherheitsstrukturen,
die ‚Stärkung des europäischen Pfeilers der NATO', sinnvoll und im gemeinsamen Interesse der amerikanischen und der europäischen Regierungen liegt. Je-

doch gibt es sehr unterschiedliche Meinungen darüber, wie weit die sicherheitspolitische Emanzipation Europas von den Vereinigten Staaten gehen soll. Für die USA stellt sich da ein Dominanz-Abschwächungs-Problem und für die europäischen Staaten nicht zuletzt auch ein Finanzproblem, denn sicherheitspolitische Eigenständigkeit hat einen nicht geringen Preis.

Die zweite Unsicherheit stammt sozusagen mitten aus dem Herzen der europäischen Integrations-Debatte. Mit der Ablehnung des (übrigens furchtbar umfangreich ausgefallenen und formal geradezu abschreckenden) Textes einer europäischen Verfassung in Volksabstimmungen in Frankreich und den Niederlanden ist diese Debatte nicht beendet, wohl aber neu angestoßen worden. Im Kern geht diese Debatte darüber, ob die EU ein intergouvernementaler oder ein supranationaler Staatsverband werden soll oder wie man zu einem sachlich angemessenen Mischungsverhältnis beider Komponenten gelangt. Je größer der Anteil der Intergouvernementalität, so eine Daumenregel, desto geringer die Möglichkeiten für eine fest institutionalisierte europäische Außenpolitik, ganz zu schweigen von einer Europäischen Sicherheits- und Verteidigungspolitik, abgekürzt ESDP im Englischen und auf deutsch ESVP. Allein die Festlegung von etikettierenden Begriffen samt ihrer Akronyme bringt es allerdings nicht.

Zur Erhellung dessen, was mit dem Begriff der Europäische Sicherheits- und Verteidigungsidentität (ESVI) gemeint ist, muss man sich in die Zeit unmittelbar nach Ende des Ost-West-Konflikts hineinversetzen. Der Name wurde erstmals 1991 von den WEU-Mitgliedstaaten in Maastricht erwähnt. Demnach sollte innerhalb der NATO die Verteidigungsfähigkeit der europäischen Bündnispartner ausgebaut und die WEU als bewaffneter Arm der EU aufgebaut werden. Die WEU sollte als Verteidigungskomponente der EU fungieren. Zahlreiche Erklärungen und darauf folgende Initiativen brachten das Projekt auf dem Washingtoner Gipfel 1999 zum Abschluss. In den 1990er Jahren betrachteten viele Beobachter die WEU als Scharnier zwischen NATO und EU. Die Beschlüsse der EU auf ihren Gipfeln von Köln und Helsinki zum Aufbau einer „European Rapid Reaction Force" unter der Ägide der EU gingen dann jedoch weiter als das ESVI-Konzept. Der auch als Saint Malo-Prozess bezeichnete Aufbau einer ESVP innerhalb der EU (2. Säule) überlagerte die insbesondere amerikanisch geprägte Vorstellung einer ESVI. Heute kommt man weder in der NATO noch in der EU auf diesen Begriff zurück. Die WEU ist im November 2000 in die Europäische Union übergegangen.

Wie wir anhand des Rückblicks auf die EVG der frühen 1950er Jahre sehen konnten, gibt es eine lange Geschichte der Europäisierung europäischer Sicherheitspolitik (dies ist kein redundanter Ausdruck!) – sie verläuft, wenn auch meistens unbetont und sogar unsichtbar, parallel zur Geschichte der europäischen Integration. Richtig sichtbar wurde sie erst nach dem Ende des Ost-West-Konflikts, als mit der NATO, der KSZE/OSZE und der WEU drei unterschiedlich zugeschnittene Sicherheitsbündnisse darum konkurrierten, zum entscheidenden Faktor für die europäische Sicherheitspolitik zu werden. Daraus entstand ein fragiles System von miteinander verbundenen und sich im Idealfall ergänzenden Sicherheitseinrichtungen (*interlocking institutions*), auch schon einmal *interblocking institutions* genannt, also sich gegenseitig blockierende Sicherheitseinrichtungen. Die NATO spielte dabei bald die erste Geige, während die OSZE, von manchen zunächst als Favorit gehandelt, rasch an sicherheitspolitischer Bedeutung verlor. Die WEU sicherte sich mit den *Petersberg-Aufgaben* vom Juni 1992 eine ausbaufähige sicherheitspolitische Nische, die nach der BVerfG-Entscheidung vom Juli 1994 auch offiziell und öffentlich für die Bundeswehr nicht länger tabu war.

Seit den frühen 1990er Jahren zerbrachen sich viele Sicherheitspolitiker, Praktiker und Theoretiker gleichermaßen, die Köpfe darüber, ob und wie man zu einer europäischen Sicherheits- und Verteidigungsidentität (ESVI) gelangen könne, nachdem im Vertrag über die Europäische Union (Vertrag von Maastricht), in Kraft getreten im November 1993, mit der ‚Übernahme' der WEU und der Einführung der (Möglichkeit zu einer) Gemeinsamen Außen- und Sicherheitspolitik (GASP) erst einmal Erwartungen hinsichtlich eines höheren Grades an europäischer Gemeinsamkeit auf den Feldern der Außen- und Sicherheitspolitik geweckt worden waren.

Die Geschichte dieses Teils der „Baustelle Europa" (Martin List) soll hier nicht ausführlich rekapituliert werden. Ob sich eine ESVI bis heute herausgebildet hat, ist fraglich; aber zweifellos gibt es eine ESVP oder GESVP, wobei das G nicht für *großzügig, grün* oder *gespenstisch*, sondern in schlichtem Pathos für *gemeinsam* steht. Die ESVP ist unter dem Eindruck der NATO-Intervention im Kosovo mit den Beschlüssen des Europäischen Rats Anfang Juni 1999 in Köln und Mitte Dezember 1999 in Helsinki ausgerufen worden. In Köln bekräftigte der Europäische Rat die Absicht, die EU zur Bewältigung der *Petersberg-Aufgaben* mit glaubwürdigen militärischen Mitteln auszustatten, um auch unabhängig von der NATO auf internationale Krisensituationen zu reagieren (Kleine 2005). In Helsinki wurde das mit Beschlüssen über ein eigenständiges europäisches Krisenmanagement konkretisiert: Bis zum Jahr 2003 sollte die EU in die Lage versetzt werden, innerhalb von 60 Tagen bis zu 60.000 Soldaten für einen Einsatz von mindestens einem Jahr zu verlegen. Auf der EU-Konferenz von Nizza im Dezember 2000 wurde dazu die Einrichtung eines Politischen und Sicherheitspolitischen Ausschusses, eines Militärausschusses und eines Militärstabes beschlossen, womit

„die institutionellen Voraussetzungen für den Übergang in permanente Strukturen geschaffen" wurden.

> „Auf der Beitragskonferenz am 20. November 2000 in Brüssel sagten Außenminister Fischer und Verteidigungsminister Scharping fest zu, dass die Bundesrepublik die in kollektiven Fähigkeitszielen eingegangenen Verpflichtungen umsetzen und militärische Schlüsselfähigkeiten für Krisenmanagementaufgaben, insbesondere in den Bereichen strategischer Führung, Führungsfähigkeit und strategischem Transport bis 2003 bereitstellen werde. Mit 18.000 Soldaten wird Deutschland den größten Anteil an der Schnellen Eingreiftruppe stellen" (Meiers 2002, 35).

Diese Selbstverpflichtung der Bundesregierung bringt allerdings Probleme mit sich; Meiers spricht von einem in der Tat ungemütliche Assoziationen erweckenden „dreifachen Spagat", auf den sich die Bundesregierung da eingelassen habe.

Der Aufbau der militärischen Komponente von Krisenbewältigung-Operationen, der Europäischen Schnellen Eingreiftruppe, kommt voran, wenn auch schleppend.

> „The trouble is not the troops themselves: the force is not a standing army, waiting for its orders in barracks in Brussels, but an ad hoc coalition of suitable components. The trouble is the shortfalls in equipment which, despite years of ministerial talk about remedying them (and the possibility of borrowing some things from NATO) remain serious" (The Economist v. 24. 5. 2003).

Parallel zu seinen militärischen Beschlüssen hat sich der Europäische Rat vorgenommen, den Aufbau ziviler Komponenten solcher Operationen voranzutreiben, gemeint sind vor allem Polizei, Rechtsstaatlichkeit, Zivilverwaltung und Katastrophenschutz.

Am 1. Januar 2003 hat die EU die Polizei-Mission in Bosnien-Herzegowina von den Vereinten Nationen übernommen. Es sind ungefähr 800 Polizisten und Unterstützungskräfte beteiligt. Dieser ersten ESVP-Mission folgte im März 2003 eine zweite, ein Militäreinsatz in Mazedonien, „a Lilliputian peacekeeping role", wie der *Economist* sie etwas sardonisch charakterisiert. Im Dezember 2004 hat die EU in Bosnien-Herzegowina die Nachfolge der NATO-Operation SFOR übernommen. Mit einer Stärke von 6.000 Soldatinnen und Soldaten ist die Operation ‚Althea' (schöner Name!) die derzeit größte Militäroperation der EU. Unter dem Strich ergibt sich, dass Europas nicht ganz so schnelle *Schnelle Eingreiftruppe* zwar für traditionelle peacekeeping-Missionen, aber nicht für Operationen der Friedenserzwingung oder für andere Kriegsführungs-Operationen gerüstet ist. Das wird sich aller Wahrscheinlichkeit nach in der nächsten Zeit auch wenig ändern. Im Hintergrund dieser Entwicklungen spielen sich eine Menge politischer Kraftproben ab: Die Vereinigten Staaten betrachten die sicherheitspolitischen Selbständigkeits-Bemühungen der EU mit Skepsis und mühsam unterdrückter Beunruhigung. Innerhalb der NATO gibt es aber auch unter den nicht-amerikanischen Mitgliedern sehr unterschiedliche Vorstellungen über Wünschbarkeit, Tempo und Ziel der ESVP. Die Regierungen von Ländern, die die ESVP eigentlich vorantreiben wollen, haben Schwierigkeiten, ihren europäischen Verpflichtungen nachzukommen, weil im eigenen Staatshaushalt die Mittel von anderen Ressorts beansprucht werden. Eine Europäisierung der Sicherheitspolitik würde durch eine europäische Arbeitsteilung der Streitkräfte zwar sehr erleichtert. Nur sagt sich das rascher, als es sich umsetzen ließe. Die Bundeswehr-Führung selbst formuliert ihre Wunschvorstellung folgendermaßen:

> „Die Bundeswehr benötigt nach Einsatzbereitschaft und Fähigkeiten differenzierte Streitkräfte, die schnell, wirksam und durchhaltefähig gemeinsam mit den Streitkräften anderer Nationen eingesetzt werden können…Bei allen Einsätzen gilt der Grundsatz, dass Kräfte und Mittel, die die Bundeswehr für NATO, EU oder Vereinte Nationen bereitstellt, aus dem selben, nur einmal verfügbaren Kräftedispositiv (‚single set of forces') gestellt werden" (Bundesministerium der Verteidigung 2004, 23f.).

Hier schließt sich der Bogen zur Bundeswehr-Reform.

## 16.6 Die Ausgaben-Seite

Gibt es eine Methode, mit deren Hilfe man die ideale Höhe eines staatlichen Militärbudgets errechnen kann? Also eine Zahl, die den Schutzerfordernissen objektiv entspricht, nicht zu hoch, aber auch nicht zu niedrig ist? Natürlich nicht, denn die Einschätzungen dessen, was den Schutzerfordernissen objektiv entspricht, ist Gegenstand politischer Auseinandersetzungen. Die einen streben den Rückbau und letztlich die vollständige Streichung des Militärbudgets an. Für andere sind die Streitkräfte chronisch unterfinanziert. Aus der Sicht der Steuerzahler ist im übrigen nicht unbedingt die Höhe des Militärbudgets (*Verteidigungshaushalt* in der offiziellen Terminologie) entscheidend, eher schon der Anteil der staatlichen Militärausgaben am Bruttoinlandprodukt (BIP).

*Tabelle 4:*　　Verteidigungsausgaben im internationalen Vergleich 2002-2004

| Land/ Ländergruppe | Ausgaben 2002 (in Mill. US-$) | Ausgaben 2003 (in Mill. US-$) | Ausgaben 2004 (in Mill. US-$) | In % des BIP 2002 | In % des BIP 2003 | In % des BIP 2004 | Umfang Streitkräfte (in tausend) | Reservisten (geschätzt) (in tausend) |
|---|---|---|---|---|---|---|---|---|
| USA | 348.555 | 404.920 | 455.908 | 3,3 | 3,6 | 3,8 | 1.473 | 1.290 |
| Kanada | 8.521 | 10.102 | 11.418 | 1,1 | 1,1 | 1,1 | 62 | 37 |
| Frankreich | 36.491 | 46.231 | 51.698 | 2,5 | 2,6 | 2,5 | 254 | 21 |
| Deutschland | 29.403 | 35.295 | 37.790 | 1,4 | 1,4 | 1,4 | 284 | 358 |
| Großbritannien | 38.140 | 43.311 | 49.618 | 2,4 | 2,4 | 2,3 | 205 | 272 |
| Italien | 24.421 | 30.448 | 30.537 | 2,0 | 2,0 | 1,8 | 191 | 56 |
| Griechenland | 4.570 | 4.845 | 5.866 | 3,4 | 2,7 | 2,8 | 163 | 290 |
| Türkei | 8.034 | 9.035 | 10.115 | 4,3 | 3,7 | 3,3 | 514 | 378 |
| Polen | 3.573 | 3.977 | 4.605 | 1,8 | 1,8 | 1,9 | 141 | 234 |
| NATO (Summe) | 534.732 | 628.503 | 702.684 | 2,6 | 2,7 | 2,8 | 3.876 | 4.400 |
| Russland | 50.800 | 62.200 | 61.900 | 4,7 | 4,9 | 4,3 | 1.037 | 20.000 |
| VR China | 51.159 | 55.948 | 62.539 | 4,0 | 3,9 | 3,7 | 2.255 | 800 |
| Japan | 39.200 | 42.834 | 45.151 | 1,0 | 1,0 | 1,0 | 239 | 44 |
| Indien | 13.748 | 15.507 | 19.647 | 2,7 | 2,6 | 3,0 | 1.325 | 1.155 |
| Pakistan | 2.686 | 3.128 | 3.337 | 4,4 | 4,4 | 3,5 | 619 | 0 |

Quelle: IISS 2005

Der Umfang der Streitkräfte wird in dieser Tabelle in Tausend angegeben. Die Militärausgaben wurden in Mill. $ (US) berechnet. Das erschwert ein bisschen die Übersicht und könnte zu Missverständnissen führen, denn was sich bei einzelnen Ländern in den Jahren 2002 bis 2004 als ein beträchtlicher Anstieg der Ausgaben darstellt, ist häufig mehr von Währungsschwankungen als von tatsächlichen Veränderungen des Budgets bestimmt. Deshalb ist ein Blick auf den prozentualen Anteil der Militärausgaben am Bruttoinlandsprodukt aufschlussreich. Nur in Klammern sei an dieser Stelle erwähnt, dass bei einem weltweiten Vergleich zu den Ländern mit den anteilmäßig höchsten Militärausgaben neben China und Russland auch eine ganze Reihe von verarmten Ländern zählen, Burundi, Eritrea, Äthiopien, Ruanda in Afrika, Bosnien-Herzegowina, Kroatien und Serbien in Europa (Zahlen dazu in den SIPRI Yearbooks und in den verschiedenen Ausgaben von The Military Balance).

*Tabelle 5:*    Deutscher Verteidigungs-Haushalt (Ausgaben für die Bundeswehr)

| Jahr | Ausgaben in Mrd. DM (ab 2001 in €) |
|------|------------------------------------|
| 1975 | 31,2 |
| 1985 | 48,9 |
| 1990 | 53,3 |
| 1995 | 47,8 |
| 1997 | 46,3 |
| 1999 | 47,0 |
| 2000 | 45,0 |
| 2001 | 46,8 (€ 23,9) |
| 2002 | 24,5 |
| 2003 | 24,2 |
| 2004 | 24,2 |
| 2005 | 23,9 |
| 2006 | 27,9 |
| 2007 (Entwurf) | 28,4 |

Quelle: Weißbücher 1985 und 1994, IAP-Dienst Sicherheitspolitik

Es irritiert, dass man in verschiedenen Quellen häufig leicht voneinander abweichende Zahlen findet. Das drückt in der Regel keine unredlichen Motive der Zahlenlieferanten aus, ist vielmehr die Konsequenz unterschiedlicher Berechnungsweisen. Die Militärausgaben der Bundesrepublik Deutschland lagen im übrigen nach den Kriterien der NATO nicht unbeträchtlich höher, weil danach eine Reihe anderer Ausgaben für diesen Zweck eingeordnet werden konnten. In der folgenden Tabelle sind die Ausgaben nicht in amerikanischen $, vielmehr in € berechnet worden. Unter „Europa" sind die 24 Mitglieder der European Defence Agency (EDA) zusammengefasst, d. h. alle EU-Mitgliedsstaaten mit der einen Ausnahme Dänemark. Zwar gibt die Tabelle nur eine ‚Momentaufnahme' wider; aber diese ist durchaus repräsentativ für die strukturellen Differenzen zwischen den Vereinigten Staaten und der Europäischen Union. Die unterschiedliche Höhe der Militärausgaben kann einerseits als Indikator für unterschiedliche methodische Prioritäten in der Außen- und Sicherheitspolitik angesehen werden. Zum anderen impliziert sie aber auch, dass den Europäern gar keine andere Wahl bleibt, als ihre Außen- und Sicherheitspolitik viel stärker mit ‚zivilen' Elementen anzureichern. Allerdings würden mehr Kooperation, gemeinsame Beschaffungsprogramme oder gar eine ‚Standing European Army' die Aufwendungen für die militärische Komponente europäischer Sicherheit erheblich kosteneffektiver machen.

*Tabelle 6:*  Verteidigungsausgaben der EU-Staaten und der USA 2005 im Vergleich

|  | **Europa** | **Vereinigte Staaten** |
|---|---|---|
| Verteidigungsausgaben | 193 Mrd. € | 406 Mrd. € |
| Verteidigungsausgaben in% des BIP | 1,81 | 4,06 |
| Verteidigungsausgaben pro Kopf | € 425 | € 1.363 |

Quelle: European Defence Agency, Defence Facts, Dec 19, 2006.

Gerade weil das amerikanische Militärbudget so deutlich in einer höheren Kategorie angesiedelt ist, wächst der Druck auf die europäischen Mächte, über Integrations- und Synergie-Effekte den Abstand nicht noch größer werden zu lassen. Denn bleibt er so groß oder nimmt sogar noch zu, dann ist die Interoperabilität der europäischen Streitkräfte in der NATO und bei internationalen Missionen unter amerikanischer Beteiligung massiv gefährdet. Dann aber schrumpfen die Möglichkeiten einer sicherheitspolitischen Mitsprache der Europäer weiter.

## 16.7 Rüstungstechnologie, Rüstungsindustrie und Rüstungspolitik

Dieser Prozess würde weiter verstärkt, wenn auch die Weiterentwicklung der Rüstungstechnologie – gegenwärtig und in den nächsten Jahren sind da Riesensprünge zu erwarten – vornehmlich eine Angelegenheit der USA würde. Rüstungstechnologische Weiterentwicklung und Rüstungsindustrie muss man auch, wenn auch nicht ausschließlich, unter dem Gesichtspunkt betrachten, wie hoch ihr Beitrag zur Stützung und Unterfütterung einer mehr als nur reaktiven und auf andere Akteure angewiesenen Sicherheitspolitik ist. Ähnlich argumentiert auch der Vorstand der IG Metall, der bereits im Dezember 1997 eine diesbezügliche Stellungnahme des gewerkschaftlichen Arbeitskreises „Wehrtechnik und Arbeitsplätze" billigte. Darin findet sich u. a. folgende Passage:

> „Zur Umsetzung einer gemeinsamen Außen- und Sicherheitspolitik der Europäischen Union gehört auch eine gemeinsame Beschaffung von Rüstungsgütern. Dies kann nicht nur zur Effektivierung des Prozesses der europäischen Integration beitragen, sondern dient einer besseren Nutzung der finanziellen Ressourcen durch kostengünstigere Beschaffung.
> Die Restrukturierung der europäischen wehrtechnischen Industrie muss auch zur Herausbildung europäischer systemfähiger Einheiten führen, die Kompetenz und Kapazität in wirtschaftlicher, technologischer und sozialer Hinsicht verbinden, um große Projekte durchführen zu können" (IG Metall 2000, 7).

Diese politische Perspektive liegt auch den jüngsten Gewerkschafts-Verlautbarungen zu Grunde, der Emder Erklärung zur Lage des Marineschiffbaus in Deutschland (2005), der Ottobrunner Erklärung zur Lage der militärischen Luft- und Raumfahrtindustrie in Deutschland (2006) und der Kasseler Erklärung zur Lage der heerestechnischen Industrie in Deutschland (2006). In der Kasseler Erklärung heißt es im Blick auf die Europäisierung der Rüstungspolitik sogar geradezu visionär:

> „Die Schaffung eines europäischen Rüstungsmarktes unter deutscher Beteiligung ist aus guten Gründen Ziel der Bundesregierung. Abgesehen davon, dass durch die Harmonisierung von Bedarf, Entwicklung, Produktion und Beschaffung in großem Umfang Kosten gesenkt werden könnten, wäre ein gemeinsamer Verteidigungsmarkt nach Vollendung des europäischen Binnenmarktes und der Währungsunion ein dritter Pfeiler der europäischen Integration" (IG Metall 2006, 21).

Nun ist es vielleicht ein bisschen unfair, an dieser Stelle zuerst ausgerechnet die IG Metall zu Worte kommen zu lassen. Denn sie ist nicht gerade repräsentativ für die hartnäckigsten Vertreter der Rüstungs-Lobby. Aber es hilft vielleicht, um gleich an dieser Stelle der Versuchung zu schematischen Betrachtungsweisen einen Riegel vorzuschieben. Um den gesamten Prozess der Produktion von und des Handels mit Rüstungsgütern rankt sich ja ein schwer durchschaubares Geflecht von Ideologien, Mythen und Verdächtigungen. Rüstungsforschung und -entwicklung begannen im 20. Jahrhundert die Phantasie der Menschen anzuregen, man denke etwa an die Entwicklung der Raketentechnologie (übrigens hervorragend dargestellt und kritisch reflektiert im Museum Peenemünde) oder an das Manhattan Projekt der Atombombenentwicklung in den Vereinigten Staaten. Die Ausbildung informeller, aber fester und die zu ihrer Kontrolle vorgesehenen Institutionen geschickt unterlaufenden Beziehungen zwischen staatlichen Stellen und der Rüstungsindustrie war und ist vielen Kritikern der Vereinigten Staaten und des Kapitalismus ein Greuel, für das sich der Name „militärisch-industrieller Komplex" eingebürgert hat.

Umgekehrt behaupteten viele Kritiker der Sowjetunion mit guten Gründen, dass sich dort ein solcher militärisch-industrieller Komplex entwickelt habe, zum großen Schaden der sowjetischen Volkswirtschaft. Rüstungshandel und vor allem Rüstungsexport an politisch dubiose Akteure und in Krisengebiete erscheinen als gefährliche Mittel der Gewalt-Eskalation. Demgegenüber sollten Abrüstung und Rüstungskonversion angestrebt werden, letzteres die Bezeichnung für den Rückbau von Kapazitäten bei Rüstungsforschung und Rüstungsindustrie und ihre Umwidmung in zivil nutzbare Kapazitäten.

Nach den großen Kriegen im 20. Jahrhundert, in denen jeweils unvorstellbare Rüstungsproduktions-Kapazitäten entstanden waren, und nach dem Ende des Ost-West-Konflikts war Rüstungskonversion in der Tat ein wichtiges Thema. Man kann sich die Fülle der Probleme vorstellen, die zum Beispiel für eine kleine oder mittlere Stadt entsteht, wenn eine Garnison geschlossen wird, oder die für eine Firma entstehen, wenn weitere Rüstungsaufträge ausbleiben. Es gibt in Deutschland eine Reihe von soliden sozialwissenschaftlichen Forschungen zur Rüstungskonversion, teils eher theoretischer Natur, teils auf die sehr praktischen Probleme in den neuen Bundesländern bezogen (vgl. Gießmann 1992).

Alle ökonomischen Aspekte von Rüstungsforschung und -produktion (im deutschen Sprachgebrauch werden manchmal aus einer älteren Tradition heraus die Begriffe Wehrforschung, Wehrtechnik etc. vorgezogen) sind in starkem Maße von staatlichen Entscheidungen bestimmt. In einigen europäischen Ländern war die Rüstungsindustrie lange Zeit weitgehend in Staatsbesitz oder staatlich kontrolliert (Frankreich, Spanien, Italien), was sich seit ein paar Jahren jedoch zu verändern begonnen hat. In anderen Ländern (Schweden, Großbritannien, Deutsch-

land) ist die Rüstungsindustrie hingegen privatwirtschaftlich organisiert, in den
USA ebenfalls.

> „Die deutsche wehrtechnische Industrielandschaft besteht aus einer Reihe von Groß-
> unternehmen als Systemanbietern und einer Vielzahl mittelständischer Unternehmen,
> die als Technologieanbieter eine wichtige Rolle spielen. Sie ist eine Querschnittsbran-
> che, die statistisch nicht eindeutig abgrenzbar ist. Nach Auffassung der Bundesregie-
> rung von 1998 ist sie keine Branche im engeren Sinne, sie ist vielmehr ein heterogener
> Industriezweig mit High-Tech-Qualitäten. Der volkswirtschaftliche Nutzen ergibt sich
> nicht aus dem Beitrag zum Bruttosozialprodukt durch die Quantifizierung von Geld-
> größen oder Produktionsgrößen in der Bundesrepublik Deutschland, sondern aus
> dem Potential zur Entwicklung von High-Tech-Qualitäten. Dies wiederum liegt in der
> engen Verflechtung von zivilen und militärischen Kapazitäten in den einschlägigen
> Unternehmen, der technologischen Weiterentwicklung, die militärischen und zivilen
> Anwendungsbereichen gleichermaßen zugute kommt. Eine Gefährdung der wehr-
> technischen Industrie könnte auch zu negativen Auswirkungen auf die Beschäftigung
> ziviler High-Tech-Unternehmen ohne direkten Bezug zur militärischen Entwicklung
> nach sich ziehen" (Blackert 2002, 280).

Mit dem letzten Satz in dieser Passage aus dem sehr informativen Text eines
Insiders schließt sich der Kreis zur IG Metall und ihrer oben zitierten Stellungnahme. Die Rüstungsindustrie ist in Deutschland während der letzten Jahre
merklich geschrumpft, so dass solche Stellungnahmen inzwischen oftmals wer-
bende Obertöne haben.

Unternehmen und Beschäftigte in der ‚Querschnittbranche' argumentieren,
der Staat dürfe sie schon deswegen nicht ganz vernachlässigen, um den Standort
Deutschland für technologische Spitzenprodukte zu sichern. Das kann man zwar
auch durch direkte Unterstützung ziviler Programme (Beispiel: Transrapid). Aber
weil der Staat im Rüstungsbereich eine Art Monopol bei der Nachfrage hat, erscheint sein Einfluss auf die Unternehmen hier auch unter (wirtschafts-)ord-
nungspolitischen Gesichtspunkten als viel legitimer als bei zivilen Projekten.

Gegenwärtig sind in der deutschen Rüstungsindustrie, je nach Perspektive,
zwischen 60.000 und 90.000 Menschen beschäftigt, der Bruchteil eines Prozents
aller Erwerbstätigen. Seit 1990 hat es hier einen drastischen Abbau von Arbeits-
plätzen gegeben (ca. 200.000). Das Arbeitsplatz-Argument hat, das liegt in der
Natur der Sache, insbesondere bei der Gewerkschaft großes Gewicht. Es wird
ergänzt durch ein sicherheitspolitisches Argument:

> „Eine eigene nationale Wehrindustrie wurde und wird damit begründet, dass das po-
> litische Gewicht sowie die Mitgestaltungs- und Kooperationsfähigkeit innerhalb Eu-

ropas und der NATO wesentlich von der wehrtechnischen Leistungsfähigkeit abhängen. Die grundlegende Frage ist, ob sich Deutschland und ein vereintes Europa auf dem äußerst sensiblen Gebiet der Militärtechnologie in die völlige Abhängigkeit der USA begeben... oder sich wenigstens ansatzweise eine Unabhängigkeit bewahren wollen" (Blackert 2002, 281).

Die folgende Tabelle 7 macht allerdings unübersehbar darauf aufmerksam, dass die Vereinigten Staaten hier einen schier uneinholbaren Vorsprung haben. In den letzten Jahren haben sich die Gewichte zwischen diesen großen Konzernen durch Ver- und Zukäufe von Firmen ein wenig verschoben, und die Umsatzzahlen haben sich ebenfalls verändert. Jedoch ist das Gesamtbild unverändert geblieben.

*Tabelle 7:*      Die weltweit führenden Rüstungskonzerne im Jahr 2005

| Rank | Company | Country | 2005 Defense Review* | 2005 Total Revenue* | % of Revenue from Defense |
|------|---------|---------|---------------------|--------------------|--------------------------|
| 1 | Lockheed Martin | U.S. | 36.465 | 37.213 | 98.0 |
| 2 | Boeing | U.S. | 30.719 | 54.845 | 56.1 |
| 3 | Northrop Grumman | U.S. | 23.332 | 30.700 | 76.0 |
| 4 | BAE Systems | U.K. | 20.935,2 | 26.500,2 | 79.0 |
| 5 | Raytheon | U.S. | 18.200 | 21.900 | 83.1 |
| 6 | General Dynamics | U.S. | 16.570 | 21.244 | 78.0 |
| 7 | EADS | Netherlands[4] | 9.120,3 | 40.508,2 | 22.5 |
| 8 | L-3 Communications | U.S. | 8.549,2 | 9.444,7 | 90.5 |
| 9 | Thales | France | 8.523,3 | 12.176,1 | 70.0 |
| 10 | Halliburton 1 | U.S. | 7.552 | 20.994 | 36.0 |

* In millions of U.S. dollars. Currency conversions for non-U.S. firms calculated using prevailing rates at the end of each firm's fiscal year.
Quelle: http://www.defensenews.com/index.php?S=06top100

Die Abkürzung EADS steht für European Aeronautic, Defence and Space Company; sie spielt auch eine führende Rolle im Airbus-Konsortium
Die Europäische Union hat zu Beginn des Jahres 2003 ihre Absicht verkündet, durch eine gezielte EU-Rüstungspolitik den europäischen Rüstungsfirmen gegenüber der amerikanischen Konkurrenz den Rücken zu stärken. Als Mittel dazu diente die Gründung der *European Defence Agency* (EDA) im Juli 2004. Sie hat zur Aufgabe, die Entwicklung der Verteidigungsfähigkeiten im Bereich der

---

[4] Die EADS ist eine Gesellschaft niederländischen Rechts (N.V.), s. http://www.eads.com/1024/de/eads/eads_overview/eads_overview.html (Zugriff 26.03.2007).

Krisenbewältigung voranzutreiben, die europäische Rüstungskooperation zu fördern, die industrielle und technologische Verteidigungsbasis zu stärken, die Schaffung eines europäischen Rüstungsmarktes voranzubringen und für europäische Rüstungsforschung international wettbewerbsfähiger zu machen. Dies ist nicht das erste Mal, dass von europäischer Seite solche Ziele formuliert worden sind. In der Vergangenheit blieb es meist bei sehr kleinen Brötchen. Der IAP-Dienst Sicherheitspolitik (N° 4/2003) zitiert in diesem Zusammenhang Horst Teltschik, früher außenpolitischer Berater von Helmut Kohl. Der meinte abschätzig: „Wie funktioniert denn die europäische Kooperation? Frankreich will die High-Tech-Anteile, den Rest können die anderen machen." Da hat er nicht ganz Unrecht. Auf der anderen Seite: Teltschik war bis vor kurzem Chef des deutschen Büros von Boeing, das an stärkerer europäischer Konkurrenz nun wirklich nicht interessiert ist.

Die European Defence Agency (EDA) untersteht dem Hohen Repräsentanten der Union, Javier Solana. Ob dieser Neuansatz einer rüstungspolitischen Integration Europas erfolgreicher sein wird als die Vorgänger, bleibt abzuwarten.

# Ausblick: Auf dem Wege zu einem neuen Sicherheitskonzept?

Ob man heute so weit gehen und von einer im Bewusstsein der Erdbewohner bereits fest verankerten globalen Gesellschaft reden kann, sei dahingestellt. Die verschiedenen Dimensionen der Globalisierung und ihre erfreulichen wie unerfreulichen Aspekte haben inzwischen jedoch zweifellos eine planetarische Vernetzung und eine Fülle von raum-unabhängigen wechselseitigen Abhängigkeiten von Individuen, Gruppen, Gesellschaften und Staaten bewirkt.

Zumeist handelt es sich dabei um asymmetrische Abhängigkeiten, auch darüber kann es keinen Zweifel geben. Aber die Hobbes'sche Vorstellung von der Gleichheit der Menschen, weil auch der Schwächste Mittel und Wege finden kann, den Stärksten zu verletzen oder zu töten, gilt auch für asymmetrische Abhängigkeit – die Wechselseitigkeit der Abhängigkeit ist letztlich entscheidender als ihre ungleiche Aufteilung.

Auf dem Feld der Sicherheitspolitik hat sich die Einsicht schon länger durchgesetzt, dass wir es mit einer globalen Sicherheitslandschaft zu tun haben und dass verantwortlich handelnde sicherheitspolitische Akteure, wenn sie (gemäß der Charta der Vereinten Nationen) Bedrohungen des Weltfriedens und der internationalen Sicherheit bekämpfen, dies eben auch im Interesse der eigenen nationalen Sicherheit tun. Allerdings darf man hier weder dem Hang zum Verklären und zum Harmoniedenken nachgeben, noch den Proklamationen der Akteure unkritisch Glauben schenken. Wenn sie mit oder ohne UNO-Mandat militärisch gegen die tatsächlichen oder angeblichen Verursacher von Bedrohungen des Weltfriedens und der internationalen Sicherheit vorgehen, dann stehen ihre eigenen Interessen oft genug im Vordergrund.

Auf jeden Fall haben sich die sicherheitspolitischen Perspektiven der Staaten, auch Deutschlands, seit dem Ende des Ost-West-Konflikts erheblich verändert. Sicherheitspolitik ist umfangreicher geworden, ihre Schnittflächen mit der allgemeinen Außenpolitik und mit anderen Politikbereichen haben sich erweitert. Zugleich ist der militärische Anteil an dieser neuen Sicherheitspolitik geschrumpft, ohne generell an Bedeutung zu verlieren. Er ist nicht nur geschrumpft, sondern hat sich auch konzeptionell mit vormals deutlich als nicht-militärisch gekennzeichneten Bereichen der Sicherheitspolitik vermengt. Wenn die Streitkräfte nicht mehr mit oberster Priorität für die Landesverteidigung da sind, sondern fern vom eigenen Land als Deeskalations-Streitkräfte Friedensmissionen, vom traditionellen peacekeeping bis zu friedens-erzwingenden Operationen und humanitäre Interventionen durchführen, meist in multinationaler Formation, dann hat das enorme Auswirkungen auf die Organisationsgestalt der Streitkräfte, auf die Ausbildung und Bewaffnung der Soldaten, auf das Selbstverständnis der Soldaten und nicht zuletzt auch auf das Verhältnis der zivilen Gesellschaft zu ihren Streitkräften.

Einige besonders ins Auge fallende Auswirkungen sind anhand des deutschen Beispiels und mit Seitenblicken auf andere europäische Gesellschaften zur Sprache gebracht worden. Zum Abschluss soll darüber reflektiert werden, ob die Veränderungen der globalen Sicherheitslandschaft nicht noch mehr verlangen als die bereits vorgenommenen konzeptionellen und organisatorischen Anpassungen der Streitkräfte. Ist nicht eine viel tiefer ansetzende Veränderung nötig, braucht es nicht ein neues, umfassenderes Sicherheitskonzept?

### Umrisse des Konzepts der Human Security

In diplomatischen und akademischen Kreisen im Umfeld der Vereinten Nationen und in einigen (nicht vielen) Ländern wie vor allem Kanada wird seit ungefähr einem Jahrzehnt über die Probleme und Möglichkeiten eines Paradigmenwechsels der Sicherheitspolitik diskutiert. Paradigmenwechsel ist vielleicht etwas zu hoch gegriffen. Aber da sich dieser andere Sicherheits-Diskurs sowohl auf die empirische (Beobachtungs-) als auch die analytische (Erklärungs-) und schließlich ebenfalls auf die normative (Vorschriften-) Ebene erstreckt, geht es um mehr als nur nebensächliche Veränderungen.

Der Begriff der *Human Security*, um den es hier geht, lässt sich zwar unschwer ins Deutsche übertragen. Aber bei *Menschlicher Sicherheit* wird einem wegen der farblosen Vagheit, die diese beiden Wörter ausstrahlen, etwas unbehaglich. Die englische Begriffsversion klingt (jedenfalls in unseren Ohren) griffiger, weshalb sie hier vorgezogen wird.

Es geht den Vordenkern dieses Konzepts um eine Auswechslung des Hauptadressaten von Sicherheit. In herkömmlicher Perspektive sind es der Staat und die auf seine Fahnen geschriebene Gesellschaftsordnung, um deretwegen Sicherheitspolitik betrieben wird. In den allermeisten Gesellschaftsordnungen zählt zwar auch der Schutz der Bürgerinnen und Bürger (im Idealfall aller; häufig aber nur einer bevorzugten Gruppe) zu den Staatszielen mit oberster Priorität. Jedoch bleibt das in vielen Staaten im Rhetorischen stecken. Staatssicherheit als Sicherheit nicht der Menschen, sondern der Herrschaftsstrukturen, manchmal sogar auf Kosten der Menschen, rangiert stattdessen vor allem anderen. Man kann dies in allen totalitären und autoritären Gesellschaften beobachten. Human Security stellt demgegenüber die Sicherheit der Individuen über die Sicherheit von Staaten und ihre Herrschaftsordnungen. Das impliziert ein weitergehendes Abrücken von der strikten Anerkennung des Prinzips der Nichteinmischung in die inneren Angelegenheiten eines Staates, einem Kernelement staatlicher Souveränität.

Wenn man die Sicherheit der Individuen in den Mittelpunkt des Sicherheitskonzepts rückt, dann wirkt sich das auch auf die Themen und die Methoden der nach diesem Konzept betriebenen Sicherheitspolitik aus. Zu den Themen, denen größere Aufmerksamkeit gewidmet wird oder werden soll, gehören humanitäre Schutzaktionen (von Minderheiten, von Migranten, von Kriegsopfern), präventive Sicherheitsvorkehrungen (diplomatische Deeskalation von Konflikten, Konfliktmediation), Rüstungskontrolle und Abrüstung sowie die breite Palette der Maßnahmen zum Wiederaufbau kriegszerstörter Gesellschaften. Die Methoden, die dabei bevorzugt zur Anwendung kommen, sind weniger durch den Einsatz harter Machtmittel (*hard power*), eher durch multilaterale Diplomatie und weiche Machtmittel (*soft power*) gekennzeichnet. Das heißt unter anderem auch, dass die Streitkräfte in erster Linie für humanitäre (Schutz-) Aktionen gebraucht werden.

*Netzwerk*

Das Entwicklungsprogramm der Vereinten Nationen (UNDP) gibt jedes Jahr einen *Human Development Report* heraus, der vor allem wegen des in ihm aufgestellten *ranking* der Staaten unter dem Gesichtspunkt der Lebensqualität ihrer Bürgerinnen und Bürger öffentliche Aufmerksamkeit erregt. Im Bericht 1994 wird das Konzept der Human Security zum ersten Mal ausführlicher zur Sprache gebracht (UNDP 1994). Es ist stark von dem Lebensqualität-Ansatz des UNDP geprägt und ergibt u.a. sich aus der Summe von wirtschaftlicher Sicherheit, Sicherheit der Ernährung, der Gesundheit und Sicherheit vor staatlicher Willkür. In diesem Konzept werden Denkansätze gebündelt, die in den 1970er Jahren in der Umweltbewegung (Club of Rome) und in den 1980er Jahren in verschiedenen Kommissionen entwickelt wurden, die sich mit dem Zusammenhang von Armut, Unterentwicklung und Rüstung beschäftigt haben (Brandt-Kommission, Brundtland-Kommission, Palme-Report, u.a.).

Das Land, dessen Regierungen in den letzten Jahrzehnten wohl am hartnäckigsten dazu beigetragen haben, dem Konzept der Human Security politische Relevanz zu verschaffen, ist Kanada. Kanada war etwa Mitte der 1990er Jahre die treibende Kraft bei den Bemühungen, Antipersonenminen zu verbieten. Das Abkommen über das Verbot von Antipersonenminen ist im März 1999 in Kraft getreten. Über 120 Staaten, internationale Organisationen und circa 1.200 Nichtregierungsorganisationen haben dieses Abkommen auf nachdrückliches Betreiben des kanadischen Außenministers Lloyd Axworthy zwischen 1996 und 1997 ausgehandelt. Diese Landminen, von denen viele, viele Millionen noch unaufgespürt im Boden liegen, sind ein besonders hinterhältiges Kriegsmittel, weil sie auch noch lange nach dem Ende von kriegerischen Konflikten Opfer produzieren – vor kurzem wurde geschätzt, dass pro Monat etwa 800 Menschen von diesen Minen getötet und 1.000 verletzt werden. Viele von ihnen hatten bis zur Explosion der Mine keine Ahnung von der Gefahr, in der sie schwebten. Antipersonenminen sind nur ein Beispiel für die Beeinträchtigung der Sicherheit von Individuen. Die Promotoren des Konzepts der Human Security haben 1999 beschlossen, ein eigenes *Human Security Network* (HSN) zu bilden. Die Grundsätze, denen sich die Mitglieder dieses Netzwerkes verpflichtet fühlen, umfassen den Schutz der Grundrechte, demokratische Strukturen und friedliche Konfliktbeilegung. Den Vereinten Nationen wird eine herausgehobene Rolle in der Weltpolitik zugesprochen. Armut und Elend werden als mit die größten Hindernisse für den Auf- und Ausbau von Human Security bezeichnet.

Mitglieder dieses Netzwerks sind folgende Staaten: Österreich, Kanada, Chile, Costa Rica, Griechenland, Irland, Jordanien, Mali, die Niederlande, Norwegen, Slowenien, Schweiz und Thailand. Südafrika hat den Status eines Beobachters. Das ist eine Gruppe von Staaten, die mit der Dreiviertel-Ausnahme Kanadas nicht unbedingt viel internationales politisches Gewicht auf die Waagschale bringen. Staaten mit größerem politischen Gewicht und einem sehr hohen Platz auf der internationalen Rangskala (also etwa Staaten mit Kernwaffen) fehlen. Das weist uns darauf hin, dass die in dem Netzwerk gepflegten Vorstellungen über Sicherheit, die Sicherheit der einzelnen Mitgliedsstaaten und die der internationalen Ordnung, weit davon entfernt sind, zum vorherrschenden Sicherheitskonzept im internationalen System zu werden.

## Kritische Vorbehalte

Ein kühler Kommentar zu den in der Tat manchmal an der Ganzheitlichkeit ihres Ansatzes geradezu erstickenden Bemühungen, das Konzept der Human Security zu verbreiten, betont seinen Mangel an Handlichkeit:

„Two problems, in particular, limit the usefulness of the human security concept for students and practitioners of international politics. First, the concept lacks a precise definition. Human security is like 'sustainable development' – everyone is for it, but few people have a clear idea of what it means. Existing definitions of human security tend to be extraordinary expansive and vague, encompassing everything from physical security to psychological well-being…

Second, the most ardent backers of human security appear to have an interest in keeping the term expansive and vague…The term, in short, seems to be slippery by design. Cultivated ambiguity renders human security an effective campaign slogan, but it also diminishes the concept's usefulness as a guide for academic research or policymaking" (Paris 2001, 88).

Diese Einwände lassen sich nicht einfach beiseite schieben. Allerdings sprechen sie auch nicht unbedingt gegen das Konzept und gegen die in ihm angelegte Konzentration des Blicks auf die Individuen. Nur wäre es sinnvoll, so argumentiert jedenfalls Roland Paris, dieses Sicherheits-Konzept nicht als alternativ, sondern als komplementär zu den herkömmlichen Sicherheits-Konzepten anzusehen (DFAIT 1999, 6).

Die folgende Übersicht kann deutlich machen, dass das Konzept der Human Security das umfassendste von allen gängigen Sicherheits-Konzepten ist. Die horizontalen Spalten unterscheiden zwischen einer strikt auf militärische Bedrohungen eingeschränkte Sichtweise und einer zweiten, bei der militärische Bedrohungen nicht als die einzigen Gefährdungen der Sicherheit identifiziert werden. Die vertikalen Spalten unterscheiden zwischen den Adressaten von Sicherheit, einmal (in der überlieferten „westfälischen" Perspektive) die Staaten, zweitens nicht-staatliche Akteure, entweder kollektive Akteure oder Individuen. Verfolgt man die Sicherheits-Debatten der letzten Jahrzehnte, könnte man zu dem Schluss gelangen, sie hätten sich mit einer gewissen Zwangsläufigkeit von der ausschließlichen Beschäftigung mit nationaler Sicherheit in Richtung auf einen staatsbezogen bleibenden, aber erweiterten Sicherheitsbegriff fortentwickelt und von dort weiter über die binnenstaatliche Sicherheit hin zur Human Security. Das stimmt; allerdings nur dann, wenn man den gesamten Vorgang als eine Verbreiterung des Feldes der Sicherheit betrachtet, auf dem die herkömmlichen Konzepte und Vorstellungen von ihrer politischen Relevanz nur relativ (und in der Summe nur sehr wenig) verloren haben, aber durch neue erheblich ergänzt wurden.

*Übersicht 7:*    Matrix von Sicherheits-Konzepten

|  | Militärisch | Militärisch und/oder Nicht- Militärisch |
|---|---|---|
| Staaten | Nationale Sicherheit (herkömmlicher ‚realistischer' Ansatz) | Erweiterte Sicherheit (z. B. Umweltsicherheit, wirtschaftliche Sicherheit) |
| Gesellschaften, Gruppen, Individuen | Innerstaatliche Sicherheit (z. B. Bürgerkriege, ethnische Konflikte, Demozid) | Human Security (alle Arten von Bedrohung des Überlebens von Gesellschaften, Gruppen oder Individuen) |

(Quelle: Paris 2001, 98, leicht verändert)

## Deutsche Sicherheitspolitik und Human Security

Wenn in diesem Ausblick so ausgiebig von einem neuen und in seinen Umrissen noch ziemlich vagen Sicherheits-Konzept die Rede ist, dann erfolgt das nicht so sehr aus einer präskriptiven Position heraus, etwa unter dem Motto, die Bundesrepublik Deutschland und vielleicht sogar die Europäische Union insgesamt sollten ihre Sicherheitspolitik diesem Konzept entsprechend umstellen, weil das ihre Politik moralischer machen würde. Schwerpunkte dieses Studienbuches bilden ja die empirisch beobachtbaren Veränderungen des internationalen Systems, der internationalen Sicherheitslandschaft, der Aufgaben von Streitkräften, ihrer Organisation, des soldatischen Selbstverständnisses und des Gesellschaftsbildes des Soldaten – dies alles sowohl eher allgemein für die westlichen Gesellschaften, als auch speziell für Deutschland untersucht.

In fast allen sicherheitspolitischen Dokumenten der Bundesregierung während der letzten Jahre wurde betont, man müsse heute von einem umfassenden Sicherheitsverständnis ausgehen. So zuletzt noch einmal im Weißbuch 2006:

„Deutsche Sicherheitspolitik beruht auf einem umfassenden Sicherheitsbegriff, ist vorausschauend und multilateral angelegt. Sicherheit kann weder rein national noch allein durch Streitkräfte gewährleistet werden. Erforderlich ist vielmehr ein umfassender Ansatz, der nur in vernetzten sicherheitspolitischen Strukturen sowie im Bewusstsein eines umfassenden gesamtstaatlichen und globalen Sicherheitsverständnisses zu entwickeln ist. Das Gesamtkonzept der Bundesregierung „Zivile Krisenprävention, Konfliktlösung und Friedenskonsolidierung" ist ein Baustein hierzu" (Weißbuch 2006, 11).

Was hier als „umfassender Sicherheitsbegriff" bezeichnet wird, läuft, wenn es denn mehr ist als schicke Rhetorik, auf nichts anderes als auf das Konzept von Human Security hinaus. Es wird damit eine Linie verlängert, die auf europäischer Ebene im Juni 1992 ihren Anfang genommen hat. Damals verabschiedete der Ministerrat der WEU die *Petersberg-Erklärung*. Darin ging es unter anderem auch um die Ankündigung einer Stärkung der operativen Rolle der WEU, was auch damals wegen der möglichen (und unerwünschten) Verdoppelung der Sicherheitsstrukturen der NATO nur mit großer Behutsamkeit formuliert wurde. Die in der Literatur bald so genannten „Petersberg-Missionen" umfassen folgendes:

- humanitäre Aktionen und Rettungseinsätze (Evakuierungsmaßnahmen);
- friedenserhaltende Aufgaben;
- Kampfeinsätze bei der Krisenbewältigung, einschließlich Maßnahmen zur Herbeiführung des Friedens.

Was damals und vielfach noch heute als ein Ausweichen der Europäer in eine sicherheitspolitische Nische angesehen wurde, weist aber eigentlich in die Zukunft. Die Betonung gerade dieser Aspekte von Sicherheitspolitik war, wenn auch vielleicht nicht zwingend und alternativlos, aber doch nahe liegend. Denn die Globalisierung der Sicherheitslandschaft und das erhöhte Gefahrenpotential lokaler Fehlentwicklungen für die Sicherheit von Gesellschaften, die Tausende von Kilometern von solchen Problemzonen entfernt liegen, machen die Beteiligung an einer internationalen Ordnungspolitik zur Pflicht jeder Regierung, die nicht die weitsichtig und intelligent definierten nationalen Interessen vernachlässigen will.

Eine solche Ordnungspolitik hat den Menschenrechten und dem Völkerrecht Achtung zu verschaffen und Demokratisierungsprozesse zu stärken. Den Menschen, die von den Auswirkungen physischer Gewalt, Elend und Not bedrängt werden, darf sie Schutz und Hilfe nicht vorenthalten, und vorzugsweise tut sie das im Rahmen und im Namen multinationaler Organisationen.

## Zukunft der Bundeswehr

Es ist schwer vorstellbar, dass die in den verschiedenen Kapiteln dieses Buches angesprochenen sicherheitspolitischen und militärischen Entwicklungen angehalten werden und sich wieder zurückentwickeln. Im Gegenteil ist anzunehmen, dass auf absehbare Zukunft die aufgezeigten Trends sich weiter durchsetzen werden. Das heißt aber für die Bundeswehr nichts anderes, als dass sie sich weiter vom klassischen Verteidigungsauftrag entfernen und ihre Aufgabenpalette als im Grundsatz weltweit einsatzfähige Deeskalations-Streitmacht noch stärker ihr Organisationsprofil bestimmen wird.

**Organisation:** Das wird, aus der Perspektive der Streitkräfte, nicht ohne weitere Organisationsreformen oder Transformationen zu bewerkstelligen sein. Diese werden noch tiefer in das organisatorische Gefüge der Bundeswehr eingreifen, als es die Reformen der letzten fünfzehn Jahre getan haben. Der Umfang der Streitkräfte wird sich weiter verkleinern, wenngleich nicht so dramatisch wie im Jahrzehnt nach der Vereinigung. Die Streitkräfte werden sich weiter professionalisieren (müssen), was bewirkt, dass die Wehrpflicht als Rekrutierungssystem vermutlich allenfalls mittelfristig haltbar ist. Umstellungen auf dem Personalsektor werden teuer sein, ebenso neue Waffen und technische Ausstattungen, die nicht zuletzt deshalb nötig sind, um Interoperabilität mit den Streitkräften anderer Länder bei multinationalen Einsätzen zu ermöglichen. Es ist die bislang nur in Umrissen erkennbare und von zahlreichen Schwierigkeiten begleitete Ausbildung einer Gemeinsamen Außen- und Sicherheitspolitik (GASP) der Europäischen Union und einer Europäischen Sicherheits- und Verteidigungspolitik (ESVP), die größere Synergie-Gewinne für die europäischen Streitkräfte bringen könnte. Aber das lässt sich heute nur im Konjunktiv formulieren.

**Gesellschaft:** Bei der Vorstellung der Verteidigungspolitischen Richtlinien am 21. Mai 2003 sagte der damalige Verteidigungsminister Struck unter anderem: „Die enge Verknüpfung der Soldaten und ihres Dienstes mit der Zivilgesellschaft ist und bleibt einer der wichtigsten gesellschaftspolitischen Erfolge der Bundesrepublik Deutschland." (Information für die Truppe, Nr. 2/2003, rückwärtiges Deckblatt) Minister müssen wohl so reden, nämlich programmatisch-eindeutig und alle Ambivalenzen glättend. Das gilt als entscheidungsstark. Eigentlich ist das schade. Er hat ja auch Recht; trotz einiger Zweifel. Jedenfalls im Blick auf die Zeit seit der Gründung der Bundeswehr. Ob diese „enge Verknüpfung" auch in Zukunft so eng bleiben wird, dafür gibt es allerdings keine Garantie. Vor allen Din-

gen wird es nicht ausreichen, sich auf den Erfolgen der Vergangenheit auszuru-
hen. Das sachlich gerechtfertigte sicherheitspolitische Abrücken vom herkömmlichen Verteidigungs-Auftrag und die Erweiterung der Auftragspalette der Bundeswehr entrücken diese dem politischen Alltagsbewusstsein ein ganzes Stück
weit. Die langsame Verstärkung militärischer Multinationalität innerhalb der
Europäischen Union leistet dieser Entwicklung weiter Vorschub.

Es wird darauf ankommen, die Außen- und Sicherheitspolitik Deutschlands und
der Europäischen Union den eigenen Bürgerinnen und Bürgern so gut verständlich und nachvollziehbar zu machen, dass die Militäreinsätze als Komponenten
einer umfassenden, zivile und militärische Aspekte kombinierenden Politik
wahrgenommen werden können, bei welcher es um die eigene Sicherheit, die
Deeskalation von Gewalt und die Verbesserung der Chancen von Demokratie
und Frieden weltweit geht. Nur wenn dies gelingt, bleibt die in den meisten westlichen Ländern nach und nach breiter werdende Lücke zwischen den Streitkräften und der zivilen Gesellschaft überbrückbar.

## Bilanz mit Fragen

Wenn wir auf die einzelnen Kapitel dieses Buches zurückblicken, fallen zwei
Eigenarten seiner Komposition auf: *Erstens* ist es nicht chronologisch aufgebaut,
wenn auch bestimmte Sequenzen diesem Darstellungsprinzip folgen. *Zweitens*
behandelt es eine relativ große Zahl von Themen, die in der Regel nicht gemeinsam, sondern getrennt voneinander aufs Tapet gebracht werden. Wer sich mit der
Entwicklung der militärischen Kultur Deutschlands beschäftigt, kümmert sich
wenig um Nuklearstrategie, und wer die sicherheitspolitischen Probleme von
NATO und EU untersucht, lässt die organisationsinternen Aspekte von militärischem Multilateralismus / Multinationalismus außen vor. Diese Art Arbeitsteilung, für die sich auch passable Gründe anführen lassen, die aber insgesamt zu
einer der Einsichtsfähigkeit nicht förderlichen Perspektivenverengung führt, wird
hier umgangen. Das bringt auch Kosten mit sich, denn man muss sich mit sehr
heterogenen Quellen und einer Fachliteratur beschäftigen, bei der meist nur Ein-
zelaspekte der Grundthematik zur Sprache kommen.

 Diese Grundthematik lässt sich so umschreiben: Um die gegenwärtige Gestalt der deutschen Streitkräfte, ihre politische Verankerung im Gemeinwesen
und ihre militärischen Aufgaben zu verstehen, müssen möglichst viele Faktoren,

die sie bestimmen oder beeinflussen, unter die Lupe genommen werden. Zwei
historische Ereignisse bilden dabei die Zeitachse der Untersuchung:

■ Die totale Niederlage 1945 bedeutete einen tiefen Bruch in der deutschen
  Geschichte, in seiner politischen und eben auch in seiner militärischen Kultur. Aufgrund des Drucks von außen, aber auch einer nicht schlagartig voll-
  zogenen, aber dann doch die Tiefenschichten erreichenden Umdefinition der
  nationalen Identität akzeptierten die Deutschen Demokratie, soziale Marktwirtschaft und Multinationalismus als Grundbedingungen des Wiederauf-
  baus ihres Gemeinwesens. Die Teilung Deutschlands gewann im Kalten
  Krieg eine andere Bedeutung, als ihr ursprünglich zugedacht war. Nicht
  mehr der Beweis ihrer machtpolitischen Ungefährlichkeit, vielmehr das so
  oder so erreichte Ende des Ost-West-Konflikts wurde nämlich bald zur entscheidenden Voraussetzung einer Wiedervereinigung.
■ 1990 war es so weit: Der Ost-West-Konflikt endete mit der Implosion des
  sowjetsozialistischen Anspruchs, eine Alternative zur bürgerlichen Gesellschaft zu sein. Bald darauf verschwand die UdSSR von der politischen
  Landkarte, so wie 1990 die DDR von ihr verschwunden war.

Jedes Mal veränderten sich die die internationalen Rahmenbedingungen für
deutsche Politik, gleichzeitig auch die innenpolitischen Konstellationen.
    Die Aufstellung deutscher Streitkräfte (in beiden deutschen Staaten), ihre
Eingliederung in multinationale Bündnisse, ihre militärischen Aufgaben, ihre
organisatorischen Strukturen und ihre Integration in die Gesellschaft, diese Ein-
zelthemen wurden systematisch analysiert. Sie sind um die Zeitachse gruppiert.
Aber nicht diese hat hier die Funktion einer Kettenschnur. Die übernimmt vielmehr ein Axiom, nämlich die Vorstellung von der Notwendigkeit, Streitkräfte in
modernen demokratischen Gesellschaften so demokratie-kompatibel wie irgend
möglich zu machen. Die Ubiquität von Gewalt gehört zur *condition humaine*. Um
sie zu begrenzen, zu kanalisieren, zu zähmen, braucht es Institutionen, die Gewalt organisieren, dadurch einerseits konzentrieren, andererseits ihre systematische Kontrolle ermöglichen. Dieses einerseits/andererseits drückt schon aus, dass
es sich hier um einen sehr zwiespältigen Vorgang handelt, denn die soziale Konfiguration von Konzentration + Kontrolle kann Sprünge bekommen. Militarismen
aller Art und in jeder Form, aber auch Inkompatibilitäts-Erwartungen bilden hier
gewissermaßen den Ausschuss, missglückte Praxis und missglückte Theorie. Es
könnte sein, dass auch die optimistischen Versionen des Gedankens vom ,demo-
kratischen Frieden' dazugehören.

Neben das Axiom der Demokratie-Kompatibilität als Auftrag und Norm tritt ein anderer ordnender Gesichtspunkt, der der militärischen Multilateralität oder des militärischen Multinationalismus auf globaler bzw. auf europäischer Ebene. Konzentration + Kontrolle militärischer Gewalt fanden in den letzten zweihundert Jahren zumeist auf der Ebene des Nationalstaates statt, des Staates also, dessen Bürgerinnen und Bürger sich als nationale Gesellschaften begreifen (sollen). Spätestens seit 1990 ist unübersehbar geworden, dass andere Ebenen ins Spiel gekommen sind, oberhalb und unterhalb des Staates. Die Europäisierung von Militär-, Rüstungs- und Sicherheitspolitik hat schon jetzt die deutschen Streitkräfte erheblich verändert; dieser Einfluss wird sich vermutlich noch verstärken.

Am Ende dieser kleinen Bilanz ergeben sich, wie sich das auch so gehört, mehr Fragen als Antworten: Wie wird sich die Entwicklung der globalen Sicherheitsarchitektur weiter auf die Auftragsformulierung der deutschen Streitkräfte auswirken, auf ihre Ausrüstung und ihre Ausbildung? Lassen sich unter den gewandelten Bedingungen heute scheinbar eherne politische Entscheidungen wie die Beibehaltung der Wehrpflicht und die relativ niedrige Höhe der Militärausgaben weiter erfolgreich durchsetzen? Wie können die in Deutschland hoch im Kurs stehenden, wiewohl auch hier nicht unumstrittenen Grundsätze der Inneren Führung den neuen Herausforderungen an die Bundeswehr angepasst werden? Lassen sie sich, teilweise wenigstens, auch fruchtbar machen für die Aufrechterhaltung und den Ausbau der Demokratie-Kompatibilität europäischer Streitkräfte? Wenn sich auch in Deutschland so etwas wie eine langsam breiter werdende Lücke zwischen Streitkräften und ziviler Gesellschaft beobachten lässt, eine Entwicklung, für die es in den USA eine Reihe deutlicher Anzeichen gibt, wie könnte man dieser Entwicklung, die nichts Gutes verheißt, entgegensteuern? Wie kann man die Informationstransporte und die Deutungsvorgaben der Medien, beides ist aus modernen Gesellschaften nicht mehr wegzudenken, so optimieren, dass die sozial besonders heiklen Themenbereiche Gewalt-Krieg-Streitkräfte nicht erratisch und emotional, sondern zuverlässig und rational behandelt werden? Wie verändert sich die Organisation nationaler Streitkräfte in einer europäischen Sicherheits-Union? Könnte eine solche Union gemeinsam mit außer-europäischen Staaten und mit internationalen Organisationen wie den Vereinten Nationen eine Akzentverlagerung der Sicherheitspolitik auf Kernaspekte der *Human Security* vorantreiben?

Sicherlich wäre die Verringerung der hierzulande seit zwei Generationen aufrechterhaltenen Distanz zwischen den Sozialwissenschaften und dem Thema Militär und Sicherheit ein nicht zu unterschätzender Beitrag dazu. Die Motive, die zu dieser Distanz geführt haben, sind verständlich, aber sie haben heute längst kein politisches Gewicht mehr. Im Grunde schwächt die Enthaltsamkeit der Sozialwissenschaftler, sich mit Militär und Sicherheit zu beschäftigen, alle Versuche, die Demokratie-Kompatibilität der Streitkräfte, ihre demokratische Kontrolle und den öffentlichen Diskurs über diese Themen zu verbessern bzw. aufzuklären. Es gibt allerdings eine Reihe ermutigender Anzeichen dafür, dass sich diese Distanz, die auch ein Generations-Phänomen war, abzubauen beginnt. Das ist unter demokratie-praktischen Gründen auch nicht zuletzt deshalb ganz besonders wichtig, als es zu den Aufgaben der Militär-Sozialwissenschaften gehört, die sich weiter öffnende Lücke zwischen den Erfahrungshorizonten der Soldaten und der Zivilisten wenigstens diskursiv zu überbrücken.

# Literaturverzeichnis

Abenheim, Donald 1989: Bundeswehr und Tradition. Die Suche nach dem gültigen Erbe des deutschen Soldaten, München.

Adamski, Heiner 2002: Wehrpflicht und Wehrgerechtigkeit, in: Gesellschaft – Wirtschaft – Politik (früher: Gegenwartskunde), 51. Jg., H. 2, S. 213-219.

Afheldt, Horst u.a. 1972: Durch Kriegsverhütung zum Krieg? Die politischen Aussagen der Weizsäcker-Studie ,Kriegsfolgen und Kriegsverhütung', München.

Afheldt, Horst 1976: Verteidigung und Frieden – Politik mit militärischen Mitteln, München.

Arbeitsgemeinschaft Kriegsursachenforschung (AKUF) und Wolfgang Schreiber (Hg.) 2005: Das Kriegsgeschehen 2004. Daten und Tendenzen der Kriege und bewaffneten Konflikte, Wiesbaden.

Arbeitsgemeinschaft Kriegsursachenforschung (AKUF) und Wolfgang Schreiber (Hg) 2002: Das Kriegsgeschehen 2001. Daten und Tendenzen der Kriege und bewaffneten Konflikte, Opladen.

Auswärtiges Amt (Hg.) 1995: Außenpolitik der Bundesrepublik Deutschland. Dokumente von 1949 bis 1994, Köln.

Bahrdt, Hans Paul 1987: Die Gesellschaft und ihre Soldaten. Zur Soziologie des Militärs, München.

Bald, Detlef 2005: Die Bundeswehr. Eine kritische Geschichte 1955-2005. München.

Bald, Detlef 1999: Der Paradigmenwechsel der Militärpolitik, in: Mittelweg 36, 8. Jg., H. 5, (Oktober/November) S. 23-32.

Bald, Detlef 1994: Militär und Gesellschaft 1945-1990. Die Bundeswehr der Bonner Republik, Baden-Baden.

Bald, Detlef (Hg.) 1992: Die Nationale Volksarmee. Beiträge zu Selbstverständnis und Geschichte des deutschen Militärs von 1945-1990, Baden-Baden.

Bald, Detlef und Andreas Prüfert (Hg.) 2002: Innere Führung. Ein Plädoyer für eine zweite Militärreform, Baden-Baden.

Baudissin, Wolf Graf von 2006: Als Mensch hinter den Waffen, herausgegeben und kommentiert von Angelika Dörfler-Dierken, Göttingen.

Baudissin, Wolf Graf von 1982: Nie wieder Sieg! Programmatische Schriften 1951-1981, München.

Baudissin, Wolf Graf von 1969: Soldat für den Frieden. Entwürfe für eine zeitgemäße Bundeswehr, München.

Bauer, Frank Heinz 2004: Bundeswehr und Nationale Volksarmee in der Aufstellungsphase 1947 bis 1955. Stiefgeschwister des Kalten Krieges, Essen.

Blackert, Joachim 2002: Die wehrtechnische Industrie in Deutschland an der Schwelle zum 21. Jahrhundert, in: Robert Buck (Hg.): Die Kosten des Friedens. Festschrift Günter Kirchhoff, Dachau, S. 279-303.

Boemeke, Manfred F. und Roger Chickering, Stig Förster (Hg.) 1999: Anticipating Total War. The German and American Experiences, 1881-1914, Cambridge.

Boëne, Bernard und Christopher Dandeker (Hg.) 1998: Les armées en Europe, Paris.

Bonn International Center für Conversion (BICC) 2003: Conversion Survey 2003. Global Disarmament, Demilitarization and Demobilization, Baden-Baden.

Boutros-Ghali, Boutros 2000: Wider die Tyrannei der Dringlichkeit. Die Agenden für Frieden, Entwicklung und Demokratisierung, Hamburg.

von Bredow, Wilfried 2006: Das Konzept des Citizen Soldier in den Vereinigten Staaten, in: Michael Take (Hg.): Politik als Wissenschaft. Festschrift für Wilfried Röhrich zum 70. Geburtstag, Berlin, S. 449-463.

von Bredow, Wilfried 2002: Demokratie und Streitkräfte in der Bundesrepublik Deutschland, in: Gewerkschaftliche Monatshefte, 53. Jg., H. 2/3, S. 81-89.

von Bredow, Wilfried 1997: Im Schlagschatten des Bundesverfassungsgerichts. Die neubestimmte Rolle der Streitkräfte in der Außen- und Sicherheitspolitik des vereinigten Deutschland, in: Norbert Konegen, Peter Nitschke (Hg.): Revision des Grundgesetzes? Ergebnisse der Gemeinsamen Verfassungskommission (GVK) des Deutschen Bundestages und des Bundesrates, Opladen, S. 159-176.

von Bredow, Wilfried 1995: Die Zukunft der Bundeswehr. Gesellschaft und Streitkräfte im Wandel, Opladen.

von Bredow, Wilfried 1992: Der KSZE-Prozess. Von der Zähmung zur Auflösung des Ost-West-Konflikts, Darmstadt.

von Bredow, Wilfried 1987: Systemkonkurrenz, in: Axel Görlitz, Rainer Prätorius (Hg.), Handbuch Politikwissenschaft, Reinbek, S. 541-547.

Bröckling, Ulrich 2000: Schlachtfeldforschung. Die Soziologie im Krieg, in: Mittelweg 36, 9. Jg., H. 5 (Oktober/November), S. 74-92.

Bryden, Alan und Marina Caparini (Hg.) 2006: Private Actors and Security Governance, Wien.

Bull, Hedley 1977: The Anarchical Society. A Study of Order in World Politics, London.

Bulmahn, Thomas 2006: Das sicherheits- und verteidigungspolitische Meinungsbild in Deutschland. Aktuelle Ergebnisse der SOWI-Bevölkerungsbefragung 2005, in: SOWI, News, H. 1/2006, S. 1-11.

Bundesministerium der Verteidigung 2004: Grundzüge der Konzeption der Bundeswehr, Berlin.

Bundesministerium der Verteidigung 2003: Verteidigungspolitische Richtlinien, Berlin (Manuskript).

Bundesministerium der Verteidigung 2002: Wehrpflicht im 21. Jahrhundert. Mehr Sicherheit für alle, Berlin.

Bundesminister der Verteidigung 2000a: Zwei Jahre im Amt. Zwischenbilanz anlässlich des 100. Truppenbesuchs, Berlin (Manuskript).

Bundesministerium der Verteidigung 2000b: Die Bundeswehr – sicher ins 21. Jahrhundert. Eckpfeiler für eine Erneuerung von Grund auf, Berlin.

Bundesministerium der Verteidigung 1999: Bestandsaufnahme. Die Bundeswehr an der Schwelle zum 21. Jahrhundert, Berlin.

Bundesregierung 2006: Sicherheit und Stabilität durch Krisenprävention gemeinsam stärken. Erster Bericht der Bundesregierung über die Umsetzung des Aktionsplans Zivile Krisenprävention, Konfliktlösung und Friedenskonsolidierung, Berlin.

Bundesregierung 2004: Aktionsplan Zivile Krisenprävention, Konfliktlösung und Friedenskonsolidierung, Berlin.

Caforio, Giuseppe (Hg.) 2006: Social Sciences and the Military. An Interdisciplinary Overview, London.

Caforio, Giuseppe (Hg.) 2003: Handbook of the Sociology of the Military, New York

Caforio, Giuseppe (Hg.) 1999: The Sociology of the Military, Cheltenham.

Callaghan, Jean und Franz Kernic (Hg.) 2003: Armed Forces and International Security. Global Trends and Issues, Münster.

Carsten, Francis L. 1965: Reichswehr und Politik 1918-1933. Köln.

von Clausewitz, Carl 1973: Vom Kriege, hrsg. von W. Hahlweg, 18. Aufl. Bonn.

Clement, Rolf 2003: Wehrpflicht muss bleiben, aber reformiert werden, in: Europäische Sicherheit, 52. Jg., H. 6, S. 46-47.

Collmer, Sabine und Gerhard Kümmel (Hg.) 2005: Ein Job wie jeder andere? Zum Selbst- und Berufsverständnis von Soldaten, Baden-Baden.

Collmer, Sabine, Ekkehart Lippertund Paul Klei,n Georg-Maria Meyer 1994: Einheit auf Befehl? Wehrpflichtige und der deutsche Einigungsprozess, Opladen.

van Creveld, Martin 1999: Aufstieg und Untergang des Staates, Stuttgart.

van Creveld, Martin 1998: Die Zukunft des Krieges, Stuttgart.

Czempiel, Ernst-Otto 1999: Kluge Macht. Außenpolitik für das 21. Jahrhundert, München.

de Libero, Loretana 2006: Tradition in Zeiten der Transformation. Zum Traditionsverständnis der Bundeswehr im frühen 21. Jahrhundert, Paderborn.

de Maizière, Ulrich 1989: In der Pflicht. Lebensbericht eines deutschen Soldaten im 20. Jahrhundert, Herford.

Department of Foreign Affairs and International Trade (DFAIT), 2003: A Dialogue on Foreign Policy. Ottawa

DFAIT 1999: Safety for People in a Changing World. Ottawa.

Deutscher Bundestag, 2007: Unterrichtung durch den Wehrbeauftragten. Jahresbericht 2006 [20.03.2007], Drucksache 16/4700, Berlin.

Diedrich, Torsten und Hans Ehlert, Rüdiger Wenzke (Hg.) 1998: Im Dienste der Partei. Handbuch der bewaffneten Organe der DDR, Berlin.

Dörfler-Dierken, Angelika 2005: Ethische Fundamente der Inneren Führung, SOWI-Report 77, Strausberg.

Ebeling, Klaus (2006): Militär und Ethik. Moral- und militärkritische Reflexionen zum Selbstverständnis der Bundeswehr, Stuttgart.

Ehlert, Hans (Hg.) 2002: Armee ohne Zukunft. Das Ende der NVA und die deutsche Einheit. Zeitzeugenberichte und Dokumente, Berlin.

Ehrhart, Hans-Georg (Hg.) 2002: Die Europäische Sicherheits- und Verteidigungspolitik. Positionen, Perzeptionen, Probleme, Perspektiven, Baden-Baden.

Elias, Norbert 1950: Studies in the Genesis of the Naval Profession, in: British Journal of Sociology, 1. Jg., S.291-309.

Europa-Archiv 1950. Zeitgeschichte, Zeitkritik, Verwaltung, Wirtschaftsaufbau; Halbmonatsschrift der Deutschen Gesellschaft für Auswärtige Politik, Bonn.

European Council 2003: European Security Strategy, in: From Copenhagen to Brussels: European defence – core documents, volume 4, edited by the Institute for Security Studies, Paris, S. 324-333.

Euskirchen, Markus 2005: Militärrituale. Analyse und Kritik eines Herrschaftsinstruments, Köln (Diss. FU Berlin).

Feaver, Peter D. 2003: Armed Servants. Agency, Oversight, and Civil-Military relations, Cambridge, MA.

Fleckenstein, Bernhard 2000: Germany: Forerunner of a Postnational Military?, in: Charles C. Moskos, John Allen Williams und David Segal (Hg.): The Postmodern Military. Armed Forces after the Cold War, New York, S. 80-100.

Foerster, Roland G. (Hg.) 1994: Die Wehrpflicht. Entstehung, Erscheinungsformen und politisch-militärische Wirkung, München.

Forsteneichner, Günter F. C. 2006: Auslandseinsätze der Bundeswehr, Bonn.

Förster, Stig 1985: Der doppelte Militarismus. Die deutsche Heeresrüstungspolitik zwischen status-quo-Sicherung und Aggression, Stuttgart.

Freedman, Lawrence 1993: The Evolution of Nuclear Strategy, 2nd edition, New York.

Frevert, Ute 2001: Die kasernierte Nation. Militärdienst und Zivilgesellschaft in Deutschland, München.

Frevert, Ute (Hg.) 1997: Militär und Gesellschaft im 19. und 20. Jahrhundert, Stuttgart.

Gareis, Sven Bernhard und Paul Klein (Hg.) 2004: Handbuch Militär und Sozialwissenschaft, Wiesbaden [2. Aufl. 2006].

Gareis, Sven Bernhard und Ulrich vom Hagen 2004: Militärkulturen und Multinationalität. Das Multinationale Korps Nordost in Stettin, Opladen.

Gemeinsame Sicherheit 2000: Gemeinsame Sicherheit und Zukunft der Bundeswehr. Bericht der Kommission an die Bundesregierung, Bonn.

Geyer, Michael 1984: Deutsche Rüstungspolitik 1860-1980, Frankfurt/M.

Giese, Daniel 2002: Die SED und ihre Armee. Die NVA zwischen Politisierung und Professionalismus 1956-1965, München.

Gießmann, Hans-Joachim (Hg.) 1992: Konversion im vereinten Deutschland. Ein Land – zwei Perspektiven?, Baden-Baden.

Goebel, Peter (Hg.) 2000: Von Kambodscha bis Kosovo. Auslandseinsätze der Bundeswehr seit Ende des Kalten Krieges, Frankfurt/M.

Grässlin, Jürgen 1997: Lizenz zum Töten? Wie die Bundeswehr zur internationalen Eingreiftruppe gemacht wird, München.

Groß, Jürgen 2005: Demokratische Streitkräfte. Baden-Baden.

Groß, Jürgen und Dieter S. Lutz (Hg.) 1998: Wehrpflicht ausgedient, Baden-Baden.

Haas, Harald und Franz Kernic 1998: Zur Soziologie von UN-Pacekeeping-Einsätzen. Ergebnisse sozialempirischer Erhebungen bei österreichischen UN-Kontingenten, Baden-Baden.

vom Hagen, Ulrich (Hg.) 2006: Armee in der Demokratie. Zum Verhältnis von zivilen und militärischen Prinzipien, Wiesbaden.

Haltiner, Karl und Paul Klein 2005: The European Post-Cold War Military Reforms and Their Impact on Civil-Military Relations, in: Franz Kernic, Paul Klein und Karl Haltiner (Hg.): The European Armed Forces in Transition, Frankfurt/M., S. 9-30.

Haltiner, Karl W. 2003a: Erfordern neue Militäraufgaben neue Militärstrukturen? Organisationssoziologische Betrachtungen zur Verpolizeilichung des Militärs, in: Sabine Collmer (Hg.): Krieg, Konflikt und Gesellschaft. Aktuelle interdisziplinäre Perspektiven, Hamburg, S. 159-186.

Haltiner, Karl W. 2003b: The Decline of the European Mass Armies, in: Giuseppe Caforio (Hg.), Handbook of the Sociology of the Military, New York, S. 361-384.

Haltiner, Karl W. und Paul Klein (Hg.) 2004: Multinationalität als Herausforderung für die Streitkräfte, Baden-Baden.

Haltiner, Karl W. und Paul Klein (Hg.) 2002: Europas Armeen im Umbruch, Baden-Baden.

Hammerich, Helmut R., Dieter H. Kollmer, Martin Rink und Rudolf J. Schlaffer (2006): Das Heer 1950 bis 1970. Konzeption, Organisation, Aufstellung, München.

Hancl, Dieter 2003: Die Bundeswehr und die deutsche Rüstungsindustrie, Bonn.

Harris, Marvin 1979: Cultural Materialism. The Struggle for a Science of Culture, New York.

Hartwich, Hans-Hermann 2000: Was wird aus dem Zivildienst? Folgen der Bundeswehrreform, in: Gegenwartskunde, 49. Jg., H. 3, S. 359-365.

Heins, Volker und Jens Warburg 2004: Kampf der Zivilisten. Militär und Gesellschaft im Wandel, Bielefeld.

Held, Kurt 1992: Soldat des Volkes? Über das politische Selbstverständnis des Soldaten der Nationalen Volksarmee, in: Detlef Bald (Hg.), Die Nationale Volksarmee. Beiträge zu Selbstverständnis und Geschichte des deutschen Militärs von 1945-1990, Baden-Baden, S. 65-78.

Hendrickson, Dylan und Andrzej Karkoszka 2002: The Challenges of Security Sector Reform, in: SIPRI (Hg.): SIPRI Yearbook 2002. Armaments, Disarmament and International Security, Oxford, S. 175-201.

Hepp, Michael und Viktor Otto (Hg.) 1996: ‚Soldaten sind Mörder'. Dokumentation einer Debatte 1931-1996, Berlin.

Herberg-Rothe, Andreas 2003: Der Krieg. Geschichte und Gegenwart. Frankfurt/M.

Herberg-Rothe, Andreas 2001: Das Rätsel Clausewitz. Politische Theorie des Krieges im Widerstreit, München.

Herspring, Dale R. 2000: Requiem für eine Armee. Das Ende der Nationalen Volksarmee der DDR, Baden-Baden.

Heuser, Beatrice 2005: Clausewitz lesen! Eine Einführung, München.

Heydrich, Wolfgang, Hans-Dieter Lemke und Joachim Rohde (Hg.) 1996: Die Bundeswehr am Beginn einer neuen Epoche. Anforderungen an die Streitkräfte und ihre rüstungsindustrielle Basis, Baden-Baden.

Hillmann, Jörg und John Zimmermann (Hg.) 2002: Kriegsende 1945 in Deutschland, München.

Hintze, Otto 1975: Staatsverfassung und Heeresverfassung, in: Volker R. Berghahn (Hg.), Militarismus, Köln, S. 61-85.

Hobbes, Thomas 1965: Leviathan oder Wesen, Form und Gewalt des kirchlichen und bürgerlichen Staates, Reinbek.

Hoffmann, Oskar 1993: Deutsche Blauhelme bei UN-Missionen. Politische Hintergründe und rechtliche Aspekte, München.

Hoffmann, Oskar und Andreas Prüfert (Hg.) 2001: Innere Führung 2000. Die deutsche Führungskonzeption für eine Bundeswehr auf dem Weg ins 21. Jahrhundert, Baden-Baden.

Holl, Karl 1988: Pazifismus in Deutschland, Frankfurt/M.

Hondrich, Karl Otto 2002: Wieder Krieg, Frankfurt/M.

Howorth, Jolyon und Anand Menon (Hg.) 1997: The European Union and National Defence Policy, London.

IG Metall, 2000: Die Zukunft der Bundeswehr und der rüstungsindustriellen Basis – Ein Beitrag zur Sicherung von Kernkapazitäten und Beschäftigung, Arbeitskreis ‚Wehrtechnik und Arbeitsplätze in der IG Metall‘, Frankfurt/M. (Manuskript).

IG Metall, 2006: Kasseler Erklärung zur Lage der heerestechnischen Industrie in Deutschland, Arbeitskreis ‚Wehrtechnik und Arbeitsplätze in der IG Metall‘, Frankfurt/M. (Manuskript).

Ilsemann, Carl Gero von 1981: Die Innere Führung in den Streitkräften, Regensburg.

International Institute for Strategic Studies (IISS) 2005: The Military Balance 2005-2006, London.

Jacobsen, Hans-Adolf 1991: Die Bundeswehr der neunziger Jahre vor neuen Herausforderungen. Versuch einer Zwischenbilanz, in: Aus Politik und Zeitgeschichte, B 18/91 v. 26. April 1991, S. 32-45.

Jäger, Thomas und Gerhard Kümmel (Hg.) 2007: Private Military and Security Companies. Chances, Problems, Pitfalls and Prospects, Wiesbaden.

Jander, Claus 2006: Der Einfluss des Bundesministers der Verteidigung Georg Leber auf das innere Gefüge der Bundeswehr, 2. Aufl., Berlin.

Janowitz, Morris, 1964: The Professional Soldier. A Social and Political Portrait, New York (Paperback-Edition).

Janowitz, Morris und Roger W. Little 1965: Militär und Gesellschaft, Boppard.

Joas, Hans 2000: Kriege und Werte. Studien zur Gewaltgeschichte des 20. Jahrhunderts, Weilerswist.

Jöbgen, Karl-Helmut 2007: 12. Beirat für Innere Führung, in: Europäische Sicherheit, 56. Jg., H. 1, S. 70-74.

Karst, Heinz 1997: Die Bundeswehr in der Krise. Führungsstrukturen im Wechsel, Wandel der Aufgaben, Veraltete Technik, Demotivation der Freiwilligen, Umstrittene Wehrpflicht, Öffentliche Diskreditierung, München.

Keegan, John 1995: Die Kultur des Krieges, Hamburg.

Kerber, Markus C. 2002: Zur politischen Ökonomie der wehrtechnischen Industrie. Anmerkungen zu den industriepolitischen Voraussetzungen deutscher Souveränität, in: Gewerkschaftliche Monatshefte, 53. Jg., H. 2/3, S. 98-104.

Kirchbach, Hans Peter von 1998: Mit Herz und mit Hand. Soldaten zwischen Elbe und Oder, Frankfurt/M.

Klein, Paul 2004: Das Eurokorps, in: Sven Bernhard Gareis und Paul Klein (Hg.): Handbuch Militär und Sozialwissenschaft, Wiesbaden, S. 379-385.

Klein, Paul und Dieter Walz (Hg.) 2000: Die Bundeswehr an der Schwelle zum 21. Jahrhundert, Baden-Baden.

Kleine, Maxim (2005): Die militärische Komponente der Europäischen Sicherheits- und Verteidigungspolitik. Eine Untersuchung aus europarechtlicher und verfassungsrechtlicher Perspektive, Baden-Baden.

Knöbl, Wolfgang und Gunnar Schmidt (Hg.) 2000: Die Gegenwart des Krieges. Staatliche Gewalt in der Moderne, Frankfurt/M.

Konegen, Norbert und Peter Nitschke (Hg.) 1997: Revision des Grundgesetzes? Ergebnisse der Gemeinsamen Verfassungskommission (GVK) des Deutschen Bundestages und des Bundesrates, Opladen.

König, Michael 2000: Die gesamtwirtschaftliche Effizienz der Wehrpflicht. Eine Untersuchung am Beispiel der Bundeswehr. Göttingen (Diss. Kiel).

Koob, Dirk 1999: Deutsche Militärpolitik in den neunziger Jahren. Wie (selbst-) organisiert ist die Bundeswehr?, Marburg.

Koop, Volker 1995: Abgewickelt. Auf den Spuren der Nationalen Volksarmee, Bonn.

Kowalczuk, Ilko-Sascha und Stefan Wolle 2001: Roter Stern über Deutschland. Sowjetische Truppen in der DDR, Berlin.

Krause, Joachim und Jan C. Irlenkaeuser (Hg.) 2006: Bundeswehr – Die nächsten 50 Jahre – Anforderungen an deutsche Streitkräfte im 21. Jahrhundert, Opladen.

Krell, Gert 2004: Weltbilder und Weltordnung. Einführung in die Theorie der internationalen Beziehungen, 3. Aufl., Baden-Baden.

Krippendorff, Ekkehart, Markus Euskirchen und Arend Wellmann 2000: 100 Tage Militär. Exemplarischer Tätigkeitsbericht über das älteste und größte Gewerbe der Welt, Bremen.

Kröger, Delf und Hans-Peter Bartels 2001: Die europäische Bundeswehr, in: Berliner Republik, H. 5/01, S. 63-67.

KSZE Dokumente der KSZE 1993: hg. von Theodor Schweisfurth und Karin Oellers-Frahm, München.

Küchle, Hartmut 2005: Die Neustrukturierung des deutschen Rüstungsmarktes als industriepolitische Aufgabe, hg. von der Hans-Böckler-Stiftung, Düsseldorf.

Kuhlmann, Jürgen und Jean Callaghan (Hg.) 2000: Military and Society in the 21st Century, Münster.

Kümmel, Gerhard (Hg.) 2005: Diener zweier Herren. Soldaten zwischen Bundeswehr und Familie, Frankfurt/M.

Kümmel, Gerhard 2003: Die befohlene Integration des ‚Fremden‘: Männliche Soldaten, die Öffnung der Bundeswehr für Frauen und das Gender-Training, in: Gesine Spieß, Cillie Rentmeister (Hg.): Gender in Lehre und Didaktik. Eine europäische Konferenz in Erfurt, Frankfurt/M., S. 87-107.

Kümmel, Gerhard und Nina Leonhard 2004: Tod, Militär und Gesellschaft. Ein Beitrag zur Soziologie des Todes, in: Berliner Debatte Initial, 15. Jg., H. 5/6, S. 132-144.

Kümmel, Gerhard, Paul Klein und Klaus Lohmann 2000: Zwischen Differenz und Gleichheit: Die Öffnung der Bundeswehr für Frauen. SOWI-Report 69, Strausberg.

Kümmel, Gerhard und Sabine Collmer (Hg.) 2007: Die Bundeswehr heute und morgen. Sicherheitspolitische und militärsoziologische Herausforderungen, Baden-Baden.

Kümmel, Gerhard und Sabine Collmer (Hg.) 2003: Soldat – Militär – Politik – Gesellschaft. Facetten militärbezogener sozialwissenschaftlicher Forschung. Liber amicorum für Paul Klein, Baden-Baden.

Kümmel, Gerhard und Andreas D. Prüfert (Hg.) 2000: Military Sociology. The Richness of a Discipline, Baden-Baden.

Kutz, Martin 1990: Realitätsflucht und Aggression im deutschen Militär, Baden-Baden.

Kutz, Martin (Hg.) 2004: Gesellschaft, Militär, Krieg und Frieden im Denken von Wolf Graf von Baudissin, Baden-Baden.

Lapp, Peter Joachim 1987: Frontdienst im Frieden – Die Grenztruppen der DDR. Entwicklung, Struktur, Aufgaben, Koblenz, 2. Aufl.

Lau, Thomas 1988: Normenwandel der deutschen militärischen Elite seit 1918, Frankfurt/M.

Lemke, Bernd, Dieter Krüger, Heinz Rebhan und Wolfgang Schmidt 2006: Die Luftwaffe 1950 bis 1970. Konzeption, Aufbau, Integration, München.

Leonhard, Nina und Ines Jacqueline Werkner (Hg.) 2005: Militärsoziologie – Eine Einführung, Wiesbaden.

Linnenkamp, Hilmar und Dieter S. Lutz (Hg.) 1995: Innere Führung. Zum Gedenken an Wolf Graf von Baudissin, Baden-Baden.

Manig, Bert-Oliver 2004: Die Politik der Ehre. Die Rehabilitierung der Berufssoldaten in der frühen Bundesrepublik, Göttingen.

Marlow, Andreas 2003: Integration der 10. poln. Panzerkavalleriebrigade in die 7. deutsche Panzerdivision, in: Europäische Sicherheit, 52. Jg., H. 8, S. 48-51.

Martin, Ernst (Hg.) 1996: Eurokorps und Europäische Einigung, Bonn.

Mätzig, Alexander 2004: Entscheidungsprozesse im Verteidigungsausschuss. Unter besonderer Berücksichtigung der 13. Wahlperiode (1994-1998), Frankfurt/M. (Diss. Univ. d. Bundeswehr Hamburg).

Meiers, Ernst-Christoph, Klaus-Michael Nelte und Heinz-Uwe Schäfer 2006: Wörterbuch zur Sicherheitspolitik. Deutschland in einem veränderten internationalen Umfeld, 6. Aufl., Hamburg

Meiers, Franz-Josef 2002: Deutschland: Der dreifache Spagat, in: Hans-Georg Ehrhart (Hg.), Die Europäische Sicherheits- und Verteidigungspolitik. Positionen, Perzeptionen, Probleme, Perspektiven, Baden-Baden, S. 35-48.

Meiers, Franz-Josef 2006: Zu neuen Ufern? Die deutsche Sicherheits- und Verteidigungspolitik in einer Welt des Wandels 1990-2000, Paderborn.

Meyer, Georg-Maria 2002: Rent a Soldier! Zur Privatisierung militärischen Gewaltpotentials, in: Gerhard Kümmel und Sabine Collmer (Hg.): Europäische Streitkräfte in der Postmoderne, Naden-Baden, S. 81-96.

Meyer, Georg-Maria und Sabine Collmer 1993: Kolonisierung oder Integration? Bundeswehr und deutsche Einheit- Eine Bestandsaufnahme, Opladen.

Militärgeschichtliches Forschungsamt (Hg.) 1990-1997: Anfänge westdeutscher Sicherheitspolitik 1945-1956, 4 Bde., München.

Moelker, René und Joseph Soeters 2004: Das Deutsch-Niederländische Korps, in: Sven Bernhard Gareis und Paul Klein (Hg.): Handbuch Militär und Sozialwissenschaft, Wiesbaden, S. 366-378.

Moerchel, Siegfried-Michael 1989: Partizipation in den deutschen Streitkräften. Versuch einer Kommunikationsstrategie, Bochum (Diss. Münster).

Mommsen, Hans 1997: Militär und zivile Militarisierung in Deutschland 1914 bis 1938, in: Ute Frevert (Hg.): Militär und Gesellschaft im 19. und 20. Jahrhundert, Stuttgart, S. 265-276.

Moskos, Charles C. 1990: Streitkräfte in einer kriegsfreien Gesellschaft, in: S + F Sicherheit und Frieden, 8. Jg., H. 2, S. 110-112.

Moskos, Charles C., John Allen Williams und David R. Segal (Hg.) 2000: The Postmodern Military. Armed Forces after the Cold War, New York.

Müller, Harald 2002: Antinomien des demokratischen Friedens, in: Politische Vierteljahresschrift, 43. Jg., H. 1, S. 46-81.

Müller, Klaus-Jürgen 1987: Armee und Drittes Reich 1933-1939. Darstellung und Dokumentation, Paderborn.

Müller-Brandeck-Bocquet, Gisela (Hg.) 2002: Europas Außenpolitik. GASP- und ESVP-Konzeptionen ausgewählter EU-Mitgliedstaaten, Baden-Baden.

Münkler, Herfried 2006: Der Wandel des Krieges. Von der Symmetrie zur Asymmetrie, Weilerswist.

Münkler, Herfried 2002: Die neuen Kriege, Reinbek.

Naumann, Klaus 2007: Generale in der Demokratie. Generationsgeschichtliche Studien zur Bundeswehrelite, Hamburg

Naumann, Klaus 2000: Integration und Eigensinn. Die Sicherheitseliten der frühen Bundesrepublik zwischen Kriegs- und Friedenskultur, in: Thomas Kühne (Hg.): Von der Kriegskultur zur Friedenskultur? Zum Mentalitätswandel in Deutschland seit 1945, Münster.

Naumann, Klaus 1999: Sicherheitselite und außenpolitischer Stil. Elitenwandel und Konsensbildung in der Frühgeschichte der Bundesrepublik, in: Mittelweg 36, 8. Jg., H. 5 (Oktober/November), S. 4-22.

Naumann, Klaus 1994: Die Bundeswehr in einer Welt im Umbruch, Berlin.

Neubauer, Helmut 1996: Die Deutsch-Französische Brigade – vom politischen Symbol zum einsatzfähigen Großverband, in: Ernst Martin (Hg.) 1996: Eurokorps und Europäische Einigung, Bonn, S. 331-350.

Noetzel, Timo und Benjamin Schreer 2006: Spezialkräfte der Bundeswehr. SWP-Aktuell 66, Berlin.

Nolte, Georg (Hg.) 2003: European Military Law Systems, Berlin.

Nolzen, Armin 2002: Von der geistigen Assimilation zur institutionellen Kooperation: Das Verhältnis zwischen NSDAP und Wehrmacht, 1943-1945, in: Jörg Hillmann und John Zimmermann (Hg.): Kriegsende 1945 in Deutschland, München, S. 69-96.

Odenthal, Hans W. und Dieter E. Bangert (Hg.) 2003: Demokratische Kontrolle von Streitkräften, Berlin.

Opitz, Eckardt (Hg.) 2001: Fünfzig Jahre Innere Führung. Von Himmerod (Eifel) nach
   Priština (Kosovo) – Geschichte, Probleme und Perspektiven einer Führungsphiloso-
   phie, Bremen.

Paris, Roland 2001: Human Security: Paradigm Shift or Hot Air?, in: International Security,
   26. Jg., H. 2, S. 87-102.

Philippi, Hans und Fritz Wolff 1979: Staat und Verwaltung, in: Ausstellungskatalog: Aufklärung und Klassizismus in Hessen-Kassel unter Landgraf Friedrich II (1760-1785),
   Kassel, S. 15-22.

Piecha, Thorsten 2006: Normensetzung und soziale Kontrolle im Ausbildungsalltag der
   Bundeswehr. Eine Replikationsstudie zu Hubert Treibers *Wie man Soldaten macht*,
   Frankfurt/M.

Popitz, Heinrich 1999: Phänomene der Macht, 2. stark erw. Aufl., Tübingen.

Pröve, Ralf 2006: Militär, Staat und Gesellschaft im 19. Jahrhundert. München.

Prüfert, Andreas (Hg.) 1998: Innere Führung im Wandel. Zur Debatte um die Führungsphi-
   losophie der Bundeswehr, Baden-Baden.

Range, Clemens 2005: Die geduldete Armee. 50 Jahre Bundeswehr, Berlin.

Reeb, Hans-Joachim und Peter Többicke 2003: Lexikon Innere Führung, 2. vollst. überarb.
   und erw. Aufl., Regensburg.

Reichardt, Jürgen 2002: Volk und Waffen. Die Streitkräfte als Gegenstand der deutschen
   Politik, in: Frankfurter Allgemeine Zeitung v. 29. Mai 2002.

Reinhardt, Klaus 2001: KFOR – Streitkräfte für den Frieden. Tagebuchaufzeichnungen als
   deutscher Kommandeur im Kosovo, Frankfurt/M.

Ressortkonzept 1995: Ressortkonzept zur Anpassung der Streitkräftestrukturen, der Territorialen Wehrverwaltung und der Stationierung, hg. von dem Bundesminister der
   Verteidigung, Bonn.

Rotte, Ralph und Tanja Sprungala (Hg.) 2004: Probleme und Perspektiven der Europäischen
   Sicherheits- und Verteidigungspolitik (ESVP), Münster.

Rühl, Lothar 2002: Interventions- und Eskalationsproblematik bei der militärischen Kon-
   fliktbewältigung, in: Aus Politik und Zeitgeschichte, B 24 vom 14. Juni 2002, S. 5-11.

Rynning, Sten 2003: Why not NATO? Military Planning in the European Union, in: The
   Journal of Strategic Studies, 26. Jg., H. 1, S. 53-72.

Salewski, Michael (Hg.) 1998: Das nukleare Jahrhundert. Eine Zwischenbilanz, Stuttgart.

Schaprian, Hans-Joachim 2006: Zur Transformation der Bundeswehr. Überlegungen zur
   Weiterentwicklung der Inneren Führung, hg. von der Friedrich-Ebert-Stiftung, Bonn.

Schlaffer, Rudolf J. 2006a: Der Wehrbeauftragte 1951 bis 1985. Aus Sorge um den Soldaten,
   München.

Schlaffer, Rudolf J. 2006b: "Schleifer" a. D. – Zur Menschenführung im Heer in der Aufbauphase, in: Helmut R. Hammerich, Dieter H. Kollmer, Martin Rink und Rudolf J.
   Schlaffer: Das Heer 1950 bis 1970. Konzeption, Organisation, Aufstellung, München, S.
   615-698.

Schmidt, Wolfgang 2006: Integration und Wandel. Die Infrastruktur der Streitkräfte als Faktor sozioökonomischer Modernisierung in der Bundesrepublik 1955 bis 1975, München.

Schmückle, Georg 1995: Krieger, Wehrmann, Söldner, Partisan, in: Die Zeit v. 17. Februar 1995.

Schössler, Dietmar 1980: Militärsoziologie, Königstein/Ts.

Schubert, Helmuth 1995: Zur Entstehung, Entwicklung und Bewährung der Konzeption der Inneren Führung, in: Bruno Thoß (Hg.), Vom Kalten Krieg zur deutschen Einheit. Analysen und Zeitzeugenberichte zur deutschen Militärgeschichte 1945 bis 1995, München, S. 297-321.

Schubert, Klaus von (Hg.) 1978: Sicherheitspolitik der Bundesrepublik Deutschland. Dokumentation 1945-1977, 2 Bde., Köln.

Schuster, Dieter und Ulrike C. Wasmuht 1984: ‚Alternative Strategien'. Eine Auswertung der öffentlichen Anhörung im Verteidigungsausschuss des Deutschen Bundestages, in: Sicherheit & Frieden, 2. Jg., H. 3, S. 2-18.

Seifert, Ruth 1996: Militär – Kultur – Identität. Individualisierung, Geschlechterverhältnisse und die soziale Konstruktion des Soldaten. Bremen. (eingefügt S. 188)

Shea, Jamie 2000: Die Kosovo-Krise und die Medien: Reflexionen eines NATO-Sprechers, in: Sicherheit & Frieden, 18. Jg., H. 3, S. 208-217.

Sieferle, Rolf Peter und Helga Breuninger (Hg.) 1998: Kulturen der Gewalt. Ritualisierung und Symbolisierung von Gewalt in der Geschichte, Frankfurt/M.

Sigloch, Daniel 2006: Auslandseinsätze der deutschen Bundeswehr. Verfassungsrechtliche Möglichkeiten und Grenzen, Hamburg.

Silver, Allan 1994: Democratic Citizenship and High Military Strategy: The Inheritance, Decay, and Reshaping of Political Culture, in: Research on Democracy and Society, 2. Jg., S. 317-349.

Sofsky, Wolfgang 1996: Traktat über die Gewalt, Frankfurt/M.

Stietencron, Heinrich von und Jörg Rüpke (Hg.) 1995: Töten im Krieg, Freiburg.

Stockholm International Peace Research Institute (SIPRI) 2006: SIPRI Yearbook 2006. Armaments, Disarmament and International Security, Oxford (und Vorläufer).

Thoß, Bruno (2006): NATO-Strategie und nationale Verteidigungsplanung. Planung und Aufbau der Bundeswehr unter den Bedingungen einer massiven atomaren Vergeltungsstrategie 1952-1960, München.

Thoß, Bruno (Hg.) 1995: Vom Kalten Krieg zur deutschen Einheit. Analysen und Zeitzeugenberichte zur deutschen Militärgeschichte 1945 bis 1995, München.

Uhle-Wettler, Franz 2006: Rührt Euch! Weg, Leistung und Krise der Bundeswehr, Graz.

United Nations Development Program (UNDP) 1994: Human Development Report: New dimensions of human security, New York.

Uzulis, Abdré 2005: Die Bundeswehr. Eine politische Geschichte von 1955 bis heute, Hamburg.

Varwick, Johannes 2000: Die Reform der Bundeswehr. Konturen und Defizite einer nicht geführten Debatte, in: Gegenwartskunde, 49. Jg., H. 3, S. 321-332.

Vogt, Wolfgang R. 1972: Militär und Demokratie. Funktionen und Konflikte der Institution des Wehrbeauftragten, Hamburg.

Vogt, Wolfgang R. 1983: Das Theorem der Inkompatibilität, in: Ders. (Hg.), Sicherheitspolitik und Streitkräfte in der Legitimationskrise, Baden-Baden. S. 21-57.

Vollert, Jens (Hg.) 2002: Zukunft der Bundeswehr. Sicherheitspolitik und Streitkräfte im Wandel, Bremen.

von Weizsäcker, Carl Friedrich (Hg.) 1971: Kriegsfolgen und Kriegsverhütung, München.

von Weizsäcker, Carl Friedrich von 1976: Wege in der Gefahr: eine Studie über Wirtschaft, Gesellschaft und Kriegsverhütung, München.

Wachtler, Günter (Hg.) 1983: Militär, Krieg, Gesellschaft. Texte zur Militärsoziologie, Frankfurt/M.

Wechsler Segal, Mady 1999: Gender and the Military, in: Janet Saltzman Chafetz (Hg.): Handbook of the Sociology of Gender, New York, S. 563-581.

Weißbuch 1985: Zur Lage und Entwicklung der Bundeswehr, hg. vom Bundesminister der Verteidigung, Bonn.

Weißbuch 1994: Zur Sicherheit der Bundesrepublik Deutschland und zur Lage und Zukunft der Bundeswehr, hg. vom Bundesministerium der Verteidigung, Bonn.

Weißbuch 2006: Zur Sicherheitspolitik Deutschlands und zur Zukunft der Bundeswehr, Berlin.

Wendt, Alexander 1999: Social Theory of International Politics, Cambridge.

Werkner, Ines-Jacqueline (Hg.) 2004: Die Wehrpflicht und ihre Hintergründe. Sozialwissenschaftliche Beiträge zur aktuellen Debatte, Wiesbaden.

Werkner, Ines-Jacqueline 2006: Wehrpflicht oder Freiwilligenarmee? Wehrstrukturentscheidungen im europäischen Vergleich, Frankfurt/M.

Wettig, Gerhard 1995: Von der Entmilitarisierung zur Aufrüstung in beiden Teilen Deutschlands 1945 -1952, in: Bruno Thoß (h.): Vom Kalten Krieg zur deutschen Einheit. Analysen und Zeitzeugenberichte zur deutschen Militärgeschichte 1945 bis 1995, München, S. 3-36.

Wiefelspütz, Dieter 2005: Das Parlamentsheer. Der Einsatz bewaffneter deutscher Streitkräfte im Ausland, der konstitutive Parlamentsvorbehalt und das Parlamentsbeteiligungsgesetz, Berlin.

Wiesendahl, Elmar 2002: Innere Führung außer Diensten. Zur schleichenden Ausmusterung eines unzeitgemäßen Leitbilds, in: Detlef Bald, Andreas Prüfert (Hg.), Innere Führung. Ein Plädoyer für eine zweite Militärreform, Baden-Baden, S. 101-117.

Willmann, Helmut 1995: Die politische und militärische Zielsetzung des Eurokorps, in: Bruno Thoß (Hg.) 1995: Vom Kalten Krieg zur deutschen Einheit. Analysen und Zeitzeugenberichte zur deutschen Militärgeschichte 1945 bis 1995, München, S. 711-720.

Wulf, Herbert 2002: Privatisierung der Sicherheit. Ein innergesellschaftliches und zwischenstaatliches Problem, in: Vereinte Nationen, 50. Jg., H. 4, S. 144-148.

Zilian Jr., Frederick 1999: From Confrontation to Cooperation. The Takeover of the National People's (East German) Army by the Bundeswehr, Westport, CT.

Zoll, Ralf (Hg.) 1979: Wie integriert ist die Bundeswehr? Militär und Gesellschaft in der Bundesrepublik Deutschland, München.

Zoll, Ralf und Ekkehart Lippert, Tjarck Rössler (Hg.) 1977: Bundeswehr und Gesellschaft. Ein Wörterbuch, Opladen.


## Spezialzeitschriften, Informationsdienste, Graue Literatur

Adelphi Paper, hg. vom International Institute of Strategic Studies, London.

Argumente und Materialien zum Zeitgeschehen, hg. von der Hanns-Seidel-Stiftung, München.

Bertelsmann-Stiftung (2006): Gut, aber nicht gut genug. Das neue sicherheitspolitische Weißbuch der Bundesrepublik Deutschland, Projekt: Europas weltpolitische Mitverantwortung, Gütersloh.

Chaillot Papers, hg. vom Institute for Security Studies der Europäischen Union, Paris.

Der Mittler-Brief. Informationsdienst zur Sicherheitspolitik, hg. vom Verlag E. S. Mittler & Sohn, Hamburg.

Hamburger Beiträge zur Friedensforschung und Sicherheitspolitik, hg. vom Institut für Friedensforschung und Sicherheitspolitik an der Universität Hamburg (ISFH), Hamburg.

HSFK-Report, hg. von der Hessischen Stiftung Friedens- und Konfliktforschung, Frankfurt/M.

IAP-Dienst Sicherheitspolitik. Unabhängiger Informations- und Hintergrunddienst, München.

IDS Info-Dienst Sicherheitspolitik, Bonn.

Information für die Truppe. Zeitschrift für Innere Führung, hg. vom Streitkräfteamt der Bundeswehr, Bonn.

Internationale Politik (bis 1995: Europa-Archiv).

SOWI-Arbeitspapiere, (seit 2006: Forschungsberichte), hg. vom Sozialwissenschaftlichen Institut der Bundeswehr, Strausberg.

SOWI-Berichte, hg. vom Sozialwissenschaftlichen Institut der Bundeswehr, Strausberg.

SOWI.News. Newsletter des Sozialwissenschaftlichen Instituts der Bundeswehr, Strausberg (seit 2004)

Stichworte für die Öffentlichkeitsarbeit und Truppeninformation, hg. vom Bundesministerium der Verteidigung, Bonn.

SWP-Studien, hg. von der Stiftung Wissenschaft und Politik / Deutsches Institut für Internationale Politik und Sicherheit, Berlin.

## Internet-Links

Vorbemerkung: Das Internet ist inzwischen zu einem der am meisten benutzten Informationslieferanten für sozialwissenschaftliche Forschungen geworden. Der

Hinweis darauf ist vermutlich redundant. Andererseits sind die manchen Studientexten und -materialien beigefügten Listen mit Internet-Links ebenfalls redundant, weil inzwischen jede einigermaßen auf ihre Internet-Präsentation achtende Organisation ihre Homepage mit solchen Listen schmückt. Ich kann mich deshalb auf ein paar spärliche Angaben konzentrieren. Auf den unten angegebenen Homepages wird man rasch auf weiterführende Linksammlungen stoßen.

Arbeitsgemeinschaft Kriegsursachenforschung, Hamburg: http://www.akuf.de
Auswärtiges Amt: http://auswaertiges-amt.de
Bundesakademie für Sicherheitspolitik: http://www.baks.bundeswehr.de
Bundesamt für den Zivildienst: http://www.zivildienst.de
Bundesministerium der Verteidigung: http://www.bmvg.de
Bundeswehr: http://www.bundeswehr.de
European Research Group on Military and Society: http://www.ergomas.ch/
Geneva Centre for the Democratic Control of Armed Forces: http://www.dcaf.ch
Inter-University Seminar on Armed Forces and Society: http://insafs.org
Sozialwissenschaftliches Institut der Bundeswehr: http://www.sowi.bundeswehr.de

# Personenregister

# Sachregister

# Neu im Programm
# Politikwissenschaft

Frans Becker / Karl Duffek /
Tobias Mörschel (Hrsg.)

**Sozialdemokratische
Reformpolitik und Öffentlichkeit**
2007. 215 S. Br. EUR 26,90
ISBN 978-3-531-15508-1

Joachim K. Blatter / Frank Janning /
Claudius Wagemann

**Qualitative Politikanalyse**
Eine Einführung in Forschungsansätze
und Methoden
2007. 252 S. (Grundwissen Politik 44)
Br. EUR 24,90
ISBN 978-3-531-15594-4

Frank Brettschneider / Oskar Nieder-
mayer / Bernhard Weßels (Hrsg.)

**Die Bundestagswahl 2005**
Analysen des Wahlkampfes
und der Wahlergebnisse
2007. 516 S. (Veröffentlichung des Arbeitskreises „Wahlen und politische Einstellungen" der DVPW Bd. 12) Br. EUR 49,90
ISBN 978-3-531-15350-6

Hubertus Buchstein /
Gerhard Göhler (Hrsg.)

**Politische Theorie
und Politikwissenschaft**
2007. 194 S. Br. EUR 24,90
ISBN 978-3-531-15108-3

Christoph Egle /
Reimut Zohlnhöfer (Hrsg.)

**Ende des rot-grünen Projekts**
Eine Bilanz der Regierung Schröder
2002 - 2005
2007. 540 S. Br. EUR 34,90
ISBN 978-3-531-14875-5

Daniela Forkmann / Saskia Richter (Hrsg.)

**Gescheiterte Kanzlerkandidaten**
Von Kurt Schumacher bis Edmund Stoiber
2007. 440 S. (Göttinger Studien zur
Parteienforschung) Br. EUR 34,90
ISBN 978-3-531-15051-2

Gert-Joachim Glaeßner

**Politik in Deutschland**
2., akt. Aufl. 2006. 571 S. Br. EUR 24,90
ISBN 978-3-531-15213-4

Dirk Lange / Gerhard Himmelmann (Hrsg.)

**Demokratiebewusstsein**
Interdisziplinäre Annäherungen an ein
zentrales Thema der Politischen Bildung
2007. 314 S. Br. EUR 32,90
ISBN 978-3-531-15525-8

Tim Spier / Felix Butzlaff /
Matthias Micus / Franz Walter (Hrsg.)

**Die Linkspartei**
Zeitgemäße Idee oder Bündnis
ohne Zukunft?
2007. 345 S. Br. EUR 26,90
ISBN 978-3-531-14941-7

Erhältlich im Buchhandel oder beim Verlag.
Änderungen vorbehalten. Stand: Juli 2007.

**www.vs-verlag.de**

**VS VERLAG** FÜR SOZIALWISSENSCHAFTEN

Abraham-Lincoln-Straße 46
65189 Wiesbaden
Tel. 0611.7878 - 722
Fax 0611.7878 - 400

# Erschienene Titel der Reihe „Elemente der Politik"

Petra Dobner

**Neue Soziale Frage und Sozialpolitik**
2007. 158 S. (Elemente der Politik)
Br. EUR 12,90
ISBN 978-3-531-15241-7

Christiane Frantz / Kerstin Martens

**Nichtregierungsorganisationen (NGOs)**
2006. 159 S. (Elemente der Politik)
Br. EUR 13,90
ISBN 978-3-531-15191-5

Bernhard Frevel

**Demokratie**
Entwicklung – Gestaltung –
Problematisierung
2004. 157 S. (Elemente der Politik)
Br. EUR 12,90
ISBN 978-3-8100-3895-1

Max Fuchs

**Kulturpolitik**
2007. 133 S. (Elemente der Politik)
Br. EUR 12,90
ISBN 978-3-531-15448-0

Hans-Gerd Jaschke

**Politischer Extremismus**
2006. 147 S. (Elemente der Politik)
Br. EUR 12,90
ISBN 978-3-531-14747-5

Margret Johannsen

**Der Nahost-Konflikt**
2006. 150 S. (Elemente der Politik)
Br. EUR 14,90
ISBN 978-3-531-15243-1

Thomas Meyer

**Sozialismus**
2007. ca. 140 S. (Elemente der Politik)
Br. ca. EUR 12,90
ISBN 978-3-531-15445-9

Erhältlich im Buchhandel oder beim Verlag.
Änderungen vorbehalten. Stand: Juli 2007.

**www.vs-verlag.de**

**VS VERLAG** FÜR SOZIALWISSENSCHAFTEN

Abraham-Lincoln-Straße 46
65189 Wiesbaden
Tel. 0611.7878 - 722
Fax 0611.7878 - 400